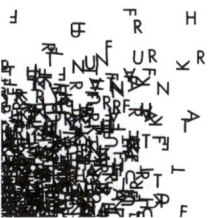

W0181145

Dorothee Frings, Elke Tießler-Marenda

Ausländerrecht für Studium und Beratung

Einschließlich Staatsangehörigkeitsrecht

Mit Beispielen und Lösungsschemata

© 2015 **Fachhochschulverlag**
DER VERLAG FÜR ANGEWANDTE WISSENSCHAFTEN

Dorothee Frings, Elke Tießler-Marenda
Ausländerrecht für
Studium und Beratung
Einschließlich Staatsangehörigkeitsrecht
Mit Beispielen und Lösungsschemata
3. überarbeitete Auflage

Band 16

© 2015 Fachhochschulverlag
ISBN 978-3-943787-52-8

Satz:
Sarah Kalck

Druck und Bindung:
TZ – Verlag & Print GmbH
64380 Roßdorf

Preis:
Das Buch kostet je Exemplar 22,– €
(zuzüglich Portokosten)

Bestellungen:
Fachhochschulverlag.
DER VERLAG FÜR ANGEWANDTE WISSENSCHAFTEN E.K.
Kleiststraße 10, Gebäude 1
60318 Frankfurt am Main

Telefon (0 69) 15 33–28 20
Telefax (0 69) 15 33–28 40
bestellung@fhverlag.de
http://www.fhverlag.de

Bibliografische Information der Deutschen Nationalbibliothek:
Die Deutsche Nationalbibliothek verzeichnet diese
Publikation in der Deutschen Nationalbibliografie;
detaillierte bibliografische Daten sind im Internet
über http://dnb.d-nb.de abrufbar.

Der Paß ist der edelste Teil von einem Menschen.
Er kommt auch nicht auf so einfache Weise zustande
wie ein Mensch. Ein Mensch kann überall zustande kommen,
auf die leichtsinnigste Art und ohne gescheiten Grund,
aber ein Paß niemals.
Dafür wird er auch anerkannt, wenn er gut ist,
während ein Mensch noch so gut sein kann
und doch nicht anerkannt wird.

Bertolt Brecht, Flüchtlingsgespräche 1940/41

Vorwort

Die Erfahrungen aus Lehre, Weiterbildung und Beratung von Sozialarbeiterinnen, Pädagogen und Verwaltungsfachkräften führten zu der Idee, einen kurzen und lehrorientierten Einstieg ins Ausländer- und Staatsangehörigkeitsrecht für das Studium, vor allem an Fachbereichen des Sozialwesens, und die Praxis der Beratung von Migrantinnen und Migranten anzubieten. Kaum ein Bereich des Rechts stößt bei Nichtjuristen auf so viel Verwirrung und Erschöpfung wie die verschiedenen Regelungen des Migrationsrechts.

Auch die Praxis der Sozialberatung ist immer wieder mit der Aufgabe konfrontiert, die aufenthaltsrechtliche Position von Nichtdeutschen zu entschlüsseln. Die Bedeutung von Erwerbstätigkeit, Gesundheitssituation, Familienkonstellation, Herkunftsland usw. muss für die angemessene Beratung oder Betreuung in jedem Einzelfall ermittelt werden. Mit dem Rechtsdienstleistungsgesetz von 2008 stiegen die Erwartungen an die Beratung auch in rechtlichen Fragen durch die Mitarbeiter sozialer Einrichtungen. Gegenüber Klienten mit Migrationshintergrund fehlt hierzu oft noch das Rüstzeug.

Bereits das nationale System des Einwanderungs- und Aufenthaltsrechts ist komplex und in den letzten Jahren immer komplexer geworden. Ausländerrecht ist aber nicht nur nationales Ordnungsrecht, sondern als grenzüberschreitende Rechtsmaterie auch gebunden an internationale Abkommen und Verträge, vor allem aber an das Recht der Europäischen Union. Diese Internationalisierung stellt die Rechtsanwender vor weitere Herausforderungen.

Mit diesem Lehrbuch für Studium und Beratung wollen wir Orientierungen für juristische Laien schaffen. Einerseits wird eine systematische Übersicht über Zugänge zum Aufenthalt in Deutschland, die verschiedenen Aufenthaltstitel und Sonderrechte sowie die Risiken des Verlust eines Aufenthaltsrechts geliefert, anderseits den Studierenden auch das methodische Handwerkszeug zur Lösung von Fallklausuren zur Verfügung gestellt und der Praxis mit Hinweisen und Handlungsanregungen der Weg zur kompetenten Beratung und Betreuung geebnet.

Auch für Juristen, die einen ersten Einstieg in das Ausländerrecht suchen, ist es sinnvoll, sich zunächst eine strukturierte Übersicht zu verschaffen. Für die anwaltliche Fallbearbeitung bedarf es allerdings einer genauen Kenntnis von Rechtsprechung und Verfahrensnormen, die hier nicht geliefert werden können.

Für diese Anforderungen und für spezielle Vertiefungen verweisen wir auf Kommentare und Fachbücher (siehe → S. 394).

Bei der Wahl der grammatikalischen Geschlechterformen haben wir uns – auch der besseren Lesbarkeit zuliebe – für die willkürliche Verwendung von femininen und maskulinen Formen entschieden; das jeweils andere Geschlecht ist immer eingeschlossen.

INHALT

Abkürzungsverzeichnis **10**

I **Einleitung 13**
   1 Entwicklung und Funktion des Ausländerrechts **13**
   2 Europäisierung des Ausländerrechts **19**
   3 Einwirkungen des internationalen Rechts **21**
   4 Anforderungen an die Soziale Arbeit **23**

II **Einreise und Aufenthalt von Drittstaatsangehörigen 24**
   1 Einreise **27**
   2 Aufenthaltserlaubnis und Niederlassungserlaubnis – Allgemeine Anforderungen **38**
   3 Das Recht zu arbeiten **46**
   4 Antrag auf einen Aufenthaltstitel – Fiktionsbescheinigung **51**
   5 Aufenthaltserlaubnis zum Zwecke des Studiums und der Ausbildung **53**
   6 Aufenthaltserlaubnis zum Zwecke der Erwerbstätigkeit **69**
   7 Familiennachzug **87**
   8 Recht auf Wiederkehr **143**
   9 Aufenthaltserlaubnis für ehemalige Deutsche **148**
   10 Langfristig aufenthaltsberechtigte Drittstaatsangehörige, die aus anderen EU-Staaten zuwandern **151**
   11 Aufenthaltserlaubnis aus humanitären Gründen **153**
   12 Niederlassungserlaubnis und Erlaubnis zum Daueraufenthalt-EU **223**
   13 Duldung **234**
   14 Aufenthaltsrechtliche Illegalität **243**

III **Aufenthaltsbeendigung 252**
   1 Ausreisepflicht **252**
   2 Fehlen eines Aufenthaltstitels oder eines sonstigen Aufenthaltsrechts **256**
   3 Ausweisung **262**
   4 Abschiebung **270**
   5 Abschiebungshaft/Dublin-Haft/Ausreisegewahrsam **276**
   6 Rechtsschutz **283**

IV	**Unionsbürger 287**
	1 Einführung **288**
	2 Das Freizügigkeitsrecht **288**
	3 Familienzusammenführung **297**
	4 Feststellung des Verlustes des Rechts auf Einreise und Aufenthalt (§ 5 Abs. 5 FreizügG/EU) **302**
	5 Daueraufenthaltsrecht **304**
	6 Ausweisung (Art. 27 ff. Unionsbürgerrichtlinie und § 6 FreizügG/EU) **306**
	7 Ausreisepflicht und Wiedereinreisesperre (§ 7 FreizügG/EU) **309**
	8 Besonderheiten bei EU-Bürgern aus zuletzt beigetretenen Staaten **309**
	9 Sozialleistungen **310**
V	**Türkische Staatsangehörige 320**
	1 Einführung **320**
	2 Bedeutung des Assoziierungsrechts **321**
	3 Geltung des AufenthG **322**
	4 Sonderregelungen für Arbeitnehmer **322**
	5 Familienangehörige **326**
	6 Deklaratorische Aufenthaltserlaubnis **328**
	7 Stand-Still-Klauseln **329**
	8 Verlust der Rechtsstellung **332**
	9 Besonderheiten bei der Ausweisung **334**
	10 Sozialleistungen **336**
VI	**Staatsangehörigkeit und Einbürgerung 342**
	1 Einführung **343**
	2 Erwerb der deutschen Staatsangehörigkeit durch Geburt **345**
	3 Spätaussiedler **348**
	4 Anspruchseinbürgerung **352**
	5 Ermessenseinbürgerung **356**
	6 Verlust der Staatsangehörigkeit **358**

Glossar 366

1 Richtlinien des Rats der Europäischen Gemeinschaft **366**
2 Verordnungen des Rats der Europäischen Gemeinschaft **373**
3 Europäische und internationale Abkommen **375**
4 Aufenthaltsdokumente **380**
5 Sonstige ausländerrechtliche Begriffe **382**

Literatur **394**
Zahlen/Hintergrundinformationen **399**
Gesetze/Verordnungen/Urteile **400**
Informationen zum Migrationsrecht im Internet **401**
Autorinnen **402**
Lösungen der Kontrollfragen **403**
Stichwortverzeichnis **404**

Abkürzungsverzeichnis

a. A.	anderer Ansicht
AA	Agentur für Arbeit
AAH	Allgemeine Anwendungshinweise des BMI
a. a. O.	am angeführten Ort
ABl.-EU	Amtsblatt der Europäischen Gemeinschaften
Abs.	Absatz
AEUV	Vertrag über die Arbeitsweise der EU
AFBG	Aufstiegsfortbildungsförderungsgesetz
AGG	Allgemeines Gleichbehandlungsgesetz
Alg	Arbeitslosengeld
Alg II	Arbeitslosengeld II
ANA-ZAR	Anwaltsnachrichten Ausländer- und Asylrecht
ARB	Beschluss des Assoziationsrats EWG-Türkei (Assoziationsratsbeschluss)
ArGV	Verordnung über die Arbeitsgenehmigung für ausländische Arbeitnehmer (Arbeitsgenehmigungsverordnung)
Art.	Artikel
AsylbLG	Asylbewerberleistunggesetz
AsylG	Asylgesetz
AuAS	Schnelldienst Ausländer- und Asylrecht (Zeitschrift)
AufenthG	Gesetz über den Aufenthalt, die Erwerbstätigkeit und die Integration von Ausländern im Bundesgebiet (Aufenthaltsgesetz)
AufenthV	Aufenthaltsverordnung
AuslG-VwV	Allgemeine Verwaltungsvorschrift zum Ausländergesetz
AVwV	Allgemeine Verwaltungsvorschrift
AVwV AufenthG	Allgemeine Verwaltungsvorschrift des BMI zum AufenthG
AVwV FreizügG/EU	Allgemeine Verwaltungsvorschrift des BMI zum FreizügG/EU
Az	Aktenzeichen
AZR	Ausländerzentralregister
AZRG	Ausländerzentralregistergesetz
BA	Bundesagentur für Arbeit
BAföG	Bundesgesetz über individuelle Förderung der Ausbildung (Bundesausbildungsförderungsgesetz)
BAMF	Bundesamt für Migration und Flüchtlinge
BEEG	Gesetz zum Elterngeld und zur Elternzeit
BerHG	Gesetz über Rechtsberatung und Vertretung für Bürger mit geringem Einkommen (Beratungshilfegesetz)
BErzGG	Gesetz zum Erziehungsgeld und zur Elternzeit (Bundeserziehungsgeldgesetz)
BeschV	Verordnung über die Zulassung von neueinreisenden Ausländern zur Ausübung einer Beschäftigung (Beschäftigungsverordnung)
BeschVerfV	Verordnung über das Verfahren und die Zulassung von im Inland lebenden Ausländern zur Ausübung einer Beschäftigung (Beschäftigungsverfahrensverordnung)
BFH	Bundesfinanzhof
BGB	Bürgerliches Gesetzbuch
BGBl.	Bundesgesetzblatt
BKGG	Bundeskindergeldgesetz
BMAS	Bundesministerium für Arbeit und Soziales
BMFSFJ	Bundesministerium für Familie, Senioren, Frauen und Jugend

BMI	Bundesministerium des Innern	EWG	Europäische Wirtschaftsgemeinschaft
BR-Drs.	Bundesratsdrucksache	EWGV	Vertrag zur Gründung der Europäischen Wirtschaftsgemeinschaft
BSG	Bundessozialgericht		
BT-Drs.	Bundestagsdrucksache		
BüMA	Bescheinigung über die Meldung als Asylsuchender	EWR	Europäischer Wirtschaftsraum
BVerfG	Bundesverfassungsgericht	EZAR	Entscheidungssammlung zum Ausländer- und Asylrecht
BVerfGE	Entscheidungen des Bundesverfassungsgerichts		
BVerfG-K	Kammerentscheidungen des Bundesverfassungsgerichts	FamRZ	Zeitschrift für das gesamte Familienrecht
BVerwG	Bundesverwaltungsgericht	FG	Finanzgericht
BVerwGE	Entscheidungen des Bundesverwaltungsgerichts	FreizügG/EU	Gesetz über die allgemeine Freizügigkeit von Unionsbürgern (Freizügigkeitsgesetz/EU)
BVFG	Gesetz über die Angelegenheiten der Vertriebenen und Flüchtlinge (Bundesvertriebenengesetz)		
		GARP	Government Assisted Repatriation Programme
BZRG	Gesetz über das Zentralregister und das Erziehungsregister (Bundeszentralregistergesetz)	GFK	Abkommen über die Rechtsstellung der Flüchtlinge (Genfer Flüchtlingskonvention)
DA	Durchführungsanweisung	GG	Grundgesetz
DVBL	Deutsches Verwaltungsblatt	GK	Gemeinschaftskommentar
		HSchulAbsZugV	Verordnung über den Zugang ausländischer Hochschulabsolventen zum Arbeitsmarkt (Hochschulabsolventen-Zugangsverordnung)
EASY	Erstverteilung von Asylbegehrenden		
EFA	Europäisches Fürsorgeabkommen		
EG	Europäische Gemeinschaft		
EGMR	Europäischer Gerichtshof für Menschenrechte	HumHAG	Gesetz über Maßnahmen für im Rahmen humanitärer Hilfsaktionen aufgenommene Flüchtlinge
EGV	Vertrag zur Gründung der Europäischen Gemeinschaft (EG-Vertrag)		
EMA	Europa-Mittelmeerabkommen	InfAuslR	Informationsbrief Ausländerrecht (Zeitschrift)
EMRK	Konvention zum Schutz der Menschenrechte und Grundfreiheiten (Europäische Menschenrechtskonvention)	IntV	Verordnung über die Durchführung von Integrationskursen für Ausländer und Spätaussiedler
		IOM	International Organisation for Migration
EStG	Einkommensteuergesetz		
EU	Europäische Union	i. V. m.	in Verbindung mit
EuGH	Europäischer Gerichtshof	IWK	Internationale wissenschaftliche Korrespondenz zur Geschichte der deutschen Arbeiterbewegung
EuGRZ	Europäische Grundrechte-Zeitschrift		
EU-VisumVO	EU-Visum-Verordnung		

KOM	Mitteilungen der Kommission der Europäischen Gemeinschaften	SGB V	Sozialgesetzbuch V – Krankenversicherung
		SGB VI	Sozialgesetzbuch IV – Rentenversicherung
LSG	Landessozialgericht	SGB VIII	Sozialgesetzbuch VIII – Kinder- und Jugendhilferecht
m.w.N.	mit weiteren Nachweisen	SGB IX	Sozialgesetzbuch IX – Rehabilitation/Teilha
NACE-Codes	Nomenclature générale des activités économiques, Verordnung (EWG) Nr. 3037/90 des Rates vom 9. Oktober 1990 betreffend die statistische Systematik der Wirtschaftszweige in der Europäischen Gemeinschaft, Amtsblatt der Europäischen Gemeinschaften, L 293 vom 24. Oktober 1990	SGB X	Sozialgesetzbuch X – Verwaltungsverfahren
		SGB XII	Sozialgesetzbuch XII – Sozialhilfe
		SGG	Sozialgerichtsgesetz
		Slg.	Sammlung der Rechtsprechung der Europäischen Gemeinschaft
		SozR	Sozialrecht (Entscheidungssammlung)
		StAG	Staatsangehörigkeitsgesetz
		StGB	Strafgesetzbuch
NJW	Neue Juristische Wochenschrift (Zeitschrift)	UhVorschG	Gesetz zur Sicherung des Unterhalts von Kindern alleinstehender Mütter und Väter durch Unterhaltsvorschüsse oder -ausfallleistungen (Unterhaltsvorschussgesetz)
NVwZ	Neue Zeitschrift für Verwaltungsrecht		
OVG	Oberverwaltungsgericht		
PersAuswG	Gesetz über Personalausweise		
PKH	Prozesskostenhilfe	UNHCR	Hoher Flüchtlingskommissar der Vereinten Nationen (United Nations High Commissioner for Refugees)
RDG	Rechtsdienstleistungsgesetz		
REAG	Reintegration and Emigration Programme for Asylum Seekers in Germany	VG	Verwaltungsgericht
		VGH	Verwaltungsgerichtshof
		VO (EG)	Verordnung der Europäischen Gemeinschaft
RL	Richtlinie		
Rn.	Randnummer, Randziffer	VwGO	Verwaltungsgerichtsordnung
Rs.	Rechtssache		
SG	Sozialgericht	VwVfG	Verwaltungsverfahrensgesetz
SGB I	Sozialgesetzbuch – Allgemeiner Teil		
SGB II	Sozialgesetzbuch II – Grundsicherung für Arbeitsuchende	ZAR	Zeitschrift für Ausländerrecht und Ausländerpolitik
		ZFSH/SGB	Zeitschrift für Sozialhilfe und Sozialgesetzbuch
SGB III	Sozialgesetzbuch III – Arbeitsförderung	ZP	Zusatzprotokoll von 1970

I Einleitung

1 Entwicklung und Funktion des Ausländerrechts 13
2 Europäisierung des Ausländerrechts 19
3 Einwirkungen des internationalen Rechts 21
4 Anforderungen an die Soziale Arbeit 23

1 Entwicklung und Funktion des Ausländerrechts

Die Menschheitsgeschichte ist mehr oder weniger eine Geschichte von Wanderungsbewegungen. Fast ebenso lang wird versucht, Wanderungsbewegungen rechtlich zu fassen. Der Umgang mit »Fremden« war früher ähnlich variantenreich und kompliziert wie heutzutage. Sie waren mal völlig rechtlos, mal wurden sie als Flüchtlinge, Händler, Gäste oder wertvolle Arbeitskräfte geschützt und aufgenommen. Immer aber waren sie aufgrund ihrer Zugehörigkeit zu einem anderen Gemeinwesen oder ihrer anderen ethnischen Herkunft den eigenen Bürgern gegenüber benachteiligt. Die Unterscheidung in ein Recht für die »eigenen« Bürger und eines für die »Fremden« bzw. die Ausländer hat mithin eine lange Tradition.

Begründet wird diese Unterscheidung damit, dass nur den eigenen Staatsbürgern der volle Schutz und die volle Unterstützung des Staates zustehe, da auch nur sie entsprechenden Loyalitätspflichten wie etwa dem Wehrdienst unterliegen. Fremde hingegen sind ihrem Herkunftsstaat gegenüber gebunden und können von diesem Schutz und Unterstützung einfordern. Eine der Grundlagen des heutigen Ausländerrechts liegt wegen dieser engen Verbindung zwischen Staat und Staatsangehörigen in zwischenstaatlichen Verträgen, in denen sich die Vertragsparteien jeweils verpflichteten, den Bürgern des anderen Staates ein gewisses Maß an Schutz und Rechten zukommen zu lassen.

Neben dem Schutz des Einzelnen dient das Ausländerrecht aber vor allem dem Schutz der aufnehmenden Gesellschaft: Es gehört traditionell zum Ordnungs- und Sicherheitsrecht. Es regelt nicht nur, unter welchen Umständen Ausländer einreisen und sich aufhalten dürfen und welche wirtschaftlichen, sozialen und sonstigen Rechte ihnen zugestanden werden. Vor allem legt es fest, wann ein Ausländer wegen einer Gefahr, die von ihm ausgeht, entweder gar nicht einreisen darf oder ausreisen muss.

Auch das Rechtssystem der Bundesrepublik Deutschland unterscheidet zwischen Deutschen und Nichtdeutschen. Die grundgesetzliche Forderung nach Gleichheit aller Menschen vor dem Gesetz (Art. 3 Abs. 1 GG) und das Gebot, niemanden wegen seiner Abstammung, seiner »Rasse«[1], seiner Sprache oder seiner Heimat und Herkunft (Art. 3 Abs. 3 GG) zu benachteiligen, verbietet die Ungleichbehandlung von eigenen Staatsangehörigen und den Angehörigen anderer Staaten nicht. Das Grundgesetz differenziert selbst nach der Staatsangehörigkeit, indem es bestimmte Rechte nur Deutschen zuspricht. Das gilt für Bürgerrechte wie die Versammlungsfreiheit (Art. 8 GG) und die Vereinigungsfreiheit (Art. 9 GG) und das gilt insbesondere für das Recht auf Freizügigkeit (Art. 11 GG). Diese Differenzierung durchzieht das ganze Rechtssystem und wird besonders deutlich durch die Existenz eines speziellen Rechtssystems, das sich nur auf Nichtdeutsche bezieht: das Ausländerrecht.

Das Ausländerrecht gilt für alle, die nicht Deutsche im Sinne des Art. 116 Abs. 1 GG sind. Mit dieser Negativdefinition sind alle Personen erfasst, die nicht entweder die deutsche Staatsangehörigkeit haben oder deutsche Volkszugehörige (Statusdeutsche) sind. Die Unterscheidung von deutscher Staats- und Volksangehörigkeit ist nötig, da deutsche Volkszugehörige nicht zwingend auch die deutsche Staatsangehörigkeit haben. So sind beispielsweise Spätaussiedler deutsche Volkszugehörige, haben aber vor der Aufnahme in Deutschland regelmäßig nicht die deutsche, sondern nur die Staatsangehörigkeit des Staates, in dem sie leben.[2] Ausländer sind damit alle Personen ohne deutsche Staatsangehörigkeit, die nicht Statusdeutsche sind, und Staatenlose.

Die Frage, ob diese Unterscheidung zwischen eigenen und fremden Staatsangehörigen und ob die Beschränkung der Freizügigkeit zulässig ist, wird immer wieder gestellt. Darf der Zufall des Geburtsortes über die Lebensperspektiven entscheiden? Oder sollte es weltweit Freizügigkeit geben wie beispielsweise innerhalb der EU? (Menschen-)Rechtlich begründen lässt sich ein uneingeschränktes Recht auf Freizügigkeit zumindest nicht: Auch Art. 13 der allgemeinen Erklärung der Menschenrechte vom 10. Dezember 1948 kennt nur das Recht, »sich innerhalb eines Staates frei zu bewegen« und »jedes Land einschließlich seines eigenen zu verlassen und in sein Land zurückzukehren«. Ein Recht auf Auswanderung besteht also. Dem steht aber kein

---

[1] Zitate und Rechtstexte enthalten zuweilen den Begriff »Rasse« oder davon abgeleitete Wortbildungen oder Zusammensetzungen. Der Begriff lässt sich daher in Zitaten nicht vermeiden. Seine Verwendung impliziert nicht die Akzeptanz irgendwelcher Theorien, mit denen versucht wird, die Existenz verschiedener menschlicher Rassen zu belegen.
Zum Problem der Begrifflichkeit: Cremer, 2008.
[2] Siehe auch Glossar → S. 384.

Recht auf Einwanderung gegenüber. Eine Rechtfertigung hat dies in den Eigeninteressen der jeweiligen Staaten und Völker. Diese gilt es gegen die Interessen der Zuwanderungswilligen abzuwägen. Staaten haben mithin ein weit gehendes Recht der Zugangsbeschränkung; dabei müssen aber bestimmte humanitäre Standards wie etwa der Flüchtlingsschutz gewahrt werden.

Zuwanderung nach Deutschland fand nach dem Zweiten Weltkrieg unter unterschiedlichen Vorzeichen statt. Die größte Zuwanderergruppe sind Deutsche: Nach 1945 kamen zunächst ca. 12 Millionen Vertriebene und seit 1950 noch mal ca. 4,5 Millionen (Spät-)Aussiedler und ihre Angehörigen. Deren Zuzug wurde und wird durch das Bundesvertriebenen- und Flüchtlingsgesetz (BVFG) geregelt. Da mit dem Ende des »eisernen Vorhangs« die Zuzugszahlen stiegen und zunehmend die nichtdeutschen Familienangehörigen das Gros der Zuwandernden stellten, kam es mehrfach zu Verschärfungen der Zuzugsbedingungen. Seit 2005 wird verlangt, dass auch die nichtdeutschen Familienangehörigen einfache Deutschkenntnisse nachweisen können, um in den Aufnahmebescheid aufgenommen zu werden (zur Aufnahme von Spätaussiedlerinnen und ihrer Angehörigen → S. 348). Das hat zu einem massiven Rückgang der Zuzugszahlen geführt.

Für die Zuwanderung von Ausländern galt nach dem Ende des Zweiten Weltkriegs zunächst die Ausländerpolizeiverordnung von 1938 weiter. Mit dem »Wirtschaftswunder« kamen in den 1950er- und 1960er-Jahren dann die so genannten »Gastarbeiter«. In der Folge erwies sich die Ausländerpolizeiverordnung zunehmend als ungeeignet, sodass sie 1965 durch das Ausländergesetz ersetzt wurde. Es stellte Einreise und Aufenthalt unter ein generelles Verbot mit Erlaubnisvorbehalt: Wer ohne entsprechende Erlaubnis einreist oder in Deutschland bleibt, macht sich strafbar. Die Erteilung einer Aufenthaltserlaubnis stand im Ermessen.

Ein großer Teil der Arbeitsmigranten waren türkische Staatsangehörige, die heute mit 1,5 Millionen Personen (das entspricht einem Anteil von 18,5 %) die größte Nationalitätengruppe unter der ausländischen Bevölkerung Deutschlands stellen (zur besonderen Rechtsstellung dieser Gruppe → S. 320). Viele der »Gastarbeiter« kamen aber auch aus heutigen Mitgliedsstaaten der Europäischen Union (EU) wie Italien, Spanien oder Griechenland.

Mittlerweile genießen Unionsbürger innerhalb der EU Freizügigkeit und eine weit gehende rechtliche Gleichstellung mit den jeweiligen Einheimischen. Die EU-Binnenmigration macht deshalb seit Jahrzehnten einen wesentlichen Teil des Zuzugs nach Deutschland aus. 45 % der Ausländerinnen, die 2014 in Deutschland lebten, haben die Staatsangehörigkeit eines EU-Mitgliedsstaates.

Für sie gilt Europarecht und nur ausnahmsweise das deutsche Ausländerrecht (zum Europarecht und EU-Bürgerinnen → S. 287).

Mit der Ölkrise kam 1973 der Anwerbestopp. Ausländer aus Nicht-EU-Staaten – die so genannten Drittstaatler – können seither nur in begrenzten Ausnahmefällen zum Zweck der Arbeitsaufnahme zuwandern. Zahlreiche Arbeitsmigranten kehrten nach dem Anwerbestopp nicht in ihr Herkunftsland zurück, weil eine dauerhafte Wiedereinreise nach Deutschland kaum mehr möglich war. Sie holten ihre Angehörigen nach und wurden in Deutschland sesshaft. Darauf wurde erst 1990 mit einer Neufassung des Ausländergesetzes reagiert: Einreise und Aufenthalt blieben unter dem generellen Verbot mit Erlaubnisvorbehalt, es wurden aber Rechtsansprüche beispielsweise bei der Aufenthaltsverfestigung oder bei der Familienzusammenführung eingeführt. Weiter wurden Ansprüche auf Einbürgerung geschaffen, die allerdings von der Mehrheit nicht erfüllt oder nicht angenommen wurden. Die Einbürgerungszahlen blieben gering, sodass viele Ausländer mittlerweile in der dritten oder vierten Generation als faktische In- und rechtliche Ausländerinnen in Deutschland leben. Die durchschnittliche Aufenthaltsdauer beträgt knapp 18 Jahre, rund 40 % der ausländischen Bevölkerung leben seit über 20 Jahren in Deutschland.

Nach dem Völkerrecht haben politisch Verfolgte keinen individuellen Anspruch auf Asyl (→ S. 22). Für Deutschland gilt allerdings, dass nach Art. 16a GG ein einklagbares, subjektives Recht auf Asyl besteht. Das Asylrecht des Grundgesetzes ist eine Reaktion darauf, dass viele politisch Verfolgte während des Dritten Reiches ihr Leben nur retten konnten, weil sie von anderen Ländern aufgenommen worden sind.

Jahrzehntelang wurde dieses Recht nur von wenigen Flüchtlingen meist aus dem Ostblock in Anspruch genommen. In den 1980er- und besonders Anfang der 1990er-Jahre nahmen in Folge kriegerischer Krisen die Zuzugszahlen von Asylsuchenden deutlich zu. Die meisten Flüchtlinge kamen nun aus der Türkei, aus dem Irak und Iran, aus Afghanistan, Pakistan, Sri Lanka und Teilen Schwarzafrikas. Darauf reagierte die Politik mit mehrfachen Änderungen des Asylrechts, der Einführung des Asylverfahrensgesetzes vom 1.8.1982 und schließlich mit dem so genannten Asylkompromiss von 1993. Asyl kann seither nur noch beanspruchen, wer nicht aus einem sicheren Drittstaat einreist. Da Deutschland von solchen Staaten umgeben ist, können Schutzsuchende, die auf dem Landweg eingereist sind, sich nicht auf das Asylrecht, wohl aber auf die Genfer Flüchtlingskonvention (GFK) (zur GFK → S. 154) berufen. Weiter wurde das Asylbewerberleistungsgesetz eingeführt, wonach Asylsuchende nur Leistungen beziehen, die deutlich unter der Sozialhilfe liegen. Diese Regelung wurde vom BVerfG mit Urteil vom 18.7.2012 – 1 BvL 10/10 für verfassungswidrig erklärt. Die Leistungen wurden zunächst vom BVerfG durch eine Übergangsregelung etwa in Höhe der Sozialhilfe festgelegt. Zu einer Gesetzesänderung zur Umsetzung der Entscheidung kam es erst 2014. Mit einer weiteren Gesetzesänderung Anfang 2015 wurde der 1993 eingeführte Vorrang des Sachleistungsprinzips abgeschafft. Seither sollten Asylbewerberinnen nach drei Monaten vorrangig Geldleitungen zur Deckung des täglichen Bedarfs erhalten. Diese Regelung wurde mit dem Asylverfahrensbeschleunigungsgesetz vom 20.10.2015 bereits wieder geändert. Nun sollen Asylsuchende, solange sie in der Erstaufnahmeeinrichtung oder danach in einer Gemeinschaftsunterkunft leben, vorrangig Sachleistungen erhalten. Das umfasst auch den persönlichen Bedarf.[1]

Nach 1993 ging die Zahl der Schutzsuchenden deutlich zurück. Von 1998 bis 2012 lag die Zahl unter 100.000 im Jahr. Seit 2013 stiegen die Zahlen wieder deutlich an, für 2015 wird ein absoluter Höchststand von ca. 1 Million erwartet.

Lange Zeit war weltweit gesehen die Familienzusammenführung ein Hauptgrund für legale Einwanderung in einen der wohlhabenden Staaten. Neben der Zuwanderung von EU-Bürgerinnen und Schutzsuchenden war die Familienzusammenführung der Hauptgrund für legale Zuwanderung nach Deutschland (zur Familienzusammenführung → S. 87). In den letzten Jahren spielt die Bildungsmigration (zur Bildungsmigration → S. 53) die Zuwanderung von Arbeitskräften eine zunehmende Rolle (zur Arbeitsmigration → S. 69). In Folge des zunehmend demographisch bedingten Fachkräftemangels wird um diese Zuwanderer aktiv geworben.

Neben der legalen gibt es die Zuwanderung einer unbekannten Zahl so genannter »Illegaler«. Sie halten sich unter Missachtung des ausländerrechtlichen Verbots ohne Aufenthaltserlaubnis in Deutschland auf. Dazu zählen untergetauchte Flüchtlinge, Arbeitsmigrantinnen insbesondere aus Osteuropa oder Familienangehörige, die nach einem Besuch nicht mehr in ihr Herkunftsland zurückkehren. Zur Bekämpfung dieser Art von Zuwanderung wurden in den letzten Jahren neben praktischen Maßnahmen die Gesetze stetig verschärft. Illegale Einreise und Aufenthalt sowie die Beihilfe dazu sind Straftaten, die mit Geld- oder sogar Freiheitsstrafe geahndet werden. Die Situation von Menschen ohne legalen Aufenthaltsstatus ist deshalb meist sehr schwierig. Obwohl ihnen bestimmte Rechte wie das Recht auf Bildung oder das Recht auf Gesundheitsversorgung zustehen, nehmen sie aus Angst vor Abschiebung diese Rechte oft nicht war. Kirchen, Wohlfahrtverbände und andere Engagierte setzen sich deshalb seit langem dafür ein, dass im staatlichen Umgang mit Menschen ohne legalen Aufenthaltsstatus die humanitären Mindeststandards eingehalten werden.

---

[1] BGBl. I 2015, Nr. 40, S. 1722.

I Einleitung

Zwischen den Ausländern mit Aufenthaltserlaubnis und Menschen in der aufenthaltsrechtlichen Illegalität sind »Geduldete« angesiedelt. Diese haben eigentlich kein Aufenthaltsrecht und sind ausreisepflichtig. Da eine Abschiebung aber aus rechtlichen oder humanitären Gründen nicht möglich ist, werden sie in Deutschland geduldet. Viele leben ohne sicheren Rechtsstatus dauerhaft in Deutschland (zur Duldung → S. 234).

Um die Jahrtausendwende setzte sich in Deutschland die Erkenntnis durch, dass Deutschland aus wirtschaftlichen und demografischen Gründen Einwanderung fördern oder doch zumindest gezielter gestalten sollte. Nach langen Diskussionen wurde 2004 schließlich das Zuwanderungsgesetz[1] verabschiedet und damit das Ausländerrecht erneut grundsätzlich reformiert. Das Ausländergesetz von 1990 wurde durch das Aufenthaltsgesetz (AufenthG) ersetzt. Zweck des Gesetzes ist es, den Zuzug von Ausländern zu steuern und zu begrenzen sowie die Integration zu fördern. Das Gesetz bleibt dem polizeirechtlichen Charakter des Ausländerrechts treu und beruht wie seine Vorgänger auf dem Verbot von Einreise und Aufenthalt mit Erlaubnisvorbehalt. Auch der Anwerbestopp wurde aufrechterhalten. Neu war, dass Integration als gesetzlicher Auftrag des Bundes und der Länder festgeschrieben wurde.

Seit 2004 wurde das AufenthG mehrfach geändert. Zuletzt wurde der Arbeitsmarktzugang durch das Gesetz zur Umsetzung der Hochqualifiziertenrichtlinie von 2012[2] und die Verordnung zur Änderung des Ausländerbeschäftigungsrechts von 2013[3] vereinfacht. 2014 wurden Serbien, Mazedonien und Bosnien-Herzegowina durch Gesetz zu sicheren Herkunftsstaaten erklärt. Damit einher gingen Verbesserungen für Asylsuchende und Geduldete.[4] 2015 kam es mit dem Gesetz zur Neubestimmung des Bleiberechts und der Aufenthaltsbeendigung erneut zu umfangreichen Änderungen.[5] Unter anderem wurde das Ausweisungsrecht völlig geändert. Mit dem Asylverfahrensbeschleunigungsgesetz vom 20.10.2015 wurden auch die noch »fehlenden« Staaten des Westbalkans Albanien, Kosovo und Montenegro zu sicheren Herkunftsstaaten erklärt. Ziel dieses Gesetzes ist, neben der Beschleunigung von Asylverfahren u.a. »Anrei-

---

[1] Gesetz zur Steuerung und Begrenzung der Zuwanderung und zur Regelung des Aufenthalts und der Integration von Unionsbürgern und Ausländern (Zuwanderungsgesetz) vom 30. Juli 2004, BGBl. I 2004 S. 1950.
[2] BGBl. I 2012, Nr. 24, S. 1224 ff.
[3] BGBl. I 2013, Nr. 28, S. 1499 ff.
[4] Gesetz zur Einstufung weiterer Staaten als sichere Herkunftsstaaten und zur Erleichterung des Arbeitsmarktzugangs für Asylbewerber und geduldete Ausländer, BGBl. I 2014, Nr. 49, S. 1649; Gesetz zur Verbesserung der Rechtsstellung von asylsuchenden und geduldeten Ausländern, BGBl. I 2014, Nr. 64, S. 2439.
[5] BGBl. I 2015, Nr. 32, S. 1386.

ze« zur Stellung eines Asylgesuchs abzubauen. Deshalb wurde beispielsweise, wie oben schon erwähnt, das Sachleistungsprinzip im AsylbLG auf die persönlichen Leistungen ausgedehnt und ein unbefristetes Arbeitsverbot für Geduldete aus sicheren Herkunftsstaaten eingeführt. Mit diesem Gesetz wird das Asylverfahrensgesetz nicht nur geändert, sondern in Asylgesetz umbenannt.

2 Europäisierung des Ausländerrechts

Europarecht ist ein Sammelbegriff für das Recht verschiedenster europäischer Zusammenschlüsse wie etwa des Europarats in Straßburg.[1] Gemeint ist aber meistens das Recht der Europäischen Union (EU). Dieses Recht ist ein eigenes, auf Verträgen zwischen den Mitgliedsstaaten beruhendes Rechtssystem. Als Vorläufer der EG wurde 1951 die Montanunion, die Europäische Gemeinschaft für Kohle und Stahl (EGKS) gegründet. 1957 folgten die Römischen Verträge zur Gründung der Europäischen Wirtschaftgemeinschaft (EWG)[2] und der Europäischen Atomgemeinschaft (EURATOM). 1996 wurden diese drei Gemeinschaften zur Europäischen Gemeinschaft zusammengefasst, aus dem EWG-Vertrag wurde der EG-Vertrag.[3] 1992 wurde mit dem Vertrag von Maastricht (dem EU-Vertrag) die Europäische Union (EU) errichtet. Am 1.12.2009 ist der Vertrag von Lissabon in Kraft getreten, mit dem die Union an die Stelle der EG trat, deren Rechtsnachfolgerin sie ist. Der EU-Vertrag wurde entsprechend angepasst und der EG-Vertrag durch den Vertrag über die Arbeitsweise der Union (AEUV) ersetzt.

Das EU-Recht setzt sich zusammen aus dem Primärrecht (EU-Vertrag AEUV) und daraus abgeleitetem Recht wie Verordnungen oder Richtlinien (Sekundärrecht). Diese Verordnungen und Richtlinien dürfen nicht mit ihren namensgleichen deutschen Pendants verwechselt werden. Eine europäische

---

[1] Der Europarat wurde am 5.5.1949 gegründet. Ziel ist es, in ganz Europa gemeinsame und demokratische Prinzipien zu entwickeln. Grundlagen hierfür sind die Europäische Konvention für Menschenrechte sowie andere Referenztexte zum Schutz des Einzelnen. Der Europarat hat derzeit 47 Mitgliedsstaaten. 1959 wurde durch den Europarat der Europäische Gerichtshof für Menschenrechte gegründet. Er soll die Einhaltung der Verpflichtungen, die sich für die einzelnen Vertragsstaaten aus der Europäischen Menschenrechtskonvention ergeben, sicherstellen.
[2] Vertrag zur Gründung der Europäischen Wirtschaftsgemeinschaft vom 25.3.1957, BGBl. II 1957 S. 766.
[3] Vertrag zur Gründung der Europäischen Wirtschaftsgemeinschaft vom 25.3.1957, geändert durch die Einheitliche Europäische Akte vom 17./28.2.1986 und umbenannt in Vertrag zur Gründung der Europäischen Gemeinschaft (EGVertrag).

Verordnung »hat allgemeine Geltung. Sie ist in allen Teilen verbindlich und gilt unmittelbar in jedem Mitgliedsstaat« (Art. 288 AEUV). Die Richtlinie ist »für jeden Mitgliedsstaat, an den sie gerichtet wird, hinsichtlich des zu erreichenden Ziels verbindlich, überlässt jedoch den innerstaatlichen Stellen die Wahl der Form und die Mittel« (Art. 288 AEUV). Sie legt mithin einen Rahmen fest, der von den Mitgliedsstaaten ausgefüllt werden muss. Sie dient der Rechtsangleichung und Koordinierung, innerstaatliche Rechtsformen sollen dabei gewahrt bleiben. Da die Richtlinie nicht unmittelbar wirkt, sondern erst in nationales Recht umgesetzt werden muss, wird der Einzelne nicht durch sie verpflichtet und kann sich bis zum Ablauf der Umsetzungsfrist regelmäßig auch nicht auf sie berufen. EU-Recht – egal ob Primär- oder Sekundärrecht – und die Entscheidungen des Gerichtshofs der EG (Europäischer Gerichtshof – EuGH)[1] stehen »über« dem deutschen Recht. Der so genannte Anwendungsvorrang des EU-Rechts bedeutet, dass sich der nationale Gesetzgeber oder der Rechtsanwender nicht auf anders lautendes nationales Recht berufen kann und deutsches Recht richtlinienkonform auszulegen ist.

Über die korrekte Umsetzung und Anwendung des EU-Rechts wachen die Kommission und der EuGH. Die Kommission kann ein Verfahren wegen Vertragsverletzung einleiten. Bei beharrlicher Nichtumsetzung kann der Mitgliedstaat zu einem Zwangsgeld verurteilt werden. Weiter können sich Privatpersonen zunächst vor den nationalen Gerichten und nach Durchlaufen des nationalen Rechtweges auch vor dem EuGH auf das Recht der EU berufen. Ist das nationale Recht nicht europarechtskonform, muss es entsprechend ausgelegt werden oder ist unanwendbar. Für den Einzelnen können auch Schadensersatzansprüche direkt gegen den Staat entstehen.

Das jeweilige Ausländerrecht der EU-Mitgliedsstaaten war von Anfang an auch von der sich weiterentwickelnden EG bzw. EU geprägt: Die Freizügigkeit von EU-Bürgerinnen und ihre Gleichstellung mit den jeweiligen Einheimischen war bereits im EWG-Vertrag von 1957 mit dem Verbot der Diskriminierung aufgrund der Staatsangehörigkeit, der Arbeitnehmerfreizügigkeit, der Niederlassungsfreiheit und der Dienstleistungsfreiheit angelegt.[2] Seit 1.1.1970 genießen EU-Bürgerinnen auf dieser Grundlage Freizügigkeit. 1992 wurde mit dem Vertrag von Maastricht die Unionsbürgerschaft eingeführt (Art. 20 AEUV),[3] die Stellung von EU-Bürgern und ihren Familienangehörigen wurde noch weiter gestärkt. Sie

---

[1] Der EuGH (Art. 251 ff. AEUV) darf nicht verwechselt werden mit dem Europäischen Gerichtshof für Menschenrechte (→ S. 19 und → S. 22).
[2] Art. 7, Art. 48 ff., Art. 52 ff. Art. 59 ff. EWG-Vertrag.
[3] Art. 17 Vertrag zur Gründung der Europäischen Gemeinschaft vom 25.3.1957, konsolidierte Fassung, ABl.-EG Nr. C 321 E vom 29.12.2006 S. 1 ff.

genießen volle Freizügigkeit innerhalb der EU und sind mit Blick auf soziale, Arbeitnehmer- und Marktrechte Einheimischen weitestgehend gleichgestellt (→ S. 287). Darüber hinaus haben sie das kommunale Wahlrecht (Art. 22 AEUV).

Ein weiterer Aspekt der fortschreitenden Europäisierung des Ausländerrechts ist das Assoziierungsrecht, das der Europäische Gerichtshof (EuGH) u. a. auf Grundlage des Assoziierungsabkommens EWG/Türkei vom 12. September 1963 und der darauf beruhenden Assoziationsratsbeschlüsse von 1980 (ARB 1/80 und ARB 3/80) entwickelt hat. Türkische Arbeitnehmer und ihre Familienangehörigen unterliegen mit Blick auf die Einreise deutschem Recht. Mit zunehmender Aufenthaltsdauer werden sie aber EU-Bürgern in Bezug auf Aufenthaltsstatus, Erwerbstätigkeit, sozialrechtliche Stellung und Abschiebungsschutz weit gehend gleichgestellt (→ S. 320).

1999 hat die EU mit dem Vertrag von Amsterdam die Zuständigkeit für »Visa, Asyl, Einwanderung und andere Politiken betreffend den freien Personenverkehr« (Art. 77ff. AEUV) erhalten. Ziele der darauf beruhenden Migrationspolitik sind insbesondere eine gemeinsame Asylpolitik, die gerechte Behandlung von Drittstaatlern und die Steuerung der Zuwanderung in die EU. Allerdings gibt es starke Abschottungstendenzen. Das Hauptaugenmerk der EU lag in den letzten Jahren nicht auf Steuerung, sondern auf der Verhinderung von (illegaler) Zuwanderung. Hier machte sich bemerkbar, dass in fast allen Mitgliedstaaten der Trend zur Zuwanderungsbegrenzung geht. Mittlerweile wurden auf dieser Grundlage mehrere Verordnungen und Richtlinien erlassen und in deutsches Recht umgesetzt.

Mit dem Vertrag von Lissabon vom 13.12.2007 wurden die Kompetenzen der EU zur Regelung von Migration und Integration ausgeweitet. Unter Beteiligung des Parlaments können im Mehrheitsverfahren Maßnahmen zu Visa und Grenzschutz, Asyl- und Einwanderungspolitik beschlossen werden.

3 Einwirkungen des internationalen Rechts

Von Bedeutung für das deutsche Zuwanderungs- und Aufenthaltsrecht sind neben den europarechtlichen und nationalen Regelungen auch völkerrechtliche Verträge wie z. B. die Genfer Flüchtlingskonvention (GFK) von 1951 oder die Europäische Menschenrechtskonvention (EMRK) von 1950. Flüchtlinge im Sinne der GFK sind Menschen, die aus begründeter »Furcht vor Verfolgung wegen ihrer Rasse, Religion, Nationalität, Zugehörigkeit zu einer bestimmten sozialen Gruppe oder wegen ihrer politischen Überzeugung« Schutz suchen (Art. 1 A Nr. 2 GFK). Diese Flüchtlingsdefinition ist bis heute der prägende Flüchtlingsbegriff. Es wird zwar immer wieder auch von Armuts-, Umwelt- oder Wirtschaftsflüchtlingen gesprochen. Versuche, diesen ähnliche Rechte zu verschaffen, wie sie politische Flüchtlinge durch die GFK genießen, sind bislang nicht von Erfolg gekrönt.

Völkerrechtliche Verträge geben in aller Regel dem Einzelnen kein subjektives Recht. Das unterscheidet den Flüchtlingsschutz des Völkerrechts wesentlich vom Asylrecht des Grundgesetzes, das ein einklagbares subjektives Recht gewährt. Der völkerrechtliche Vertrag bedarf der Umsetzung in nationales Recht, um unmittelbare Wirkung für den Einzelnen zu entfalten. Obwohl es also in Art. 14 der Erklärung der Menschenrechte vom 10.12.1948 heißt, dass »jeder Mensch das Recht hat, in anderen Ländern vor Verfolgung Asyl zu suchen und zu genießen«, steht dem keine Pflicht der Staaten, Asyl zu gewähren gegenüber. In der Völkerrechtslehre und -praxis ist das Asylrecht bis heute nicht als individuelles Recht anerkannt. Träger des Asylrechts ist allein der aufnehmende Staat. Seine Freiheit, Asyl zu gewähren, ist Ausfluss seiner Souveränität. Das Asylrecht wird mithin in der herrschenden Lehre nicht als allgemeines Menschenrecht angesehen.[1] Demnach gibt die GFK Flüchtlingen kein unmittelbares Recht auf Schutzgewährung.

Allerdings verbietet sie, einen Flüchtling, dem Verfolgung droht, abzuschieben. Aus diesem Refoulment-Verbot des Art. 33 GFK leitet die Rechtsprechung das Recht auf Einreise ab, da das Refoulement-Verbot auch einen Schutz vor Zurückweisung an der Grenze enthält. Die GFK ist durch ein Ratifizierungsgesetz in deutsches Recht transformiert und daher in den Regelungen, die keiner weiteren Präzisierung bedürfen, unmittelbar anwendbar.

Die EMRK[2] schützt u. a. das Recht auf Leben und körperliche Unversehrtheit, auf Achtung des Privat- und Familienlebens, auf Gedanken-, Gewissens-, Religions- und Meinungsfreiheit. Sie ist in Deutschland durch ein Zustimmungsgesetz in Kraft gesetzt worden und steht damit im Rang eines Bundesgesetzes. Ein unmittelbares Recht auf Asyl gibt auch die EMRK nicht. Sie enthält aber anders als die GFK Rechte des Einzelnen, die mittels einer Individualbeschwerde vor dem Europäischen Gerichtshof für Menschenrechte geltend gemacht werden können. Die EMRK und die Rechtsprechung des Europäischen Gerichtshofs für Menschenrechte sind bei der Auslegung des einfachen Rechts, aber auch des Grundgesetzes heranzuziehen. Insbesondere beim Abschiebungsschutz spielt die EMRK eine große Rolle.[3]

---

[1] Vgl. Tießler-Marenda, 2002, S. 30 f.
[2] Siehe auch Glossar → S. 376.
[3] Hoppe, 2008, S. 251.

Die Vorgaben der GFK und der EMRK sind in das deutsche Ausländerrecht integriert, insbesondere finden sie sich im Asylgesetz (AsylG) und im Aufenthaltsgesetz (AufenthG) bei den humanitären Aufenthaltstiteln und beim Abschiebungsschutz.

4 Anforderungen an die Soziale Arbeit

In Deutschland leben derzeit gut 16 Millionen Menschen mit Migrationshintergrund. Das entspricht einem Anteil an der Bevölkerung von 20 Prozent. Als Menschen mit Migrationshintergrund werden Personen bezeichnet, die entweder selbst Migrationserfahrung haben oder von mindestens einem Elternteil mit Migrationserfahrung oder mit nichtdeutscher Muttersprache abstammen. Der Begriff umfasst Deutsche wie insbesondere Spätaussiedler und Eingebürgerte sowie Ausländer, die weniger als die Hälfte der Menschen mit Migrationshintergrund ausmachen.

Bei den Personengruppen, die von Einkommensarmut und schlechten Lebensperspektiven betroffen sind und deshalb einen wesentlichen Teil der Klientel sozialer Arbeit ausmachen, sind Menschen mit Migrationshintergrund regelmäßig überproportional vertreten. Interkulturelle Kompetenz und Kenntnisse über die Spezifika in der Lebenssituation von Menschen mit Migrationshintergrund sind deshalb notwendiges Basiswissen in der sozialen Arbeit.

Menschen mit Migrationshintergrund haben jeweils unterschiedliche Zugangswege nach Deutschland. Ihr Rechtsstatus unterscheidet sich nach Aufenthaltsgrund, -dauer und Staatsangehörigkeit. Dieser Status hat bei Ausländern Auswirkungen u. a. auf ihre Zugangsrechte zu sozialen Leistungen, Bildung, Arbeitsmarkt sowie auf gesellschaftliche und politische Teilhabe. Um auf die unterschiedlichen Lebenswirklichkeiten von Menschen mit Migrationshintergrund eingehen zu können, muss mithin meist auch ihr aufenthaltsrechtlicher Hintergrund in den Blick genommen werden. Von Beschäftigten in der sozialen Arbeit sind hier Grundkenntnisse des Zuwanderungs- und Aufenthaltsrechts und ein entsprechendes Problembewusstsein zu erwarten.

II Einreise und Aufenthalt von Drittstaatsangehörigen

1 **Einreise** 27
   1.1 Die Einreise zum Zweck des Kurzaufenthalts bis zu drei Monaten 27
   1.2 Visum für einen Aufenthalt von mehr als drei Monaten 34
   1.3 Die genehmigungsfreie Einreise für bestimmte Sondergruppen 37
2 **Aufenthaltserlaubnis und Niederlassungserlaubnis – Allgemeine Anforderungen** 38
   2.1 Aufenthaltszwecke 38
   2.2 Allgemeine Erteilungsvoraussetzungen 40
3 **Das Recht zu arbeiten** 46
4 **Antrag auf einen Aufenthaltstitel – Fiktionsbescheinigung** 51
5 **Aufenthaltserlaubnis zum Zwecke des Studiums und der Ausbildung** 53
   5.1 Erteilungsvoraussetzungen 53
   5.2 Antragsverfahren 56
   5.3 Dauer und Verlängerung 58
   5.4 Mobilität in der Europäischen Union 60
   5.5 Arbeiten 61
   5.6 Sozialleistungen 62
   5.7 Verlängerung der Aufenthaltserlaubnis nach einem Studienabschluss 64
   5.8 Sonstige Aufenthalte zu Ausbildungszwecken 66
   Prüfungsschema Aufenthaltserlaubnis zum Zwecke des Studiums 68
6 **Aufenthaltserlaubnis zum Zwecke der Erwerbstätigkeit (§§ 18, 18a, 19, 20, 21 AufenthG)** 71
   6.1 Zuwanderung zu Erwerbszwecken 69
   6.2 Einzelheiten zur Aufenthaltserlaubnis nach § 18 AufenthG 75
      6.2.1 Beschäftigungen für qualifizierte Tätigkeiten 77
         6.2.1.1 Beschäftigungserlaubnis ohne Zustimmung der Agentur für Arbeit 77
         6.2.1.2 Beschäftigungserlaubnis mit Zustimmung der Agentur für Arbeit, aber ohne Vorrangprüfung 78
         6.2.1.3 Beschäftigungserlaubnis mit Vorrangprüfung 79
      6.2.2 Beschäftigungen, bei denen es nicht auf die Qualifizierung ankommt 80

6.2.2.1 Beschäftigungen ohne Zustimmung der Agentur
für Arbeit **80**
6.2.2.2 Beschäftigungen mit Zustimmung der Agentur
für Arbeit, aber ohne Vorrangprüfung **82**
6.2.2.3 Beschäftigung mit Zustimmung der Agentur
für Arbeit und Vorrangprüfung **83**
6.2.2.4 Vorübergehende Beschäftigungen auf der Grundlage von Absprachen der Arbeitsverwaltungen **84**
6.3 Verlängerung/Verfestigung **84**
6.4 Sozialleistungen **85**
6.5 Familiennachzug **85**
Prüfungsschema Aufenthaltserlaubnis zum Zweck der Beschäftigung 86

7 **Familiennachzug 87**
7.1 Struktur und Grundsätze des Rechts auf Familiennachzug **87**
7.2 Familiennachzug zu Deutschen **97**
7.2.1 Aufenthaltsansprüche **97**
7.2.2 Verlängerung/Verfestigung **103**
7.2.3 Arbeit und Sozialleistungen **104**
Prüfungsschemata Familiennachzug zu Deutschen 105
7.3 Familiennachzug zu Ausländern **107**
7.3.1 Ehegattennachzug **107**
Prüfungsschemata Ehegattennachzug zu Ausländern 117
7.3.2 Kindernachzug **119**
Prüfungsschemata Kindernachzug zu Ausländern 127
7.3.3 In Deutschland geborene Kinder **130**
7.4 Der Nachzug sonstiger Familienangehöriger **131**
7.4.1 Nachzug von Eltern zu anerkannten Flüchtlingen u.a. **131**
7.4.2 Nachzug weiterer Familienangehöriger **133**
7.5 Eigenständiges Aufenthaltsrecht **135**
7.5.1 Eigenständiges Aufenthaltsrecht für Ehegatten, Lebenspartner und sonstige volljährige Familienangehörige **135**
7.5.2 Eigenständiges Aufenthaltsrecht von Kindern **141**

8 **Recht auf Wiederkehr 143**
8.1 Wiederkehr für junge Menschen **143**
8.2 Rückkehr von Rentnern **147**

9 **Aufenthaltserlaubnis für ehemalige Deutsche 148**

10 **Langfristig aufenthaltsberechtigte Drittstaatsangehörige, die aus anderen EU-Staaten zuwandern 151**

26 II Einreise und Aufenthalt von Drittstaatsangehörigen

11 **Aufenthaltserlaubnis aus humanitären Gründen
(§§ 22, 23, 23a, 24, 25, 25a AufenthG) 153**
  11.1 Struktur der Aufenthaltserlaubnisse aus humanitären Gründen 153
  11.2 Flüchtlingsaufnahme nach GG, GFK und Europarecht 154
    11.2.1 Exkurs: Asylverfahren 155
    11.2.2 Aufenthaltserlaubnis (§ 25 Abs. 1 oder Abs. 2 AufenthG) **169**
    11.2.3 Aufenthaltserlaubnis wegen zielstaatsbezogenen Abschiebehindernissen (§ 25 Abs. 3 AufenthG) **176**
  11.3 Gruppenregelungen auf der Grundlage politischer Entscheidungen **181**
    11.3.1 Aufnahme aus besonderen politischen Gründen durch Aufnahmeverfahren des BAMF nach § 23 Abs. 2 AufenthG (jüdische Zuwanderer aus der ehemaligen Sowjetunion) **181**
    11.3.2 Resettlement-Flüchtlinge **182**
    11.3.3 Bleiberechtsregelungen – stichtagsgebunden (§ 23 Abs. 1 i.V.m. §§ 104a, 104b und 25a AufenthG) **183**
    11.3.4 Aufenthaltserlaubnis für integrierte junge Menschen nach § 25a AufenthG **186**
    11.3.5 Stichtagsunabhängige Bleiberechtsregelung nach § 25b AufenthG **192**
    Prüfungsschemata Aufenthaltserlaubnis nach § 25a AufenthG 191
  11.4 Einzelfallentscheidungen **195**
    11.4.1 Aufnahme aus dem Ausland (§ 22 AufenthG) **195**
    11.4.2 Aufenthaltserlaubnis wegen inlandsbezogener Abschiebehindernisse (§ 25 Abs. 5 AufenthG) **196**
    11.4.3 Aufenthaltserlaubnis für Zeuginnen in Strafverfahren gegen Menschenhändler (§ 25 Abs. 4a AufenthG) **204**
    11.4.4 Aufenthaltserlaubnis für Zeuginnen eines Strafverfahrens wegen Arbeitsausbeutung (§ 25 Abs. 4b AufenthG) **208**
    11.4.5 Aufenthaltserlaubnis zum vorübergehenden Aufenthalt aus humanitären Gründen (§ 25 Abs. 4 Satz 1 AufenthG) **211**
    11.4.6 Aufenthaltsverlängerung aus dringenden humanitären Gründen (§ 25 Abs. 4 Satz 2 AufenthG) **214**
    11.4.7 Aufenthaltserlaubnis auf der Grundlage einer Entscheidung einer Härtefallkommission (§ 23a AufenthG) **218**
    Prüfungsschemata humanitäre Aufenthaltserlaubnis im Einzelfall 220
12 **Niederlassungserlaubnis und Erlaubnis zum Daueraufenthalt-EU 223**
13 **Duldung 234**
14 **Aufenthaltsrechtliche Illegalität 243**
Kontrollfragen 246

1 Einreise

Am Anfang eines Aufenthalts in Deutschland steht für Zuwandernde die Einreise.

Es handelt sich nicht einfach um die tatsächliche Überschreitung einer Grenze, sondern vor allem um einen rechtlich höchst sensiblen Vorgang. Wem das Recht zugestanden wird, einen fremden Staat zu betreten, liegt nach allgemeinem Völkerrecht in der alleinigen Entscheidungskompetenz des jeweiligen Einreisestaates. Solange eine Person ohne deutsche Staatsangehörigkeit sich noch nicht auf dem Staatsterritorium der Bundesrepublik Deutschland befindet, kann sie sich nicht auf die Grundrechte und auf den Verfahrensschutz des Rechtsstaates berufen. Ihre Rechtsposition ist damit deutlich schwächer als die einer Ausländerin, die sich bereits in Deutschland aufhält.

Das Recht der Einreise für Drittstaatsangehörige unterscheidet zunächst drei Gruppen:

1. Die Einreise zum Zweck des Kurzaufenthalts bis zu drei Monaten.

2. Die Einreise zum Zweck eines Aufenthalts von mehr als drei Monaten.

3. Die genehmigungsfreie Einreise für bestimmte Sondergruppen.

1.1 Die Einreise zum Zweck des Kurzaufenthalts bis zu drei Monaten

Der kurzfristige Aufenthalt von Drittstaatsangehörigen unterliegt im Prinzip nicht mehr dem deutschen Recht, sondern richtet sich nach den Schengener Verträgen und dem Visakodex (VO 810/2009).

> Das ursprüngliche Schengener Übereinkommen über den schrittweisen Abbau der Kontrollen an den gemeinsamen Grenzen wurde am 14.6.1985 zwischen Deutschland, Frankreich, Luxemburg und den Niederlanden geschlossen. Konkrete Regelungen wurden dann in dem Schengener Durchführungsübereinkommen (SDÜ) vom 19.6.1990 festgelegt. Das so entstandene Schengenrecht wurde durch den Amsterdamer Vertrag (in Kraft getreten am 1.5.1999) zum Bestandteil des EU-Rechts.
>
> Der EU-Visakodex (VO 810/2009) regelt seit April 2010 die Visa-Rechtsvorschriften für alle Aufenthalte von bis zu drei Monaten je Sechsmonatszeitraum.

> Die Verordnung ist verbindlich und gilt in Deutschland unmittelbar. § 6 Abs. 1 und 2 AufenthG verweisen deshalb für das Visumverfahren nur noch auf den EU-Visakodex. Nicht am Schengen-Verfahren beteiligen sich Großbritannien und Irland. Dänemark hat die Anwendung erklärt. Zusätzlich assoziiert sind Norwegen, Island und die Schweiz, über die Währungs- und Zollunion mit der Schweiz wird auch Liechtenstein einbezogen.

Nach dem Visakodex unterliegt die Einreise folgenden Voraussetzungen:

- Besitz eines Passes oder Passersatzes;
- Besitz eines Schengenvisums für so genannte Negativstaater (siehe unten);
- ausreichende finanzielle Mittel;
- keine Ausschreibung im SIS (siehe Kasten) oder im Ausländerzentralregister[1] zur Einreiseverweigerung;
- keine Gefahr für die öffentliche Sicherheit und Ordnung.

> **Schengener Informationssystem (SIS)**
>
> Gemeinsame Datenbank der Mitgliedsstaaten sowohl zur Ausschreibung von Straftätern zur Fahndung als auch von Ausländern zur Einreiseverweigerung. Jeder Schengenstaat kann seine Fahndungen hier eingeben. Zugriff haben Polizei, Staatsanwaltschaft, Sicherheitsbehörden, Europol[2] und Eurojust.

Die Überprüfung dieser Voraussetzungen ist in der Regel Aufgabe der Bundespolizei, soweit mit der Einreise in Deutschland zugleich die Einreise ins Schengengebiet stattfindet. Das ist nur auf dem Luftweg und dem Seeweg möglich.

Auch innerhalb des Schengenraums sind Ausländer wie Inländer verpflichtet, bei einer Grenzüberschreitung ihren Pass oder Passersatz (z. B. Personalausweis) mit sich zu führen. Der Grenzübertritt als solcher erfordert zwar keine Passvorlage, aber nur so kann sichergestellt werden, dass Personen in einem Staat ihre Ausweisdokumente zeitnah auf Verlangen vorlegen können (§ 48 Abs. 1 AufenthG, § 1 PersAuswG).

---

[1] Siehe Glossar → S. 383.
[2] Siehe Glossar → S. 378.

Das Schengenrecht unterscheidet so genannte Positivstaater und Negativstaater. Die EUVisaVO[1] enthält eine Liste aller Staaten, deren Angehörige für die Einreise in den Schengenraum ein Visum benötigen (Negativstaater) sowie eine Liste der Staaten, deren Angehörige von dieser Pflicht befreit sind.[2] Zusätzlich sind Drittstaatsangehörige von der Visumpflicht befreit, die in einem anderen Schengenstaat ihren Wohnsitz und einen Aufenthaltstitel haben (Art. 21 Abs. 1 SDÜ).

Das Schengenvisum muss bei der Auslandsvertretung (Botschaft oder Konsulat), die für den Wohnort des Antragstellers zuständig ist, beantragt werden (Art. 6 Visakodex). So ist etwa für eine türkische Staatsangehörige mit Wohnsitz in Aydin das Generalkonsulat in Izmir zuständig, für einen türkischen Staatsangehörigen aus Diyarbakir die Deutsche Botschaft in Ankara.

Die deutsche Auslandsvertretung ist dann zuständig, wenn der Kurzaufenthalt überwiegend in Deutschland stattfinden soll. Lässt sich dies nicht eindeutig bestimmen, etwa weil eine Rundreise durch verschiedene EU-Staaten geplant ist, so ist der Staat zuständig, in den die erste Einreise erfolgt (Art. 5 Visakodex). Bei einem Flug mit der Destination eines deutschen Flughafens wäre Deutschland also zuständig, es sei denn, es ist die Weiterreise in einen anderen EU-Staat geplant, in dem der überwiegende Teil der Aufenthaltszeit verbracht werden soll.

Dieses Visum wird Schengenvisum Typ C genannt, im Unterschied zum Typ A für den Flughafentransit. Der bisherige Typ B für die Durchreise wird jetzt auch als Typ C bezeichnet. Das Visum wird durch das Einkleben einer einheitlichen EU-Visummarke, die weit gehend fälschungssicher ist, erteilt.

---

[1] VO 539/2001/EG zur Aufstellung der Liste der Drittländer, deren Staatsangehörige beim Überschreiten der Außengrenzen im Besitz eines Visums sein müssen, sowie der Liste der Drittländer, deren Staatsangehörige von dieser Visumpflicht befreit sind.

[2] Neben den Angehörigen der EU, EWR, Schweiz sind auch die Staatsangehörigen folgender Stataten von der Visumpflicht befreit:
Andorra, Antigua und Barbuda, Argentinien, Australien, Bahamas, Barbados, Brasilien, Brunei, Chile, Costa Rica, El Salvador, Guatemala, Honduras, Hongkong, Israel, Japan, Kanada, Korea (Süd), Macau, Malaysia, Mauritius, Mexiko, Moldau, Monaco, Neuseeland, Nicaragua, Panama, Paraguay, San Marino, Seychellen, Singapur, St. Kitts und Nevis, Taiwan, Uruguay, Vatikanstadt, Venezuela, Vereinigte Staaten von Amerika.
Soweit sie über einen biometrischen Pass verfügen, sind Angehörige der Staaten Albanien, Bosnien und Herzegowina, Mazedonien, Moldau, Montenegro und Serbien von der Visumpflicht für Kurzaufenthalte befreit, nicht aber Angehörige von Kosovo.

Beispiel

Die russische Staatsangehörige Swetlana, wohnhaft in St. Petersburg, möchte die Weltstadt Berlin, das Heidelberger Schloss und natürlich die Spielbank in Baden-Baden besuchen. Zeitlich sollte auch noch ein Abstecher nach Paris drin sein. Sie hat einen Flug von St. Petersburg nach Berlin gebucht. Welche Einreisedokumente benötigt sie?
Sie ist als russische Staatsangehörige nicht von der Visumpflicht befreit. Sie benötigt ein deutsches Schengenvisum, weil die erste Einreise in den Schengenraum nach Deutschland erfolgt und sie sich überwiegend in Deutschland aufhalten will. Das Visum berechtigt dann auch zur Einreise nach Frankreich. Zuständig ist das deutsche Konsulat in St. Petersburg.

Visum für einen Aufenthalt bis zu drei Monaten

Zuständig:
Die deutsche Auslandsvertretung im Wohnsitzland des Ausländers

Voraussetzungen:

1. Besitz eines Passes oder Passersatzes (Art. 12 Visakodex);
2. Staatsangehörigkeit und Identität geklärt oder Nachweis der Rückkehrberechtigung ins Wohnsitzland;
3. Reisekrankenversicherung (Art. 15 Visakodex)
4. Lebensunterhalt gesichert (Art. 14 Visakodex)
   - Einladung durch eine Person mit Wohnsitz und festem Einkommen in Deutschland, verbunden mit einer Verpflichtung, für die Kosten des Lebensunterhalts und einer ausreichenden Krankenversicherung aufzukommen (§ 68 AufenthG), oder
   - ausreichend eigene Mittel, z.B. bei Geschäftsleuten, einer gebuchten Pauschalreise oder durch Hinterlegung eines Geldbetrags bei einer deutschen Bank;
5. keine Zweifel an der Rückkehrbereitschaft (Art. 14 Abs. 1d Visakodex). Zweifel können sich ergeben, wenn bereits ein erfolgloser Antrag auf ein nationales Visum gestellt wurde, die Antragstellerin keine persönlichen Bindungen im Wohnsitzland hat, dafür aber Familie in Deutschland, im Wohnsitzland ohne Einkommen und soziale Sicherung lebt usw.;
6. kein Ausweisungsinteresse;

7. keine Wiedereinreisesperre (Schengeninformationssystem);
8. eventuell Sicherheitsüberprüfung bei deutschen Behörden und Geheimdiensten.

Bearbeitung:
Das Visum muss in einer festgelegten Zeit von 15 Tagen bearbeitet werden, es gibt allerdings Verlängerungsmöglichkeiten bis zu 60 Tagen, wenn langwierige Ermittlungen erforderlich sind (Art. 23 Visakodex). Wenn die Voraussetzungen erfüllt sind, besteht ein Anspruch auf die Erteilung. Die Rückkehrbereitschaft (Art. 32 Abs. 1 Visakodex) bildet dabei eine zentrale Voraussetzung.[1]
Die Gebühr beträgt 60 € und kann in bestimmten Fällen auf 35 € reduziert werden.

Seit Oktober 2011 ist das Visa-Informationssystem (VIS, VO 767/2008) in Betrieb. Die Visa-Anträge und Visa-Entscheidungen aller Mitgliedsstaaten werden gespeichert. Durch Fingerabdrücke und ein digitales Gesichtsbild soll die Identität sicher und schnell überprüft werden.

Bei Besuchsaufenthalten von Verwandten ist in der Regel ein so genanntes »Einladungsschreiben« erforderlich, welches im Wesentlichen die Verpflichtung zur Übernahme der Kosten des Lebensunterhalts und den Nachweis eines Krankenversicherungsschutzes beinhaltet. Die Verpflichtung umfasst auch die Kosten einer eventuell erforderlichen Abschiebung (§ 68 AufenthG), falls die eingeladene Person Deutschland nicht rechtzeitig wieder verlässt. Kommt es allerdings zu einem unvorhergesehenen Abschiebehindernis (schwere Erkrankung) so können die Einlader nicht für unabsehbare Zeit in die Haftung genommen werden.

Kommt es während eines Kurzaufenthalts zu einer Notlage, besteht ein Anspruch auf Sozialhilfe, wenn in Deutschland Hilfe benötigt wird, diese Hilfe aber tatsächlich von der Person, die sich verpflichtet hat, nicht zu bekommen ist.[2] Die Ausländerin selbst kann nämlich aus der Verpflichtungserklärung keine direkten Ansprüche ableiten; nur die Behörden können gegen die Person, die sich verpflichtet hat, Ansprüche vollstrecken.

---

[1] BVerwG vom 11.1.2011 – 1 C 1.10
[2] Bayerischer VGH vom 23.2.1994, InfAuslR 1996, 23.

Beispiel

Ali, iranischer Staatsangehöriger, lebt mit seiner deutschen Frau und zwei Kindern in Frankfurt. Sie haben ein Haushaltseinkommen von 2.400 € netto monatlich. Alis Vater, Massud, 75 Jahre alt, lebt in Teheran zusammen mit seiner Ehefrau. Er möchte die Familie seines Sohnes besuchen, um endlich seine Schwiegertochter und seine Enkel kennen zu lernen. Welchen Weg muss die Familie beschreiten, um die erforderlichen Einreisepapiere zu erhalten?
Ali wendet sich zunächst an die für ihn zuständige Ausländerbehörde, dort erhält er ein Formular für eine Verpflichtungserklärung. Es wird geprüft, ob Alis Einkommen unter Berücksichtigung seiner Unterhaltspflichten ausreicht, um den Lebensunterhalt seines Vaters zu sichern. Er muss in der Regel einen Einkommensbescheid und einen Beleg über die Mietzahlungen vorlegen. Die Prüfung wird auf der Verpflichtungserklärung bescheinigt. Diese kann Ali jetzt an seinen Vater Massud schicken, der sie benötigt, um bei der deutschen Botschaft in Teheran ein Schengenvisum zu beantragen. Gleichzeitig sollte Ali auch eine Bescheinigung über den Abschluss einer Krankenversicherung für Massud beifügen. Massud lässt sich dann einen Vorsprachetermin bei der Botschaft geben (wird je nach Botschaft unterschiedlich gehandhabt), neben den Unterlagen von Ali wird er noch Belege über seine Einkommenssituation, seine Wohnverhältnisse und die Familienangehörigen im Iran vorlegen müssen. Diese Unterlagen dienen der Prüfung der Rückkehrwilligkeit. Eventuell wird bei einem iranischen Staatsangehörigen noch eine Sicherheitsüberprüfung vorgenommen. Ist der Prüfungsvorgang abgeschlossen, wird Massud benachrichtigt, dass er sein Visum abholen kann oder dass der Visumantrag abgelehnt wurde (ohne Angabe von Gründen).

Ein Visum mit einer Dauer unter drei Monaten kann bis zu einer Gesamtdauer von drei Monaten verlängert werden, selbst wenn es von einem anderen Schengenstaat ausgestellt wurde. Erforderlich ist lediglich, dass die Erteilungsvoraussetzungen auch zum Zeitpunkt der Verlängerung vorliegen. Eine Verlängerung über drei Monate hinaus ist nur möglich, wenn dringende humanitäre oder politische Gründe vorliegen. Die Höchstdauer beträgt insgesamt weitere drei Monate, in dieser Zeit gilt das Visum dann aber nur noch auf dem Territorium der Bundesrepublik. Wird ein weiterer Aufenthalt erforderlich, so ist dies in der Regel nur über eine Duldung oder eine Aufenthaltserlaubnis zum vorübergehenden Aufenthalt aus humanitären Gründen (§ 25 Abs. 4 Satz 1 AufenthG) möglich (→ S. 211).

Das Schengenvisum Typ C kann auch als Dauervisum mit einer Dauer zwischen einem und fünf Jahren erteilt werden, wenn die Person vertrauenswürdig ist oder an der Erteilung ein besonderes öffentliches Interesse besteht. In der Regel wird dies eher für geschäftliche als für private Aufenthaltsgründe angenommen. Dieses Visum berechtigt zu einem dreimonatigen Aufenthalt pro Halbjahr und zu mehrmaliger Einreise.

Das Schengenvisum berechtigt nicht zur Aufnahme einer Erwerbstätigkeit. Hierfür ist ausschließlich das deutsche Recht maßgeblich. Grundsätzlich darf mit einem Schengenvisum nicht gearbeitet werden. Es gibt aber eine Reihe von Tätigkeiten, die im Zusammenhang mit einem erlaubten Kurzaufenthalt nicht als Erwerbstätigkeit gelten, z. B. geschäftliche Verhandlungen und Vertragsschlüsse, wissenschaftliche Vorträge oder künstlerische Darbietungen, Teilnahme an Filmaufnahmen, Sportler bei einzelnen Veranstaltungen, akkreditierte Journalisten oder Ferienjobs für Schüler und Studierende, die von der Bundesagentur für Arbeit vermittelt wurden (§ 30 Nr. 1–3 BeschV).

Auch kann das Schengenvisum mit einer Beschäftigungserlaubnis für eine bestimmte Tätigkeit verbunden werden, wenn diese nur bis zu drei Monaten ausgeübt werden soll.[1] Die Voraussetzungen für die Erteilung richten sich nach den Regelungen für eine Aufenthaltserlaubnis zum Zwecke der Erwerbstätigkeit (→ S. 77).

Wird während eines Kurzaufenthalts eine nicht genehmigte oder nicht genehmigungsfreie Erwerbstätigkeit aufgenommen, so kann das Visum oder das Recht zum genehmigungsfreien Aufenthalt zurückgenommen werden.

Beispiel

Die argentinische Wissenschaftlerin Gabriella möchte auf einem Kongress in Deutschland einen Vortrag halten. Sie erhält hierfür ein Honorar von 600 €. Welche Genehmigungen benötigt sie?
Gabriella ist als argentinische Staatsangehörige von der Visumpflicht für Kurzaufenthalte befreit. Sie möchte aber einer Erwerbstätigkeit nachgehen. Dann gilt die Befreiung nur, wenn sie bei einem Aufenthalt von bis zu drei Monaten nicht als Beschäftigung im Sinne der BeschV zu werten ist (§ 30 BeschV). Gabriellas Vortragstätigkeit fällt unter § 5 Nr. 1 BeschV. Sie ist genehmigungsfrei, wenn sie ihren Wohnsitz in Argentinien behält. Gabriella kann also ohne Visum und ohne Genehmigung ihrer Tätigkeit nach Deutschland einreisen und einen Vortrag gegen Honorar halten.

Während eines Kurzaufenthalts dürfen sich Drittstaatsangehörige grundsätzlich im gesamten Schengenraum (→ S. 27) aufhalten. Für Personen mit einem Schengenvisum gilt dies für die Dauer des Visums, für Positivstaater für einen Zeitraum von drei Monaten innerhalb von sechs Monaten, gerechnet ab der er-

---

[1] Die teilweise vertretene Auffassung, ein Kurzaufenthalt zum Zwecke der Erwerbstätigkeit erfordere ein nationales Visum, ist unzutreffend, weil das Schengenrecht für alle Kurzaufenthalte bis zu drei Monaten gilt, siehe Westphal/Stoppa, 2007, S. 161.

sten Einreise (Art. 20 Abs. 1 SDÜ). Damit der Aufenthaltszeitraum von Ausländern im Schengengebiet kontrollierbar ist, sind alle Grenzübergangsstellen an den Außengrenzen (gilt auch für alle Flüge aus Staaten außerhalb des Schengenraums) verpflichtet, die Pässe bei Ein- und Ausreise zu stempeln. Das Visum darf nur mit den ausdrücklich im Visakodex genannten Gründen verweigert werden.[1] Für die Frage der Rückkehrbereitschaft darf auch die politische, soziale und wirtschaftliche Lage des Herkunftslandes berücksichtigt werden.

Gegen die Entscheidung der deutschen Auslandsvertretungen kann **kein Widerspruch** eingelegt werden, weil es sich um die Entscheidung einer obersten Bundesbehörde (Auswärtiges Amt) handelt (§ 68 VwGO).

Da § 32 Abs. 3 Visakodex jedoch eine Ablehnung des Visumantrags auf einem Formblatt mit Rechtsmittelbelehrung und ein Rechtsschutzverfahren vorsieht, wurde aus dem Instrument der **Remonstration** (Bitte um Überprüfung) ein förmliches Rechtsmittel, welches innerhalb von einem Monat gegen die Entscheidung einzulegen ist. Es ergeht ein förmlicher Remonstrationsbescheid des Auswärtigen Amtes. Fällt dieser ebenfalls negativ aus, kann dagegen Klage beim Verwaltungsgericht Berlin erhoben werden.

1.2 Visum für einen Aufenthalt von mehr als drei Monaten

Sobald ein Ausländer nach Deutschland einreisen will, um sich hier länger als drei Monate aufzuhalten, ist nicht das Schengenrecht, sondern das nationale Recht anzuwenden.

Nach diesem Recht ist für die Einreise für alle Ausländer (sowohl Negativstaater als auch Positivstaater) ein Visum erforderlich (§ 6 Abs. 3 AufenthG). Diese Regelung ist Ausdruck des strikten Grundsatzes, nach dem eine Genehmigung zum Aufenthalt bereits vor der Einreise einzuholen ist und die Gründe für den Aufenthalt dargelegt und nachgewiesen werden müssen (§§ 4 Abs. 1, 5 Abs. 2 AufenthG).

Obwohl es sich um ein nationales Visum handelt, wird es oft Schengenvisum Typ D genannt.

Ein nationales Visum wird ebenfalls von der deutschen Auslandsvertretung erteilt, die für den Wohnsitz der Ausländerin zuständig ist.

---

[1] EuGH vom 19.12.2013 – C-84/12 »Koustikaki«.

Allerdings kann hier die Botschaft oder das Konsulat nicht allein entscheiden; in einem so genannten verwaltungsinternen Beteiligungsverfahren muss bei der zuständigen Ausländerbehörde in Deutschland eine Zustimmung eingeholt werden (§ 31 AufenthV). Die Erteilung des Visums ist vollständig davon abhängig, dass die Voraussetzungen für den Aufenthaltstitel, der in Deutschland erteilt werden soll, vorliegen. Diese müssen vor allem dann von der hiesigen Ausländerbehörde abgeklärt werden, wenn sie von Personen, die in Deutschland leben, abhängig sind, z. B. beim Familiennachzug von den Angehörigen oder beim Aufenthalt zu Erwerbszwecken vom Arbeitgeber.

Bestehen Sicherheitsbedenken, so kann die Ausländerbehörde die Daten zur Überprüfung an das Bundesverwaltungsamt übermitteln, die diese an den Bundesnachrichtendienst, den Militärischen Abschirmdienst, das Bundeskriminalamt, das Zollkriminalamt und den Verfassungsschutz des Bundes und der Länder weiterleitet (§ 73 Abs. 2 AufenthG).

Die Zustimmung ist eine Voraussetzung für die Erteilung des Visums, verpflichtet aber die deutsche Auslandsvertretung nicht zur Erteilung. Die Verweigerung des Visums trotz einer Zustimmung der Ausländerbehörde ist in der Praxis jedoch selten.

Antragsverfahren für ein nationales Visum

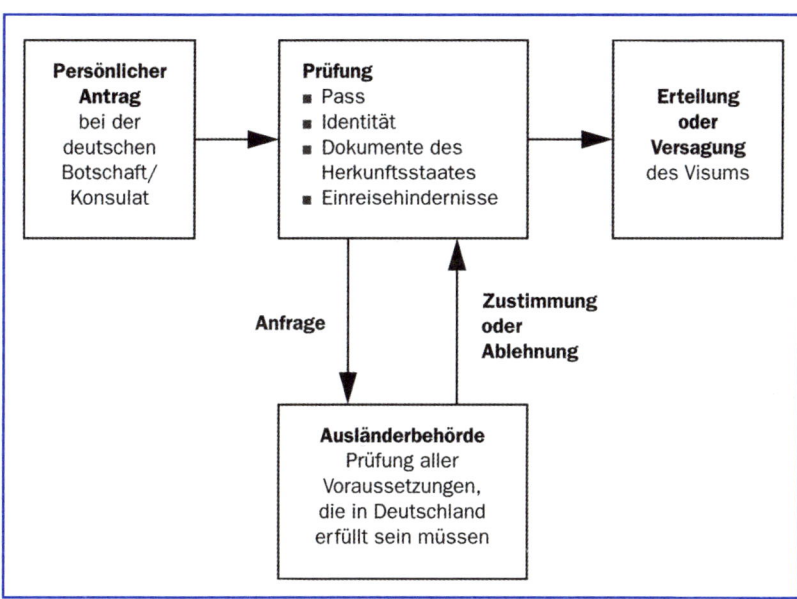

> **Beispiel**
>
> Adriana aus Kolumbien wurde als Flüchtling nach der GFK anerkannt und hat eine Aufenthaltserlaubnis nach § 25 Abs. 2 AufenthG (→ S. 169). Sie hat jetzt eine Wohnung in Leipzig und möchte ihren 8-jährigen Sohn, Pablo, nach Deutschland holen. Dafür muss Pablo oder eine Person, die berechtigt ist, ihn zu vertreten, bei der deutschen Botschaft in Bogotá einen Antrag auf ein nationales Visum stellen. Zunächst benötigt Pablo hierzu einen Pass und er muss die Abstammung von Adriana durch eine Geburtsurkunde nachweisen. Eine Sicherheitsüberprüfung dürfte angesichts seines Alters entbehrlich sein. Die deutsche Botschaft fragt bei der Ausländerbehörde Leipzig an, ob sie der Erteilung eines nationalen Visums zustimme. Die Ausländerbehörde prüft nun, ob Pablo eine Aufenthaltserlaubnis zum Zwecke des Familiennachzugs erteilt werden kann. Da ein Rechtsanspruch nach § 32 Abs. 1 Nr. 1 AufenthG besteht, ist die Zustimmung zu erteilen. Auf dieser Grundlage trifft nun die deutsche Botschaft Bogotá ihre Entscheidung und erteilt das Visum. Nach einer Einreise kann Pablo bei der Ausländerbehörde den Antrag auf Aufenthaltserlaubnis stellen. Da alle Voraussetzungen bereits vorab geprüft wurden, kann die Aufenthaltserlaubnis ohne weiteres Prüfungsverfahren erteilt werden.

Für bestimmte Arbeits- und Studienaufenthalte von Wissenschaftlern oder vorübergehend Beschäftigten wird auf die Zustimmung der AA verzichtet (siehe §§ 34 – 37 AufenthV).

Von dem Grundsatz der Visumpflicht für alle längerfristigen Aufenthalte darf nur bei bestimmten Sondergruppen (siehe unten 1.3) abgewichen werden.

Auf das erforderliche Visum (nicht auf die legale Einreise) kann verzichtet werden, wenn ein **Rechtsanspruch** auf Erteilung eines anderen Aufenthaltstitels erst nach der Einreise entstanden ist. In Betracht kommen vor allem Ansprüche auf Familienzusammenführung wegen Heirat oder der Geburt eines Kindes und Ansprüche auf die Blaue Karte EU (siehe → S. 73 f.). Nur wenn das Gesetz selbst eine gebundene Anspruchsnorm (»... ist zu erteilen ...« o. Ä.) enthält, wird der Aufenthaltstitel erteilt, auch ohne dass zuvor ein Visum für einen längerfristigen Aufenthalt beantragt wurde (§ 39 Nr. 3 AufenthV).[1]

Bestand der Rechtsanspruch bereits vor der Einreise, z. B. bei einer Eheschließung im Ausland mit einem Deutschen, so kann die Aufenthaltserlaubnis **nach Ermessen** im Bundesgebiet erteilt werden, wenn die Einreise zum Zweck des Kurzaufenthalts erfolgte (§ 5 Abs. 2 AufenthG).

---

[1] BVerwG vom 10.12.2014 – 1 C 15/14.

Die Ausländerbehörde kann ebenso nach Ermessen entscheiden, wenn die Rückkehr aufgrund der besonderen Umstände des Einzelfalls nicht zumutbar ist, z. B. bei Menschen mit Krankheit oder Behinderung oder besonders langen, kostspieligen oder gefährlichen Reisewegen zur deutschen Auslandsvertretung (§ 5 Abs. 2 AufenthG) oder wenn die Botschaft im Herkunftsland geschlossen ist (derzeit Damaskus).

1.3 Die genehmigungsfreie Einreise für bestimmte Sondergruppen

In einigen Fällen ist eine Einreise zum Aufenthalt von mehr als drei Monaten visumfrei möglich:

- Diplomatisches Personal: Mitglieder in Deutschland errichteter diplomatischer Missionen und konsularischer Vertretungen sowie deren Familienangehörige.
- Repräsentanten und Organe ausländischer Staaten.
- Angehörige der NATO und verbündeter Streitkräfte.
- Mitglieder und Bedienstete internationaler Organisationen mit Dienstsitz in Deutschland.
- Staatsangehörige bestimmter Industrienationen[1] können nach einer visumfreien Einreise nach Schengenrecht Anträge auf einen Aufenthaltstitel bei der zuständigen Ausländerbehörde stellen (§ 41 Abs. 1 AufenthV). Von diesem Recht können die Staatsangehörigen von Andorra, Honduras, Monaco und San Marino Gebrauch machen, sofern sie in Deutschland keiner genehmigungspflichtigen[2] Erwerbstätigkeit nachgehen wollen.
- Flüchtlinge, die einreisen, um in Deutschland Asyl zu beantragen oder sich auf ein Abschiebehindernis zu berufen (Art. 33 GFK; Art. 16a Abs. 1 GG; Qualifikationsrichtlinie[3]), wenn sie nicht aus einem sicheren Drittstaat einreisen.

Beispiel

Die kanadische Staatsangehörige Elisa reist am 20.9.2015 in Deutschland ein (visumfrei). Während sie bei einer Bekannten Urlaub macht, kommt sie mit dem Personalleiter eines Finanzdienstleisters ins Gespräch. Er versucht ihr eine Anstellung

---

[1] Australien, Israel, Japan, Kanada, Südkorea, Neuseeland, USA.
[2] Welche Tätigkeiten genehmigungsfrei sind, ergibt sich aus § 30 BeschV.
[3] Siehe Glossar → S. 370.

in der Abteilung für Finanztransfer mit Nordamerika schmackhaft zu machen und bietet ein Jahresgehalt von 60.000 €. Elisa gefällt es in Deutschland gut und sie hat nach einem wirtschaftswissenschaftlichen Studium mehrere Jahre in Montreal bei einem Finanzdienstleister gearbeitet. Welche Genehmigungen benötigt sie, um das Jobangebot annehmen zukönnen?

Elisa benötigt einen Aufenthaltstitel, wenn sie sich länger als drei Monate in Deutschland aufhalten will. Normalerweise könnte der Antrag nur vom Ausland aus gestellt werden. Da sie aber Staatsangehörige eines privilegierten Industriestaates ist, kann sie den Antrag in Deutschland bei der Ausländerbehörde stellen, in deren Bezirk sie sich anmelden will. Es handelt sich um eine Blaue Karte EU nach § 19a AufenthG (→ S. 73), für die keine Zustimmung der AA erforderlich ist (§ 2 Abs. 1 Nr. 2 BeschV). Die Blaue Karte EU wird für die Dauer des Arbeitsvertrags, längstens für vier Jahre ausgestellt.

2 Aufenthaltserlaubnis und Niederlassungserlaubnis – Allgemeine Anforderungen

2.1 Aufenthaltszwecke

Die vier Aufenthaltstitel Aufenthaltserlaubnis und Blaue Karte EU (befristet) sowie Niederlassungserlaubnis und Erlaubnis zum Daueraufenthalt-EU (unbefristet) werden immer von der Ausländerbehörde, in deren Bezirk der Wohnsitz liegt oder begründet werden soll, erteilt. In der Regel muss der ersten Erteilung eine Einreise mit einem nationalen Visum vorausgehen.

In den meisten Fällen[1] beginnt ein rechtmäßiger Aufenthalt zunächst mit einer Aufenthaltserlaubnis, die Niederlassungserlaubnis kann erst nach einem langjährigen Aufenthalt erworben werden.

Die Aufenthaltserlaubnis wird in jedem Falle mit einer Zweckbestimmung versehen. Das Gesetz benennt die Zwecke:

- Ausbildung;
- Erwerbstätigkeit;
- völkerrechtliche, humanitäre oder politische Gründe;
- Aufenthalt aus familiären Gründen;
- besondere Aufenthaltszwecke.

---

[1] Ausnahmen bestehen z. B. für Hochqualifizierte (§ 19 AufenthG).

Da die allgemeine Zweckbestimmung in der Regel nicht ausreicht, um die genaue Rechtsstellung zu bestimmen, wird in jeder Aufenthaltserlaubnis die Rechtsnorm genannt, nach der sie erteilt wurde, z. B. eine »Aufenthaltserlaubnis nach § 7 i.V.m. § 16 Abs. 1 AufenthG« berechtigt zum Studieren in Deutschland.

In § 7 Abs. 1 AufenthG eröffnet der Gesetzgeber die Möglichkeit, auch eine Aufenthaltserlaubnis für einen in diesem Gesetz nicht vorgesehenen Aufenthaltszweck zu erteilen. Gedacht ist eher an ungewöhnliche Einzelfälle, z. B. Konstellationen, bei denen einem Angehörigen der häuslichen Lebensgemeinschaft der Nachzug gestattet werden soll, obwohl er nicht Familienmitglied ist, z. B. der verrenteten Hausangestellten eines Unternehmers, der sich hier als Selbstständiger niederlassen will, oder einem Kind, für welches ein hier lebender Ausländer bereits im Heimatland für einen längeren Zeitraum die Vormundschaft übernommen hatte, wenn eine Adoption aus Gründen, die außerhalb der Sphäre des Ausländers liegen, nicht in Betracht kommt und für das Kind im Herkunftsland keine persönliche Betreuung zur Verfügung steht. Ebenso kann ein Familiennachzug ohne häusliche Gemeinschaft infrage kommen, wenn z. B. eine vermögende Seniorin in der Nähe ihrer Kinder leben möchte.

Seit September 2011 werden die Aufenthaltstitel nur noch als elektronische Aufenthaltstitel (eAT) ausgestellt. Es handelt sich um eine Plastikkarte, die das bisherige Klebeetikett im Pass ersetzt. Die Änderung wurde durch die EU-Verordnungen 1030/2002 und 380/2008 erforderlich. Fälschungen und Missbrauch sollen durch ein digitales Lichtbild und Fingerabdrücke verhindert werden. Die Karte enthält einen Chip, der es Ausländerbehörden, Polizei und sonstigen Ordnungsbehörden erlaubt, die biometrischen Daten und Nebenbestimmungen zum Aufenthaltstitel einzulesen.

Offen lesbar sind neben den persönlichen Daten die Art des Aufenthaltstitels und die gesetzliche Grundlage im Aufenthaltsgesetz. Wenn der Aufenthaltstitel mit einer Erwerbserlaubnis verbunden ist (siehe → S. 46 f.), wird diese offen auf der Karte vermerkt. Ist die Erlaubnis zur Erwerbstätigkeit dagegen beschränkt, so findet sich auf der Karte nur der Aufdruck: »siehe Nebenbestimmungen«. Die Nebenbestimmungen werden in dem Chip registriert und zusätzlich auf einem Beiblatt ausgedruckt, damit die Betroffenen die Möglichkeit haben, ihre jeweilige Berechtigung gegenüber Arbeitgebern oder Kundinnen nachzuweisen.

Die Karte verfügt auch über eine Online-Ausweisfunktion für Geschäfte im Internet und am Automaten; auch kann sie als elektronische Signatur zum Identitätsnachweis im Internet verwendet werden.

Die Karte ist nur solange gültig wie der Aufenthaltstitel, höchstens jedoch zehn Jahre. Das Verfahren ist aufwendig, da die eAT in der Bundesdruckerei hergestellt werden. Es entstehen Wartezeiten von mehreren Wochen, durch die es erforderlich wird, das Aufenthaltsrecht vorübergehend auf einem Formular zu bescheinigen. Die Kosten betragen 80 bis 250 Euro (§§ 44, 45 AufenthV), es bestehen jedoch verschiedene Möglichkeiten der Gebührenermäßigung oder -befreiung (§§ 52–54 AufenthV).

Die bisherigen Aufenthaltstitel behalten ihre Gültigkeit bis zum 31.8.2021.

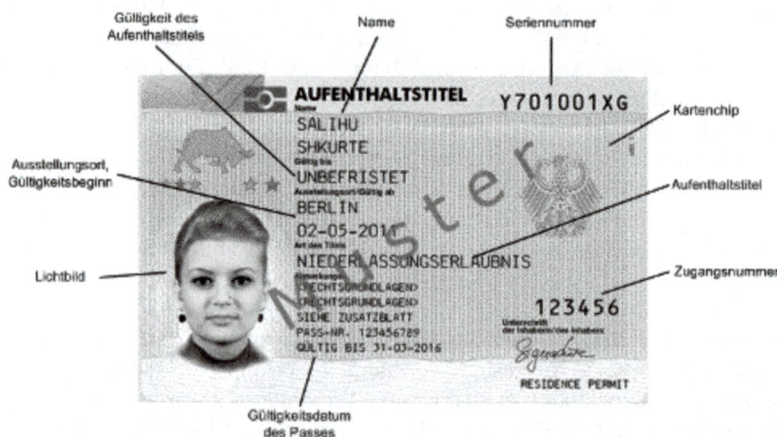

Quelle: Bundesdruckerei

2.2 Allgemeine Erteilungsvoraussetzungen

Für die Ersterteilung und die Verlängerung eines Aufenthaltstitels müssen bestimmte allgemeine Anforderungen erfüllt sein, die sich in § 5 AufenthG finden:

- Der Lebensunterhalt muss gesichert sein;

- die Identität und die Staatsangehörigkeit muss geklärt sein; besteht eine Rückkehrberechtigung in einen anderen Staat, ist eine unklare Staatsangehörigkeit unschädlich;

- es darf kein Ausweisungsinteresse bestehen (hierzu gehören z. B.: Straftaten, Drogensucht, Nähe zum Terrorismus oder Extremismus, Gewalt oder

Nötigung im Namen der Ehre, der Kultur oder Religion oder einem anderen der in §§ 53, 54 AufenthG genannten Interessen; für die Einzelheiten → S. 263);

- die Passpflicht muss erfüllt sein; kann ein Pass allerdings trotz intensiver Bemühungen nicht erlangt werden oder verlangt die Auslandsvertretung des Herkunftsstaates unzumutbare Handlungen, so kann ein Ausweisersatz (§ 55 AufenthV) oder ein Reiseausweis (§ 5 Abs. 1 AufenthV) ausgestellt werden. Nur der Reiseausweis ermöglicht auch Reisen ins Ausland. Die Ausländerbehörden sind extrem zurückhaltend mit der Ausstellung, weil damit immer auch ein Eingriff in die Souveränität eines anderen Staates verbunden ist. Verlangt werden nicht nur Bemühungen um die Passausstellung bei den Botschaften in Deutschland, sondern auch die Einschaltung von Vertrauenspersonen und Rechtsanwälten im Herkunftsstaat.[1] Bei der Ausübung des Ermessens dürfen aber keine sachfremden Gesichtspunkte berücksichtigt werden. So stellte das OVG NRW klar, dass ein Sozialleistungsbezug nicht als Argument gegen die Ausstellung eines Reiseausweises verwendet werden kann.[2]

- Eine weitere Voraussetzung besteht für Aufenthaltstitel, die nach dem AufenthG nach Ermessen erteilt werden. Die Interessen der Bundesrepublik dürfen nicht aus sonstigen Gründen beeinträchtigt oder gefährdet sein. Der Begriff der öffentlichen Interessen ist sehr weit gefasst. Hier können wirtschaftliche, politische und gesellschaftliche Interessen angeführt werden. Früher wurde an dieser Stelle immer der Grundsatz der Vermeidung von Zuwanderung angeführt. Dieser politische Grundsatz wurde jedoch mit dem Zuwanderungsgesetz aufgegeben und kann daher nicht mehr angeführt werden. Als Beispiel für eine Belangbeeinträchtigung wird die Sicherung des Lebensunterhalts durch Einkommen im Sexgewerbe genannt.[3] Problematisch ist hierbei allerdings der Wertungswiderspruch zum Prostitutionsgesetz,[4] durch welches das »Gewerbe« zu einer Tätigkeit unter dem Schutz der Rechtsordnung geworden ist.

---

[1] So z.B. OVG Mecklenburg-Vorpommern vom 18.3.2010 – 2 O 140/09; unzumutbar aber für syrische Staatsangehörige: VG Dresden vom 12.3.2015 – 3 K 687/13; für eritreische Staatsangehörige: VG Würzburg vom 26.1.2015 – W 7 K 14.1220.
[2] OVG NRW vom 19.2.2008, ZAR 2008, S. 276 f. mit Anmerkungen von Pfersich, der sich für eine offene und nicht grundsätzlich restriktive Ermessensausübung ausspricht.
[3] Nienhaus/Depel/Reif/Renke, 2006, Rn. 116.
[4] Vom 20.12.2001, BGBl. I, S. 3983.

Alle diese Anforderungen müssen in der Regel vorliegen, das heißt, auf sie darf nur verzichtet werden, wenn ein Ausnahmefall vorliegt. Ein solcher Ausnahmefall wird meist nur angenommen, wenn ohne ein Abweichen von der Regel in Grund- oder Menschenrechte eines Betroffenen unzulässig eingegriffen würde.[1] Liegt allerdings ein Ausnahmefall vor, so besteht meist kaum noch ein Ermessensspielraum für die Ausländerbehörde, teilweise geht die Rechtsprechung davon aus, dass in diesen Fällen ein Rechtsanspruch auf Erteilung des Aufenthaltstitels besteht, wenn die sonstigen Voraussetzungen erfüllt sind.[2]

Beispiel

Die sechsjährige ukrainische Staatsangehörige Sonja möchte eine Aufenthaltserlaubnis zum Zweck des Familiennachzugs zu ihrer in Deutschland lebenden Mutter Ludmilla. Diese lebt mit ihrem deutschen Ehemann und einem gemeinsamen Kind seit zwei Jahren in Dortmund. Ihr Ehemann arbeitet zwar, verdient aber nur 1.000 € netto monatlich. Die Familie erhält jetzt bereits ergänzende Leistungen nach SGB II in Höhe von 200 €. Der Lebensunterhalt von Sonja könnte nicht ohne Sozialgeld gesichert werden.

Es liegt allerdings ein Ausnahmefall vor, der eine Abweichung von der Regelanforderung rechtfertigt. Die Mutter-Kind-Beziehung kann nur in Deutschland gelebt werden. Eine Rückkehr in die Ukraine würde für Ludmilla eine dauerhafte Trennung von ihrem Ehemann und von ihrem deutschen Kind bedeuten. Dadurch würde zugleich das Kindeswohl erheblich beeinträchtigt. Den beiden kann nicht abverlangt werden, mit in die Ukraine zu gehen, da sie als Deutsche ein Recht darauf haben, ihre Persönlichkeit in Deutschland zu entfalten. So fordert der Schutz von Ehe und Familie (Art. 6 Abs. 1 GG) und das Recht auf Familien- und Privatleben (Art. 8 EMRK) ein Abweichen von der Regelanforderung. Damit würde die Erteilung eines nationalen Visums und einer anschließenden Aufenthaltserlaubnis an Sonja möglich. Für die Ausübung von Ermessen verbleibt wegen des Grundrechtsschutzes kein Spielraum; Sonja hat einen Erteilungsanspruch.[3]

Es bestehen weitere gesetzliche Ausnahmen von den Regelanforderungen, die vor allem die Aufenthaltserlaubnis aus humanitären Gründen betreffen (→ S. 153 ff.).

Die schwierigste Anforderung ist in der Praxis die Sicherung des Lebensunterhalts. Was darunter zu verstehen ist, wird in § 2 Abs. 3 AufenthG definiert.

---

[1] BVerwG vom 28.1.1997, InfAuslR 1997, S. 240 f.
[2] VGH Mannheim vom 15.9.2007 – 11 S 837/06.
[3] In einem ähnlich gelagerten Fall BVerwG vom 13.6.2013 – 10 C 16/12, s. auch VwV AufenthG 5.1.1.2.

2 Aufenthaltserlaubnis und Niederlassungserlaubnis – Allgemeine Anforderungen

Danach können zur Sicherung des Lebensunterhaltes alle Einkommen herangezogen werden, die keine Inanspruchnahme öffentlicher Mittel darstellen.

Berücksichtigt werden:

- Eigenes Erwerbseinkommen;

- Vermögen;

- Sozialversicherungsleistungen wie etwa Arbeitslosengeld I und Renten (da diese auf einer Beitragsleistung beruhen);

- Unterhaltsleistungen, die dritte Personen aufgrund einer gesetzlichen Verpflichtung leisten;

- zu erwartende Einkünfte des nachziehenden Ehegatten oder Lebenspartners;

- Beiträge sonstiger Familienangehöriger; soweit keine Unterhaltspflicht besteht, können die Zahlungen durch eine Verpflichtungserklärung nach § 68 AufenthG abgesichert werden;

- das Kindergeld, der Kinderzuschlag nach § 6a BKKG, das Elterngeld und Unterhaltsvorschuss (gelten aus Gründen des Familienschutzes im Ausländerrecht nicht als öffentliche Leistung);

- BAföG, Berufsausbildungsbeihilfe und Aufstiegsfortbildungsförderung (gelten zur Förderung von Qualifizierung nicht als öffentliche Leistung);

- Leistungen, die gewährt werden, um den Aufenthalt im Bundesgebiet zu ermöglichen (hierzu gehören insbesondere Stipendien).

Bei der Berechnung des notwendigen Lebensunterhalts wird von den Leistungen zur Sicherung des Lebensunterhalts nach § 19 SGB II und § 27 SGB XII (in der Höhe überwiegend identisch) ausgegangen.[1] Maßgeblich sind jedoch nicht allein die Bedarfe, vielmehr gilt der Lebensunterhalt nach der Rechtsprechung des BVerwG [2] nur dann als gesichert, wenn auch unter Berücksichtigung der Einkommensfreibeträge kein Leistungsanspruch mehr besteht.[3]

---

[1] Siehe noch zur Sozialhilfe: OVG Berlin vom 4.3.2004, EZAR 020 Nr. 22.
[2] BVerwG vom 26.8.2008 – 1 C 32.07 und vom 16.11.2010 – 1 C 21/09.
[3] So auch VwV AufenthG 2.3.4.

Beispiel

Der Lebensunterhalt der Familie Chen mit zwei Kindern im Alter von acht und zwölf Jahren wird durch das Einkommen der Mutter als Krankenschwester in Höhe von 1.700 € brutto = 1.350 € netto gesichert. Die Miete beträgt einschließlich Heizung 400 €. Der Bedarf der Familie errechnet sich zunächst wie folgt:

Regelsatz (ab 2016) für die Eltern (2 x 364 €)		728,00 €
+ Regelsatz für die Kinder (je 270 € abzgl. je 190 € Kindergeld)	+	160,00 €
+ Kosten für Unterkunft und Heizung	+	400,00 €
= **Gesamtbedarf**	–	**1.288,00 €**

Das Einkommen der Mutter reicht also, um den Lebensunterhalt zu sichern. Durch die Freibeträge für Erwerbstätige hätte die Familie aber einen Anspruch auf ergänzende Leistungen nach SGB II.

Vom Einkommen der Mutter würden nur 1.020 € auf den Bedarf der Familie angerechnet:

Einkommen der Mutter		1.700,00 €
– Freibetrag nach § 11b Abs. 2 Satz 2 SGB II	–	100,00 €
– Freibetrag nach § 11b Abs. 3 Nr.1 SGB II (20 % des Einkommens bis 1.000 €, welches 100 € übersteigt)	–	180,00 €
– Freibetrag nach § 11b Abs. 3 Nr. 2 SGB II (10 % des weiteren Einkommens bis 1.500 €)	–	50,00 €
= **Abzusetzender Betrag**	=	**330,00 €**

Netto 1.350,00 € abzgl 330,00 € = anrechenbares Einkommen 1.020,00 €. Es bleibt eine Differenz von 268 € zum Gesamtbedarf der Familie.

Allerdings könnte der Lebensunterhalt im Beispielsfall durch den Bezug von Kinderzuschlag nach § 6a BKGG und Wohngeld gedeckt werden. Aber die Inanspruchnahme von Wohngeld würde ebenfalls dazu führen, dass der Lebensunterhalt nicht mehr als gedeckt gilt.[1] In der Praxis wird die Bewilligung des Kinderzuschlags oftmals davon abhängig gemacht, dass auch ein Antrag auf Wohngeld gestellt wird. Dies jedoch kann das Aufenthaltsrecht gefährden. Die vorstehende Berechnungsmethode gilt nicht für Menschen, die eine Aufenthaltserlaubnis zum **Nachzug zu Familienangehörigen** beantragen oder

---

[1] VwV AufenthG 2.3.1.3.

2 Aufenthaltserlaubnis und Niederlassungserlaubnis – Allgemeine Anforderungen

deren bisheriger Aufenthalt auf der Grundlage der Regelungen zum Familiennachzug bewilligt wurde (siehe hierzu → S. 87 ff.), sowie bei Anwendung der Daueraufenthaltsrichtlinie (§§ 9a, 38a AufenthG). Auch für Studierende und Auszubildende gelten andere Regeln (siehe → S. 53 ff.).

Von den meisten Ausländerbehörden werden die Leistungen während des Bundesfreiwilligendienstes und anderer Freiwilligendienste (Unterkunft, Verpflegung, Taschengeld) pauschal als ausreichend zur Sicherung des Lebensunterhalts betrachtet; eine entsprechende gesetzliche Regelung oder Verwaltungsvorschrift existiert jedoch nicht.[1]

Für die Sicherung des Lebensunterhalts reicht nicht jedes befristete Einkommen, vielmehr hat die Ausländerbehörde auf der Grundlage einer auch rückschauenden Betrachtung eine Abschätzung zu treffen, ob der Lebensunterhalt dauerhaft ohne Inanspruchnahme öffentlicher Mittel aufgebracht werden kann.[2] Befristete Arbeitsverträge reichen in der Regel nicht, zumindest muss der Arbeitgeber bescheinigen, dass mit einer Verlängerung zu rechnen ist.

Wird der Lebensunterhalt durch Leistungen Dritter sichergestellt, so müssen diese Personen eine schriftliche Erklärung nach § 68 AufenthG gegenüber der Ausländerbehörde abgeben. Für den Fall, dass der Ausländer Leistungen nach SGB II oder SGB XII bezieht, kann die Person, die sich nach § 68 AufenthG verpflichtet hat, von dem Sozialleistungsträger auf Rückzahlung in Anspruch genommen werden. Das Einkommen der Gewährsperson darf daher nach Abzug der Unterhaltsleistungen für den Ausländer die Pfändungsfreigrenzen nach § 850c ZPO nicht unterschreiten.

Beispiel

Die Aufenthaltserlaubnis für eine kranke, 70-jährige Iranerin hängt davon ab, dass ihr in Deutschland lebender Sohn sich verpflichtet, für ihren Lebensunterhalt aufzukommen. Die Mutter hat einen Bedarf von 404 €. Mietkosten fallen nicht an, da sie in der Wohnung des Sohnes lebt. Damit vom Einkommen des alleinstehenden Sohnes 404 € gepfändet werden dürften, müsste er mindestens 1.484 € netto monatlich verdienen (Pfändungsfreigrenze zzt. nach § 850c ZPO für Einzelperson 1.080 €).

---

[1] Nach einer konkreten Berechnung als ausreichend betrachtet: VG Berlin vom 6.8.2015 – 29 K 73.15 V; nicht als ausreichend: VG Bayreuth vom 18.3.2015 – B 4 K 14.869.
[2] OVG Berlin-Brandenburg vom 28.2.2006, InfAuslR 2006, S. 277 ff; BMI VAH AufenthG Nr. 9.3.2.

3 Das Recht zu arbeiten

Grundsätzlich benötigen Drittstaatsangehörige eine Genehmigung, um einer Erwerbstätigkeit nachzugehen. Diese Genehmigung muss immer mit dem Aufenthaltstitel verbunden sein (§ 4 Abs. 2 Satz 2 AufenthG). Sie werden auf dem eAT eingetragen.

Ohne eine solche Eintragung dürfen nur die Tätigkeiten ausgeübt werden, die nach § 30 BeschV auch Personen ohne einen Aufenthaltstitel oder mit einem Schengenvisum erlaubnisfrei ausüben dürfen.

Für Drittstaatsangehörige mit einem Aufenthaltstitel, auch wenn dieser nicht zum Zweck der Erwerbstätigkeit erteilt wurde, ist das Recht zu Arbeiten in drei Abstufungen geregelt:

1. Erwerbserlaubnis
- Sie ist kraft Gesetzes mit bestimmten Aufenthaltstiteln verbunden.
- Die Ausländerbehörde kann keine davon abweichende Entscheidung treffen.
- Sie umfasst die Beschäftigungserlaubnis für Arbeitsverhältnisse und das Recht, selbstständig tätig zu sein.
- Der Aufenthaltstitel wird mit dem Zusatz »Erwerbstätigkeit erlaubt« versehen.

2. Beschäftigungserlaubnis ohne Beschränkungen
- Sie wird von der Ausländerbehörde erteilt. Die AA wird nicht beteiligt.
- Die Ansprüche sind in der BeschV geregelt.
- Sie umfasst nur das Recht, ein Arbeitsverhältnis einzugehen (nicht eine selbstständige Tätigkeit).
- Die Aufenthaltserlaubnis erhält die Nebenbestimmung »Unselbstständige Erwerbstätigkeit erlaubt« oder »Beschäftigungserlaubnis erteilt« o. Ä.

3. Beschäftigungserlaubnis für einen bestimmten Arbeitsplatz
- Sie wird von der Ausländerbehörde erteilt, die Zustimmung der AA ist zwingend erforderlich.
- Sie wird z. T. nach einer Vorrangprüfung erteilt.
- Immer werden auch die Arbeitsbedingungen (kein Lohndumping!) geprüft.
- Sie berechtigt nur zur Ausübung einer bestimmten Arbeitstätigkeit im festgelegten Umfang.
- Die Aufenthaltserlaubnis erhält die Nebenbestimmung »Beschäftigung bei XY in der Zeit vom ... bis ... erlaubt« o. Ä.

Ausnahme: Die Aufenthaltserlaubnis zum Studium (§ 16 AufenthG) oder zu einer betrieblichen Ausbildung (§ 17 AufenthG) berechtigt ohne weitere Genehmigung zu Beschäftigungen in einem festgelegten Umfang.

Zu 1.: Die Erwerbserlaubnis wird zusammen mit folgenden Aufenthaltstiteln erteilt

- Niederlassungserlaubnis (nach allen Anspruchsgrundlagen);
- Erlaubnis zum Daueraufenthalt-EU (§ 9a AufenthG);
- Aufenthaltserlaubnis für Asylberechtigte, anerkannte Flüchtlinge und subsidiär Schutzberechtigte (§ 25 Abs. 1 und Abs. 2 AufenthG);
- Aufenthaltserlaubnis für Familienangehörige von Deutschen (§ 27 Abs. 5 AufenthG);
- Aufenthaltserlaubnis für Familienangehörige von Ausländern (§ 27 Abs. 5 AufenthG);
- eigenständige Aufenthaltserlaubnis nach Trennung (§ 31 Abs. 1 AufenthG);
- Aufenthaltserlaubnis nach einer Wiederkehr (§ 37 Abs. 1 AufenthG);
- Aufenthaltserlaubnis für ehemalige Deutsche (§ 38 Abs. 4 AufenthG);
- Aufenthaltserlaubnis für langfristig Aufenthaltsberechtigte aus anderen EU-Staaten, nach einem Jahr Beschäftigung in Deutschland (§ 38a Abs. 4 AufenthG);
- Aufenthaltserlaubnis für Bleibeberechtigte (§§ 23 Abs. 1, 25a Abs. 4, 25b Abs. 5 Satz 2 AufenthG);
- Aufenthaltserlaubnis auf der Grundlage einer Aufnahmeentscheidung bzw. Resettlement-Flüchtlinge (§ 23 Abs. 2 und Abs. 4 AufenthG);
- Aufenthalt zur Arbeitsuche nach §§ 16 Abs. 4 und Abs. 5b, 17 Abs. 3, 17a Abs. 4 AufenthG.

Zu 2.: Die Beschäftigungserlaubnis ohne Beschränkung wird erteilt

1. von der Ausländerbehörde ohne Zustimmung der AA

- Nach zwei Jahren erlaubter versicherungspflichtiger Beschäftigung, wenn zum Zeitpunkt der Antragstellung eine Aufenthaltserlaubnis erteilt ist (§ 9 Abs. 1 Nr. 1 BeschV). Die Beschäftigung kann auch zu Zeiten erfolgt sein, zu denen noch kein Aufenthaltstitel erteilt war, z. B. während des Asylverfahrens oder während der Zeit einer Duldung. Nicht angerechnet werden Zeiten, in denen nur eine zeitlich begrenzte Beschäftigung erlaubt war oder einer zustimmungsfreien Beschäftigung nachgegangen wurde; auch Beschäftigungen aus Voraufenthalten werden nicht angerechnet.

- Nach drei Jahren ununterbrochenem erlaubtem oder geduldetem Aufenthalt in Deutschland, wenn zum Zeitpunkt der Antragstellung eine Aufenthaltserlaubnis erteilt ist (§ 9 Abs. 1 Nr. 2 BeschV). Als erlaubt gelten auch die Zeiten einer Aufenthaltsgestattung nach dem Asylgesetz. Zeiten einer Aufenthaltserlaubnis zum Zweck des Studiums werden nur zur Hälfte und nur bis zu zwei Jahren angerechnet.

- Allen Personen, denen die Aufenthaltserlaubnis zum Zweck der Beschäftigung ohne Zustimmung der AA (siehe → S. 71 und → S. 77) erteilt wird.

- Allen Personen mit einer humanitären Aufenthaltserlaubnis, soweit diese nicht mit einer Erwerbserlaubnis verbunden ist (§ 31 BeschV).

- Geduldeten und Personen während des Asylverfahrens (Aufenthaltsgestattung) nach vier Jahren erlaubtem Aufenthalt (§ 32 Abs. 3 BeschV).

- Staatsangehörigen von Andorra, Australien, Israel, Japan, Kanada, Südkorea, Monaco, Neuseeland, San Marino und den USA (§ 26 BeschV).

- Drittstaatsangehörigen, die in einem anderen EU-Staat wohnen, aber in Deutschland arbeiten (Grenzgänger, § 27 BeschV).

- Deutschen Volkszugehörigen (§ 28 BeschV).

2. von der Ausländerbehörde mit Zustimmung der AA

- Geduldeten nach 15 Monaten Aufenthalt ohne Beschränkung (§ 32 Abs. 5 Nr. 2 BeschV) (→ S. 235 f.).

Zu 3.: Die Beschäftigungserlaubnis nur für einen bestimmten Arbeitsplatz wird erteilt

1. von der Ausländerbehörde ohne Zustimmung der AA für

- Nationale und europäische Freiwilligendienste, religiöse oder karitative Dienste (§ 14 Abs. 1 BeschV). Eine große Bedeutung hat besonders der Bundesfreiwilligendienst, weil ein Platz in diesem Programm nicht von der AA genehmigt werden muss.

- Ferienbeschäftigungen bis zu drei Monaten von Studierenden ausländischer Hochschulen (§ 14 Abs. 2 BeschV).

- Praktika zu Ausbildungszwecken (§ 15 BeschV).

- Für Geduldete und Asylbewerberinnen: betriebliche Ausbildungen, Freiwilligendienste, Einstiegsqualifizierung nach § 54a SGB III, Praktika (§ 32 Abs. 2 und Abs. 4 BeschV).

2. mit Zustimmung der AA ohne Vorrangprüfung

- nach einem Jahr erlaubter Beschäftigung für dasselbe Arbeitsverhältnis, soweit die Beschäftigung nicht von vornherein befristet war (§ 35 Abs. 5 BeschV);

- in allen Fällen, in denen die Aufenthaltserlaubnis zum Zweck der Beschäftigung mit Zustimmung, aber ohne Vorrangprüfung erteilt werden kann (siehe → S. 78 f.);

- In Härtefällen (§ 37 BeschV). Der Begriff der »besonderen Härte« ist ein unbestimmter Rechtsbegriff, der erst durch eine umfangreiche Rechtsprechung zu § 1 Abs. 2 Nr. 1 ArGV (zum 1.1.2005 außer Kraft getreten) Konturen bekommen hat. Gefordert wird vom BSG, dass persönliche Umstände vorliegen, die zu einer deutlichen Unterscheidung von der Situation führen, in der sich alle Ausländer befinden, die für eine Arbeitstätigkeit eine Erlaubnis benötigen.[1] Angesichts der zahlreichen sonstigen Erteilungsmöglichkeiten besteht für die Regelung heute nur noch ein geringer Bedarf.

3. mit Zustimmung der AA nach einer Vorrangprüfung in den übrigen Fällen

Hiervon sind vor allem Personen mit einer Aufenthaltserlaubnis zum Zweck der Erwerbstätigkeit (→ S. 75 ff.) und Personen ohne einen Aufenthaltstitel betroffen (→ S. 230 ff.).

In der Regel wird eine **Einzelfallprüfung** (§ 39 Abs. 2 Nr. 1 AufenthG) durchgeführt.

Es dürfen keine **deutschen oder gleichgestellten Arbeitnehmer** für den gewünschten Arbeitsplatz verfügbar sein. Gleichgestellte Arbeitnehmer sind Ausländer, denen die Arbeitsaufnahme unter den gleichen Voraussetzungen wie Deutschen erlaubt ist. Dazu gehören alle Staatsangehörigen der EU-Staaten, des EWR, Schweizer und deren Familienangehörige sowie sonstige Ausländer, die über eine Erwerbserlaubnis oder eine unbeschränkte Beschäftigungserlaubnis verfügen. Der Wunsch des Arbeitgebers, einen ganz bestimmten Arbeitnehmer zu beschäftigen, reicht nicht, um andere Bewerber als nicht verfügbar zu betrachten. Wenn aber sachliche betriebsbezogene Gründe vorliegen, aus denen gerade ein bestimmter Antragsteller bevorzugt eingestellt oder weiterbeschäftigt werden soll,[2] darf sich die AA nicht über die Belange des Betriebs hinwegsetzen. Wenn z. B. ein Unternehmen häufig mit ausländischen Kunden einer bestimmten Nationalität zu tun hat,

---

[1] BSG vom 8.6.1989 – 7 RAr 114/88.
[2] BSG vom 14.2.1978 – 7 RAr 81/76.

ist der Wunsch, eine Bewerberin mit entsprechenden Sprachkenntnissen einzustellen, sachlich begründet.[1]

Deutlich vereinfacht wird das Prüfungsverfahren durch die Fiktionswirkung des § 36 Abs. 2 BeschV. Nach zwei Wochen gilt die Zustimmung als erteilt, wenn sie nicht abgelehnt wird oder wenn mitgeteilt wird, dass eine weitere Prüfung erforderlich ist.

Bei der Zustimmung der AA sind zwei weitere Verbote zu beachten:

1. Die Zustimmung zur Beschäftigung darf nur erteilt werden, wenn »der Ausländer **nicht zu ungünstigeren Bedingungen als vergleichbare deutsche Arbeitnehmer beschäftigt** wird« (§ 39 Abs. 2 AufenthG). Mit dieser Regelung soll »soziales Dumping« verhindert werden. In den Vergleich sind sowohl die Bezahlung als auch alle weiteren Beschäftigungsbedingungen wie Urlaubsansprüche, Arbeitszeit und soziale Leistungen des Arbeitgebers einzubeziehen. Entschieden wurde z. B., dass einem Diplomingenieur mit längerer Berufserfahrung für eine Tätigkeit mit einem Jahresgehalt von 28.600 € keine Beschäftigungserlaubnis erteilt werden könne, weil das Mindestgehalt für einen Berufsanfänger üblicherweise bei 34.000 € läge.[2] Das VG Hamburg weist allerdings darauf hin, dass § 39 Abs. 2 AufenthG nur eine Schlechterbezahlung gegenüber anderen Arbeitnehmern verhindern soll und auch ein niedriger Lohn zu akzeptieren ist, wenn er nicht von dem Lohnniveau in dem konkreten Unternehmen abweicht.[3]

2. Für ein **Leiharbeitsverhältnis** darf keine Zustimmung zur Beschäftigung erteilt werden (§ 40 Abs. 1 Nr. 2 AufenthG). Das Verbot gilt nicht für Geduldete und Asylbewerberinnen, wenn keine Vorrangprüfung besteht (§ 32 Abs. 3 BeschV).

Die Ausländerbehörde hat auch die Möglichkeit, die Aufenthaltserlaubnis – soweit sie nicht mit einer Erwerbserlaubnis verbunden ist – mit einer Erlaubnis zur selbstständigen Tätigkeit zu versehen. Ausländern, die nicht zum Zweck der selbstständigen Tätigkeit einreisen wollen, sondern sich zu einem anderen Zweck in Deutschland aufhalten (z. B. Studierende oder Familienangehörige), kann die Erlaubnis zu einer selbstständigen oder freiberuflichen Tätigkeit nach freiem Ermessen der Ausländerbehörde erteilt werden (§ 21 Abs. 6 AufenthG). Sie müssen weder ein bestimmtes Kapital noch die Schaffung von Arbeitsplätzen nachweisen.

---

[1] SG Dresden vom 18.1.2006 – S 3 AL 1433/05 ER.
[2] VG Hamburg vom 12.10.2006 – 10 E 2519/06.
[3] VG Hamburg vom 5.6.2007 – 9 E 1554/07.

4 Antrag auf einen Aufenthaltstitel – Fiktionsbescheinigung

Wird im Bundesgebiet erstmals ein Antrag auf einen Aufenthaltstitel gestellt, so wird eine Fiktionsbescheinigung nach § 81 Abs. 3 AufenthG ausgestellt, wenn der bisherige Aufenthalt ohne einen Aufenthaltstitel rechtmäßig war (z. B. durch einen visumfreien Tourismusaufenthalt). Diese Fiktionsbescheinigung berechtigt nicht zur Erwerbstätigkeit und wird in der Regel auch nicht mit einer Beschäftigungserlaubnis verbunden. Die Aufnahme einer Arbeit ist damit während der Zeit der Bearbeitung des Antrags grundsätzlich ausgeschlossen.

Das bedeutet auch, dass sich die Ansprüche auf Leistungen zur Existenzsicherung in dieser Zeit nicht gegen das Jobcenter nach SGB II richten können (siehe § 8 Abs. 2 SGB II), sondern gegenüber dem Sozialamt nach SGB XII geltend gemacht werden müssen.

Ist hingegen der bisherige Aufenthaltstitel abgelaufen und wird die Verlängerung beantragt, so wird eine Fiktionsbescheinigung nach § 81 Abs. 4 AufenthG für die Zeit der Bearbeitung des Antrags erteilt. Mit ihr wird bescheinigt, dass der bisherige Aufenthaltstitel bis zur Entscheidung über den Antrag fortgilt und damit auch alle sich daraus ergebenden Rechte, insbesondere die mit dem Titel verbundene Erwerbs- oder Beschäftigungserlaubnis.

Daraus folgt auch, dass alle bisherigen Ansprüche auf Sozialleistungen weiter bestehen.[1]

Die Fiktionsbescheinigung erlischt nicht bei einer vorübergehenden Ausreise.[2]

Die Fiktionswirkung nach § 81 Abs. 4 Satz 2 AufenthG tritt jedoch nicht ein, wenn der Antrag auf eine Aufenthaltserlaubnis während der Geltung eines Schengenvisums gestellt wird. In diesen Fällen soll nach der Rechtsprechung noch nicht einmal ein Anspruch auf eine Duldung entstehen, sodass die Abschiebung möglich ist, bevor über den Antrag entschieden wurde.[3]

Schwierigkeiten ergeben sich, wenn ein Verlängerungsantrag zu spät gestellt wird. Das BVerwG hat hierzu festgestellt, dass eine einmal erloschene Aufent-

---

[1] SG Karlsruhe vom 13.1.2014 – S 11 AL 3064/13 mit Anm. Frings, info also 2014, 165.
[2] Bayerischer VGH vom 9.8.2011 – 19 CE 11.1573.
[3] Bayerischer VGH vom 28.5.2015 – 10 C 14.2123; Hailbronner, 2014, § 81, Rn. 33.

haltserlaubnis nicht wieder aufleben kann und ein verspätet gestellter Antrag zu behandeln ist wie ein Erstantrag.[1]

Bei einer verspäteten Antragstellung nach einem rechtmäßigen Aufenthalt ohne Aufenthaltstitel (visumfreie Einreise) wird der Aufenthalt bis zu einer Entscheidung über den Antrag auf Aufenthaltserlaubnis zumindest geduldet (§ 81 Abs. 3 Satz 2 AufenthG). Wird jedoch die Verlängerung verspätet beantragt, so gilt der Fortbestand der bisherigen Rechte nur, wenn er zur Vermeidung einer Härte ausdrücklich angeordnet wird (§ 81 Abs. 4 Satz 3 AufenthG). Selbst wenn die rechtzeitige Antragstellung daran scheitert, dass ein Termin nicht rechtzeitig bei der Ausländerbehörde zu bekommen war, soll die Schutzwirkung der Fiktion wegen der Verspätung entfallen.[2] Selbst nach langjährigem Aufenthalt kann so eine Ausreisepflicht entstehen und ein gerichtlicher Antrag auf Abschiebeschutz erforderlich werden.[3]

In besonderen Einzelfällen kann auch ein Anspruch auf eine rückwirkende Erteilung eines Aufenthaltstitels bestehen.[4] Der Anspruch dient nicht der Überbrückung von Zeiten ohne Aufenthaltstitel, sondern setzt voraus, dass bereits zu einem früheren Zeitpunkt die Voraussetzungen für einen Aufenthaltstitel mit mehr Rechten bestanden und für die Realisierung dieser Rechtsposition der entsprechende Aufenthaltstitel rückwirkend benötigt wird. In der Praxis bedeutsam ist dies für die Erteilung einer Niederlassungserlaubnis, um Ansprüche auf Sozialleistungen geltend zu machen oder die deutsche Staatsangehörigkeit eines Kindes herbeizuführen (siehe → S. 346); auch der Übergang von einer Aufenthaltserlaubnis nach § 16 AufenthG zum Zweck des Studiums in z.B. eine Blaue Karte EU kann durch rückwirkende Erteilung Sozialleistungen sichern oder die Frist für die Erteilung der Niederlassungserlaubnis verkürzen.

Die Fiktionsbescheinigung spielt in der Praxis eine erhebliche Rolle, weil viele Ausländerbehörden eine sehr lange Bearbeitungszeit benötigen. Bei rechtlich oder tatsächlich unklaren Voraussetzungen kann es sogar geschehen, dass Menschen für mehrere Jahre eine Fiktionsbescheinigung erhalten.

---

[1] BVerwG vom 22.6.2011 – 1 C 5.10 mit Anm. Welte, ZAR 2011, S. 406.
[2] OVG Berlin-Brandenburg vom 25.11.2014 – OVG 7 S 54.14.
[3] Samel in Renner/Bergmann/Dienelt, 2013, § 81, Rn. 42.
[4] BVerwG vom 27.1.2009 – 1 C 40.07.

5 Aufenthaltserlaubnis zum Zwecke des Studiums und der Ausbildung

Die Bundesregierung ist bemüht, Auslandsstudierenden den Weg an eine deutsche Hochschule zu erleichtern. Dadurch soll qualifizierter Nachwuchs für die deutsche Wirtschaft gefördert werden. Die Aufenthaltserlaubnis zum Zweck des Studiums ist in § 16 AufenthG als Ermessensanspruch ausgestaltet, muss aber erteilt werden, wenn alle Voraussetzungen vorliegen[1] und gegen die Bewerberin keine Sicherheitsbedenken vorliegen. Grundvoraussetzungen für ein erfolgreiches Studium sind ein ausreichendes Sprachverständnis und eine Vorbildung, die in etwa den allgemeinen und fachspezifischen Anforderungen der deutschen Hochschulreife entspricht. Um zu gewährleisten, dass der Studienerfolg nicht durch mangelnde Vorkenntnisse infrage gestellt wird, umfasst die Aufenthaltserlaubnis zum Zwecke des Studiums auch den Aufenthalt für studienvorbereitende Maßnahmen.

5.1 Erteilungsvoraussetzungen

Für die Erteilung der Aufenthaltserlaubnis zum Zwecke des Studiums müssen folgende Voraussetzungen erfüllt sein:

1. Es muss eine **Zulassung zum Studium durch die Hochschule** vorliegen (§ 16 Abs. 1 AufenthG), auch eine bedingte Zulassung genügt. Viele Hochschulen haben das Bewerbungsverfahren einschließlich der Bewertung der Hochschulzugangsberechtigung durch einen ausländischen Schulabschluss an die gewerbliche Firma Uni-Assist (www.uni-assist.de) abgegeben. Die Bewerbung wird dadurch kostenpflichtig, es sind jedoch auch Bewerbungen für mehrere Hochschulen gleichzeitig möglich. Grundvoraussetzung für die Zulassung ist die **Hochschulzugangsberechtigung**. Zunächst muss ein Schulabschluss vorliegen, der im Herkunftsstaat zur Aufnahme eines Studiums berechtigen würde. Darauf aufbauend sind zwei Zugangswege zu unterscheiden:

   - Einige ausländische Abschluss- oder Zugangszeugnisse werden in Deutschland als Zugangsberechtigung zum Studium anerkannt. Dazu gehören alle Schulabschlüsse in EU-Staaten, die dort jeweils zum Studium berechtigen. Auch der Nachweis eines bereits in einem anderen Staat begonnenen Hochschulstudiums kann zu einer (z. T. fachspezifischen) Zugangsberechtigung

---

[1] EuGH vom 13.9.2013 – C-491/13 »Ben Alaya«.

führen.[1] Für die Zulassung zum Studium muss dann in der Regel nur noch der Nachweis ausreichender Sprachkenntnisse erbracht werden. Die Zulassung kann unter der Bedingung erfolgen, dass das Sprachzertifikat in Deutschland erworben wird. Einige Hochschulen bieten »Deutsche Sprachprüfung für den Hochschulzugang ausländischer Studienbewerber« (DSH) nach einer Hochschulzulassung an.

- Die meisten außereuropäischen Schulabschlüsse werden nicht als Hochschulzugangsberechtigung anerkannt. In den Fällen muss in Deutschland eine **Feststellungsprüfung** abgelegt werden. Die **Studienkollegs** bereiten darauf vor. Der Zugang zu ihnen hängt aber von einer Aufnahmeprüfung zur Feststellung der Deutschkenntnisse ab. Mit der Einschreibung in einem Studienkolleg ist die Aufnahme in die Hochschule verbunden, die Zulassung zum Studienkolleg reicht also als Hochschulzulassung aus. Für die Studienkollegs werden zurzeit keine Studiengebühren erhoben, es müssen aber die Semesterbeiträge (Einschreibegebühr, Sozialbeitrag, Semesterticket, zwischen 10 € und 250 € pro Semester) gezahlt werden. In NRW wurden die Studienkollegs abgeschafft, die Vorbereitung auf die Feststellungsprüfung muss außerhalb der Hochschule in Eigenvorbereitung oder bei kommerziellen Anbietern erfolgen. Auch hier ist es möglich, eine Hochschulzulassung unter der Bedingung der erfolgreichen Ableistung der Feststellungsprüfung zu erhalten.

Wenn die Zulassung nicht vor der Einreise eingeholt werden kann, ist auch die Ausstellung einer Aufenthaltserlaubnis zum Zwecke der **Studienbewerbung** möglich. Die Dauer ist auf neun Monate beschränkt (§ 16 Abs. 1a AufenthG). Die deutschen Botschaften bieten Hilfestellungen bei den Bewerbungen um einen Studienplatz an einer deutschen Hochschule. Umfangreiche Informationen finden sich auf der Homepage des Deutschen Akademischen Austauschdienstes (http://www.daad.de). Hier lassen sich auch Möglichkeiten für Stipendien für ausländische Studierende in Deutschland recherchieren.

2. Für die Aufenthaltserlaubnis zum Zwecke des Studiums müssen neben den Anforderungen, die in § 16 AufenthG genannt werden, auch die allgemeinen Voraussetzungen nach § 5 AufenthG erfüllt sein. In aller Regel muss ein **gültiger Nationalpass** vorgelegt werden. Nur wenn der Nachweis erbracht wird, dass ein solcher Pass nicht vorgelegt werden kann, die Identi-

---

[1] Umfangreiche Informationen über alle ausländischen Schulabschlüsse und die Voraussetzungen für den Hochschulzugang finden Sie im Internet unter http://www.anabin.de

tät erwiesen ist und ein sonstiges Reisedokument vorhanden ist, kann auf den Nationalpass verzichtet werden.

Weiter muss der **Lebensunterhalt gesichert sein** (§ 5 Abs. 1 Nr. 1 AufenthG). Studienbewerber dürfen sich nicht auf eine mögliche Erwerbstätigkeit neben dem Studium berufen.

Für die Sicherung des Lebensunterhalts eines Studenten werden die Förderungshöchstsätze nach dem BAföG zu Grunde gelegt (§ 2 Abs. 3 Satz 4 AufenthG), derzeit 670 € monatlich oder 8.004 € jährlich (ab 9/2016: 735 € monatlich, 8.820 € jährlich). Der Nachweis kann erbracht werden durch

- die Bescheinigung einer deutschen Bank über ein Guthaben für mindestens ein halbes Jahr (4.002 €)[1] auf einem Sperrkonto;

- die Hinterlegung einer unwiderruflichen Bürgschaft über mindestens 8.004 € bei einer deutschen Bank;

- die Verpflichtungserklärung einer in Deutschland lebenden Person nach § 68 AufenthG. Die Person muss sich verpflichten, für den gesamten Lebensunterhalt der Studierenden aufzukommen. Die Erklärung muss auf einem schriftlichen Formblatt abgegeben werden, welches bei der örtlichen Ausländerbehörde ausgehändigt wird. Hier muss auch eine Gehaltsbescheinigung und in der Regel eine Bescheinigung über die Unterkunftskosten vorgelegt werden. Die Ausländerbehörde bescheinigt dann auf dem Formblatt die Identität der Erklärenden und die Überprüfung der Angaben. Das Einkommen muss so hoch liegen, dass der Unterhaltsbetrag erbracht werden kann, ohne dass das verbleibende Einkommen unter die Pfändungsfreigrenze fällt. Es kommt bei der Erklärung nicht darauf an, ob das Geld tatsächlich an den Studierenden gezahlt wird. Würden aber Sozialleistungen in Anspruch genommen, müssten diese Mittel vom Bürgen erstattet werden;

- oder den Beleg über ein Stipendium, welches Geldleistungen von mindestens 670 € monatlich umfasst.

- BAföG-Anspruch (nur in seltenen Ausnahmefällen nach § 8 Abs. 3 BAföG, EU → S. 310, Türkei → S. 336).

---

[1] VwV AufenthG 16.0.8.3.

Es darf auch kein **Ausweisungsinteresse** bestehen (§ 5 Abs. 1 Nr. 2 AufenthG). Insbesondere stehen Straftaten, auch im Ausland begangene, und extremistische oder terroristische Aktivitäten der Aufenthaltserlaubnis entgegen.[1]

Sonstige Gründe nach § 5 Abs. 1 Nr. 3 AufenthG dürfen trotz der Ermessensregelung nicht berücksichtigt werden.[2]

5.2 Antragsverfahren

Für die Einreise zum Zweck des Studiums muss ein nationales Visum (→ S. 34) bei der deutschen Auslandsvertretung eingeholt werden.

Ohne Visum können die Staatsangehörigen von Australien, Japan, Kanada, Neuseeland, Südkorea, Israel und den USA einreisen. Wer schon in Deutschland lebt, kann die Aufenthaltserlaubnis in Deutschland beantragen, wenn er im Besitz einer Aufenthaltserlaubnis ist (§ 39 AufenthV) oder sich ohne einen Aufenthaltstitel rechtmäßig in Deutschland aufhalten darf (Diplomaten). Möglich ist so auch ein Zugang zum Studienaufenthalt nach einem Au-Pair-Aufenthalt oder einem Aufenthalt zur Durchführung eines Freiwilligendienstes. Wichtig ist in diesen Fällen, dass die Aufenthaltserlaubnis zum Zwecke des Studiums beantragt wird, bevor der bisherige Aufenthaltstitel abgelaufen ist.

Für das Visumverfahren gilt die **Sonderregelung nach § 31 Abs. 1 Satz 3 AufenthV**. Nachdem der Visumantrag unter Vorlage der Hochschulzulassung und des Nachweises der Sicherung des Lebensunterhalts gestellt ist, erbittet die deutsche Auslandsvertretung die Zustimmung der für den Sitz der Hochschule zuständigen Ausländerbehörde. In der Regel wird nur eine Abfrage beim Ausländerzentralregister[3] durchgeführt. Die Zustimmung gilt als erteilt, wenn der Auslandsvertretung nach drei Wochen und zwei Arbeitstagen keine gegenteilige Mitteilung vorliegt. Allerdings können die Daten der Studienbewerber und auch der Personen, die eine Verpflichtungserklärung abgegeben hat, zur Überprüfung von Sicherheitsbedenken an den Bundesnachrichtendienst, das Bundesamt für Verfassungsschutz, den Militärischen Abschirmdienst, das Bundeskriminalamt und das Zollkriminalamt übermittelt werden (§ 73 Abs. 1 AufenthG).

---

[1] Zu den sonstigen Ausweisungsinteressen → S. 262.
[2] EuGH vom 13.9.2014 – C-491/13.
[3] Siehe Glossar → S. 383.

5 Aufenthaltserlaubnis zum Zwecke des Studiums und der Ausbildung

Beispiele

Ayse hat in Istanbul die zwölfjährige allgemeine Sekundarschule abgeschlossen und anschließend die Hochschulaufnahmeprüfung für Wirtschaftswissenschaften bestanden. Bei einem Goethe-Institut hat sie eine Sprachprüfung auf dem Niveau B1 des gemeinsamen Europäischen Referenzrahmens für Sprachen[1] abgelegt. Sie möchte nun in Heidelberg an der Universität Betriebswirtschaft studieren. Welche Schritte muss sie unternehmen?

Ayse kann sich bei einer oder mehreren deutschen Hoch- oder Fachhochschulen für den Studiengang Betriebswirtschaft bewerben. Da sie nach der zwölfjährigen Sekundarschule noch die Aufnahmeprüfung zu einem fachlich entsprechenden Studiengang abgelegt hat, benötigt sie keine Feststellungsprüfung mehr, sondern hat freien Zugang zu dieser Fachrichtung in Deutschland.[2] Zusammen mit dem Nachweis der Sprachkenntnisse kann sie eine Hochschulzulassung erhalten. Mit dieser Zulassung kann sie bei der deutschen Botschaft in Istanbul ein nationales Visum beantragen. Sie benötigt außerdem einen Pass und den Nachweis über die Lebensunterhaltssicherung. Entweder die Eltern hinterlegen ca. 8.000 € auf einem Sparkonto oder eine Person, die in Deutschland lebt und über ein ausreichendes Einkommen (→ S. 45) verfügt, gibt eine Verpflichtungserklärung nach § 68 AufenthG ab. Nach einer Prüfung, ob keine Hinderungsgründe vorliegen (z.B. Ausweisung, Abschiebung, Sicherheitsbedenken), erhält sie ein Visum zur Einreise.

Elvira hat im Kosovo ein Diplom über den Abschluss des Gymnasiums erworben. Anschließend hat sie für einen Au-pair-Aufenthalt eine Aufenthaltserlaubnis für ein Jahr erhalten. Nachdem sie neue Freunde gefunden hat und sich gut auf Deutsch verständigen kann, beschließt sie, an einer Fachhochschule Elektrotechnik zu studieren. Welche Hürden liegen noch vor ihr?

Elvira kann die Aufenthaltserlaubnis zum Zwecke des Studiums direkt bei der Ausländerbehörde beantragen, weil sie schon eine Aufenthaltserlaubnis zu einem anderen Zweck besitzt (§ 39 Nr. 1 AufenthV). Geprüft werden muss hier noch, ob das erworbene Schuldiplom aus der Fachrichtung Technik stammt. Ist dies nicht der Fall, muss sie in Deutschland eine Feststellungsprüfung ablegen, welche die Hochschule durchführt, an der sie sich einschreiben will. Da auch ihre Deutschkenntnisse möglicherweise noch nicht ausreichen, kann sie zunächst eine Aufenthaltserlaubnis zur Studiumsvorbereitung beantragen. Auch muss sie in jedem Fall einen Nachweis über die Sicherung ihres Lebensunterhalts vorlegen.

---

[1] Siehe Glossar → S. 388.
[2] Siehe http://www.anabin.de

5.3 Dauer und Verlängerung

Die studienvorbereitende Phase soll in längstens zwei Jahren abgeschlossen sein, sonst kann die Aufenthaltserlaubnis in der Regel nicht verlängert werden (16.0.6 VwV AufenthG). Es handelt sich jedoch nicht um eine gesetzliche Obergrenze, sondern nur um einen Prognosemaßstab.[1] Nach Aufnahme des Fachstudiums wird die Aufenthaltserlaubnis für mindestens ein und höchstens zwei Jahre erteilt und verlängert, solange die jeweilige durchschnittliche Studiendauer (nicht: Regelstudienzeit!) nicht um mehr als drei Semester überschritten wird.[2] Allerdings kann die Aufenthaltserlaubnis auch bei einer Verzögerung des Studiums verlängert werden, wenn die Hochschule bzw. eine Professorin unter Berücksichtigung des Einzelfalls einen ordnungsgemäßen Studienverlauf bescheinigt (16.1.1.7 VwV AufenthG). Ein Studienwechsel innerhalb der ersten drei Semester wird nach den Verwaltungsvorschriften als unproblematisch betrachtet.[3] Einige Gerichte[4] sehen jedoch in jedem Wechsel einen neuen Aufenthaltszweck, mit der Folge, dass nach § 16 Abs. 2 AufenthG in der Regel ein neues Visumverfahren erforderlich würde. Auch ein späterer Studienwechsel kann nach den Verwaltungsvorschriften von den Ausländerbehörden noch hingenommen werden, wenn erhebliche Studienleistungen angerechnet werden oder ein besonderes Einzelschicksal den Wechsel erforderlich machte. Eine **Aufenthaltsdauer von zehn Jahren** soll dabei nicht überschritten werden.[5]

Eine Verlängerung ist immer dann ausgeschlossen, wenn bereits das bisherige Studienverhalten nicht erwarten lässt, dass nach einem Studiengangwechsel die Höchstzeit von zehn Jahren eingehalten wird.[6]

Auch eine diagnostizierte Prüfungsangst entbindet nicht von der Begrenzung auf eine angemessene Studiendauer.[7]

Bei einer durchschnittlichen Studiendauer von 8,3 Semestern ist nach 9 Semestern und 48 ECTS nicht mehr mit einer Beendigung in einer angemesse-

---

[1] OVG NRW vom 5.6.2012 – 18 B 1483/11.
[2] VwV AufenthG 16.1.1.6.2.
[3] VwV AufenthG 16.2.5, so auch: OVG Bremen vom 8.2.2011 – 1 B 322/10; Bayerischer VGH vom 7.9.2011 – 19 CS 11.1062.
[4] OVG NRW vom 21.11.2011 – 18 B 1220/11; OVG Rheinland-Pfalz vom 10.12.2008 – 7 B 11227/08.
[5] VwV AufenthG 16.2.5.
[6] OVG Rheinland-Pfalz vom 12.5.2015 – 7 B 10364/15.OVG.
[7] VG Düsseldorf vom 8.10.2014 – 7 K 5722/12.

nen Zeit zu rechnen;[1] ebenso bei drei ECTS in vier Fachsemestern;[2] oder bei gleichzeitiger Aufnahme einer Vollzeittätigkeit.[3]

Grundsätzlich soll die Aufenthaltserlaubnis nur für **ein** Studium erteilt werden, das gilt aber nicht für Studienverläufe, die aufeinander aufbauen oder für das angestrebte Berufsziel erforderlich oder sinnvoll sind.[4] Zu beachten ist die Grenze von **zehn Jahren Aufenthalt**, nur wenn ein Studium noch in dieser Zeit abgeschlossen werden kann, wird in der Regel die Aufenthaltserlaubnis verlängert. Soweit allerdings der Abschluss unmittelbar bevorsteht, kann auch diese Grenze im Einzelfall geringfügig überschritten werden. Es ist zulässig, die Aufenthaltserlaubnis mit der Nebenbestimmung zu versehen, dass sie bei Exmatrikulation erlischt.[5]

Für ein Promotionsstudium kann eine neue Aufenthaltserlaubnis nach § 16 AufenthG erteilt werden, so dass sich die Höchstgrenze von zehn Jahren nicht mehr auf diesen Ausbildungsabschnitt bezieht (16.2.7 VwV AufenthG).

Ein Wechsel von einem Studium in eine Ausbildung oder eine Beschäftigung ist in der Regel nicht möglich. Es gilt der Grundsatz, dass vor Beendigung eines Studiengangs kein Zweckwechsel erfolgen darf.

Ausnahmen bestehen, wenn ein Rechtsanspruch auf die Erteilung einer neuen Aufenthaltserlaubnis besteht. Abgesehen von dem Anspruch auf eine andere Aufenthaltserlaubnis aus familiären Gründen (siehe unter 7, → S. 87 ff.), kann eine Aufenthaltserlaubnis zum Zweck der Erwerbstätigkeit nur bei einem Anspruch auf die Blaue Karte EU nach § 19a AufenthG erteilt werden.

Beispiel:

Ida aus Brasilien ist zum Zwecke eines Masterstudiums des Europäischen Wirtschaftsrechts eine Aufenthaltserlaubnis nach § 16 AufenthG erteilt worden. Nach einem Jahr wird ihr von einer deutschen Firma auf der Grundlage ihres brasilianischen Abschlusses im internationalen Handelsrecht eine Stelle als Export-Managerin mit einem Jahresgehalt von 55.000 € angeboten.
Ida erfüllt die Voraussetzungen für die Blaue Karte EU und kann diesen Titel deshalb ohne vorherige Ausreise bei der Ausländerbehörde beantragen.

---

[1] OVG Bremen vom 1.4.2014 – 1 B 47/14.
[2] VG Augsburg vom 18.12.2013 – Au 1 S 13.1459.
[3] OVG Berlin-Brandenburg vom 26.3.2013 – OVG 7 S 18.13.
[4] VGH Baden-Württemberg vom 5.2.2008 – 11 S 2746/07.
[5] Zuletzt: VG Dresden vom 21.4.2015 – 3 L 228/15.

In ganz seltenen Fällen kann eine Aufenthaltserlaubnis zum Zweck der Erwerbstätigkeit oder der Ausbildung auch in Deutschland eingeholt werden, wenn die Einholung eines Visums wegen der Zugänglichkeit zur deutschen Auslandsvertretung (Krieg oder Bürgerkrieg) oder aus besonderen persönlichen Gründen (Krankheit, Kinderbetreuung) unzumutbar ist.

Liegt ein Abschiebehindernis vor, so kann eine Duldung erteilt werden und mit dieser Duldung eine betriebliche oder schulische Ausbildung aufgenommen werden.

Eine Niederlassungserlaubnis darf während eines Studienaufenthalts grundsätzlich nicht erteilt werden.

5.4 Mobilität in der Europäischen Union

Studierende aus Drittstaaten, die an einer Hochschule eines anderen EU-Staates (**Achtung! Gilt nicht für: Großbritannien, Irland und Dänemark**) eingeschrieben sind, haben unter bestimmten Voraussetzungen die Möglichkeit in Deutschland eine Aufenthaltserlaubnis zu Studienzwecken zu erhalten (§ 16 Abs. 6 AufenthG).

- Sie müssen entweder für mindestens zwei Jahre zum Studium an einer Hochschule in einem anderen EU-Staat zugelassen sein, oder
- im Rahmen eines öffentlichen/EU-Programms (ERASMUS) nach Deutschland kommen, oder
- aufgrund einer Studienbestimmung der ausländischen Hochschule verpflichtet sein, einen Teil des Studiums in einem anderen EU-Staat zu absolvieren.

Ebenso ist auch ein Aufenthalt zum Zweck eines Praktikums für Studierende an einer Hochschule eines anderen EU-Staats möglich (§ 15 BeschV; § 18 AufenthG).

Studierende mit einer Aufenthaltserlaubnis nach § 16 AufenthG können unter denselben Voraussetzungen einen Aufenthaltstitel für einen Teil des Studiums, die Fortsetzung des Studiums oder ein Praktikum in einem anderen EU-Staat (**ausgenommen Großbritannien, Irland und Dänemark**) bei der jeweiligen Auslandsvertretung in Deutschland, eventuell auch unmittelbar bei den jeweiligen Einwanderungsbehörden, beantragen (Art. 8 Richtlinie 2004/114/EG).

Zur Erleichterung leiten die Ausländerbehörden (über das BAMF) die Daten über den hiesigen Studienaufenthalt an den anderen Mitgliedsstaat weiter (§ 91d AufenthG).

Die anderen Mitgliedsstaaten können verlangen, dass die Sicherung des Lebensunterhalts auch ihnen gegenüber nachgewiesen wird. Ebenso können eigenständige Sicherheitsüberprüfungen vorgenommen werden.

Generell sind Reisen innerhalb des Schengenraums für eine Dauer von drei Monaten innerhalb von sechs Monaten genehmigungsfrei erlaubt (Art. 21 Schengener Durchführungsübereinkommen).

5.5 Arbeiten

Im ersten Jahr der Teilnahme an einer studienvorbereitenden Maßnahme darf eine Erwerbstätigkeit nur während der Ferienzeiten ausgeübt werden.

Ab dem zweiten Jahr oder ab Aufnahme des Studiums darf eine Beschäftigung für **120 Tage oder 240 halbe Tage** im Jahr ohne gesonderte Beschäftigungserlaubnis ausgeübt werden. Gezählt werden nur die Arbeitstage, nicht die Kalendertage. Eine Halbtagstätigkeit könnte bei Abzug der Urlaubsansprüche durchgehend das ganze Jahr ausgeübt werden.

Zusätzlich können Tätigkeiten als **studentische Hilfskraft**, auch für Studentenwerke, ASten oder Gremien an der eigenen Hochschule ohne Zeitbegrenzung ausgeübt werden.

In Einzelfällen kann die Ausländerbehörde mit Zustimmung der AA eine weiter gehende Beschäftigungserlaubnis erteilen, wenn ansonsten der Abschluss eines bereits fortgeschrittenen Studiums nicht möglich wäre, etwa bei einer unvorhergesehenen Verarmung der Eltern im Herkunftsland. Von dieser Möglichkeit wird in der Praxis nur sehr zurückhaltend Gebrauch gemacht.

Honorartätigkeiten können nicht ohne Erlaubnis der Ausländerbehörde nach § 21 Abs. 6 AufenthG aufgenommen werden. Da viele studentische Nebentätigkeiten typischerweise als selbstständige Tätigkeiten auf Honorarbasis durchgeführt werden, sollte diese Erlaubnis durch die Ausländerbehörde problemlos erteilt werden. Das BMI geht allerdings weiterhin davon aus, dass die Erlaubnis zur selbstständigen Tätigkeit nur in Ausnahmefällen, z. B. für Übersetzungen, erteilt werden sollte.[1]

---

[1] BMI, Hinweise zum Richtlinienumsetzungsgesetz, S. 34.

5.6 Sozialleistungen

Studierende haben Ansprüche auf Sozialversicherungsleistungen, die auf Beiträgen beruhen. Allerdings sind sie während einer Beschäftigung bis zu 20 Stunden in der Woche weder als Arbeitnehmerinnen in der gesetzlichen Krankenversicherung (§ 6 Abs. 1 Nr. 3 SGB V) noch in der Arbeitslosenversicherung (§ 27 Abs. 4 Nr. 2 SGB III) versichert. Sie sind jedoch in der studentischen Krankenversicherung Pflichtmitglied (§ 5 Abs. 1 Nr. 9 SGB V), es sei denn, sie haben sich wegen einer Privatversicherung [1] oder einem Versicherungsschutz im Herkunftsland mit Sachleistungsaushilfe in Deutschland (Türkei, Nachfolgestaaten Jugoslawiens) befreien lassen. Für ein Promotionsstudium[2] besteht keine Pflichtversicherung in der gesetzlichen Krankenversicherung. Schließt ein derartiges Studium an ein erstes Studium in Deutschland an, besteht die Möglichkeit der freiwilligen Weiterversicherung, aber nur, wenn während des ersten Studiums eine Mitgliedschaft in der gesetzlichen Krankenversicherung bestand. Bei Promotionsstipendien berechnen sich die Beiträge aus dem Gesamtbetrag des Stipendiums (meist 1.050 €) und belaufen sich dann auf knapp 170 € belaufen.[3]

Studierende mit einer Aufenthaltserlaubnis nach § 16 AufenthG sind von allen Familienleistungen ausgeschlossen (§§ 1 Abs. 7 Nr. 2 a) BEEG; 62 Abs. 2 Nr. 2 a) EStG; § 1 Abs. 2a Nr. 2 a UnterhVG).

Ausnahmen gelten für türkische Staatsangehörige (zum Kindergeld: Dienstanweisung zum Kindergeld nach dem EStG vom 1. Juli 2014 (BStBl. I S. 918) A 3.5 Abs. 4).
Für Kinder in der Türkei können sie Abkommenskindergeld in Anspruch nehmen.[4] Allerdings wird nur ein stark herabgesetzter Betrag gezahlt:
- für das erste Kind 5,11 €,
- für das zweite 12,78 €,
- für das dritte 30,68 € sowie
- für jedes weiter 35,79 €.

Die Abstammung und der Wohnort des Kindes müssen durch eine amtliche Bescheinigung belegt werden, die über das türkische Konsulat angefordert werden kann.

---

[1] Von Privatversicherungen für ausländische Studierende ist als Alternative zur gesetzlichen Versicherung dringend abzuraten.
[2] BSG vom 30.9.1992 – 12 RK 8/91; SG Mainz vom 19.9.2006 – S 6 KR 400/04.
[3] BSG vom 18.12.2013 – B 12 KR 3/12 R; LSG Berlin-Brandenburg vom 4.4.2014 – L 1 KR 400/12, LSG Thüringen vom 25.11.2014 – L 6 KR 1323/11.
[4] EuGH vom 4.5.1999, Slg 1999, I-2685; LSG Baden-Württemberg vom 23.11.2004 – L 11 EG 948/02.

Angehörige von Bosnien und Herzegowina, des Kosovo, von Montenegro und Serbien haben als Studenten nur dann einen Anspruch auf Kindergeld, wenn sie sozialversicherungspflichtig beschäftigt sind[1] oder Arbeitslosengeld I beziehen oder sich in Elternzeit befinden. Ob hierfür die Rentenversicherungspflicht ausreicht oder auch eine Arbeitslosenpflichtversicherung bestehen muss, ist bislang unklar (Dienstanweisung zum Kindergeld nach dem EStG vom 1. Juli 2014 (BStBl. I S. 918) A 3.5 Abs. 3).

Auch können für die Kinder im Herkunftsstaat die stark reduzierten Sätze des Abkommenskindergelds (siehe oben für türkische Staatsangehörige) in Anspruch genommen werden.

Angehörige Algeriens, Marokkos und Tunesiens haben auf der Grundlage der Mittelmeerabkommen mit der EG als Studenten Ansprüche auf Kindergeld, Elterngeld und Unterhaltsvorschuss, wenn sie Mitglied in der gesetzlichen Krankenversicherung (Studentenversicherung) sind. Die Ansprüche ergeben sich aus dem Gleichbehandlungsanspruch für Arbeitnehmerinnen und ihre Familien aus den Abkommen (Art. 68 Abs. 1 EMA-Algerien ABl. EU L 265 vom 10.10.2005, S. 2 ff.; Art. 65 Abs. 1 EMA-Marokko ABl. EU L 70 vom 18.3.2000, S. 2 ff.; Art. 65 Abs. 1 EMA-Tunesien ABl. EU L 97 vom 30.3.1998).

Leistungen nach SGB II sind ihnen überwiegend bereits auf Grund des Studiums nicht zugänglich (§ 7 Abs. 5 SGB II). Schwangere und allein erziehende Studentinnen haben nach § 27 Abs. 2 SGB II einen Anspruch auf Mehrbedarfszuschläge sowie auf einmaligen Leistungen nach § 24 Abs. 3 SGB II. Hinzu kommen die Ansprüche des Kindes auf Sozialgeld einschließlich der nach Köpfen anteiligen Unterkunfts- und Heizkosten.

Ein in Deutschland geborenes ausländisches Kind mit einer Aufenthaltserlaubnis nach § 33 AufenthG hat Anspruch auf Sozialgeld nach §§ 7 Abs. 2, 20, 23 SGB II, da auch die Mutter als Studentin ihren gewöhnlichen Aufenthalt im Bundesgebiet hat.

Auch kann ein Elternteil während eines Urlaubssemesters selbst Alg II beziehen, wenn tatsächlich keine Prüfungsleistungen erbracht und Lehrveranstaltungen besucht werden (LSG Sachsen vom 31.3.2015 – L 3 AS 148/15 B ER).

Die Aufenthaltserlaubnis nach § 16 AufenthG verlangt aber die **Sicherung des Lebensunterhalts als Regelvoraussetzung** (§ 5 Abs. 1 Nr. 1 AufenthG). Da es sich jedoch bei der Geburt eines Kindes während des Studiums um eine besondere Ausnahmesituation handelt, besteht die Möglichkeit, dass die Ausländerbehörde einen vorübergehenden Leistungsbezug (etwa während eines Urlaubs-

---

[1] BFH vom 21.2.2008 – III R 79/03.

semesters) zulässt ohne die Aufenthaltserlaubnis zu entziehen.[1] Es bedarf hier stets einer Absprache, bevor ein Leistungsantrag beim Jobcenter gestellt wird.

> Beispiel
>
> Hui, chinesische Staatsangehörige, studiert in Freiburg seit zwei Jahren Soziale Arbeit und ist in der gesetzlichen Krankenversicherung als Studentin versichert. Sie arbeitet seit 14 Monaten an drei Tagen in der Woche in einem Hotel und erhält einen Monatslohn von 800 € brutto. Jetzt ist sie schwanger und überlegt, wie sie Studium und Kind bewältigen soll, wenn ihr Einkommen wegfällt.
>
> Sie ist als Arbeitnehmerin zwar in der gesetzlichen Rentenversicherung, nicht aber in der Kranken-, Pflege- und Arbeitslosenversicherung. Für die Zeiten des Mutterschutzes (sechs Wochen vor und in der Regel acht Wochen nach der Geburt) erhält sie von der gesetzlichen Krankenversicherung (auch als Studentin) Mutterschaftsgeld in Höhe von 13 € kalendertäglich (§ 13 Abs. 1 MuSchG). Die Differenz bis zum Nettoeinkommen muss der Arbeitgeber für die Zeit des Mutterschutzes zahlen.
>
> Hui ist also noch bis acht Wochen nach der Geburt finanziell abgesichert. Auf Elterngeld hat sie aber trotz ihrer sozialversicherten Tätigkeit keinen Anspruch. Sie könnte jetzt ein Urlaubssemester einlegen und im Anschluss an den Mutterschutz Leistungen nach SGB II beantragen. Dies sollte sie nur tun, wenn es ihr gelingt, mit der Ausländerbehörde eine Vereinbarung darüber zu treffen, für welchen Zeitraum des Leistungsbezugs keine aufenthaltsrechtlichen Konsequenzen gezogen werden. Längerfristig wird sie Studium, Kind und Arbeit nur bewältigen können, wenn sie auf eine Tagesmutter zurückgreift, die vom Jugendamt organisiert und auch bezahlt wird (§ 24 Abs. 3 Nr. 2b SGB VIII). Es handelt sich dabei um eine Betreuungsleistung, die keinen Einfluss auf die Sicherung des Lebensunterhalts hat.[2] Deshalb ist auch die Weitergabe von Daten des Jugendamtes an die Ausländerbehörde untersagt und stellt zumindest eine Ordnungswidrigkeit nach § 85 SGB X dar.

5.7 Verlängerung der Aufenthaltserlaubnis nach einem Studienabschluss

Nach erfolgreichem Abschluss des Studiums wird ausländischen Studierenden die Möglichkeit eingeräumt, sich 18 Monate lang um eine Beschäftigung in ihrem erlernten Beruf zu bemühen (§ 16 Abs. 4 AufenthG).

Während dieser Zeit wird die Aufenthaltserlaubnis mit der Erwerbserlaubnis verbunden. So kann jede beliebige Beschäftigung oder selbstständige Tätigkeit ausgeübt werden.

---

[1] So auch VwV AufenthG 2.3.1.1.
[2] Siehe auch VwV AufenthG 55.2.7.3.

Wenn die Beschäftigung oder die selbstständige Tätigkeit nicht der an der Hochschule erworbenen Qualifikation entspricht, erlischt die Aufenthaltserlaubnis nach 18 Monaten.

Für die Erteilung einer Aufenthaltserlaubnis zu Erwerbszwecken bestehen nunmehr folgende Möglichkeiten:

- **Die »Blaue Karte EU« nach § 19a AufenthG**

Es muss ein konkreter Arbeitsplatz, der der Ausrichtung und dem Niveau des Studienabschlusses entspricht, nachgewiesen werden. Das Mindesteinkommen beträgt zwei Drittel der Beitragsbemessungsgrenze der Rentenversicherung (für 2015 West: 6.050 €, Ost: 5.200 €), derzeit sind also 4.033 € in den westlichen Bundesländern und 3.466 € in den östlichen Bundesländern als Mindesteinkommen vorgesehen (§ 41a BeschV). In Mangelberufen (MINT-Berufe) werden nur 52 % der Beitragsbemessungsgrenze, also 3.146 € oder 2.704 € verlangt. Die Blaue Karte EU wird ohne Zustimmung der AA erteilt, wenn ein deutscher Hochschulabschluss vorliegt (§ 2 Abs. 2b BeschV).

Familienangehörige von Inhabern einer Blauen Karte EU haben einen Rechtsanspruch auf die Aufenthaltserlaubnis zum Familiennachzug, wenn der Lebensunterhalt gesichert ist (§ 30 Abs. 1 Nr. 3 g und § 32 Abs. 1 Nr. 1a Aufenthaltsgesetz). Für die Ehegatten werden keine Sprachkenntnisse verlangt (§ 30 Abs. 1 Satz 3 Nr. 5 AufenthG). Sie erhalten die Erwerbserlaubnis (§ 27 Abs. 5 AufenthG).

Die **Niederlassungserlaubnis** kann bereits nach 21 Monaten Beschäftigungszeit erteilt werden (§ 19a Abs. 6 AufenthG).

- **Niederlassungserlaubnis für Hochqualifizierte nach § 19 AufenthG**

Die sofortige Erteilung der Niederlassungserlaubnis für Hochqualifizierte dürfte für Studienabgänger schwierig sein. Sie kommt in zwei Fällen in Betracht:
1. Wissenschaftler mit besonderen fachlichen Kenntnissen oder
2. Lehrpersonen oder wissenschaftliche Mitarbeiter in herausgehobener Funktion.

Ein Mindesteinkommen wird nicht mehr gefordert.

Der **Familiennachzug** des Ehegatten wird ohne Sprachanforderungen zugelassen, wenn die Ehe schon im Herkunftsland bestand.

- **Aufenthaltserlaubnis für sonstige Beschäftigungen nach § 18 AufenthG**

Nach einem deutschen Hochschulabschluss wird die Beschäftigungserlaubnis für eine dem Studium entsprechende Tätigkeit ohne Zustimmung der Arbeitsagentur erteilt (§ 2 Abs. 1 Nr. 3 BeschV).

Für den **Familiennachzug** gelten die üblichen Bedingungen. Die Familienangehörigen erhalten eine Erwerbserlaubnis (§ 27 Abs. 5 AufenthG).
Die **Niederlassungserlaubnis** wird bereits nach zwei Jahren Erwerbstätigkeit erteilt (§ 18b AufenthG).

- **Aufenthaltserlaubnis für eine selbständige Tätigkeit**

  Mit der Regelung in § 21 Abs. 2a AufenthG wird die Erteilung der Aufenthaltserlaubnis für Personen mit einem deutschen Hochschulabschluss in das Ermessen der Ausländerbehörde gestellt. Zwingende Anforderungen sind nur die Sicherung des Lebensunterhalts (§ 5 Abs. 1 Nr. 1 AufenthG) und »die beabsichtigte selbständige Tätigkeit muss einen Zusammenhang mit den in der Hochschulausbildung erworbenen Kenntnissen oder der Tätigkeit als Forscher oder Wissenschaftler erkennen lassen.«
  Der **Familiennachzug** des Ehegatten wird ohne Sprachanforderungen zugelassen, wenn die Ehe schon im Herkunftsland bestand.
  Die **Niederlassungserlaubnis** wird bereits nach zwei Jahren Erwerbstätigkeit erteilt (§ 18b AufenthG).

Auch nach einer Rückkehr ins Herkunftsland kann erneut eine Aufenthaltserlaubnis zur Arbeitsplatzsuche für bis zu sechs Monate (§ 18c AufenthG) oder zur Ausübung einer Tätigkeit entsprechend dem Hochschulabschluss erteilt werden, soweit ein Arbeitsplatz nachgewiesen wird. Die Zustimmung der AA ist nicht erforderlich (§ 2 Abs. 1 Nr. 3 BeschV).

5.8 Sonstige Aufenthalte zu Ausbildungszwecken

- **Sprachkurs**

Die Zulassung von kurzfristigen Aufenthalten zum Zwecke des Sprachstudiums (§ 16 Abs. 5 AufenthG) erscheint zuwanderungspolitisch unproblematisch und wird deshalb erlaubt, wenn der Lebensunterhalt gesichert ist und die Durchführung des Sprachkurses tatsächlich den Hauptaufenthaltsgrund darstellt. Davon wird ausgegangen, wenn der Kurs mindestens 18 Unterrichtsstunden pro Woche umfasst.[1]

- **Schulausbildung**

Der in Deutschland grundsätzlich kostenfreie Schulbesuch soll nur in Ausnahmefällen zugelassen werden (§ 16 Abs. 5 AufenthG), weil sich im Gegensatz zum Hochschulbesuch hieraus nicht ohne weiteres Bildungsres-

---

[1] VwV AufenthG 16.5.1.1.

sourcen ergeben, die auch in Deutschland selbst Früchte tragen.[1] Vorausgesetzt wird in der Regel ein internationales Austauschprogramm mit der deutschen Schule. Für Schüler aus Andorra, Australien, Israel, Japan, Korea, Monaco, Neuseeland und den USA reicht die Sicherung des Lebensunterhalts und die Rückkehrbereitschaft.

- **Betriebliche Ausbildung**

Bei einer betrieblichen Aus- und Weiterbildung (§ 17 AufenthG) ist die Situation am Arbeitsmarkt zu berücksichtigen (§ 8 Abs. 1 BeschV). Ausländer können nur zugelassen werden, wenn dies arbeitsmarktpolitisch und integrationspolitisch unbedenklich erscheint, das heißt, es darf sich keine Konkurrenz zu Ausbildungsbewerbern, die in Deutschland leben, ergeben. Ohne Prüfung werden Absolventen deutscher Auslandsschulen zugelassen (§ 7 BeschV). Eine weitere Möglichkeiten der Einreise zu Ausbildungszwecken besteht seit Juli 2015 für Personen mit einer abgeschlossenen ausländischen Berufsausbildung, um in Deutschland eine Anpassungsmaßnahme oder eine praktische Tätigkeit durchzuführen, die zur Anerkennung oder Gleichwertigkeitsfeststellung der Ausbildung nach den Berufsanerkennungsgesetzen des Bundes oder der Länder führt (§ 17a AufenthG; § 8 Abs. 2 und Abs. 3 BeschV). Voraussetzung ist ein Bescheid über die Anerkennung bzw. Gleichwertigkeitsfeststellung einer Ausbildung unter der Voraussetzung einer ergänzenden Anpassungsmaßnahme mit im einzelnen bezeichneten Inhalten. Einen solchen Bescheid können auch alle Personen mit der Absicht einer Einwanderung nach Deutschland vom Ausland aus stellen (www.anerkennung-in-deutschland.de). Die für eine betriebliche Maßnahme erforderliche Zustimmung der Arbeitsagentur wird ohne Vorrangprüfung erteilt (§ 8 BeschV). Aufenthalte zur Weiterbildung werden auch im Rahmen nationaler, europäischer oder internationaler Förder- oder Austauschprogramme (§ 15 Nr. 2-4 BeschV) und innerbetrieblich in internationalen Konzernen bis zu 30 Tage im Jahr (§ 17 BeschV) zugelassen. Nach Abschluss der Ausbildung kann die Arbeitserlaubnis nach § 18 AufenthG für eine entsprechende Tätigkeit ohne Arbeitsmarktprüfung erteilt werden (§ 6 Abs. 1 u. 3 BeschV).

- **Freiwilligendienste**

Die Teilnahme an Freiwilligendiensten wurde durch Art. 17 der Richtlinie 2004/114/EG geregelt und gilt in Deutschland in Ermangelung eines gesonderten Aufenthaltstitels als Beschäftigung nach § 18 AufenthG. Eine Beschäftigungserlaubnis wird ohne Zustimmung der BA erteilt (§ 14 BeschV).

---

[1] Dies war bereits für die Vorgängerregelung im Ausländergesetz in der Verwaltungsverordnung geregelt: siehe AuslG-VwV 28.5.6.

Prüfungsschema Aufenthaltserlaubnis zum Zwecke des Studiums

■ **Zuständigkeit**

1. Auslandsvertretung für das nationale Visum nach verwaltungsinterner Zustimmung der Ausländerbehörde
2. Ausländerbehörde für Erteilung der Aufenthaltserlaubnis nach Einreise

■ **Erteilungsvoraussetzungen**

1. **Nach § 16 AufenthG:**
   – Zulassungsbescheid einer deutschen Hochschule
2. **Nach § 5 AufenthG:**
   – Pass
   – Gesicherter Lebensunterhalt (spezielle Definition in § 2 Abs. 3 Satz 5 AufenthG)
   – Kein Ausweisungsinteresse
   – Keine Belangbeeinträchtigung
   – Einreise mit einem Visum zum Zweck des Studiums oder bestehende Aufenthaltserlaubnis zu einem anderen Zweck

■ **Keine Ausschlussgründe**

1. **Nach § 11 AufenthG:**
   – Keine Ausweisung oder Abschiebung, solange die Fristen noch nicht abgelaufen sind, oder
2. **Nach § 10 Abs. 1 oder Abs. 3 AufenthG:**
   – Bei laufendem oder vorangegangenen Asylantrag

■ **Rechtsfolge**

Gebundene Entscheidung (gegen den Wortlaut)

6 Aufenthaltserlaubnis zum Zwecke der Erwerbstätigkeit (§§ 18, 18a, 19, 20, 21 AufenthG)

6.1 Zuwanderung zu Erwerbszwecken

Weltweit stellt die Suche nach Arbeit einen der wichtigsten Migrationsanreize dar, 86 Millionen Menschen arbeiten außerhalb ihres Herkunftsstaates.[1]

Besonders in den von Landwirtschaft geprägten Entwicklungsländern reicht die vorhandene Arbeit nicht aus, um die Menschen zu ernähren. Aber auch in den Industriestaaten führt die Globalisierung zu Verdrängungsprozessen, die Menschen zwingen, sich neue Einkommensquellen zu suchen. Gut Qualifizierte machen zunehmend von der Möglichkeit Gebrauch, sich ihre Arbeits- und Lebensbedingungen weltweit selbst zu suchen.

Auch Deutschland hat sich nach dem 2. Weltkrieg zu einem Einwanderungsland für Arbeitskräfte entwickelt.

Nach der Aufnahme von Millionen von Vertriebenen, Flüchtlingen und ehemaligen Zwangsarbeitern begann Anfang der 1960er-Jahre die Anwerbung billiger Arbeitskräfte aus Italien, Spanien, Griechenland, Türkei, Portugal, Marokko und Jugoslawien.[2] Etwas später, zwischen 1967 und 1980, schloss auch die DDR geheime Abkommen über Vertragsarbeitnehmer mit Ungarn, Polen, Algerien, Kuba, Mosambik und Vietnam.[3] Mit der Rezession infolge der Ölkrise Anfang der 1970er-Jahre schien der Arbeitskräftebedarf in Deutschland gedeckt. Die Zeit der Anwerbung wurde mit dem so genannten Anwerbestopp von 1973 für beendet erklärt.

Seit diesem Zeitpunkt gilt in der deutschen Ausländerpolitik der Grundsatz der Zuwanderungsbegrenzung und des Schutzes des deutschen Arbeitsmarktes durch ein allgemeines Zuzugsverbot.

Gleichwohl bestand in einzelnen Sektoren auch weiterhin ein Bedarf an ausländischen Arbeitskräften. Teilweise konnte er durch die Zuwanderung von Asylbewerbern und Flüchtlingen gedeckt werden, die das Migrationsgesche-

---

[1] Global Union Research Network (ILO u. a.). http://www.gurn.info → Topics → Migration
[2] Mehrländer, in Gehmacher/Kubat/Mehrländer, 1978, S. 115 f.
[3] Gruner-Domic, IWK, 32 (1996) 2, S. 204 ff.

hen in Deutschland während der 1980er-Jahre bis zum Beginn der 1990er-Jahre bestimmte, und später in den 1990er-Jahren durch die zuziehenden Spätaussiedler, für die mit der Beendigung des Warschauer Paktes in großem Umfang die Möglichkeit der Ausreise entstand.

Der nicht gedeckte Bedarf wurde vor allem durch gezielte und zeitlich befristete Anwerbung gedeckt.

Zu Beginn des 21. Jahrhunderts kam die Zuwanderung von Drittstaatsangehörigen weit gehend zum Erliegen.

Die Erkenntnis, dass Deutschland auf Zuwanderung angewiesen ist, setzte sich nur zögerlich durch. Eine vorsichtige Abkehr vom Verbot der Erwerbszuwanderung begann mit dem Zuwanderungsgesetz 2005 und beschleunigte sich in den letzten Jahren zu einer regelrechten Werbung um ausländische Fachkräfte und einer radikalen Öffnung des deutschen Arbeitsmarktes.[1]

- Zum 1.1.2005 wurde in § 18 AufenthG die Möglichkeit eröffnet, eine Aufenthaltserlaubnis für eine Erwerbstätigkeit auch dann zu erhalten, wenn dies in der BeschV nicht ausdrücklich geregelt ist. Voraussetzung ist aber, dass es sich um eine qualifizierte Tätigkeit handelt und ein besonderes öffentliches Interesse an der Beschäftigung besteht.
Nach § 19 AufenthG kann Hochqualifizierten mit einem Arbeitsplatz in Deutschland von Beginn an ein dauerhaftes Bleiberecht (Niederlassungserlaubnis) eingeräumt werden.

- Mit dem Änderungsgesetz zum Zuwanderungsgesetz vom August 2007 (Richtlinienumsetzungsgesetz) wurden die Anforderungen für den Zuzug von selbstständig Erwerbstätigen ein wenig gelockert.

- Im Herbst 2007 wurde Absolventen von deutschen Hochschulen die Möglichkeit eingeräumt, eine ihrem Abschluss entsprechende Beschäftigung ohne eine vorgeschaltete Arbeitsmarktprüfung aufzunehmen.

- Seit 2009 können ausländische Akademiker nach Deutschland zuwandern, es sei denn, für die gewünschte Tätigkeit stehen deutsche oder gleichgestellte Arbeitsuchende zur Verfügung (§ 27 BeschV).
Auch für Spezialisten entfiel die Vorrangprüfung (§ 28 BeschV).

---

[1] Kolb/Fellmer, ZAR 2015, S. 105 ff.

- Ab August 2012 gibt es die neue »Blaue Karte EU«, ein Aufenthaltstitel, der auf der Grundlage der Hochqualifiziertenrichtlinie (2009/50/EG) Akademikern mit einem bestimmten Mindestgehalt besondere Aufnahmekonditionen einräumt.

- 2013 wurden die bis dahin geltende BeschV und die BeschVerfV in eine einheitliche BeschV überführt und dabei erstmalig eine Zuwanderungsmöglichkeit für nicht akademische Fachkräfte in Mangelberufen geschaffen.

Der radikale Öffnungsprozess steht nun allerdings unter anderen Vorzeichen als die »Gastarbeiteranwerbung« in Zeiten des Wirtschaftswunders. Deutschland hat relativ spät erkannt, dass weltweit längst ein harter Konkurrenzkampf um Experten, Wissenschaftler und Führungskräfte eingesetzt hat (»Brain Gain«). So konzentrierten sich Anfang des 21. Jahrhunderts bereits 75 % aller herausragenden Wissenschaftler in nur acht Staaten; während aber in den USA jeder dritte Spitzenforscher in einem anderen Land geboren wurde, fanden sich in dieser Gruppe in Deutschland nur 19 % Zugewanderte.[1] Insbesondere das Internet-Portal www.make-it-in-germany.com der Bundesregierung wirbt heute weltweit um Ärztinnen, Ingenieure und Naturwissenschaftlerinnen.

Ob die Abwanderung der am besten Qualifizierten aus den Herkunftsländern (»Brain Drain«) zu einer Verschärfung der weltweiten Arbeitsteilung oder langfristig zu einem Knowhowtransfer in die Herkunftsländer führt, ist derzeit noch schwer abschätzbar.

Das Aufenthaltsgesetz enthält sieben verschiedene Anspruchsgrundlagen für **Aufenthaltstitel zum Zweck der Erwerbstätigkeit**, ergänzt um die beiden Aufenthaltserlaubnisse zum Zwecke der Ausbildung (§§ 17, 17a AufenthG):

- Nach § 18 AufenthG kann eine Aufenthaltserlaubnis im Wege des Ermessens **zum Zweck der Beschäftigung** erteilt werden, wenn dies in der Beschäftigungsverordnung (BeschV) oder einer zwischenstaatlichen Vereinbarung ausdrücklich geregelt ist und eine verbindliche Einstellungszusage vorliegt. Zu den Einzelheiten s. 6.2, → S. 75.

- Nach § 18a AufenthG (eingefügt mit Wirkung zum 1.1.2009 durch das ArbeitsmigrationssteuerungsG) kann Personen, die sich als Ausreisepflichtige mit einer **Duldung** in Deutschland aufhalten, eine Aufenthaltserlaubnis zum Zweck der Beschäftigung erteilt werden, wenn sie

---

[1] Ali u.a., Warwick Economics Research Paper Series 2007, Nr. 825.

- in Deutschland ein Studium oder eine anerkannte oder vergleichbare Berufausbildung abgeschlossen und einen Arbeitsplatz gefunden haben, oder

- mit einem ausländischen Hochschulabschluss in Deutschland eine dem Abschluss angemessene Tätigkeit seit mindestens zwei Jahren ohne Unterbrechung ausgeübt haben; der Abschluss muss entweder formal anerkannt sein oder die Vergleichbarkeit mit einem deutschen Abschluss muss festgestellt worden sein, oder

- als Fachkraft seit drei Jahren eine Beschäftigung ausgeübt haben, die eine qualifizierte Berufsausbildung voraussetzt.

Im Übrigen müssen alle Voraussetzungen erfüllt sein, die auch für die Aufenthaltserlaubnis nach § 23 Abs. 1 i.V.m. § 104a Abs. 1 AufenthG gefordert werden (→ S. 183).

Diese Aufenthaltserlaubnis ist auch für junge Flüchtlinge besonders wichtig, die nicht von der Aufenthaltserlaubnis nach § 25a AufenthG für integrierte junge Menschen Gebrauch machen können, weil sie erst nach dem 17. Geburtstag eingereist sind und deshalb die erforderlichen vier Jahre Aufenthalt nicht vor ihrem 21. Geburtstag (Ende der Antragsmöglichkeit) erreichen können.

Jungen Menschen aus »sicheren Herkunftsstaaten«[1] darf allerdings keine Erwerbstätigkeit und damit auch keine Ausbildung mehr gestattet werden, wenn sie seit dem 1.9.2015 einen Asylantrag gestellt haben (§ 60a Abs. 6 Nr. 3 AufenthG).

Die Absolventen deutscher Hochschulen erhalten schon nach zwei Jahren eine Niederlassungserlaubnis (§ 18b AufenthG).

- Nach § 18c AufenthG können Akademikerinnen, deren Abschluss nach den Berufsanerkennungsgesetzen des Bundes oder der Länder bereits als gleichwertig eingestuft wurde, eine Aufenthaltserlaubnis für sechs Monate zur **Suche eines Arbeitsplatzes** erhalten, wenn sie für diese Zeit über die erforderlichen Mittel zur Finanzierung ihres Lebensunterhalts verfügen. Der Nachweis kann auch durch eine Garantieerklärung nach § 68 AufenthG (siehe → S. 55) einer in Deutschland lebenden Person erfolgen.

---

[1] Siehe Glossar → S. 392.

6 Aufenthaltserlaubnis zum Zwecke der Erwerbstätigkeit

- Nach § 19 AufenthG kann eine Aufenthaltserlaubnis im Wege des Ermessens an **Hochqualifizierte** erteilt werden, wenn sie über einen Arbeitsplatz verfügen. Als hoch qualifiziert gelten

  – Wissenschaftler mit besonderen fachlichen Kenntnissen,

  – Lehrpersonen in herausgehobener Funktion oder wissenschaftliche Mitarbeiter in herausgehobener Funktion.

  Die Ausländerbehörde entscheidet allein und ohne Zustimmung der AA über die Zuzugsgenehmigung mit Erteilung der Niederlassungserlaubnis (§ 2 Abs. 1 Nr. 1 BeschV).

- Nach § 19a Aufenthaltsgesetz besteht ein Rechtsanspruch auf eine »**Blaue Karte EU«**, wenn

  – ein Hochschulabschluss vorliegt (deutsch, anerkannt oder gleichwertig),

  – ein qualifikationsangemessener Arbeitsplatz nachgewiesen wird,

  – ein Einkommen von mindestens Zwei Dritteln der Beitragsbemessungsgrenze der Rentenversicherung (für 2015 West: 6.050 €, Ost: 5.200 €) erzielt wird. Derzeit sind also 4.033 € (Jahresgehalt 48.400 €) in den westlichen Bundesländern und 3.466 € (41.600 € Jahresgehalt) in den östlichen Bundesländern als Mindesteinkommen vorgesehen (§ 41a BeschV); in Mangelberufen (MINT-Berufe[1]) werden nur 52 % der Beitragsbemessungsgrenze, also 3.146 € bzw. 2.704 € verlangt,

  – für Absolventen ausländischer Hochschulen die Zustimmung der AA erteilt wird (bei Beschäftigungen in Mangelberufen erfolgt keine Vorrangprüfung, § 27 Abs. 3 BeschV),

  – die allgemeinen Erteilungsvoraussetzungen vorliegen (u.a. Visumverfahren, kein Ausweisungsinteresse, keine Einreisesperre).

  Der Nachzug von **Familienangehörigen** wird ohne weitere Anforderungen zugelassen (§ 30 Abs. 1 Nr. 3g) AufenthG), sie erhalten eine Erwerbserlaubnis (§ 27 Abs. 5 AufenthG).

  Die **Niederlassungserlaubnis** wird nach 33 Monaten Beschäftigung erteilt. Wenn deutsche Sprachkenntnisse auf dem Niveau B 1 nachgewiesen werden, bereits nach 21 Monaten (§ 19a Abs. 6 AufenthG).

---

[1] Mathematiker, Ingenieure, Naturwissenschaftler, Techniker.

- Nach § 20 AufenthG haben **Forscher** einen Rechtsanspruch auf Erteilung einer Aufenthaltserlaubnis, wenn folgende Voraussetzungen erfüllt sind:
  - Die Einrichtung oder das Unternehmen muss durch das Bundesamt für Migration und Flüchtlinge als Forschungseinrichtung zugelassen sein.
  - Zwischen der Einrichtung oder dem Unternehmen und der Forscherin muss eine Forschungsvereinbarung abgeschlossen werden.
  - Die Einrichtung oder das Unternehmen muss sich zur Übernahme aller Kosten, die öffentlichen Stellen bis zu sechs Monate nach Ablauf der Aufnahmevereinbarung entstehen, verpflichten. Damit wird das Kostenrisiko für den Fall eines unerlaubten Aufenthalts und einer Abschiebung der Einrichtung auferlegt.

Diese Regelung wurde erforderlich, um die Forscherrichtlinie[1] umzusetzen. Sie gilt nicht für Asylbewerber, Geduldete und Promotionsstudierende.

- Nach § 21 AufenthG kann im Wege des Ermessens eine Aufenthaltserlaubnis zur Ausübung einer **selbstständigen Tätigkeit** in folgenden Fällen erteilt werden:

  - Es muss ein wirtschaftliches Interesse oder ein regionales Bedürfnis, eine positive Auswirkung auf die Wirtschaft und eine gesicherte Finanzierung geprüft werden. Vor der Erteilung der Aufenthaltserlaubnis sind die fachkundigen Körperschaften, die zuständigen Gewerbebehörden, die öffentlich-rechtlichen Berufsvertretungen und die für die Berufszulassung zuständigen Behörden zu beteiligen.
  - Absolventinnen deutscher Hochschulen wird die Aufenthaltserlaubnis nach Ermessen ohne weitere Anforderung erteilt (§ 21 Abs. 2a AufenthG). Sie erhalten schon nach zwei Jahren eine Niederlassungserlaubnis (§ 18b AufenthG).
  - Zusätzlich wurde in § 21 Abs. 5 AufenthG die Möglichkeit eröffnet, auch Freiberuflern eine Aufenthaltserlaubnis nach Ermessen zu erteilen.

Für die Erteilung der Aufenthaltserlaubnis müssen in allen Fällen auch die allgemeinen Voraussetzungen für die Erteilung eines Aufenthaltstitels nach § 5 AufenthG erfüllt sein. Insbesondere der Lebensunterhalt für den Beschäftigten und für die eventuell mitreisende Familie muss gesichert sein, die Identität und die Rückkehrberechtigung müssen geklärt sein, es darf kein Auswei-

---

[1] Siehe Glossar → S. 369.

sungsinteresse vorliegen und der Aufenthalt des Ausländers darf auch im Übrigen nicht die Interessen der Bundesrepublik beeinträchtigen oder gefährden (siehe auch → S. 40). Die Prüfung von entgegenstehenden Interessen der Bundesrepublik entfällt bei der Aufenthaltserlaubnis zum Zweck der Forschung und bei der »Blauen Karte EU«, da hier ein Rechtsanspruch auf Erteilung besteht.

Eine frühere Ausweisung oder Abschiebung steht der Erteilung der Aufenthaltserlaubnis entgegen, wenn die Wiedereinreisesperre noch nicht abgelaufen ist (§ 11 Abs. 1-4 AufenthG).

Ebenso darf während eines laufenden Asylverfahrens oder nach negativem Abschluss eines Asylverfahrens[1] vor Ausreise kein Aufenthaltstitel zur Erwerbstätigkeit erteilt werden (§ 10 Abs. 1 und Abs. 3 AufenthG).

6.2 Einzelheiten zur Aufenthaltserlaubnis nach § 18 AufenthG

Die Aufenthaltserlaubnis nach § 18 AufenthG kann zum Zwecke der Beschäftigung erteilt werden,

»wenn die Bundesagentur für Arbeit nach § 39 AufenthG (Arbeitsmarktprüfung) zugestimmt hat oder durch Rechtsverordnung nach § 42 AufenthG (BeschV) oder zwischenstaatliche Vereinbarung bestimmt ist, dass die Ausübung der Beschäftigung ohne Zustimmung der Bundesagentur für Arbeit zulässig ist«.

In der Regel ist zur Einreise ein nationales Visum bei der deutschen konsularischen Vertretung im Herkunftsstaat unter Angabe der Aufenthaltsgründe einzuholen.

Die Erteilung des Einreisevisums und der Beschäftigungserlaubnis erfolgt als einheitlicher Verwaltungsakt unter Beteiligung der zuständigen Ausländerbehörde und – soweit erforderlich – der AA.

---

[1] Dieser Ausschlussgrund gilt nicht für die Aufenthaltserlaubnis nach § 18a AufenthG.

Verfahren zur Erteilung einer Einreiseerlaubnis, um in Deutschland zu arbeiten

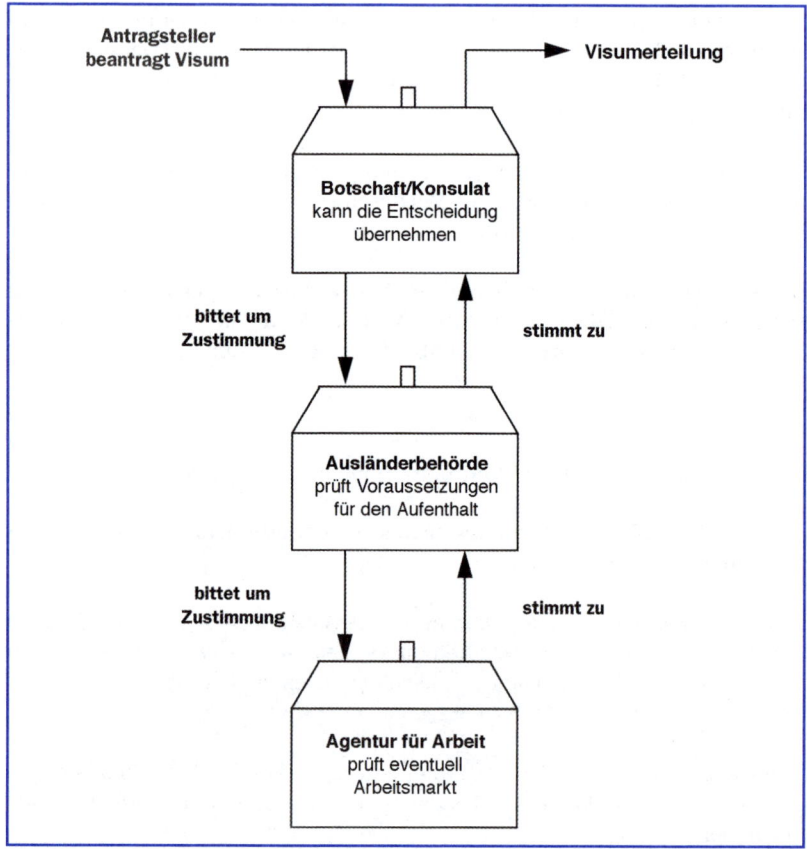

Die Angehörigen bestimmter Industriestaaten[1] können die Aufenthaltserlaubnis zum Zweck einer Beschäftigung auch nach Einreise als Touristen direkt in Deutschland einholen (§ 41 Abs. 1 AufenthV). Inhaber einer Aufenthaltserlaubnis zu einem anderen Zweck können die Aufenthaltserlaubnis ebenfalls ohne Visumverfahren erhalten (§ 39 Nr. 1 AufenthV); Studierende jedoch nur nach Abschluss des Studiums (§ 16 Abs. 2 AufenthG).

---

[1] Australien, Israel, Japan, Kanada, Südkorea, Neuseeland und USA.

6.2.1 Beschäftigungen für qualifizierte Tätigkeiten

6.2.1.1 Beschäftigungserlaubnis ohne Zustimmung der Agentur für Arbeit

Die Ausländerbehörde kann für einige wenige Tätigkeiten (§§ 2 bis 16 BeschV) eine Aufenthaltserlaubnis zum Zweck der Beschäftigung erteilen, ohne die Arbeitsagentur einzuschalten. Wenn die Tätigkeit nur bis zu drei Monaten ausgeübt wird, ist eine Aufenthaltserlaubnis zum Zweck der Beschäftigung nicht erforderlich. Es reicht ein Schengenvisum oder der visumfreie erlaubte Aufenthalt.

Zustimmungsfrei sind insbesondere folgende längerfristige Tätigkeiten:

- **Hochqualifizierte mit Niederlassungserlaubnis** nach § 19 AufenthG (§ 2 Abs. 1 Nr. 1 BeschV).

- **Akademikerinnen mit Blauer Karte EU** und einer Beschäftigung mit mindestens 4.033 € (West) bzw. 3.466 € (Ost) Monatseinkommen (§ 2 Abs. 1 Nr. 2 a BeschV) oder mit einem deutschen Hochschulabschluss (§ 2 Abs. 1 Nr. 2b BeschV).

- **Akademiker mit deutschem Hochschulabschluss** und einer der Qualifikation entsprechenden Beschäftigung (§ 2 Abs. 1 Nr. 3 BeschV).

- **Fachkräfte** eines internationalen Konzerns **zu Weiterbildungszwecken** (§ 17 BeschV).

- **Führungskräfte** (§ 3 BeschV)
  Hierzu gehören leitende Angestellte mit Generalvollmacht oder Prokura, Vorstandsmitglieder von Vereinen und Stiftungen, Gesellschafter einer oHG oder Geschäftsführer einer Gesellschaft und leitende Angestellte eines internationalen Konzerns im Rahmen des Personalaustauschs, wenn sie Vorstands-, Direktions- oder Geschäftsleitungsmitglieder sind oder ihre leitende Position in sonstiger Weise von entscheidender Bedeutung für das Unternehmen ist.

- **Wissenschaftler** (§ 5 BeschV)
  Hierzu gehören wissenschaftliche Mitarbeiter von Hochschulen und Forschungsinstituten (weit gehend ersetzt durch Aufenthaltserlaubnis zum Zweck der Forschung nach § 20 AufenthG), Gastwissenschaftler und sie begleitendes technisches Personal, Lehrer an staatlichen oder staatlich anerkannten Schulen.

- **Absolventen deutscher Auslandsschulen**
  mit einem anerkannten oder gleichwertigen Hochschulabschluss oder einer ebensolchen Berufsausbildung für eine der Ausbildung entsprechende Beschäftigung oder für eine anerkannte betriebliche Ausbildung (§ 7 BeschV).

6.2.1.2 Beschäftigungserlaubnis mit Zustimmung der Agentur für Arbeit, aber ohne Vorrangprüfung

Die Ausländerbehörde leitet die Anfrage der deutschen Auslandsvertretung an die Arbeitsagentur weiter, diese prüft aber nur die gesetzlichen Voraussetzungen, insbesondere die Beschäftigungsbedingungen. Die Prüfung, ob bevorrechtigte Arbeitsuchende für den Arbeitsplatz verfügbar sind, ist wegen der Art der Tätigkeiten nicht sinnvoll.

- **Absolventinnen deutscher Auslandsschulen** mit einem ausländischen Hochschulabschluss (§ 27 Abs. 1 Nr. 3 BeschV).

- **Akademikerinnen mit Blauer Karte EU in MINT-Berufen**, deren Monatsgehalt zwischen 3.146 € und 4.032 € (West) bzw. 2.704 € und 3.466 € (Ost) liegt (§ 2 Abs. 2 BeschV).

- **Fachkräften mit einer in Deutschland erworbenen Berufsausbildung** (§ 6 BeschV).

- **Fachkräften** mit einem ausländischen anerkannten oder gleichwertigen Berufsabschluss **in einem Mangelberuf** entsprechend der »Positivliste« der Bundesagentur für Arbeit (§ 6 Abs. 2 Nr. 2 BeschV)[1] oder im Rahmen eines Anwerbeprogramms der Bundesagentur für Arbeit (§ 6 Abs. 2 Nr. 1 BeschV).

---

[1] Mechatroniker/in, Techn. Assistent/in – Mechatronik, Fachkraft – mechatronische Systeme, Techniker/in – Maschinentechnik (Mechatronik), Elektroniker/in – Automatisierungstechnik (Handwerk), Elektroniker/in – Automatisierungstechnik (Industrie), Industrietechnologe/-technologin – Automatisierungstechnik, Techniker/in – Elektrotechnik (Automatisierungstechnik), Bauelektriker/in, Blitzschutzmonteur/in, Elektrofachkraft für festgelegte Tätigkeiten, Elektroniker/in – Energie- und Gebäudetechnik, Elektroniker/in – Gebäude- und Infrastruktursysteme, Fachpraktiker/in für Elektroniker (§66 BBiG/§42m HwO), Elektroniker/in, Industrieelektriker/in, Elektroanlagenmonteur/in, Kabelmonteur/in, Netzmonteur/in, Bauklempner/in, Isolierklempner/in, Klempner/in, Anlagenmechaniker/in – Sanitär-, Heizungs- und Klimatechnik, Fachpraktiker/in für Anlagenmechaniker SHK (§ 66 BBiG/§ 42m HwO), Klempner/in und Installateur/in, Techniker/in – Heizungs-, Lüftungs-, Klimatechnik, Techniker/in – Sanitärtechnik, Kühlhauswärter/in – Zugang, Eisenbahner/in – Betriebsdienst, Gesundheits- und Kinderkrankenpfleger/in, Anästhesietechnische/r Assistent/in, Operationstechnische/r Angestellte/r, Operationstechnische/r Assistent/in, examinierte/r Altenpfleger/in, examinierte/r Ambulante/r Pfleger/in; genaue Details siehe unter: www.make-it-in-germany.com, Positivliste.

- Für eine Beschäftigung im Rahmen einer **Anpassungsmaßnahme** zur Anerkennung oder Gleichwertigkeitsfeststellung eines ausländischen Berufsabschlusses oder im Zusammenhang mit einer derartigen Anpassungsmaßnahme, soweit eine konkrete Arbeitsplatzzusage besteht (§ 8 BeschV; § 17a AufenthG).

- **Leitenden Angestellten und Spezialisten** (§ 4 BeschV) für eine Tätigkeit in einem inländischen oder deutsch-ausländischen Gemeinschaftsunternehmen, welches auf der Grundlage zwischenstaatlicher Vereinbarungen gegründet wurde.

- **Fachkräfte** (§ 31 Nr. 1 BeschV), die eine Hochschul- oder Fachhochschulausbildung oder eine vergleichbare Qualifikation besitzen und die **im Rahmen eines Personalaustauschs** innerhalb eines international tätigen Unternehmens oder Konzerns in Deutschland arbeiten wollen. Die maximale Aufenthaltsdauer beträgt drei Jahre, es besteht danach aber keine Wiedereinreisesperre.

- **Fachkräfte eines international tätigen Unternehmens oder Konzerns** (§ 10 Abs. 1 Nr. 2 BeschV) mit unternehmensspezifischen Spezialkenntnissen in deutschen Unternehmensteilen. Es gilt eine Höchstdauer von drei Jahren.

- **Sprachlehrerinnen** für muttersprachlichen Unterricht für eine Tätigkeit von maximal fünf Jahren (§ 11 Abs. 1 BeschV).

6.2.1.3 Beschäftigungserlaubnis mit Vorrangprüfung

In diesen Fällen prüft die AA, ob bei den AA oder Jobcentern arbeitslos gemeldete Personen für die gewünschte Tätigkeit geeignet sind. Verläuft die Prüfung negativ, wird die Zustimmung zur Beschäftigungserlaubnis gegenüber der Ausländerbehörde erteilt.

- **Akademiker** (§ 2 Abs. 3 BeschV), deren ausländischer Hochschulabschluss in Deutschland formal anerkannt wird oder dessen Gleichwertigkeit mit einem deutschen Abschluss festgestellt wurde.

- Für eine **betriebliche Berufsausbildung** (§ 8 Abs. 1 BeschV; § 17 AufenthG) oder für eine Beschäftigung, die dem Erwerb der Anerkennung oder der Gleichwertigkeitsfeststellung einer ausländischen Ausbildung dient (§ 8 Abs. 2 BeschV; § 17a AufenthG).

- **Spezialitätenköche** (§ 11 Abs. 2 BeschV) für die Beschäftigung in einem Spezialitätenrestaurant für die Dauer von vier Jahren. Es wird eine spezielle Ausbildung und mindestens zwei Jahre Berufserfahrung im Heimatstaat verlangt. Staatsangehörigen der Türkei und der Nachfolgestaaten Jugoslawiens wird generell keine Genehmigung erteilt.

6.2.2 Beschäftigungen, bei denen es nicht auf die Qualifikation ankommt

Für unqualifizierte Beschäftigungen gilt weiterhin der so genannte »Anwerbestopp«. Eine Aufenthaltserlaubnis zum Zweck der Erwerbstätigkeit ist daher nur streng nach dem Katalog der BeschV zulässig.

Die Staatsangehörigen von Andorra, Australien, Israel, Japan, Kanada, Südkorea, Monaco, Neuseeland, San Marino und den USA unterliegen hinsichtlich der Art der Tätigkeit keinen Beschränkungen (§ 26 BeschV).[1]

6.2.2.1 Beschäftigungen ohne Zustimmung der Agentur für Arbeit

Werden die folgenden Tätigkeiten für einen Zeitraum von nicht länger als drei Monaten innerhalb von zwölf Monaten ausgeübt, so gelten sie für Personen, die sich nur für diesen Zeitraum in Deutschland aufhalten, nicht als Beschäftigungen, für die eine Erlaubnis einzuholen ist. Sie können deshalb auch mit einem Schengenvisum oder – soweit dies nicht erforderlich ist – ohne einen Aufenthaltstitel ausgeübt werden (§§ 17 Abs. 2, 37 AufenthV).

Für Beschäftigungen von mehr als 90 Tagen wird die Beschäftigungserlaubnis von der Ausländerbehörde ohne Einschaltung der Arbeitsagentur erteilt:

- **Freiwilligendienste**, national (z. B. Bundesfreiwilligendienst, Freiwilliges Soziales Jahr, Freiwilliges Ökologisches Jahr) oder im Rahmen eines EU-Programms (§ 14 Abs. 1 Nr. 1 BeschV).

- **Praktika** zu Weiterbildungszwecken im Rahmen von Programmen, Stipendien, Hochschulausbildungen (§ 15 BeschV).

- **Karitative und religiöse Beschäftigungen** (§ 14 Abs. 1 Nr. 2 BeschV).

---

[1] BA DA BeschV Nr. 2.34.111 (Stand: Mai 2011).

- **Ferienbeschäftigungen** (§ 14 Abs. 2 BeschV) ausländischer Schüler und Studenten für maximal drei Monate innerhalb von zwölf Monaten.

- **Darbietungen und Veranstaltungen aus dem Bereich Kultur, Wissenschaft und Sport** (§§ 22, 23, 25 BeschV), soweit der ständige Wohnsitz im Ausland beibehalten wird, oder für Sportler mit Anstellung bei einem deutschen Verein. Das gilt ebenso für Fotomodelle, Reiseleiter und Dolmetscher.

- **Kaufmännische Tätigkeiten** (§ 16 BeschV) des Personals ausländischer Unternehmen für maximal drei Monate innerhalb eines Jahres.

- **Journalisten** (§ 18 BeschV), wenn ihr Arbeitgeber mit Sitz im Ausland vom Presse- und Informationsamt der Bundesrepublik anerkannt ist.

- **Entsandte Arbeitskräfte** (§ 19 Abs. 1 BeschV) einer ausländischen Firma können für maximal drei Monate innerhalb von zwölf Monaten einen Aufenthaltstitel für Tätigkeiten in Deutschland erhalten, bei denen sie Anlagen montieren, EDV-Programme einrichten oder beides warten oder reparieren, in Maschinen o. Ä., die für das Ausland bestimmt sind, eingewiesen werden oder diese demontieren. Das Gleiche gilt für Tätigkeiten auf Messen oder zur Teilnahme an Betriebslehrgängen im Rahmen von Exportlieferungs- oder Lizenzverträgen.

- **Mitarbeiter von EU-Unternehmen** (§ 21 BeschV), die bei Arbeitgebern beschäftigt sind, die ihren Sitz in einem EU-Staat (einschließlich der Beitrittsstaaten, siehe hierzu aber die Einschränkungen → S. 309) haben, fallen unter die Dienstleistungsfreiheit. Werden sie zur Erbringung von Dienstleistungen nach Deutschland entsandt, so wird ihnen eine Aufenthaltserlaubnis erteilt, eine Beschäftigungserlaubnis benötigen sie nicht. Drittstaatsangehörige mit einer Aufenthaltserlaubnis zum längerfristigen Aufenthalt EU in einem anderen EU-Staat können Dienstleistungen in Deutschland bis zu 90 Tage ohne Genehmigung erbringen (§ 30 Nr. 3 BeschV).

- **Schifffahrt und Luftverkehr** (§ 24 BeschV), **Straßen- und Schienenverkehr** (§ 20 BeschV).
Personal im grenzüberschreitenden Verkehr erhält für Aufenthalte von mehr als drei Monaten im Jahr eine Beschäftigungserlaubnis, wenn der Arbeitgeber seinen Sitz im Ausland hat.

6.2.2.2 Beschäftigungen mit Zustimmung der Agentur für Arbeit, aber ohne Vorrangprüfung

Die Prüfung der AA bezieht sich hier nur auf die Prüfung der gesetzlichen Voraussetzungen.

- **Au-pair** (§ 12 BeschV) für einen Aufenthalt von einem Jahr, wenn folgende Voraussetzungen erfüllt sind:
  - die Bewerberin ist zwischen 18 und 24 Jahre alt (Bulgarien und Rumänien ab 17 Jahre);
  - es werden Grundkenntnisse der deutschen Sprache nachgewiesen, mindestens auf dem Level A1 des Europäischen Referenzrahmens;
  - sie soll in einer Familie mit Deutsch als Muttersprache beschäftigt werden, in der ein erwachsenes Familienmitglied die deutsche Staatsangehörigkeit oder die eines Mitgliedsstaates der EU hat und mindestens ein minderjähriges Kind lebt;
  - er stammt nicht aus dem Heimatland der Gasteltern und ist nicht mit ihnen verwandt;
  - die Au-pair-Tätigkeit dient nicht dem Zweck der häuslichen Pflege;
  - sie wird erstmalig tätig;
  - der Vertrag wird für mindestens sechs und höchstens zwölf Monate geschlossen;
  - die übrigen Voraussetzungen einer Au-pair-Tätigkeit: Krankenversicherungsschutz, Integration in die Familie, eigenes Zimmer, Bezahlung mindestens 260 € monatlich, Haushaltstätigkeit und Kinderbetreuung von nicht mehr als fünf Stunden täglich, mindestens ein freier Tag und vier freie Abende, Freistellung für einen Sprachkurs und Einverständniserklärung der Eltern bei Minderjährigkeit.

- **Haushaltshilfen von entsandten Arbeitnehmern** (§ 13 BeschV). Voraussetzung ist, dass sich ein Kind unter 16 Jahren im Haushalt befindet. Der Aufenthalt ist auf zwei Jahre beschränkt und kann um bis zu drei Jahre verlängert werden.

- **Beschäftigungsverhältnisse im Bereich von Kultur und Unterhaltung** (§ 25 BeschV). Ein Beschäftigungsverhältnis liegt nur vor, wenn es sich nicht um einzelne Auftritte handelt (diese sind während Aufenthalten bis zu drei Monaten erlaubnisfrei, § 30 BeschV), sondern die Künstler in einer engen Bindung zum Veranstalter stehen, z. B. Revue-Tänzerinnen, hauseigene Musiker. Die AA sind gehalten, die Künstlereigenschaft streng zu prüfen und keine Genehmigungen für sexuelle Dienstleistungen zu erteilen.[1]

---

[1] BA DA BeschV Nr. 2.25.101 Stand: 8/2013.

6 Aufenthaltserlaubnis zum Zwecke der Erwerbstätigkeit 83

- **Längerfristig entsandte Beschäftigte** (§ 19 Abs. 2 BeschV) eines im Ausland ansässigen Betriebs, die für einen längeren Zeitraum als drei Monate (für diesen Zeitraum bedarf es keiner Zustimmung) nach Deutschland entsandt werden, um entweder Maschinen, Anlagen oder EDV-Programme, die bei ihrem Arbeitgeber bestellt wurden aufzustellen, zu montieren, zu warten oder zu reparieren, oder gebrauchte Anlagen zu demontieren, die in dem Staat wiederaufgebaut werden sollen, in dem der Arbeitgeber seinen Sitz hat. Die Zustimmung wird für die vorgesehene Dauer, maximal aber für drei Jahre, erteilt. Dies gilt nur, soweit sie nicht als Mitarbeiter eines in einem EU-Staat ansässigen Unternehmens ohne Aufenthaltserlaubnis hier tätig sein können.

- **Grenzgänger** (§ 37 BeschV). Bestimmte Personen, die ihre ständige Wohnung in Gebieten im Ausland haben, die unmittelbar an deutsches Gebiet angrenzen.

Beispiel

Marianne ist Mitglied eines Capoeira-Vereins (brasilianischer Kampftanz) in Köln. Im Sommer 2015 nimmt sie an einem Capoeira-Workshop in Brasilien teil und lernt dort den besonders qualifizierten Capoeira-Trainer Gabriel kennen. Weil der Verein ständig Schwierigkeiten hatte, gute Trainer zu finden und langfristig zu engagieren, versucht sie ihn zu überzeugen, in Deutschland zu arbeiten. Gabriel könnte sich einen Aufenthalt von ca. zwei Jahren vorstellen und bittet Marianne, ihm genau zu sagen, wie er vorgehen solle.
Zuständig ist die deutsche Auslandsvertretung in Brasilien. In Betracht kommt eine Erteilung nach § 25 BeschV. Gabriel muss einen Antrag auf ein nationales Visum stellen, seinen Pass sowie Dokumente über seine Befähigung, als Capoeira-Lehrer tätig zu sein. Die deutsche Auslandsvertretung prüft Aufenthaltsverbote, Abschiebehindernisse, Sicherheitsbedenken. Anschließend bittet sie die Ausländerbehörde in Köln um Zustimmung. Diese lässt sich den Arbeitsvertrag vorlegen, prüft die Sicherung des Lebensunterhalts, die Seriosität und Solvenz des Capoeira-Vereins. Anschließend erteilt sie gegenüber der deutschen Auslandsvertretungin Brasilien die Zustimmung, worauf das nationale Visum zum Zweck der Aufnahme einer Beschäftigung nach § 18 AufenthG erteilt wird.

6.2.2.3 Beschäftigung mit Zustimmung der Arbeitsagentur und Vorrangprüfung

Für Staatsangehörige von Albanien, Bosnien und Herzegowina, Kosovo, Mazedonien, Montenegro und Serbien wurde für die Jahre 2016 bis 2010 eine Sonderregelung geschaffen. Wenn sie einen Arbeitsplatz haben, für den keine vorrangig Berechtigten verfügbar sind, kann ihnen eine Aufenthaltserlaubnis nach § 18 AufenthG und eine Beschäftigungserlaubnis nach § 26 Abs. 2 BeschV erteilt werden. Der Antrag kann nur vom Ausland aus gestellt werden. Die Erteilung ist ausgeschlossen, wenn in vorangegangenen 24 Monaten Leistungen nach dem AsylbLG bezogen wurden.

6.2.2.4 Vorübergehende Beschäftigungen auf der Grundlage von Absprachen der Arbeitsverwaltungen

Die Bundesagentur für Arbeit schließt mit den Arbeitsverwaltungen anderer Staaten Vereinbarungen, um den Bedarf an Arbeitskräften zu sichern. Solche Vereinbarungen wurden auch mit den neuen EU-Staaten geschlossen, um die Rekrutierung von Arbeitskräften ohne Arbeitsmarktprüfung im Einzelfall zu ermöglichen.

- **Saisonbeschäftigte** (§ 15a BeschV) können bis zu sechs Monate im Jahr zu einer Beschäftigung mit einer Arbeitszeit von mindestens 30 Stunden wöchentlich zugelassen werden. Antragsberechtigt sind nur Betriebe der Land- und Forstwirtschaft sowie der Obst- und Gemüseverarbeitung, Sägewerke und Betriebe des Hotel- und Gaststättengewerbes. Zurzeit bestehen keine Absprachen.

- **Schaustellergehilfen** (§ 15b BeschV) können bis zu neun Monate im Jahr zugelassen werden. Entsprechende Absprachen bestehen ebenfalls zurzeit nicht.

- **Haushaltshilfen** (§ 15c BeschV). Absprachen bestehen derzeit nicht.

6.3 Verlängerung/Verfestigung

Es gilt die Regelung in § 8 AufenthG zur Verlängerung der Aufenthaltserlaubnis; danach muss die AA bei jeder Verlängerung erneut ihre Zustimmung erteilen. Unterliegt die Beschäftigungszeit keiner Beschränkung nach der BeschV, so kann die Zustimmung ohne Prüfung des Arbeitsmarkts erteilt werden. Die Aufenthaltserlaubnis nach § 18 AufenthG kann aber sowohl bei der Erteilung als auch bei der Verlängerung mit der Nebenbestimmung versehen werden, dass eine Verlängerung ausgeschlossen ist. Dies geschieht insbesondere dann, wenn die BeschV die jeweilige Tätigkeit nur für einen begrenzten Zeitraum zulässt (z. B. Spezialitätenköche nach § 11 Abs. 2 BeschV nur für vier Jahre).

Liegt keine zeitliche Begrenzung vor, so wird die Niederlassungserlaubnis erteilt, wenn alle in § 9 Abs. 2 AufenthG geforderten Voraussetzungen vorliegen (→ S. 223). Die Absolventen deutscher Hochschulen erhalten die Niederlassungserlaubnis schon nach zwei Jahren (§ 18b AufenthG). Die Inhaber einer Blauen Karte EU erhalten die Niederlassungserlaubnis bereits nach 21 Monaten, wenn sie über ausreichende deutsche Sprachkenntnisse verfügen und sonst nach 33 Monaten (§ 19a Abs. 6 AufenthG).

6.4 Sozialleistungen

Es bestehen Ansprüche auf alle Familienleistungen, es sei denn, die Aufenthaltserlaubnis nach § 18 AufenthG darf nur für einen festgelegten Höchstzeitraum erteilt werden (z. B. Haushaltshilfen, Spezialitätenköche). Kindergeld und Elterngeld kann in Anspruch genommen werden, ohne dass der Aufenthalt gefährdet wird. Beim Bezug sonstiger einkommensabhängiger Sozialleistungen gilt der Lebensunterhalt nicht mehr als gesichert und die Aufenthaltserlaubnis wird gemäß § 5 Abs. 1 AufenthG in der Regel nicht verlängert oder auch widerrufen (→ S. 38). Jugendhilfeleistungen, die nicht mit Leistungen verbunden sind, die den Lebensunterhalt sichern, können ohne Aufenthaltsgefährdung in Anspruch genommen werden.

6.5 Familiennachzug

Der Familiennachzug richtet sich nach den allgemeinen Bestimmungen der §§ 27 ff. AufenthG (→ S. 107). Es besteht insbesondere ein Rechtsanspruch auf den Zuzug von Ehegatten, mit denen die Ehe bereits im Herkunftsland bestand, und minderjährigen Kindern, wenn der Lebensunterhalt gesichert ist und ausreichend Wohnraum zur Verfügung steht. Voraussetzung ist jedoch, dass die Erwerbstätigkeit voraussichtlich länger als ein Jahr ausgeübt wird. Deutsche Sprachkenntnisse sollen nicht verlangt werden bei Personen mit erkennbar geringem Integrationsbedarf (§ 30 Abs. 1 Satz 3 Nr. 3 AufenthG)[1] und beim Nachzug zu Angehörigen bestimmter Industrienationen (§ 30 Abs. 1 Satz 3 Nr. 4 AufenthG).

---

[1] § 30 Abs. 1 Satz 3 Nr. 3 AufenthG verweist auf § 4 Abs. 2 IntV: Bei Akademikern besteht in der Regel ein geringer Integrationsbedarf.

Prüfungsschema Aufenthaltserlaubnis zum Zweck der Beschäftigung

■ **Zuständigkeit**

1. Auslandsvertretung für das nationale Visum nach verwaltungsinterner Zustimmung der Ausländerbehörde
2. Ausländerbehörde für Erteilung der Aufenthaltserlaubnis nach Einreise

■ **Voraussetzungen**

1. **Arbeitsvertrag oder verbindliche Zusage eines Arbeitsvertrages**
   a) **1. Alternative:** Ermessensanspruch nach der BeschV
      – **1. Variante:** Beschäftigung erfüllt die Voraussetzungen, die in den §§ 1 bis 16 BeschV geregelt sind
      – **2. Variante:** Beschäftigung erfüllt die Voraussetzungen, die in §§ 18 bis 41 BeschV geregelt sind. Die AA hat die Zustimmung erteilt, nachdem eine Arbeitsmarktprüfung durchgeführt wurde, es sei denn, die BeschV enthält eine Zustimmungsermächtigung ohne Arbeitsmarktprüfung
   b) **2. Alternative**
      – Es handelt sich um eine qualifizierte Tätigkeit, die von einer Akademikerin ausgeübt werden soll
      – die AA hat der Erteilung nach einer Arbeitsmarktprüfung (soweit erforderlich) zugestimmt
      – **Zusätzlich:** Monatseinkommen von mindestens 3.733 € West (Jahresgehalt 44.800) oder 3.200 € Ost (38.400 Jahresgehalt), bzw. in Mangelberufen (MINT-Berufe) 2.912 € West oder 2.496 € Ost. → Rechtsfolge B
2. **Pass oder Passersatz liegt vor**
   a) Der Lebensunterhalt – auch für eventuell begleitende Familienangehörige – wird durch die Beschäftigung oder aus anderen eigenen Mitteln gesichert
   b) Es liegen keine Ausweisungsgründe vor
   c) Es werden auch keine sonstigen Belange der Bundesrepublik beeinträchtigt
   d) Keine Ausweisung oder Abschiebung, deren Wirkung noch nicht durch Fristablauf erloschen ist

■ **Rechtsfolge A**

1. Zuständigkeit der deutschen Auslandsvertretung: Erteilung eines nationalen Visums
2. Zuständigkeit der Ausländerbehörde (nur bei bestehender Aufenthaltserlaubnis zu einem anderen Zweck, z. B. Studium oder wenn die Durchführung des Visumverfahrens nicht zumutbar ist): Erteilung einer Aufenthaltserlaubnis nach § 18 AufenthG (Ermessen)

■ **Rechtsfolge B**

Wie Rechtsfolge A, aber Rechtsanspruch auf »**Blaue Karte EU**«

7 Familiennachzug

7.1 Struktur und Grundsätze des Rechts auf Familiennachzug

Der Nachzug von Familienangehörigen zu hier lebenden Deutschen oder aufenthaltsberechtigten Ausländerinnen spielt im Zuwanderungsgeschehen eine wichtige Rolle. Auch im Jahr 2013 kamen 15 Prozent aller Drittstaatsangehörigen aus familiären Gründen nach Deutschland und bildeten damit nach den Flüchtlingen die größte Gruppe. Bei den Zuzügen aus der Türkei waren die familiären Gründe in 36 Prozent der Fälle ausschlaggebend.[1] Traditionell wandern deutlich mehr Frauen zu Männern nach Deutschland als umgekehrt, 2013 stellten erwachsene Frauen über 50 % der Zuwanderung aus Gründen des Familiennachzugs, die andere Hälfte setze sich aus den Gruppen der Männer, der Kinder beiderlei Geschlechts, der Eltern und sonstiger Familienangehörigen zusammen.[2]

Die Struktur der Regelung des Familiennachzugs fällt recht komplex aus, weil sich die Voraussetzungen aus der Summe der spezifischen Anforderungen für die einzelnen Fallgestaltungen, der allgemeinen Anforderungen an den Familiennachzug und der allgemeinen Anforderungen für jeden Aufenthaltstitel ergeben.

Durch das System der ausgeklammerten Voraussetzungen gilt zum Beispiel für den Familiennachzug eines minderjährigen ledigen Kindes zu einem Ausländer mit einer humanitären Aufenthaltserlaubnis die Anspruchsgrundlage des § 32 AufenthG, die darin enthaltenen Voraussetzungen sowie die Voraussetzungen nach §§ 5, 27, 29 Abs. 1 und je nach Aufenthaltstitel des Stammberechtigten auch § 29 Abs. 2, 3 oder 4 AufenthG. Zusätzlich ist § 11 AufenthG zu beachten und, soweit nur ein Ermessensanspruch auf die Aufenthaltserlaubnis besteht, § 10 Abs. 3 AufenthG.

§ 27 AufenthG regelt die Grundsätze des Familiennachzugs.
Entscheidende Voraussetzung ist die Herstellung der familiären Lebensgemeinschaft, orientiert an einem auf lebenslange Dauer ausgerichteten Zusammenschluss der Ehegatten als Einstands-Verantwortungsgemeinschaft und einer auf Erziehungsverantwortung beruhenden Gemeinschaft zu leiblichen oder adoptierten Kindern, unabhängig davon, ob die Eltern miteinander

---

[1] BAMF, Migrationsbericht 2013, S. 128 ff.; BAMF, Bundesamt in Zahlen 2011, S. 86.
[2] BAMF, Migrationsbericht 2013, S. 91.

verheiratet sind.[1] Nachzugsberechtigt kann danach nur sein, wer zu einem hier lebenden Familienangehörigen ziehen und mit diesem auch zusammenleben will. Die Herstellung der familiären Lebensgemeinschaft muss dem Willen des hier lebenden Familienangehörigen entsprechen.

Aufenthaltserlaubnis für Familienangehörige §§ 27, 28, 29, 30, 32, 36 AufenthG

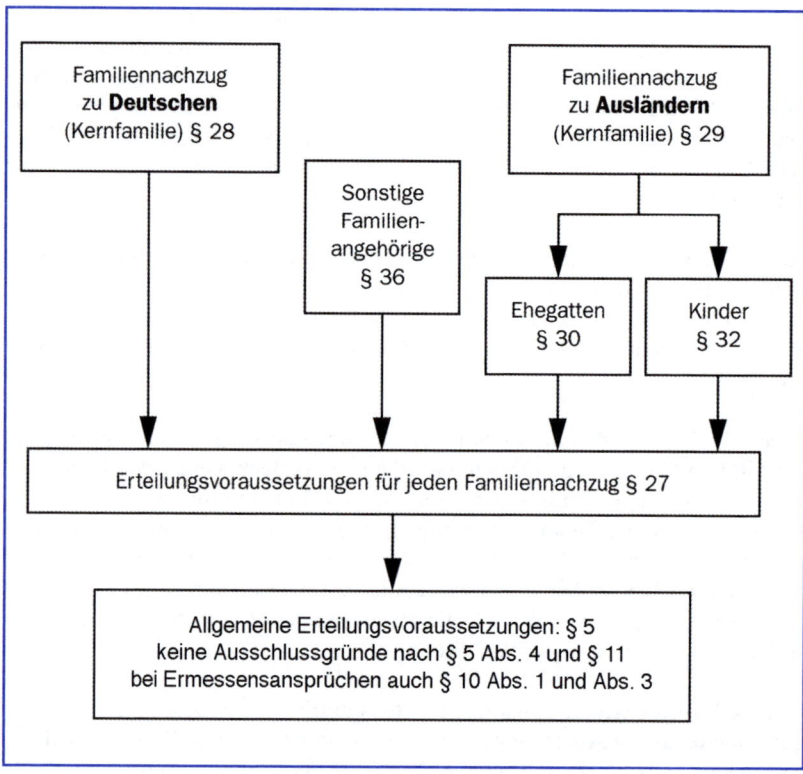

Entscheidend ist, dass sich das Zusammenleben als eine Beistandsgemeinschaft[2] zwischen erwachsenen Angehörigen oder eine Erziehungsgemeinschaft zwischen Erwachsenen und minderjährigen Angehörigen darstellt.[3] In

---

[1] BVerfG vom 12.5.1987 – 2 BvR 1226/83.
[2] In Abgrenzung zur Begegnungsgemeinschaft.
[3] BVerfG vom 18.4.1989 – 2 BvR 1169/84.

der Regel wird ein Zusammenleben in einer gemeinsamen Wohnung gefordert. Eine Beistandsgemeinschaft kann aber auch vorliegen, wenn einer der Familienangehörigen in einer Pflege- oder Behinderteneinrichtung untergebracht ist und ein echtes familiäres Unterstützungssystem besteht. Auch die vorübergehende Trennung der Familienangehörigen aus berufs- oder ausbildungsbedingten Gründen beendet die familiäre Lebensgemeinschaft nicht, solange immer wieder an einen Ort des Familienlebens zurückgekehrt wird. Bei Inhaftierungen besteht die familiäre Lebensgemeinschaft weiter, wenn der Kontakt aufrecht erhalten bleibt und die Beziehung nach der Entlassung fortgesetzt werden soll.

Im Verhältnis zwischen Eltern und Kindern ist die Übernahme von Erziehungsverantwortung bei gleichzeitigen regelmäßigen persönlichen Kontakten entscheidend für die familiäre Lebensgemeinschaft. Eine gemeinsame Wohnung ist keine Voraussetzung, das familiäre Band zwischen einem Elternteil und dem Kind ist nicht von einer Partnerschaft mit dem anderen Elternteil abhängig. Eine solche Bindung kann auch bestehen, wenn der andere Elternteil das alleinige Sorgerecht hat, tatsächlich aber regelmäßige Kontakte und ein echtes Eltern-Kind-Verhältnis besteht.[1]

Der Ehegattennachzug setzt eine formal gültig geschlossene Ehe voraus. Maßgeblich hierfür ist, ob die Ehe am Ort der Eheschließung rechtsgültig geschlossen worden ist. Die Eheschließung muss durch eine Urkunde nachgewiesen werden, in der Regel wird verlangt, dass diese Urkunde durch die deutsche Auslandsvertretung des Staats der Eheschließung legalisiert[2] wird oder mit einem Vermerk einer Behörde des Ausstellerstaates (Apostille) versehen wird.[3] Für Flüchtlinge sind die erforderlichen Urkunden oft unerreichbar. Art. 25 der Genfer Flüchtlingskonvention verpflichtet die Ausländerbehörden und die deutschen Botschaften, bei der Entscheidung über den Familiennachzug zu in Deutschland anerkannten Flüchtlingen die besondere Fluchtlage zu berücksichtigen und notfalls auch eine eidesstattliche Versicherung der Eheleute über die Eheschließung, die beurkundende Institution, den Ort und die Zeit als Nachweis der Eheschließung zu akzeptieren.

---

[1] BVerfG vom 30.1.2002 – 2 BvR 231/00; BVerfG vom 1.12.2008 – 2 BvR 1830/08.
[2] Bescheinigung der Echtheit der Urkunde.
[3] Genauere Informationen finden sich auf der Homepage des Auswärtigen Amtes: http://www.auswaertiges-amt.de

Immer wieder wird das Problem der so genannten **Scheinehe** diskutiert. Mit dem Änderungsgesetz 2007 wurde die Aufenthaltserteilung ausgeschlossen, wenn

»feststeht, dass die Ehe oder das Verwandtschaftsverhältnis ausschließlich zu dem Zweck geschlossen oder begründet wurde, dem Nachziehenden die Einreise in das und den Aufenthalt im Bundesgebiet zu ermöglichen« (§ 27 Abs. 1a Nr. 1 AufenthG).

Mit dieser Formulierung wird in besonderer Weise betont, dass Scheinehen nicht zu einem Aufenthaltstitel führen dürfen; der Wortlaut spricht jedoch nicht dafür, dass den Ehegatten die Beweislast für das Nichtbestehen einer Scheinehe auferlegt werden sollte. Das BVerfG hatte hierzu grundsätzlich festgestellt, dass es mit der Menschenwürde (Art. 1 Abs. 1 GG) und der Handlungsfreiheit (Art. 2 Abs. 2 GG) nicht vereinbar sei, »wenn den Betroffenen vorbehaltlos die Last auferlegt würde darzutun, dass es sich bei ihrer Ehe nicht um eine ›Scheinehe‹ handle«.[1] Im Gegensatz dazu sieht das BVerwG jedoch die materielle Beweislast für das Nichtbestehen einer Schein- oder Zweckehe bei den Ehegatten selbst.[2] Der Begriff der Scheinehe ist bis heute in seinen Konturen unscharf. Die Ehegatten haben im Rahmen der Ehe ein weit gehendes Selbstbestimmungsrecht; die Gestaltung ihrer Ehe muss keinen Normvorstellungen entsprechen. Als Mindestvoraussetzung für eine ernsthafte Ehe kann jedoch eine Bindung gefordert werden, die ein gegenseitiges Einstehen und eine wechselseitige Verantwortung füreinander begründet.

Die Durchführung von Ermittlungen ist gerechtfertigt, wenn der Ausländerbehörde durch den automatischen Datenabgleich eine Um- oder Abmeldung eines Ehepartners aus der ehelichen Wohnung bekannt wird.

> Führt die Ausländerbehörde einen unangekündigten Hausbesuch durch, besteht keine rechtliche Verpflichtung, den Beamten das Betreten der Wohnung zu gestatten. Dennoch kann in einem gerichtlichen Verfahren das Verhalten der Eheleute im Rahmen der freien Beweiswürdigung berücksichtigt werden. Die Annahme einer Scheinehe kann jedoch nicht allein auf die Verweigerung des Zutritts zur Wohnung gestützt werden.

---

[1] BVerfG vom 12.5.1987 – 2 BvR 1226/83, Rn. 126.
[2] BVerwG vom 22.6.2011 – 1 C 11/10.

So genannte **Scheinvaterschaften** stehen der Erteilung einer Aufenthaltserlaubnis ebenfalls entgegen. Gemeint ist die Vaterschaftsanerkennung eines deutschen oder bleibeberechtigten Mannes für das Kind einer ausländischen Mutter, obwohl biologisch keine Vaterschaft besteht. Diese Regelung war zunächst in den Hintergrund getreten, weil der Gesetzgeber im § 1600 Abs. 1 Nr. 5 BGB die Möglichkeit geschaffen hatte, eine behördliche Vaterschaftsanfechtung gegen den Willen aller Beteiligten durchzuführen. Diese behördliche Vaterschaftsanfechtung wurde jedoch vom BVerfG in der Entscheidung vom 17.12.2013 – 1 BvL 6/10 für nichtig erklärt, weil damit unverhältnismäßig in die Elternrechte nach Art. 6 Abs. 1 GG und auch in das Recht des Kindes auf elterliche Sorge eingegriffen werde. Seit dieser Entscheidung wurde der Ausschlussgrund der »Scheinvaterschaft« für die Erteilung einer Aufenthaltserlaubnis zum Familiennachzug (§ 27 Abs. 1a Nr. 1 AufenthG) wieder relevant. Steht fest, dass eine Vaterschaftsanerkennung ausschließlich aufenthaltsrechtlich motiviert war und keine soziale Elternschaft besteht, so erwächst daraus kein Anspruch auf eine familienbezogene Aufenthaltserlaubnis.[1]

Beispiel

Charles ist nach dem Ende einer Aufenthaltserlaubnis für einen Sprachkurs ausreisepflichtig. Er erkennt im Einvernehmen mit der deutschen Mutter die Vaterschaft für ihr neugeborenes Kind an und beide geben eine Sorgeerklärung zur Begründung des gemeinsamen Sorgerechts ab. Charles zahlt der Mutter hierfür 5.000 €. Im übrigen bestehen kein Kontakte zu dem Kind oder der Mutter. Charles beantragt nun eine Aufenthaltserlaubnis zur Herstellung der Familieneinheit mit seinem Kind. Dem Anspruch nach § 28 Abs. 1 Nr. 3 AufenthG steht der Ausschlussgrund des § 27 Abs. 1a Nr. 1 AufenthG entgegen.

Ein weiteres Verbot der Erteilung einer Aufenthaltserlaubnis zum Ehegattennachzug betrifft die **Zwangsverheiratung**. Es muss dabei nicht feststehen, dass die Ehe gegen den Willen eines oder beider Ehepartner geschlossen wurde; es reicht vielmehr, wenn

»tatsächliche Anhaltspunkte die Annahme begründen, dass einer der Ehegatten zur Eingehung der Ehe genötigt wurde« (§ 27 Abs. 1a Nr. 2 AufenthG).

Zwangsverheiratungen zu bekämpfen ist ein gewichtiger staatlicher Auftrag zum Schutz der Persönlichkeitsrechte der Betroffenen. Reicht jedoch bereits

---

[1] OVG Baden-Württemberg vom 4.11.2014 – 11 S 1886/14.

der auf bestimmte Umstände gestützte Verdacht, dann werden Ausforschungen in der Privat- und Intimsphäre ausländischer Ehen herausgefordert, möglicherweise sogar Ehen aus bestimmten Herkunftsstaaten unter einen Generalverdacht gestellt. Aus äußeren Umständen kann nicht auf eine Zwangsehe geschlossen werden, maßgeblich ist allein der Wille der Ehegatten.

Die **eheähnliche Lebensgemeinschaft** löst keine Schutzansprüche aus Art. 6 GG aus, allerdings können sich aus der Beziehung zu gemeinsamen Kindern aufenthaltsrechtliche Ansprüche ableiten.

Das **Verlöbnis** ist nicht durch Art. 6 GG geschützt. Das Nachzugsrecht erwächst erst mit der Eheschließung.

Zum Zwecke der Eheschließung im Bundesgebiet kann jedoch ein Visum erteilt werden, wenn der Eheschließung keine rechtlichen oder tatsächlichen Hindernisse entgegenstehen und diese unmittelbar bevorsteht (siehe zur Aufenthaltsbeendigung bei bevorstehender Ehe auch → S. 270).

Mit § 27 Abs. 2 AufenthG wird ein Rechtanspruch auf den Familiennachzug zu einem Partner geschaffen, mit dem eine formal gültige **lebenspartnerschaftliche Gemeinschaft** eingegangen wurde. Dies kann entweder in Deutschland nach dem Lebenspartnerschaftsgesetz[1] geschehen sein oder im Ausland, wenn die Gemeinschaft auf einem förmlichen staatlichen Rechtsakt beruht und mit einer Ehe oder der deutschen »Lebenspartnerschaft« vergleichbar ist.[2]

Dem nachziehenden Lebenspartner stehen dieselben Rechte auf Zugang zum Arbeitsmarkt und auf Leistungen zu wie dem Ehegatten.

§ 27 Abs. 3 regelt ergänzend, dass sich der Rechtsanspruch auf Familiennachzug auf einen Ermessungsanspruch reduziert, wenn der hier lebende Ausländer für andere in Deutschland lebende ausländische Familienangehörige oder Haushaltsangehörige Leistungen nach dem SGB II oder SGB XII in Anspruch nehmen muss. Damit sollen vor allem Fälle erfasst werden, in denen der hier lebende Ausländer gerade aufgrund des Nachzugs seine übrigen hier lebenden Angehörigen nicht mehr versorgen kann. Der Familiennachzug wird zu Deutschen und zu Ausländerinnen in der Regel nur zugelassen, wenn beide Ehegatten mindestens 18 Jahre alt sind (§ 28 Abs. 1 Satz 5, § 30 Abs. 1 Satz 1 Nr. 1 AufenthG). Ausnahmen gelten für Hochqualifizierte (§ 19 AufenthG), Inhaber einer Blauen Karte EU (§ 19a AufenthG), Selbständige

---

[1] Vom 16.2.2001, BGBl. I S. 266.
[2] VwV AufenthG Nr. 27.2.2.

(§ 21 AufenthG) und Personen, die als langfristig Aufenthaltsberechtigte (§ 38a AufenthG) oder ehemalige Forscher (§ 20 AufenthG) einreisen (§ 30 Abs. 1 Satz 2 AufenthG).

Der Nachweis von deutschen **Sprachkenntnissen** noch vor der Einreise wird sowohl von den Ehegatten von Deutschen als auch von Ausländern verlangt (§§ 28 Abs. 1 Satz 5, 30 Abs. 1 Nr. 2 AufenthG). Gefordert wird ein Sprachnachweis auf dem Niveau A1 des Europäischen Referenzrahmens für Sprachen[1], der insbesondere von den Goetheinstituten im Ausland auf der Grundlage einer kostenpflichtigen Prüfung ausgestellt wird. Anfangs waren die deutschen Botschaften nicht bereit, andere Nachweise als die Zertifikate der Goetheinstitute zu akzeptieren. Zwischenzeitlich wurde jedoch gerichtlich geklärt, dass auch andere, geeignete Nachweise zu berücksichtigen sind.[2] Ob der geforderte Sprachnachweis mit der Familiennachzugsrichtlinie (2003/86/EG) vereinbar ist, war rechtlich sehr umstritten. Zunächst hatte der EuGH festgestellt, dass der Nachweis von türkischen Staatsangehörigen wegen der Stillhalteklausel des Art. 41 des Zusatzprotokolls zum Abkommen zwischen der EU und der Türkei nicht verlangt werden kann.[3] Nun hat jedoch der EuGH[4] entschieden, dass die Mitgliedsstaaten berechtigt sind, von sonstigen Drittstaatsangehörigen den Nachweis von Basissprachkenntnissen als Einreisevoraussetzung zu verlangen. Gleichzeitig verpflichtet der EuGH aber auch, im Einzelfall zu prüfen, ob Familienangehörige die Sprachprüfung aufgrund besonderer Umstände nicht ablegen können und sie dann davon zu befreien. Hierfür besteht seit 2015 in § 30 Abs. 1 Satz 3 Nr. 6 AufenthG eine entsprechende Ausnahmeregelung.

Sprachkenntnisse können nicht gefordert werden:

- beim Nachzug zu Asylberechtigten (§ 25 Abs. 1 AufenthG), anerkannten Flüchtlingen, subsidiär Schutzberechtigten (§ 25 Abs. 2 AufenthG) und Personen mit zielstaatsbezogenen Abschiebehindernissen (§ 25 Abs. 3 AufenthG), Hochqualifizierten (§ 19 AufenthG) und zu Inhabern der Blauen Karte EU;

- Forschern (§ 20 AufenthG), Selbstständigen (§ 21 AufenthG) und Daueraufenthaltsberechtigten aus einem anderen EU-Staat (§ 38a AufenthG), wenn die Ehe bereits im Herkunftsland bestand;

---

[1] Siehe Glossar → S. 386.
[2] OVG Berlin-Brandenburg vom 20.5.2008 – OVG 3 M 13.08.
[3] EuGH vom 10.7.2014 – C-138/13.
[4] EuGH vom 9.7.2015 – C-153/14.

- beim Nachzug zu Staatsangehörigen von Australien, Israel, Japan, Kanada, Südkorea, Neuseeland, den USA, Andorra, Honduras, Monaco, San Marino;

- von Menschen, die wegen einer Behinderung (nicht Alter!) nicht in der Lage sind, Deutsch zu lernen;

- von Personen, von denen zu erwarten ist, dass sie sich ohne staatliche Hilfe integrieren (insbesondere Akademiker, siehe § 4 Abs. 2 IntV);

- wenn kein Anspruch auf Teilnahme an einem Integrationskurs besteht;

- wenn besondere Umstände den Erwerb unmöglich oder unzumutbar machen.

Die weiteren Aufenthaltsvoraussetzungen für den Familiennachzug sind nicht im Abschnitt über den Familiennachzug geregelt, sondern finden sich bei den **allgemeinen Erteilungsvoraussetzungen nach § 5 AufenthG**. Nach § 5 Abs. 1 Nr. 1 AufenthG gilt die allgemeine Klausel, nach der der **Lebensunterhalt** gesichert sein muss (→ S. 40). Der Familiennachzug ist aber auch zuzulassen, wenn der hier lebende Ausländer auf existenzsichernde Sozialleistungen angewiesen ist, jedoch nachweisen kann, dass der nachziehende Ausländer nach seinem Zuzug in der Lage sein wird, den Lebensunterhalt für beide zu sichern.[1] Für den Nachzug zu Deutschen wird weit gehend von dieser Anforderung abgesehen (§ 28 Abs. 1 Satz 3 AufenthG).[2]

Der Nachzug ist in der Regel nach § 5 Abs. 1 Nr. 2 AufenthG ausgeschlossen, wenn ein **Ausweisungsinteresse** in der Person des nachziehenden Ausländers vorliegt. Von der Berücksichtigung derartiger Gründe kann allerdings nach § 27 Abs. 3 Satz 2 AufenthG abgesehen werden. In diesen Fällen muss eine Abwägung erfolgen zwischen der Bedeutung des jeweilig konkret verwirklichten Ausweisungsinteresses und der Bedeutung, die der Herstellung der Familieneinheit im Bundesgebiet beizumessen ist.

Hier wird deutlich unterschieden zwischen dem Nachzug zu einem Deutschen und zu einem Ausländer. Da der deutsche Ehepartner generell zum Führen seiner Ehe nicht aufs Ausland verwiesen werden kann, können nur schwere Straftaten des nachziehenden Ausländers zur Ablehnung der Aufenthaltser-

---

[1] VwV AufenthG 27.3.3.
[2] Insbesondere kann die Sicherung des Lebensunterhalts nicht wegen einer doppelten Staatsangehörigkeit verlangt werden, BVerwG vom 4.9.2012 – 10 C 12.12; VG Berlin vom 10.2.2015 – 29 K 222.13 V.

laubnis führen.[1] Anders ist dies bei rein ausländischen Ehen oder Lebenspartnerschaften zu bewerten, auch Straftaten, die nicht mehr als geringfügig bezeichnet werden können, können ausreichen, um die Aufenthaltserlaubnis abzulehnen, da beide Partner auch darauf verwiesen werden können, ihre Ehe oder Partnerschaft im Ausland zu führen.

Weiter finden sich im Ausländerrecht die allgemeinen Erteilungsverbote wegen Terrorismus nach § 5 Abs. 4 AufenthG und wegen einer Sperrfrist nach Ausweisung, Zurückweisung und Abschiebung nach § 11 Abs. 1 AufenthG. Neu eingefügt wurden die Sperrfristen für die Wiedereinreise in § 11 Abs. 6 AufenthG wegen der Überschreitung einer Ausreisefrist und in § 11 Abs. 7 AufenthG nach einem als offensichtlich unbegründet abgelehnten Asylantrag oder einem nicht angenommenen Folgeantrag. Soweit die innere oder äußere Sicherheit Deutschlands durch den Aufenthalt eines Ausländers in Gefahr gerät, können die öffentlichen Interessen auch den Schutz von Ehe und Familie nach Art. 6 GG zurücktreten lassen. Sperrfristen können in Hinblick auf eingegangene Familienbindung, insbesondere beim Nachzug zu Deutschen, nachträglich verkürzt werden. Der Antrag auf Erteilung einer Aufenthaltserlaubnis muss bei einer noch bestehenden Sperrfrist mit einem Antrag auf Befristung verbunden werden.

Nach § 11 Abs. 2 Satz 2 AufenthG beginnt die Sperrfrist allerdings erst mit der Ausreise; eine nachträgliche Verkürzung soll wirkungslos bleiben, wenn die Betroffene Deutschland zunächst nicht verlässt. Das Einreise- und Aufenthaltsverbot kann jetzt aber nach § 11 Abs. 4 AufenthG aufgehoben werden, soweit »schutzwürdige Belange« der Betroffenen dies erfordern. Zu den schutzwürdigen Belangen gehören der Schutz von Ehe- und Familie sowie das Kindeswohl nach Art. 6 GG.

Beispiel

Die haitianische Staatsangehörige Marie reist mit einem Schengenvisum nach Deutschland und arbeitet als Hausmädchen. Diese Beschäftigung wird den Behörden bekannt und es erfolgt eine Ausweisung (§ 53 AufenthG) mit einer Befristung von drei Jahren. Noch während das Verfahren läuft, erkrankt sie an einer Niereninsuffizienz. Da eine Nierendialyse in Haiti nicht durchführbar ist, wird festgestellt, dass ein Abschiebehindernis nach § 60 Abs. 7 AufenthG vorliegt. Sie erhält eine Duldung. Vier Jahre später heiratet sie einen deutschen Staatsangehörigen; die beiden haben ein gemeinsames (deutsches) Kind. Zunächst kann Marie keine Auf-

---

[1] BVerfG vom 18.7.1979 – 1 BvR 650/77; OVG Berlin-Brandenburg vom 15.9.2005 – 7 B 6.05..

enthaltserlaubnis nach § 28 AufenthG erteilt werden, weil die Frist des Einreise- und Aufenthaltsverbot noch nicht begonnen hat, da Marie nie ausgereist ist. Sie muss zunächst beantragen, die verfügte Frist nach § 11 Abs. 4 AufenthG vollständig aufzuheben. Eine Ausreise nach Haiti und spätere Wiedereinreise lässt sich in diesem Fall mit dem Kindeswohl nicht vereinbaren, deshalb ist das Ermessen der Ausländerbehörde auf Null reduziert.

Die deutschen Auslandsvertretungen und die Ausländerbehörden machen die Erteilung eines nationalen Visums oder einer Aufenthaltserlaubnis auch davon abhängig, dass zuvor die angefallenen Kosten einer Abschiebung ganz oder teilweise erstattet werden (§ 66 Abs. 1 AufenthG). Die Forderungen sind grundsätzlich gerechtfertigt, verlangt werden dürfen aber nur die Kosten, die auch erforderlich waren. So sind die Kosten einer Begleitung durch Beamte der Ausländerbehörde nur auszugleichen, wenn tatsächliche Anhaltspunkte dafür vorlagen, dass die Betroffenen sich der Abschiebung auch während des Fluges widersetzen würden.[1] Auch muss die Abschiebung grundsätzlich rechtmäßig gewesen sein.[2] Angesichts der verfassungsmäßigen Bedeutung des Schutzes von Ehe und Familie (Art. 6 GG) muss die Behörde die Rückzahlungsmodalitäten auch den tatsächlichen finanziellen Möglichkeiten der Betroffenen anpassen und Ratenzahlung gewähren, wenn sonst die Familienzusammenführung an der Kostenerstattung scheitern würde.

Bei Ehegatten von Deutschen darf die nachträgliche Befristung einer Einreisesperre nicht von der Zahlung der Abschiebekosten abhängig gemacht werden.[3]

Ob volljährige Ausländerinnen auch für die Kosten einer Abschiebung haften, der sie als Minderjährige ausgesetzt waren, ist umstritten. Die zivilrechtliche Haftungsbegrenzung des § 1629a BGB müsste auch angewendet werden, wenn es um die Kosten eines Verwaltungshandelns geht. Unterschieden wird aber danach, ob der junge Mensch die Entscheidung gegen eine freiwillige Ausreise selber treffen konnte. Davon wird grundsätzlich ausgegangen, wenn er bereits 16 Jahre alt war und damit nach § 80 Abs. 1 AufenthG handlungsfähig. Er haftet also nur dann nicht für die Kosten, wenn die Abschiebung vor dem 16. Geburtstag erfolgte.[4]

---

[1] VG Hamburg vom 28.6.2007 – 15 K 2007/06.
[2] BVerwG vom 16.10.2012 – 10 C 6/12.
[3] VwV AufenthG 11.1.4.4.
[4] OVG Lüneburg vom 25.9.2014 – 8 LC 163/13.

Soweit über die Erteilung der Aufenthaltserlaubnis nach Ermessen zu entscheiden ist, besteht ein Erteilungsverbot für abgelehnte Asylbewerber, solange sie noch nicht ausgereist sind (§ 10 Abs. 3 AufenthG). Hier kann über den Antrag also nur durch die deutsche Auslandsvertretung im Herkunftsland oder in einem anderen Staat, in dem ein rechtmäßiger Aufenthalt begründet werden kann, entschieden werden.

Als Alternative besteht die Möglichkeit, einen humanitären Aufenthaltstitel nach §§ 25 Abs. 3 oder Abs. 5, 25a oder 25b AufenthG zu erteilen. Wenn der Asylantrag als offensichtlich unbegründet nach § 30 Abs. 3 Nr. 1 – 6 AsylG (z. B. unglaubwürdiges Vorbringen, Täuschung) abgelehnt wurde, darf nur eine Aufenthaltserlaubnis nach § 25 Abs. 3 AufenthG vor einer Ausreise erteilt werden (es sei denn, es besteht ein Rechtsanspruch auf die Aufenthaltserlaubnis).

Eine Aufenthaltserlaubnis nach Ermessen kann auch nicht während eines laufenden Asylverfahrens erteilt werden (§ 10 Abs. 1 AufenthG).

7.2 Familiennachzug zu Deutschen

7.2.1 Aufenthaltsansprüche

Verfassungsrechtlich geht der Schutz der Ehe eines Ausländers mit einem Deutschen weiter als der Schutz der rein ausländischen Ehe. Die uneingeschränkte Freizügigkeit des Deutschen nach Art. 11 Abs. 1 und Art. 16 Abs. 2 GG schließt auch den ausländischen Familienangehörigen mit ein. Dem Familienangehörigen steht ein Aufenthaltsanspruch zu. Bis 2007 war dieser Anspruch an keine weitere Voraussetzung gebunden. Nunmehr sollen die Ehegatten von Deutschen ebenso wie von Ausländern ein Mindestalter von 18 Jahren erreicht haben und vor allem Kenntnisse der deutschen Sprache auf dem Niveau A1 des europäischen Referenzrahmens[1] nachweisen (durch Verweis in § 28 Abs. 1 Satz 5 auf § 30 Abs. 1 Satz 1 AufenthG).

---

[1] Siehe Glossar → S. 386.

Nachzug zum Zweck der Herstellung der familiären Lebensgemeinschaft, §§ 28, 27 AufenthG

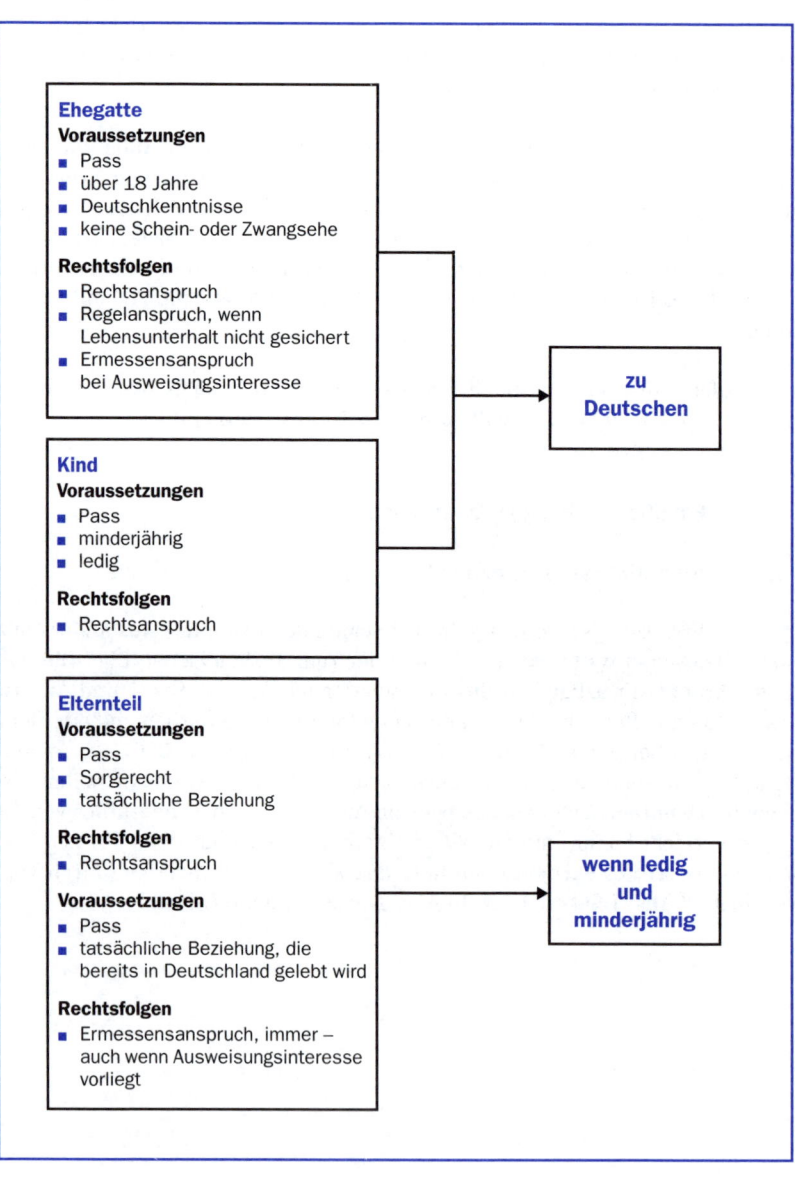

Auch soll es in Ausnahmefällen möglich sein, die Aufenthaltserlaubnis von der Sicherung des Lebensunterhalts abhängig zu machen. Der Gesetzestext gibt keine Auskunft darüber, wann der Ehegattennachzug ausnahmsweise davon abhängig gemacht werden kann, dass der Lebensunterhalt beider Ehepartner durch eigenes Einkommen oder sonstige eigene Mittel gesichert ist. Allerdings enthält die Gesetzesbegründung den entscheidenden Hinweis auf die beabsichtigte Differenzierung:

»Besondere Umstände liegen bei Personen vor, denen die Begründung der ehelichen Lebensgemeinschaft im Ausland zumutbar ist. Dies kommt insbesondere bei Doppelstaatlern in Bezug auf das Land in Betracht, dessen Staatsangehörigkeit sie neben der deutschen besitzen, oder bei Deutschen, die geraume Zeit im Herkunftsland des Ehegatten gelebt und gearbeitet haben und die Sprache dieses Staates sprechen. Bei Ausländern, die mit der Perspektive eines dauerhaften Aufenthalts nach Deutschland zuwandern, findet in einem nicht unerheblichen Maße ein direkter Zuzug in die sozialen Sicherungssysteme statt. ...

Die Neuregelung ist zugleich aus integrationspolitischen Gründen geboten. Die Pflicht zum Nachweis der Lebensunterhaltssicherung bietet für Ausländer, die die deutsche Staatsangehörigkeit erworben haben und ihren Ehepartner nachziehenlassen bzw. die sich diese Möglichkeit offen halten wollen, einen Anreiz zur Integration. Die bisherige Privilegierung des Ehegattennachzugs zu Deutschen ermöglichte es zudem, allein durch Vortäuschen einer ehelichen Lebensgemeinschaft einen Aufenthaltstitel zu verschaffen. Die Neuregelung dient somit auch dazu, die Missbrauchsmöglichkeiten einzuschränken.«[1]

Hier wird eine Differenzierung nach dem Kriterium »echter Deutscher – unechter Deutscher« vorgenommen, die doch sehr stark auf eine rassistische Diskriminierung wegen der Herkunft hinweist, die nach Art. 3 Abs. 3 GG allen öffentlichen Institutionen untersagt ist. Die Regelung ist auch weder mit dem Schutz von Ehe und Familie nach Art. 6 Abs. 1 GG noch mit dem Recht auf Freizügigkeit nach Art. 11 GG zu vereinbaren.[2] Das BMI weist allerdings einschränkend darauf hin, dass die Sicherung des Lebensunterhalts nur in »atypischen Fällen bei Vorliegen besonderer Umstände« gefordert werden darf.[3] Die Sicherung des Lebensunterhalts kann nicht verlangt werden, weil die Stammberechtigte nicht nur über die deutsche, sondern auch über die Staatsangehörigkeit des Ehegatten verfügt.[4]

---

[1] Gesetzesbegründung, BT-Drs.16/5065, S. 171.
[2] Dienelt in Renner/Bergmann/Dienelt, 2013, § 29 Rn. 7.
[3] BMI an die Länder, ZAR-ANA 2008, 19.
[4] BVerwG vom 4.9.2012 – 10 C 12.12.

Es lohnt sich also Entscheidungen der Ausländerbehörde, durch die der Nachzug zu einem Deutschen wegen fehlender Unterhaltssicherung abgelehnt wird, mit Rechtsmitteln anzugreifen (hier ist eine Rechtsanwältin gefordert!).

Wenn in der Person des Ausländers ein Ausweisungsinteresse vorliegt, wird der Rechtsanspruch auf den Familiennachzug nach § 27 Abs. 3 Satz 2 AufenthG auf einen Ermessensanspruch reduziert. Auch im Rahmen der Ermessensausübung muss aber der besonderen Bedeutung einer Familiengemeinschaft mit einem Deutschen Rechnung getragen werden, da dem Deutschen grundsätzlich nicht zugemutet werden kann, die Ehe im Ausland zu führen.

Beispiel

Wolfgang heiratet die russische Staatsangehörige Anastasia. Bislang hatte sie mit einer Aufenthaltserlaubnis zum Zweck des Studiums (§ 16 AufenthG) in Marburg studiert, nun aber wegen der bevorstehenden Geburt eines gemeinsamen Kindes das Studium abgebrochen. Vor zehn Monaten wurde sie wegen mehrerer Ladendiebstähle zu einer Geldstrafe von 60 Tagessätzen verurteilt. Da hier ein Ausweisungsinteresse (§ 53 Abs. 1 AufenthG) vorliegt, ist über den Antrag auf Aufenthaltserlaubnis zum Familiennachzug zu einem Deutschen (§ 28 AufenthG) nach Ermessen zu entscheiden. Angesichts der Bedeutung des Schutzbereichs des Art. 6 Abs. 1 GG wäre es unverhältnismäßig, Anastasia den Aufenthalt bei ihrem Ehegatten wegen einzelner, weniger schwer wiegender Straftaten zu untersagen. Das Ermessen ist auf Null reduziert, die Aufenthaltserlaubnis muss erteilt werden. Der Antrag kann auch im Inland bei der Ausländerbehörde gestellt werden, weil Anastasia noch eine Aufenthaltserlaubnis (nach § 16 AufenthG) besitzt (§ 39 Nr. 1 AufenthV).

Einen Aufenthaltsanspruch haben nach § 28 AufenthG auch die **Eltern eines minderjährigen ledigen deutschen Kindes**, soweit sie die Personensorge für das Kind ausüben. Ein nur formal bestehendes Sorgerecht reicht nicht aus, es muss auch durch einen aktiven Erziehungs- und Betreuungsbeitrag ausgeübt werden.[1]

Von dieser Regelung sind insbesondere ledige Mütter betroffen, die im Bundesgebiet ein Kind geboren haben, welches von einem deutschen Vater abstammt. Voraussetzung für die Deutscheneigenschaft des Kindes ist die Vaterschaftsanerkennung oder, soweit der Vater hierzu nicht bereit ist, eine gerichtliche Vaterschaftsfeststellung. Während der Durchführung eines solchen

---

[1] VGH Baden-Württemberg vom 5.8.2002, EZAR 020 Nr. 19.

Verfahrens kann die Mutter des Kindes mit ungeklärter Staatsangehörigkeit nicht abgeschoben werden. Zwar soll ein Vaterschaftsfeststellungsverfahren kein Abschiebehindernis für die Mutter darstellen, es ist dem möglicherweise deutschen Kind aufgrund der Vorwirkung des Freizügigkeitsrechts nach Art. 11 Abs. 1 GG aber nicht zumutbar, Deutschland zu verlassen. Weil dieses Kind zwingend auf die persönliche Betreuung und Erziehung der Mutter angewiesen sein wird, steht der Abschiebung der Mutter ein rechtliches Hindernis entgegen. Mit einer Abschiebung würde gegen Art. 6 Abs. 1 GG und Art. 8 EMRK (Recht auf Familie) verstoßen.[1]

Auch wenn ausländische Eltern in Deutschland ein Kind haben, welches die Staatsangehörigkeit durch Geburt nach § 4 Abs. 3 StAG erworben hat (ein Elternteil hat eine Niederlassungserlaubnis und mindestens acht Jahre rechtmäßig in Deutschland gelebt, s. auch → S. 346) besteht für einen Elternteil, der noch keine Niederlassungserlaubnis besitzt, ein Anspruch auf die Aufenthaltserlaubnis nach § 28 Abs. 1 Nr. 3 AufenthG (und damit das Recht zur uneingeschränkten Erwerbstätigkeit).

Beispiel

Merve, Türkin, hat 2014 in Deutschland einen Asylantrag gestellt. 2015 bringt sie ein Kind zur Welt. Der Vater ist Mustafa, ebenfalls türkischer Staatsangehöriger. Er erkennt die Vaterschaft an, möchte aber als verheirateter Mann mit zwei Kindern die Beziehung zu Merve nicht fortsetzen. Merves Kind ist deutscher Staatsangehörigkeit, weil Mustafa in Deutschland geboren wurde und eine Niederlassungserlaubnis besitzt (→ S. 346). Merve erhält nun die Aufenthaltserlaubnis nach § 28 AufenthG unabhängig von ihrem Asylverfahren. Die Regelung in § 10 Abs. 1 AufenthG steht dem nicht entgegen, weil Merve einen Rechtsanspruch auf die Aufenthaltserlaubnis hat.

Die Regelung gibt auch nachgezogenen Ehemännern und Vätern deutscher Kinder, die nach einer Trennung noch kein eigenständiges Aufenthaltsrecht haben (siehe § 31 AufenthG), einen Aufenthaltsanspruch, wenn sie sich weiterhin an der Erziehung und Betreuung des Kindes beteiligen und mit der Mutter zusammen das gemeinsame Sorgerecht behalten.

Beispiel

Abbas, türkischer Staatsangehöriger, hat eine deutsche Frau geheiratet. Nach einem Jahr trennen sich die Eheleute. Seine Frau bekommt jedoch ein Kind von ihm, zu dem Abbas regelmäßig Kontakt hat und für welches er auch Unterhalt zahlt. Ihm steht zwar

---

[1] OVG Berlin-Brandenburg vom 23.2.2012 – OVG 2 S 94.11.

nunmehr kein Aufenthaltsanspruch zum Zweck der ehelichen Gemeinschaft mit seiner Frau mehr zu, wohl aber zum Zweck der familiären Lebensgemeinschaft mit seinem Kind. Er erhält daher eine Aufenthaltserlaubnis nach § 28 Abs. 1 Nr. 3 AufenthG.

Grundsätzlich sind die Personensorgerechtsentscheidungen ausländischer Gerichte oder Behörden anzuerkennen. Hierzu verpflichtet das Haager Minderjährigenschutzabkommen. Etwas anderes kann nur dann gelten, wenn aus Tatsachen erkennbar ist, dass die Entscheidung den tatsächlichen Bindungen des Kindes widerspricht oder der Wille und das Wohl des Kindes im Verfahren nicht beachtet wurden (§ 16a FGG).

Auch dem nicht sorgeberechtigten Elternteil kann nach Ermessen eine Aufenthaltserlaubnis erteilt werden, wenn er bereits im Bundesgebiet mit dem Kind in einer familiären Gemeinschaft lebt. Bei der Ermessensentscheidung ist darauf abzustellen, ob das Kind auf die Anwesenheit des Elternteils angewiesen ist, ob der Elternteil nach seinen Möglichkeiten Unterhalt zahlt und ob der weitere Aufenthalt für das Kindeswohl erforderlich ist.

Beispiel

Eine deutsche Staatsangehörige lebt mit einem Asylbewerber aus Togo zusammen. Sie haben ein gemeinsames Kind, für welches der togolesische Vater die Vaterschaft anerkannt hat. Nach der rechtskräftigen Ablehnung des Asylantrags ist der Vater ausreisepflichtig, kann nun aber die Aufenthaltserlaubnis nach § 28 Abs. 1 Satz 2 AufenthG beantragen. Da es sich hierbei allerdings nicht um einen gesetzlichen Anspruch im Sinne des § 39 Nr. 4 AufenthV i. V. m. § 10 Abs. 1 AufenthG handelt, wird er auf die Einholung des Visums im Heimatland verwiesen, es sei denn, ihm ist dies nicht zuzumuten (§ 5 Abs. 2 Satz 2 AufenthG).

Wird für das Kind – beim Jugendamt oder beim Notar – eine Sorgeerklärung abgegeben, durch die der ausländische Vater neben der Mutter das Sorgerecht erhält, erwirbt er bei tatsächlich gelebter Vater-Kind-Beziehung einen Rechtsanspruch auf die Aufenthaltserlaubnis.
Bleibt es hingegen beim alleinigen Sorgerecht der Mutter, so kann es hilfreich sein, das Jugendamt um eine Stellungnahme zur Bedeutung des Vater-Kind-Verhältnisses für das Kindeswohl zu bitten. Das Jugendamt ist verpflichtet, die Eltern in der Ausübung des Umgangsrechts mit dem Kind zu unterstützen (§ 18 Abs. 3 SGB VIII) und damit auch bei der Erlangung des erforderlichen Aufenthaltsrechts.

Der Beschränkung auf eine schon gelebte Familiengemeinschaft in Deutschland ist nicht nachvollziehbar. Anspruch auf verfassungsrechtlichen Schutz haben auch Eltern Kind-Verhältnisse, die erst begründet werden sollen, z. B. nach einer Geburt.[1]

An der Unterscheidung zwischen der schon bestehenden und der erst zu gründenden Familiengemeinschaft hält auch die Rechtsprechung fest.[2] Die Unterscheidung wird weder dem Schutz des Kindeswohls nach Art. 6 GG[3] noch seinen Rechten aus Art. 9 der UN-Kinderrechtskonvention auf persönliche Beziehungen zu beiden Eltern gerecht.

Die Bewertung der Familiengemeinschaft muss nun auch die Rechtsprechung des EuGHs berücksichtigen:
Mit dem Urteil »Zambrano« vom 11.3.2011 – C-34/09 stellte der EUGH fest, dass auch Bürgerinnen eines Mitgliedsstaates, die niemals innerhalb der EU gewandert sind, einen Anspruch auf den Kernbereich der Unionsbürgerschaft haben und für minderjährige Kinder deshalb ein Recht besteht, mit ihren Eltern – auch wenn diese einem Drittstaat angehören – auf dem Gebiet der EU leben zu können. Der Kernbereich ist allerdings sehr eng gefasst[4] und nicht gleichzusetzen mit allen Rechten aus dem europäischen Primär- und Sekundärrecht. Für deutsche Kinder lässt sich aus der Entscheidung des EuGH aber das Recht ableiten, in Deutschland eine Familienbeziehung mit beiden Eltern zu führen.

Der Nachzug eines ausländischen Kindes zu einem deutschen Elternteil spielt in der Praxis vor allem bei Spätaussiedlern eine Rolle, wenn ein minderjähriges, lediges Kind zunächst nicht in den Aufnahmebescheid aufgenommen wurde und erst später nachziehen soll. Auch können im Herkunftsland verbliebene Kinder diesen Anspruch geltend machen, nachdem ein Elternteil in Deutschland eingebürgert wurde.

7.2.2 Verlängerung/Verfestigung

§ 28 AufenthG enthält keine Regelung über die Dauer der ersten Aufenthaltserteilung. Nach den Verwaltungsvorschriften ist die Aufenthaltserlaubnis in der Regel für drei Jahre zu erteilen. Eine Ausstellung nur für ein

---

[1] BVerfG vom 8.12.2005, InfAuslR 2006, S. 122 ff.
[2] OVG Berlin-Brandenburg vom 9.4.2015 – 11 M 39.14.
[3] Dienelt in Renner/Bergmann/Dienelt 2013, § 28 Rn. 23.
[4] EuGH vom 5.5.2011 – C-434/09 »McCarthy«.

Jahr bleibt möglich, wenn »Restzweifel« am Vorliegen der Erteilungsvoraussetzungen bestehen, insbesondere der Verdacht einer Scheinehe nicht vollständig ausgeräumt ist.[1]

Nach Ablauf von drei Jahren besteht ein Regelanspruch auf die Erteilung einer Niederlassungserlaubnis (§ 28 Abs. 2 AufenthG). Es wird dann allerdings vorausgesetzt, dass der Lebensunterhalt eigenständig gesichert ist und dass sich der Ausländer auf einfache Art in deutscher Sprache mündlich verständigen kann und kein Ausweisungsinteresse vorliegt.

Beispiel

Eine moldawische Staatsangehörige wird während eines touristischen Aufenthalts von einem deutschen Mann schwanger, welcher die Vaterschaft anerkennt (oder die durch ein Vaterschaftsfeststellungsverfahren festgestellt wird). Sie erhält eine Aufenthaltserlaubnis nach § 28 Abs. 1 Nr. 3 AufenthG, da das Kind die deutsche Staatsangehörigkeit hat und sie das alleinige Sorgerecht. Nach drei Jahren hat sie einen Regelanspruch auf die Niederlassungserlaubnis, wenn ihr Lebensunterhalt gesichert ist.

Nach einer Beendigung der ehelichen Lebensgemeinschaft gelten die Regelungen des § 31 AufenthG (→ S. 135), soweit noch keine Niederlassungserlaubnis erteilt worden ist.

7.2.3 Arbeit und Sozialleistungen

Die Aufenthaltserlaubnis berechtigt zur uneingeschränkten Erwerbstätigkeit.

Dem Familienangehörigen eines Deutschen stehen alle Sozialleistungen im Bundesgebiet in gleicher Weise zu wie Deutschen.

---

[1] VwV AufenthG 28.1.6.

Prüfungsschemata Familiennachzug zu Deutschen

A Ausländischer Ehegatte[1] zu Deutschem

■ Voraussetzungen

1. **In der Person des Deutschen**
   - Wohnsitz in Deutschland
   - Gültige Ehe (nach dem Recht des Ortes der Eheschließung)
   - Bereitschaft, die eheliche Lebensgemeinschaft zu führen
   - Keine Schein- oder Zwangsehe
2. **In der Person des nachziehenden Ausländers**
   - Pass oder Passersatz
   - Mindestens 18 Jahre alt
   - Sprachkenntnisse A1 (Ausnahmen siehe → S. 93)
   - Kein Aufenthaltsverbot wegen Terrorismus oder Sperrwirkung
   - Kein Ausweisungsinteresse, sonst → Rechtsfolgen 3.
   - Nur in Ausnahmefällen: Sicherung des Lebensunterhalts

■ Rechtsfolgen

1. Antrag im Ausland: Rechtsanspruch auf nationales Visum
2. Antrag bei der Ausländerbehörde (rechtmäßiger oder geduldeter Aufenthalt, Eheschließung in Deutschland): Rechtsanspruch auf Aufenthaltserlaubnis nach § 28 AufenthG
3. Wenn ein Ausweisungsinteresse vorliegt: Ermessensanspruch auf Erteilung eines nationalen Visums; Antragstellung in Deutschland nur, wenn Antrag im Herkunftsland unzumutbar (§ 5 Abs. 2 Satz 2 AufenthG)

B Ausländischer Elternteil zu deutschem Kind

■ Voraussetzungen

1. **In der Person des Kindes**
   - Deutsche Staatsangehörigkeit durch Geburtsurkunde nachgewiesen
   - Wohnsitz in Deutschland
   - Minderjährig, ledig
2. **In der Person des Elternteils**
   - Pass oder Passersatz
   - Sorgerecht, wenn nicht → Rechtsfolgen 3.

---

[1] Gilt entsprechend für Lebenspartner, vgl. → S. 135.

- Tatsächliches Eltern-Kind-Verhältnis
- Kein Aufenthaltsverbot wegen Terrorismus oder Sperrwirkung
- Kein Ausweisungsinteresse, sonst → Rechtsfolgen 3.

■ **Rechtsfolgen**

1. Antrag im Ausland: Rechtsanspruch auf nationales Visum
2. Antrag bei der Ausländerbehörde (rechtmäßiger oder geduldeter Aufenthalt): Rechtsanspruch auf Aufenthaltserlaubnis nach § 28 AufenthG
3. Wenn kein Sorgerecht besteht oder ein Ausweisungsinteresse vorliegt: Ermessensanspruch auf Erteilung eines nationalen Visums; Antragstellung in Deutschland nur, wenn Antrag im Herkunftsland unzumutbar (§ 5 Abs. 2 Satz 2 AufenthG)

C Ausländisches Kind zu deutschem Elternteil

■ **Voraussetzungen:**

1. **In der Person des Elternteils**
   - Deutsche Staatsangehörigkeit
   - Wohnsitz in Deutschland
   - Sorgerecht für das Kind
   - Tatsächliches Eltern-Kind-Verhältnis
2. **In der Person des Kindes**
   - Abstammung durch Geburtsurkunde nachgewiesen
   - Pass oder Passersatz
   - Minderjährig, ledig
   - Kein Aufenthaltsverbot wegen Terrorismus oder Sperrwirkung
   - Kein Ausweisungsinteresse, sonst → Rechtsfolgen 3.

■ **Rechtsfolgen**

1. Antrag im Ausland: Rechtsanspruch auf nationales Visum
2. Antrag bei der Ausländerbehörde (rechtmäßiger oder geduldeter Aufenthalt): Rechtsanspruch auf Aufenthaltserlaubnis nach § 28 AufenthG
3. Wenn ein Ausweisungsinteresse vorliegt: Ermessensanspruch auf Erteilung eines nationalen Visums; Antragstellung in Deutschland nur, wenn Antrag im Herkunftsland unzumutbar (§ 5 Abs. 2 Satz 2 AufenthG)

7.3 Familiennachzug zu Ausländern

§ 29 AufenthG regelt zunächst im Abs. 1 die allgemeinen Voraussetzungen für den Familiennachzug zu Ausländern und in den folgenden Absätzen die besonderen zusätzlichen Voraussetzungen oder Ausnahmen beim Nachzug zu Ausländern mit Aufenthaltstiteln aus humanitären Gründen. Im § 30 AufenthG wird dann der Ehegattennachzug[1] und im § 32 AufenthG der Kindernachzug geregelt.

In allen Fällen ist zwingend erforderlich, dass der Ausländer, zu dem nachgezogen werden soll (Stammberechtigter), eine Aufenthaltserlaubnis oder eine Niederlassungserlaubnis besitzt (§ 29 Abs. 1 Nr. 1 AufenthG). Nachzug kann auch gleichzeitige Einreise mit dem Stammberechtigten bedeuten. Beantragt ein Ausländer ein Visum zum Zweck des längerfristigen Aufenthalts, z. B. zum Zweck der Beschäftigung oder als Student, so kann der Ehegatte zeitgleich den Antrag auf ein Visum zum Zweck des Familiennachzugs stellen.

Grundsätzlich wird nach § 5 Abs. 2 AufenthG die Einreise mit einem Visum verlangt, welches zum Zwecke des Familiennachzugs ausgestellt wurde. Allerdings eröffnet § 5 Abs. 2 Satz 2 AufenthG die Möglichkeit, von diesem Visum abzusehen, wenn ein Rechtsanspruch auf die Erteilung der Aufenthaltserlaubnis besteht. Hält sich der Familienangehörige mit einem Schengenvisum oder visumfrei im Bundesgebiet auf, kann er die Aufenthaltserlaubnis in Deutschland beantragen, wenn ihm ein gesetzlicher Anspruch (im Gegensatz zu einem Ermessensanspruch) zusteht und die Ehe erst in Deutschland geschlossen wurde (§ 39 Nr. 3 AufenthV). Dasselbe gilt bei einem geduldeten Aufenthalt oder während eines laufenden Asylverfahren (§ 39 Nr. 4 ud 5 AufenthV).

7.3.1 Ehegattennachzug

Der Ehegattennachzug[2] zu Ausländern ist nach einem differenzierten System geregelt. Hierbei wurden besondere Privilegien berücksichtigt, die sich aus internationalen Abkommen (vor allem der GFK) und europarechtlichen Regelungen (Forscherrichtlinie, Hochqualifiziertenrichtlinie, Daueraufenthaltsrichtlinie, Familiennachzugsrichtlinie, Qualifikationsrichtlinie und Hochqualifiziertenrichtlinie)[3] ergeben.

---

[1] Der Nachzug zu eingetragenen Lebenspartnerinnen wird dem Ehegattennachzug gleichgestellt (§ 27 Abs. 2 AufenthG).
[2] Ebenso eingetragene Lebenspartnerschaft (§ 27 Abs. 2 AufenthG).
[3] Alle Richtlinien siehe Glossar → S. 366.

Nachzug zum Zweck der Herstellung der familiären Lebensgemeinschaft, §§ 30, 29, 27, 5 AufenthG

Ehegatte/Partner
1. mindestens 18 Jahre
2. deutsche Sprachkenntnisse[1]
3. ausreichend Wohnraum
4. Lebensunterhalt gesichert
5. kein Ausweisungsinteresse
6. kein Nachzug als 2. Ehegatte bei Mehrehe
7. kein Aufenthaltsverbot
8. Pass

→ **zu Stammberechtigten**
- **nach dem Aufenthaltstitel**
  - Niederlassungserlaubnis
  - Daueraufenthalt-EG
  - Forscheraufenthalt
  - Blaue Karte EU
  - Asylberechtigung
  - Konventionsflüchtling
  - subsidiär Schutzberechtigte[2]
- ⇒ **Rechtsanspruch**
- **nach der Aufenthaltsdauer**
  - nach zwei Jahren mit einer Aufenthaltserlaubnis, die einen Daueraufenthalt ermöglicht
  - ⇒ **Rechtsanspruch**
  - vor Ablauf von zwei Jahren
  - ⇒ **Ermessensanspruch**
- **zur Fortsetzung einer bestehenden Ehe**
  - voraussichtlicher Aufenthalt mehr als ein Jahr
  - mit Daueraufenthaltsrecht aus anderem EU-Staat zugezogen
- ⇒ **Rechtsanspruch**

Ausnahmen:
- Kein Nachzug bei Aufenthaltserlaubnis nach §§ 25 Abs. 4b u. 5 25a Abs. 2, 25b Abs. 4, AufenthG
- Nachzug nur aus humanitären Gründen bei Aufenthaltserlaubnis nach §§ 22, 23 Abs. 1 oder Abs. 2, 25 Abs. 3 oder Abs. 4a, 25a Abs. 1, 25b Abs. 1 AufenthG

---

[1] Richtlinien siehe Glossar → S. 386.
[2] Wird für die nächsten zwei Jahre ausgesetzt.

Zu 1.:
Beide Ehegatten müssen 18 Jahre alt sein.
Für den nachziehenden Ehegatten werden keine Altersanforderungen gestellt,

- wenn der Nachzug zu einem Stammberechtigten mit einer Aufenthaltserlaubnis für Hochqualifizierte, Blaue Karte EU, Forscher oder Selbständige erfolgt und die Ehe schon im Herkunftsland bestand (§ 30 Abs. 1 Satz 1 Nr. 1 AufenthG).

- wenn der Stammberechtigte als Forscherin (§ 20 AufenthG) gekommen war und jetzt eine Niederlassungserlaubnis oder eine Erlaubnis zum Daueraufenthalt EU hat. Die Regelung geht auf die Anforderungen der Forscherrichtlinie zurück (§ 30 Abs. 1 Satz 1 Nr. 2 AufenthG).

- wenn der Stammberechtigte als langfristig aufenthaltsberechtigter Drittstaatsangehöriger aus einem anderen EU-Staat nach Deutschland weitergewandert ist (§ 38a AufenthG) und die Ehe schon in dem anderen EU-Staat bestand. Diese Regelung geht auf die Anforderungen der Daueraufenthaltsrichtlinie zurück (§ 30 Abs. 1 Satz 1 Nr. 1 AufenthG).

Zu 2.:
Sprachkenntnisse werden auf dem Niveau A1 des Europäischen Referenzrahmens[1] verlangt (→ S. 93).
Auf die Sprachanforderungen wird in vielen Fällen verzichtet, insbesondere wenn an der Zuwanderung von qualifizierten Fachkräften ein besonderes Interesse besteht. Oder die Sprachanforderungen mit übergeordnetem Recht nicht vereinbar sind

- Nachzug zu Stammberechtigten mit Blauer Karte EU (§ 30 Abs. 1 Satz 3 Nr. 5 AufenthG).

- Nachzug zu Stammberechtigten mit Aufenthaltserlaubnis als Hochqualifizierte, Forscher oder Selbständiger, wenn die Ehe schon im Herkunftsland bestand (§ 30 Abs. 1 Satz Nr. 1 AufenthG); für Forscher auch nachdem eine Niederlassungserlaubnis oder Erlaubnis zum Daueraufenthalt EU erteilt wurde (§ 30 Abs. 1 Satz Nr. 2 AufenthG).

- Nachzug zu einem Stammberechtigten aus einem privilegierten Industriestaat[2] (§ 30 Abs. 1 Satz 3 Nr. 4 AufenthG).

---

[1] Siehe Glossar → S. 386.
[2] Staatsangehörige von Australien, Israel, Japan, Kanada, Südkorea, Neuseeland und den USA (§ 41 BeschV).

- Die Nachziehende über einen »erkennbar geringen Integrationsbedarf« (§ 43 Abs. 4 AufenthG, § 4 Abs. 2 IntV) verfügt (§ 30 Abs. 1 Satz 3 Nr. 3 AufenthG). Hiervon wird bei Akademikerinnen zumeist ausgegangen.

- Bei Weiterwanderung eines langfristig Aufenhaltsberechtigten in der EU (siehe auch unter Altersanforderung, § 30 Abs. 1 Satz 2 Nr. 3 AufenthG).

- Nachzug zu Asylberechtigten, anerkannten Flüchtlingen, subsidiär Schutzberechtigten (§ 30 Abs. 1 Satz 3 Nr. 1 AufenthG). In diesen Fällen erlaubt das EU-Recht (Qualifikationsrichtlinie) keine Sprachanforderungen. Dasselbe gilt auch für Resettlement-Flüchtlinge nach § 23 Abs. 4 AufenthG.

- Der Nachziehende wegen einer Krankheit oder Behinderung nicht in der Lage ist, den Sprachnachweis zu erbringen (§ 30 Abs. 1 Satz 3 Nr. 2 AufenthG).

- Wenn der Spracherwerb aufgrund besonderer Umstände nicht möglich oder nicht zumutbar ist (§ 30 Abs. 1 Satz 3 Nr. 6 AufenthG). Diese Öffnungsklausel ist auch auf dem Hintergrund der Entscheidung des EuGH[1] europarechtlich geboten.

Zu 3. und 4.:
Ausreichend Wohnraum und die Sicherung des Lebensunterhalts werden beim Nachzug zu Asylberechtigten, Konventionsflüchtlingen, subsidiär Schutzberechtigten und Resettlement-Flüchtlingen nicht verlangt, wenn der Antrag innerhalb von drei Monaten nach Anerkennung gestellt wird[2] und es nicht möglich ist, die Familieneinheit in einem Staat außerhalb der EU herzustellen, zu dem die Familie eine besondere Bindung hat. Bei einer späteren Antragstellung kann von der Anforderung der Sicherung des Lebensunterhaltes und des ausreichenden Wohnraums nach Ermessen abgesehen werden. Im Rahmen des Ermessens ist zu berücksichtigen, dass Asylberechtigte und Flüchtlinge nach der Genfer Konvention den Ausländern mit deutschen Ehegatten aufenthaltsrechtlich weit gehend gleichgestellt sind. Da anerkannten Flüchtlingen eine Familienzusammenführung im Heimatstaat in der Regel nicht möglich ist, kommt dem Schutz nach Art. 6 GG ein höheres Gewicht zu als dem Interesse des Staates, die öffentlichen Haushalte nicht durch Zuwanderung zusätzlich zu belasten.[3]

---

[1] Vom 9.7.2015 – C-153/14.
[2] Zur Wahrung der Frist kann der Antrag auch von dem Stammberechtigten in Deutschland bei der zuständigen Ausländerbehörde gestellt werden.
[3] BVerwG vom 31.1.1989, InfAuslR 1989, S. 166; VG Saarland vom 22.4.2015 – 6 L 277/15.

> **Beispiel**
>
> Eine iranische Staatsangehörige heiratet ein Jahr nach ihrer Anerkennung als Konventionsflüchtling einen iranischen Asylbewerber. Wenn beide auf existenzsichernde Sozialleistungen angewiesen sind, besteht nur ein Ermessensanspruch auf Erteilung der Aufenthaltserlaubnis nach § 30 AufenthG. Solange das Asylverfahren noch läuft, steht § 10 Abs. 1 AufenthG der Erteilung entgegen. Nimmt er seinen Asylantrag zurück, so könnte er auf das Visumverfahren verwiesen werden. Die Ausländerbehörde könnte jedoch nach § 5 Abs. 2 Satz 2 AufenthG von dieser Anforderung absehen, wenn die Einholung des Visums nicht zumutbar ist.

> Was unter ausreichendem **Wohnraum** zu verstehen ist, regelt die Begriffsbestimmung in § 2 Abs. 4 AufenthG. Der Wohnraum ist immer dann ausreichend, wenn für jedes Familienmitglied über sechs Jahren 12 qm und für jedes Familienmitglied unter sechs Jahren 10 qm zur Verfügung stehen. Bei einer abgeschlossenen Wohnung reicht es, wenn die Gesamtfläche der Summe der einzelnen Bedarfe entspricht; handelt es sich nicht um eine abgeschlossene Wohnung, so müssen die mitbenutzten Räume zusätzlich verfügbar sein. Eine Unterschreitung der Mindestgröße um 10 % ist unschädlich (VwV AufenthG Nr. 2.4.2).

Die Sicherung des Lebensunterhalts stellt – von den genannten Ausnahmen abgesehen – eine wesentliche Grundvoraussetzung des Familiennachzugs dar. Nur in extremen Ausnahmefällen kann hiervon abgesehen werden.

Die Berechnung erfolgt bei Personen, die im Wege des Familiennachzugs gekommen sind, nur auf der Basis der Bedarfssätze nach SGB II/XII. Es kommt nicht darauf an, ob durch den Abzug der Freibeträge noch ein Anspruch auf aufstockende Leistungen besteht. Dieser Grundsatz wurde vom BVerwG[1] unter Berücksichtigung der Rechtsprechung des EuGH[2] zur Familiennachzugsrichtlinie anerkannt.

Es ist nicht zwingend erforderlich, dass der Lebensunterhalt durch das Einkommen der Stammberechtigten gesichert wird. Auch der nachziehende Ehegatte kann den Lebensunterhalt sicherstellen, wenn er in Deutschland bereits über einen Arbeitsplatz verfügt.

---

[1] Vom 16.11.2010 – 1 C 20/09.
[2] Vom 4.3.2010 – C-578/08 »Chakroun«.

> **Beispiel**
>
> Eine türkische junge Frau, vor fünf Jahren im Alter von 15 Jahren eingereist, hat nach dem Abitur noch keine Ausbildung aufgenommen, da ihre Mutter krank ist und sie die jüngeren Geschwister betreuen muss. Sie wird von ihren Eltern finanziert. Sie hat in der Türkei geheiratet und für ihren Ehemann eine Arbeitsstelle in der Autowerkstatt ihres Onkels gefunden. Sie kann also weder ihren eigenen noch den Unterhalt ihres Ehemannes aus eigenem Einkommen sichern. Da nach § 2 Abs. 3 AufenthG auch die Beiträge der Familienangehörigen zum Haushaltseinkommen berücksichtigt werden, genügt es, wenn ihr Ehemann genug verdient, um beide zu unterhalten und ihnen Wohnraum von mindestens 24 qm zur Verfügung steht.

Zum Ermessensanspruch:
Die Ermessensregelung zum Ehegattennachzug (§ 30 Abs. 2 Satz 2 AufenthG) betrifft einerseits den Nachzug zu Ausländern, die erst nach der Einreise geheiratet haben und sich noch keine zwei Jahre in Deutschland aufhalten. Hier wird der Ausländerbehörde ein Spielraum für die Bewertung eingeräumt, ob dem Interesse des Ausländers, seinen Ehegatten nach Deutschland zu holen, öffentliche Interessen entgegenstehen. Andererseits wird auch die Möglichkeit eröffnet, den Nachzug zu ermöglichen, wenn der Aufenthalt voraussichtlich nicht mehr als ein Jahr betragen wird, z. B. Wissenschaftlern, die sich lediglich für ein Auslandssemester im Bundesgebiet aufhalten.

> **Beispiel**
>
> Dem brasilianischen Informatiker José wird eine Aufenthaltserlaubnis nach § 18 AufenthG für eine zeitlich unbefristete Tätigkeit bei der Deutschen Telekom erteilt. Seine langjährige Lebensgefährtin Elenora hatte sich als wissenschaftliche Assistentin an der Bonner Universität beworben, erhielt die Anstellung jedoch nicht. Erst zwei Monate nach der Arbeitsaufnahme von José realisiert das Paar, dass Elenora nun keinen Aufenthaltsanspruch in Deutschland hat. Aus diesem Grund entschließen sie sich zu einer Heirat, die sie in Rio de Janeiro vollziehen. Hier dürften einer sofortigen Übersiedlung kaum öffentliche Interessen entgegenstehen, im Wege des Ermessens wird Elenora ein nationales Visum zum Familiennachzug erteilt.

Soweit das Nachzugsrecht von der voraussichtlichen Aufenthaltsdauer des Stammberechtigten abhängt, kommt es nicht darauf an, ob die Aufenthaltserlaubnis für länger als ein Jahr erteilt wurde, es ist vielmehr eine Prognose über den voraussichtlichen Gesamtaufenthalt zu stellen.

> **Beispiel**
>
> Einem ägyptischen Staatsangehörigen wird eine Aufenthaltserlaubnis nach § 21 AufenthG für ein Jahr zum Zweck der selbstständigen Tätigkeit erteilt. Er investiert 700.000 € in die Neugründung einer Firma mit zwölf Mitarbeitern. Er weist weiter ein Sparguthaben von 50.000 € nach. Seine Ehefrau erhält ebenfalls eine Aufenthaltserlaubnis für ein Jahr.
>
> Die Anforderung, dass »die Dauer seines Aufenthalts voraussichtlich über ein Jahr betragen wird«, ist vorliegend erfüllt, weil nicht auf die Dauer der erstmaligen Erteilung der Aufenthaltserlaubnis abzustellen ist, sondern auf die geplante Dauer des Aufenthalts.

Der Ehegattennachzug zu Ausländern mit humanitärer Aufenthaltserlaubnis unterliegt erheblichen Einschränkungen.[1]

Ausländer mit einer humanitären Aufenthaltserlaubnis haben mit Ausnahme der Asylberechtigten, anerkannten Flüchtlingen, subsidiär Schutzberechtigten[2], Resettlement-Flüchtlingen und als Härtefall Bleibeberechtigten (s. → S. 174 ff.) keinen Rechtsanspruch darauf, ihre Familie nachzuholen. Ermessensansprüche haben Flüchtlinge bei Erfüllung der Voraussetzungen nach § 30 AufenthG nur, wenn

- die Aufenthaltserlaubnis nach § 25 Abs. 3 AufenthG wegen des Vorliegens von Abschiebehindernissen nach § 60 Abs. 5 oder 7 AufenthG erteilt wurde oder
- wenn dem Flüchtling im Wege einer Einzelentscheidung nach § 22 AufenthG oder
- nach § 23 Abs. 1 oder Abs. 2 AufenthG auf der Grundlage einer politischen Entscheidung (Bleiberechtsregelungen) oder
- nach § 23 Abs. 4 AufenthG im Rahmen eines Resettlement-Programms

ein Aufenthaltsrecht gewährt wurde.

Der Ermessensanspruch setzt voraus, dass der Familiennachzug aus völkerrechtlichen oder humanitären Gründen geboten ist oder der Wahrung politischer Interessen der Bundesrepublik Deutschland dient.

Maßgeblich für die Ermessenserwägungen ist die Prognose, ob die Aufhebung des familiären Zusammenlebens lediglich für eine begrenzte Zeit verlangt

---

[1] Gilt in gleicher Weise für den Nachzug von minderjährigen Kindern.
[2] Das Recht auf Familiennachzug wird für zwei Jahre ausgesetzt.

wird und damit mit dem Schutzgedanken aus Art. 6 Abs. 1 und Abs. 2 Satz 1 GG noch vereinbar ist[1] oder ob den Ehegatten eine langfristige oder dauerhafte Trennung zugemutet wird, die dem verfassungsrechtlichen Schutz der Ehe aus Art. 6 GG nicht mehr gerecht wird.»Sofern die Herstellung der Familieneinheit im Ausland aus zwingenden persönlichen Gründen unmöglich ist, ist stets ein dringender humanitärer Grund i.S. der Vorschrift anzunehmen.«[2]

Beispiel

Guillaume aus Zaire erhielt im Jahr 2012 nach zehn Jahren Aufenthalt mit Duldungen eine Aufenthaltserlaubnis nach § 23 Abs. 1 AufenthG. Er hat ein ausreichend hohes Einkommen. Seine Ehefrau und zwei Kinder sind in Zaire geblieben und seit seiner Flucht allein auf seine Überweisungen aus Deutschland angewiesen. Eine Rückkehr nach Zaire würde das Überleben der gesamten Familie gefährden, zumal Guillaume Diabetiker ist und in Zaire nicht die erforderlichen Medikamente erhalten könnte.

Durch die Gesetzesänderung vom Juli 2015 wird jetzt der Familiennachzug zu Personen mit einer Aufenthaltserlaubnis als Betroffene von Menschenhandel (§ 25 Abs. 4a AufenthG) aus humanitären oder völkerrechtlichen Gründen ermöglicht. Profitieren können hiervon z.b. Frauen, die während eines längeren Verfahrens gegen Menschenhändler als Zeuginnen in Deutschland bleiben und hier einer Erwerbstätigkeit nachgehen. Sie können im Herkunftsland verbliebene Kinder oder auch Ehegatten (Achtung Sprachnachweis!) nachholen, wenn sie über ausreichend Wohnraum verfügen und für den Lebensunterhalt aufkommen können.

Schließlich wird in § 29 AufenthG der Familiennachzug zu Personen, die im Bundesgebiet eine Aufenthaltserlaubnis nach §§ 25 Abs. 4, 4b oder Abs. 5, 25a Abs. 2, 25b Abs. 4 AufenthG besitzen, grundsätzlich ausgeschlossen. Gegen diese Regelung bestehen erhebliche verfassungsrechtliche Bedenken. Gerechtfertigt wird der Ausschluss des Nachzugs mit dem vorübergehenden Charakter des Aufenthalts in diesen Fällen.[3] Diese Erwägung stimmt nicht mit den Voraussetzungen der Aufenthaltserlaubnis nach § 25 Abs. 4 oder 5 AufenthG überein. Lediglich die Aufenthaltserlaubnis nach Abs. 4 Satz 1 und Abs. 4b AufenthG dient der Sicherung eines vorübergehenden Aufenthalts. § 25 Abs. 4 Satz 2 und § 25a AufenthG enthalten Aufenthaltserlaubnisse aus humanitären Gründen, die gerade dann erteilt werden, wenn der Aufenthalt auf Dauer erlaubt werden soll.

---

[1] BVerfG vom 12.5.1987, BVerfGE 76, 1, 42, 49.
[2] VwV AufenthG Nr. 29.8.1.1.
[3] BT-Drs. 15/420, S. 81.

Auch nach § 25 Abs. 5 AufenthG setzt die Erteilung der Aufenthaltserlaubnis schon tatbestandsmäßig voraus, dass mit dem Wegfall des Ausreisehindernisses in absehbarer Zeit nicht zu rechnen ist. Bei einem längerfristigen Aufenthalt kann den Schutzansprüchen aus Art. 6 Abs. 1 GG nur durch die Erteilung einer Aufenthaltserlaubnis nach § 25 Abs. 5 AufenthG Rechnung getragen werden, die allerdings voraussetzt, dass sich der Ehegatte bereits in Deutschland aufhält.

Verlängerung/Verfestigung

Die Aufenthaltserlaubnis wird in der Regel zunächst für ein Jahr erteilt und dann jeweils um zwei Jahre verlängert, sie soll jedoch die Dauer der Aufenthaltserlaubnis des Stammberechtigten nicht überschreiten.

Die Aufenthaltserlaubnis wird jedoch nur um jeweils ein Jahr verlängert, solange Personen, die eine Verpflichtung zur Ableistung eines Integrationskurs trifft, die Abschlussprüfungen dieses Kurses nicht erfolgreich bestanden haben (§ 8 Abs. 3 Satz 6 AufenthG).

Nachziehenden zu Inhaberinnen der Blauen Karte EU (§ 19a AufenthG), zu Forschern (§ 20 AufenthG) oder zu weitergewanderten langfristig Aufenthaltsberechtigten EU (§ 38a AufenthG) wird die Aufenthaltserlaubnis grundsätzlich mit dem gleichen Gültigkeitszeitraum erteilt wie den Stammberechtigten.

Solange die eheliche oder lebenspartnerschaftliche Lebensgemeinschaft fortbesteht, kann die Aufenthaltserlaubnis nach Ermessen verlängert werden, wenn der Lebensunterhalt nicht mehr gesichert ist oder kein ausreichender Wohnraum besteht (§ 30 Abs. 3 AufenthG). Die Niederlassungserlaubnis wird entsprechend der allgemeinen Voraussetzungen nach § 9 AufenthG (→ S. 223) frühestens nach fünf Jahren Aufenthalt erteilt.

Arbeiten

Die Erlaubnis zur Erwerbstätigkeit wird nach § 27 Abs. 5 AufenthG immer mit der Aufenthaltserlaubnis nach § 30 AufenthG verbunden.

Sozialleistungen

Grundsätzlich bestehen für Personen mit einer Aufenthaltserlaubnis nach § 30 AufenthG zwar Ansprüche nach SGB II[1] und SGB XII, ihre Inanspruchnahme kann aber der Verlängerung der Aufenthaltserlaubnis entgegenstehen und sogar zu ihrer nachträglichen Befristung führen. Werden die Leistungen allerdings nur für eine kurze Zeit benötigt und lässt sich bei der nächsten Verlängerung die Prognose rechtfertigen, dass zukünftig ein Leben ohne Inanspruchnahme von Leistungen zur Sicherung des Lebensunterhalts erwartet werden kann, ist mit einer Verlängerung der Aufenthaltserlaubnis im Wege des Ermessens zu rechnen.

Ansprüche auf Familienleistungen stehen nachziehenden Ehegatten mit einer Aufenthaltserlaubnis nach § 30 AufenthG zu, selbst wenn sie ihr Aufenthaltsrecht von Studierenden oder vorübergehend Beschäftigten ableiten, die selbst keine Ansprüche auf Familienleistungen haben (siehe § 62 Abs. 2 EStG; § 1 Abs. 2 BEEG; § 1 Abs. 2 UVorschG).

Ansprüche auf BAföG und Berufsausbildungsbeihilfe können nur in Anspruch genommen werden, wenn der Stammberechtigte über eine Niederlassungserlaubnis verfügt, sonst erst nach vier Jahren Aufenthalt.
Ab Januar 2016 wird die Wartezeit auf 15 Monate verkürzt.

Jugendhilfeleistungen können ohne Einschränkungen in Anspruch genommen werden.

---

[1] Das gilt nicht in den ersten drei Monaten, siehe § 7 Abs. 1 Satz 2 Nr. 1 SGB II.

Prüfungsschemata Nachzug von Ehegatten und Lebenspartnerinnen zu Ausländern

A Rechtsanspruch

■ **Voraussetzungen**

1. Stammberechtigter Aufenthaltstitel
   Anforderungsalternativen:
   a) Niederlassungserlaubnis
   b) Daueraufenthalt-EG
   c) Asylberechtigung oder Konventionsflüchtling
   d) Nach zwei Jahren Aufenthalt, wenn eine Verfestigung grundsätzlich möglich ist
   e) Aufenthalt voraussichtlich länger als ein Jahr und die Ehe bestand schon im Herkunftsland
   f) Aufenthalt nach § 38a AufenthG und die Ehe bestand schon in anderem EU-Staat
   g) Blaue Karte EU
2. Beidseitige Absicht, die eheliche Lebensgemeinschaft in Deutschland zu leben, keine Schein- oder Zwangsehe
3. Sicherung des Lebensunterhalts für beide Ehegatten (und eventuelle Kinder), keine Hilfebedürftigkeit sonstiger ausländischer Unterhaltsberechtigter
   – Ausnahme: Stammberechtigter mit Aufenthaltserlaubnis nach § 25 Abs. 1 und 2 AufenthG, wenn der Antrag drei Monate nach Anerkennung gestellt wird, sonst → B Ermessensanspruch
4. Ausreichend Wohnraum
   – Ausnahme: Stammberechtigter mit Aufenthaltserlaubnis nach § 25 Abs. 1 und 2 AufenthG, wenn der Antrag drei Monate nach Anerkennung gestellt wird, sonst siehe → Rechtsfolgen
5. Pass oder Passersatz
6. Mindestens 18 Jahre alt (Ausnahme)
7. Sprachkenntnisse (Ausnahmen)
8. Kein Ausweisungsinteresse, sonst → B Ermessensanspruch
9. Kein Aufenthaltsverbot nach §§ 5 Abs. 4 (Terrorismus) oder 11 Abs. 1 oder Abs. 4 AufenthG (Sperrfrist)

■ **Rechtsfolgen**

1. Antrag bei der Auslandsvertretung
   Rechtsanspruch auf nationales Visum
2. Antrag in Deutschland bei der Ausländerbehörde
   (bei rechtmäßigem oder geduldeten Aufenthalt des Nachziehenden und Eheschließung in Deutschland): Aufenthaltserlaubnis nach § 30 AufenthG

B Ermessensanspruch

■ **Voraussetzungen**

1. Alternative

Von den Voraussetzungen nach A Rechtsanspruch sind folgende verzichtbar:
- Kein Ausweisungsinteresse:
  Wenn ein Ausweisungsinteresse vorliegt, der im Verhältnis zur Bedeutung des Rechts auf Eheführung (Art. 6 Abs. 1 GG) nicht schwer wiegt, z.b. Straftaten aus dem unteren Bereich, kann dennoch nach Ermessen erteilt werden
- Anforderungsalternativen nach A 1a) bis g):
  Auch wenn keine dieser Alternativen erfüllt ist, kann nach Ermessen erteilt werden
- Auf die Sicherung des Lebensunterhalts kann verzichtet werden, wenn ein Ausnahmefall vorliegt, bei dem der Verbleib des Ehegatten im Herkunftsland zu einer Grund- oder Menschenrechtsverletzung führen würde (nur bei extremen Fallgestaltungen)
- Nur für Stammberechtigte mit Aufenthaltserlaubnis nach § 25 Abs. 1 bis 3 AufenthG:
  Auf ausreichenden Wohnraum und Sicherung des Lebensunterhalts kann verzichtet werden

2. Alternative
- Abschiebehindernis (§ 25 Abs. 3 AufenthG) und humanitäre Gründe für den Nachzug
- Aufgenommener Flüchtling (§ 22 AufenthG) und humanitäre Gründe für den Nachzug
- Aufenthalt nach Bleiberecht oder aufgrund eines Aufnahmeprogramms (§ 23 Abs. 1 oder Abs. 2 AufenthG) und humanitäre Gründe für den Nachzug
- Aufenthalt nach den Bleiberechtsregelungen § 25a Abs. 1 oder § 25b Abs. 1 AufenthG und humanitäre Gründe für den Nachzug

Zusätzlich sind die Anforderungen nach A 1. bis 7. zu erfüllen. Es bestehen dieselben Verzichtsmöglichkeiten wie unter der 1. Alternative

■ **Rechtsfolgen**

1. Antrag bei der Auslandsvertretung
   Anspruch auf fehlerfreie Ermessensausübung bei Entscheidung über nationales Visum
2. Antrag in Deutschland bei der Ausländerbehörde
   (Nur, wenn die Einholung des Visums im Herkunftsland unzumutbar ist und grundsätzlich nicht nach einem abgelehnten Asylantrag):
   Anspruch auf fehlerfreie Ermessensausübung bei Entscheidung über die Aufenthaltserlaubnis nach § 30 AufenthG

7.3.2 Kindernachzug

§ 32 AufenthG regelt den Nachzug von minderjährigen, ledigen Kindern zu einem Ausländer. Für das Merkmal der Minderjährigkeit kommt es nicht auf den Zeitpunkt der Einreise, sondern auf die Antragstellung an.[1] Häufig geht es auch nicht um einen »Nachzug« im wörtlichen Sinne, sondern um die Einreise gemeinsam mit einer Stammberechtigten.

Der Nachzug setzt voraus, dass entweder

- beide Elternteile in Deutschland leben oder zukünftig mit dem Kind dort leben werden, oder

- ein Elternteil in Deutschland lebt und das alleinige Sorgerecht ausübt, oder

- ein Elternteil in Deutschland lebt und sich das Sorgerecht mit dem Elternteil im Ausland teilt **und** die Zustimmung dieses Elternteils oder eine amtliche Entscheidung vorliegt, nach der das Elternteil in Deutschland die Verantwortung für das Kind oder das Aufenthaltsbestimmungsrecht allein übernehmen darf (§ 32 Abs. 2 und Abs. 3 AufenthG).

Für Asylberechtigte, Konventionsflüchtlinge, subsidiär Schutzberechtigte[2] und Resettlement-Flüchtlinge (§ 23 Abs. 4 AufenthG) besteht ein Rechtsanspruch auf Nachzug der ledigen Kinder bis zum 18. Geburtstag, der sich bereits aus der GFK ergibt (s. → S. 174 ff.). Soweit der Antrag auf Aufenthaltserlaubnis innerhalb der ersten drei Monate nach Anerkennung gestellt wird, besteht der Anspruch unabhängig vom vorhandenen Wohnraum und von der Sicherung des Lebensunterhalts (§ 29 Abs. 2 AufenthG). Danach ist über diese Anforderungen nach Ermessen zu entscheiden. Obwohl Ermessen eröffnet ist, verdichtet sich die Bewertung zu einem Rechtsanspruch, wenn die Familieneinheit nicht in einem anderen Staat herstellbar ist.

Ein Nachzugsanspruch besteht auch für minderjährige, ledige Kinder einer Inhaberin der »Blauen Karte EU« oder der Niederlassungserlaubnis nach § 19 AufenthG, wenn sie entweder über das alleinige Sorgerecht verfügt, oder auch der andere Elternteil in Deutschland lebt (§ 32 Abs. 1 Nr. 1a AufenthG).

---

[1] BVerwG vom 30.4.1998 – 1 C 12/98.
[2] Das Recht auf Familiennachzug wird für zwei Jahre ausgesetzt.

Der Nachzug wird ebenfalls bis zum 18. Geburtstag zugelassen, wenn das Kind seinen Wohnsitz zusammen mit seinen Eltern oder einem sorgeberechtigten Elternteil vom Ausland ins Bundesgebiet verlegt. Hierbei ist insbesondere an Personen gedacht, die im Bundesgebiet eine Aufenthaltserlaubnis oder eine Niederlassungserlaubnis zum Zweck der Erwerbstätigkeit erhalten und von denen bei einem längeren oder dauerhaften Aufenthalt im Bundesgebiet nicht erwartet werden kann, ihre minderjährigen Kinder im Ausland zu lassen. Die Regelung gilt aber auch für Studenten und Personen, die nur für einen begrenzten Zeitraum einer Beschäftigung im Bundesgebiet nachgehen wollen.

In allen übrigen Fällen des Nachzugs zu Stammberechtigten mit einer Aufenthaltserlaubnis, einer Niederlassungserlaubnis oder der Erlaubnis zum Daueraufenthalt EU gilt eine Altersbegrenzung bis zum 16. Geburtstag. Nur wenn Minderjährige die deutsche Sprache sprechen oder aufgrund ihrer bisherigen Sozialisation eine positive Integrationsprognose gestellt werden kann, wird der Nachzug bis zum 18. Geburtstag zugelassen (§ 32 Abs. 2 Satz 1 AufenthG). Hiervon wird in der Regel ausgegangen, wenn Jugendliche einen höheren Bildungsweg eingeschlagen haben. Über Ausnahmen zur Vermeidung einer besonderen Härte unter besonderer Berücksichtigung des Kindeswohls und der Familiensituation wird nach Ermessen entschieden (§ 32 Abs. 4 AufenthG). Stets müssen die allgemeinen Nachzugsvoraussetzungen erfüllt sein, insbesondere muss der Lebensunterhalt nach § 5 Abs. 1 AufenthG gesichert sein und gemäß § 27 Abs. 1 Nr. 2 AufenthG ausreichend Wohnraum zur Verfügung stehen (→ S. 111).

Gerade wenn eine Familie als Ganzes ins Bundesgebiet zuwandert, werden sich häufig noch volljährige Kinder im Familienverbund befinden, die von dem Einkommen der Eltern abhängig sind, weil sie noch zur Schule gehen oder im Herkunftsland noch keine Ausbildung abgeschlossen haben. Der Nachzug dieser Kinder ist nur bei Vorliegen einer außergewöhnlichen Härte nach § 36 AufenthG möglich. Auch eine eigenständige Aufenthaltserlaubnis zum Zweck des Studiums nach § 16 AufenthG oder in eng begrenzten Ausnahmefällen auch zum Zweck einer Ausbildung nach § 17 AufenthG kommt in Betracht (für die Voraussetzungen siehe → S. 133, → S. 53).

Nachzug zum Zweck der Herstellung der familiären Lebensgemeinschaft, §§ 32, 29, 27, 5 AufenthG

Kind
- minderjährig
- ledig
- Pass
- kein Ausweisungsinteresse oder Erteilungshindernis

→ **zu Sorgeberechtigten oder beiden Eltern**
- Asylberechtigte
- Konventionsflüchtling
- subsidiär Schutzberechtigten
- Resettlement-Flüchtlingen
innerhalb von drei Monaten nach Anerkennung
⇒ **Rechtsanspruch**
⇒ sonst **Ermessensanspruch**

zusätzliche Vorausetzungen:
- Lebensunterhalt gesichert
- ausreichend Wohnraum

→ **zu Sorgeberechtigten oder beiden Eltern**
- mit Blauer Karte EU
- Niederlassungserlaubnis als Hochqualifizierte
⇒ **Rechtsanspruch**

Zur Vermeidung eines Härtefalls:
Ermessensanspruch

zusätzliche Vorausetzung:
- vor 16. Geburtstag
⇒ **Rechtsanspruch**

oder zusätzliche Vorausetzungen (ab 16. Geburtstag):
- deutschsprachig sozialisiert
- positive Integrationsprognose
⇒ **Rechtsanspruch**

Ausnahmen:

 ■ Kein Nachzug bei Aufenthaltserlaubnis nach §§ 25 Abs. 4, Abs. 4b, Abs. 5, 25a Abs. 2, 25b Abs. 2 AufenthG

 ■ Nachzug nur aus humanitären Gründen bei Aufenthaltserlaubnis nach §§ 22, 23 Abs. 1, Abs. 2, 25 Abs. 3, Abs. 4a, 25a Abs. 1, 25b Abs. 2 AufenthG

Die **gemeinsame Verlagerung des Lebensmittelpunkts** setzt keine gleichzeitige Einreise aller Familienangehörigen voraus. Sie liegt auch dann vor, wenn das Kind aufgrund bestimmter Umstände zunächst noch für eine Weile im Heimatland verbleibt, etwa um ein Schuljahr zu Ende zu bringen oder abzuwarten, bis die voraus gezogenen Eltern in Deutschland eine Wohnung, einen Kindergartenplatz oder einen Schulplatz gefunden haben.[1] Nach den Verwaltungsvorschriften[2] gilt ein Zeitraum von drei Monaten nach dem Zuzug der Eltern immer als unproblematisch; wenn nachvollziehbare Gründe vorliegen, kann der Zeitraum auf bis zu sechs Monate verlängert werden.

Kindern bis zum 16. Geburtstag wird bei Vorliegen der allgemeinen Nachzugsvoraussetzungen (Lebensunterhalt und Wohnraum, → S. 111) eine Aufenthaltserlaubnis erteilt, wenn sich beide Eltern rechtmäßig im Bundesgebiet aufhalten. Befindet sich nur ein Elternteil in Deutschland, so muss es die Sorge für das Kind alleine ausüben dürfen. Bisher wurde dafür ein alleiniges Sorgerecht verlangt. Es ergaben sich jedoch erhebliche Schwierigkeiten, weil nach dem Familienrecht einiger Staaten kein Alleinsorgerecht zugesprochen werden kann. Deshalb soll es mit der Einfügung von § 23 Abs. 3 AufenthG (Gesetz vom 29.8.2013, BGBl. I, 3484) auch genügen, wenn bei einer gemeinsamen Sorge die Zustimmung des anderen Elternteils verbindlich erteilt wurde oder es eine gerichtliche oder behördliche Anordnung gibt, die dem Elternteil in Deutschland das Recht zuspricht, die tatsächliche Sorge allein auszuüben.

Beispiel

Eine ukrainische Staatsangehörige heiratet einen deutschen Ehemann und erhält eine Aufenthaltserlaubnis nach § 28 Abs. 1 Nr. 1 AufenthG. In der Ukraine leben ihre beiden zehn- und zwölfjährigen Kinder beim Vater. Ihr wurde aber das alleinige Sorgerecht von einem Gericht in Kiew zugesprochen. Beide Kinder haben ein Recht auf Nachzug, wenn die Mutter in der Lage ist, für ihren Lebensunterhalt aufzukommen. Ist sie selbst nicht berufstätig, so käme auch eine Verpflichtungserklärung (§ 68 AufenthG) ihres deutschen Ehemannes, für die Kinder aufzukommen, in Betracht.

Die Sorgerechtsentscheidungen anderer Staaten sind nach § 108 FamFG und Art. 7 Haager Minderjährigenschutzabkommen anzuerkennen, wenn sie nicht gegen grundlegende Wertentscheidungen des deutschen Rechts (ordre public) verstoßen (§ 109 FamFG). Ein solcher Verstoß wird von deutschen Gerichten angenommen, wenn das Kind im Verfahren um die Zuweisung oder Entzie-

---

[1] BT-Drs. 15/420 S. 83.
[2] VwV AufenthG 32.1.3.7, 32.1.3.8.

hung des Sorgerechts nicht gehört wurde.[1] Dagegen verstößt die Elternschaft gleichgeschlechtlicher Eltern, von denen einer der biologsche Elternteil ist, nicht gegen den »ordre public«.[2]

Auch durch eine Adoption im Ausland kann ein Kindschaftsverhältnis begründet und ein Nachzugsanspruch bewirkt werden. Voraussetzung ist eine rechtswirksame Adoption am Ort der Adoption. Zusätzlich muss die Adaption den deutschen Grundwerten entsprechen (§ 109 FamFG), insbesondere muss das Kindeswohl im Verfahren geprüft worden sein. Das setzt in der Regel eine persönliche Anhörung des Kindes voraus.[3] Die Anerkennung der Adoption wird auf Antrag durch das zuständige, deutsche Familiengericht festgestellt (§ 2 AdWirkG). Bei Auslandsadoption durch Personen, die ihren Wohnsitz in Deutschland haben, ist auch die deutsche Bundeszentralstelle für Auslandsadoptionen zu beteiligen, wenn auch der ausländische Staat Mitglied des Haager Adoptionsübereinkommens vom 25.5.1993 ist.[4] Eine in islamischen Staaten übliche »Kafala« (Bürgschaft) für Minderjährige ist nicht mit einer Adoption gleichzusetzen und kann nicht von einem Familiengericht anerkannt werden.[5]

Der Kindernachzug ist ohne Einschränkungen auch zu Ausländern möglich, die sich im Bundesgebiet zum Zwecke des Studiums oder der Ausbildung aufhalten, oder denen eine zeitlich befristete Aufenthaltserlaubnis für eine Beschäftigung erteilt worden ist, die Sicherung des Lebensunterhalts immer vorausgesetzt.

Im Bereich des Nachzugs von Kindern zu Ausländern mit einer humanitären Aufenthaltserlaubnis sind jedoch die Ausschlussgründe nach § 29 Abs. 3 AufenthG zu berücksichtigen (→ S. 114). Auch hier kommt der Nachzug nicht infrage, wenn der hier lebende Elternteil nur eine Aufenthaltserlaubnis nach §§ 25 Abs. 4, 4b, 5, 25a Abs. 2, 25b Abs. 2 AufenthG besitzt.

Beim Kindernachzug stellt sich nicht nur das Problem der Unvereinbarkeit mit Art. 6 GG, sondern auch der Vereinbarkeit dieser Regelung mit der UN-Kinderkonvention. Gerade bei Ausländerinnen, die wegen eines Abschiebehindernisses (§ 25 Abs. 5 AufenthG) oder weil sie in einem eventuell langwierigen Verfahren ihre Rechte gegen Arbeitsausbeutung geltend machen (§ 25 Abs. 4b

---

[1] OVG Berlin-Brandenburg vom 23.2.2012 – 2 B 6.11.
[2] BGH vom 10.12.2014 – XII ZB 463/13.
[3] OLG Koblenz vom 8.10.2014 – 13 UF 463/14.
[4] OLG Nürnberg vom 8.11.2014 – 7 UF 1084/14; AG Hamm vom 21.4.2015 – 20 F 42/14.
[5] OLG Hamm vom 10.7.2014 – 11 UF 269/13.

AufenthG), nicht zu ihren Kindern zurückkehren können, verstößt die erzwungene, langfristige Eltern-Kind-Trennung gegen den Familienschutz nach Grundgesetz und Europäischer Menschenrechtskonvention, aber auch gegen das nach der UN-Kinderkonvention geschützte Kindeswohl, welches auch dann zu beachten ist, wenn sich das Kind (noch) nicht auf deutschem Boden aufhält.

Einem Kind, welches bereits in Deutschland lebt, kann hingegen eine Aufenthaltserlaubnis aus humanitären Gründen (§ 25 Abs. 5 AufenthG) zum Schutz des Kindeswohls und der Familienbindung (Art. 6 GG) erteilt werden.

Bei Inhabern einer Aufenthaltserlaubnis aus humanitären Gründen nach §§ 22, 23 Abs. 1 und Abs. 2, 25 Abs. 3, Abs. 4a, 25a Abs. 1, 25b Abs. 1 AufenthG wird über den Familiennachzug nach Ermessen entschieden, wenn er aus völkerrechtlichen oder humanitären Gründen geboten ist oder der Wahrung politischer Interessen der Bundesrepublik Deutschland dient.

Auch in diesen Fällen müssen die allgemeinen Erteilungsvoraussetzungen vorliegen. Zwar stellt die Sicherung des Lebensunterhalts nach § 5 Abs. 1 Nr. 1 AufenthG nur eine Regelanforderung dar, die Gerichte machen jedoch von der Feststellung einer Ausnahme nur sehr restriktiv Gebrauch. Dies ist auch im Zusammenhang mit der strikten Position des BVerwG zu sehen, die an der Anforderung des gesicherten Lebensunterhalts auch dann festhält, wenn dadurch Kinder von ihren Eltern getrennt werden.[1] Eine Ausnahme liegt jedoch dann vor, wenn ein Kind zu einem Elternteil nachziehen will, der in Deutschland mit einem deutschen Kind zusammenlebt.[2]

Auf den Nachzug von minderjährigen ledigen Kindern nach dem 16. Geburtstag besteht dann ein Anspruch, wenn die Kinder die deutsche Sprache beherrschen oder ihnen aufgrund ihrer bisherigen Sozialisation eine positive Integrationsprognose gestellt werden kann.

Die Voraussetzungen, die für Kinder unter 16 Jahren gelten, müssen auch in diesen Fällen erfüllt sein. Neben muttersprachlich deutschen Kindern ist auch an Kinder gedacht, die im Heimatland eine deutsche Schule besucht haben. Die Sprache wird beherrscht, wenn der Sprachstand der Stufe C1 entsprechend der Definition des Europäischen Referenzrahmens für Sprachen[3] erreicht ist.[4] Eine positive Integrationsprognose wird man vor allem bei den

---

[1] BVerwG vom 11.1.2011 – 1 C 1.10.
[2] BVerwG vom 13.6.2013 – 10 C 16.12.
[3] Siehe Glossar → S. 391.
[4] VwV AufenthG Nr. 32.2.1.

Kindern stellen, die ihre familiäre und schulische Sozialisation in einem Umfeld verbracht haben, welches dem Bildungsbürgertum zugerechnet wird.

Von einer positiven Integrationsprognose soll ausgegangen werden bei Kindern, die in einem Mitgliedsstaat der EU oder des EWR aufgewachsen sind oder in Australien, Israel, Japan, Kanada, Südkorea, Neuseeland, USA.[1]

Beispiel

Eine argentinische Künstlerin hat zunächst an verschiedenen Orten in Europa gearbeitet und deshalb ihre Tochter in Argentinien bei den Großeltern gelassen. Die Tochter hat die deutsche Schule in Buenos Aires besucht. Die Mutter hat 2014 in Deutschland ein festes Engagement angenommen und eine Aufenthaltserlaubnis nach § 18 AufenthG erhalten. Erst nach dem Abschluss des Abiturs 2015 überlegt sich die mittlerweile 17-jährige Tochter, nach Deutschland zu ihrer Mutter zu ziehen. Sie hat einen Nachzugsanspruch, da sie die deutsche Sprache beherrscht.

Nach Ermessen wird über die Aufenthaltserlaubnis für minderjährige, ledige Kinder, die nicht unter die vorgenannten Regelungen fallen, entschieden, wenn dies zur Vermeidung einer besonderen Härte erforderlich ist.

Die Regelung ermöglicht einen Verzicht auf eine positive Integrationsprognose. Durch den ausdrücklichen Hinweis des Gesetzgebers, dass das Kindeswohl und die familiäre Situation zu berücksichtigen sind, wird auf den Grundrechtsschutz nach Art. 6 GG des Eltern-Kind-Verhältnisses hingewiesen. Bei den Ermessenserwägungen sind stets auch die Wertungen des EuGH bei der Auslegung der Familiennachzugsrichtlinie zu berücksichtigen. Betont wurde die Verpflichtung aller Unionsstaaten auf die UN-Kinderkonvention und die EMRK und die Orientierung an dem Grundsatz, dass es in der Regel dem Kindeswohl am besten entspricht, wenn Minderjährige in der Obhut ihrer Eltern aufwachsen.[2]

Beispiel

Ein tunesisches Mädchen wird in Frankfurt geboren, ihre ebenfalls tunesischen Eltern lassen sich scheiden, als sie fünf Jahre alt ist. Sie kehrt mit ihrer Mutter nach Tunesien zurück. Als sie 16 Jahre alt ist, verstirbt ihre Mutter, mit der sie bisher allein gelebt hat. Der hier lebende Vater, zu dem all die Jahre ein Besuchskontakt

---

[1] VwV AufenthG Nr. 32.2.4.
[2] EuGH vom 27.6.2006 – C 540/03 »Europäisches Parlament ./. Europäischer Rat«.

bestand und der auch Unterhaltsleistungen erbracht hat, ist wieder verheiratet und bereit, die Tochter in die Familie aufzunehmen. Hier gebietet das Wohl des Kindes nach Art. 6, Art. 2 GG die Erteilung der Aufenthaltserlaubnis zur Vermeidung einer besonderen Härte.

Letztlich bleibt es schwer nachvollziehbar, warum der Gesetzgeber eine solch aufwendige Kasuistik des Kindernachzugs regelt, wenn der Nachzug von Kindern unter 18 Jahren bei gesichertem Lebensunterhalt doch genehmigt werden muss.

Arbeit und Sozialleistungen

Für den Zugang zum Arbeitsmarkt und für die Ansprüche auf Sozialleistungen gelten die gleichen Regeln wie bei nachgezogenen Ehegatten.

Prüfungsschemata Kindernachzug zu Ausländern

A Rechtsanspruch

■ Voraussetzungen

1. **Variante**
   - Stammberechtigter mit Aufenthaltserlaubnis nach § 25 Abs. 1 oder Abs. 2 AufenthG (asylberechtigt, Konventionsflüchtling, subsidiär Schutzberechtigte, Resettlement-Flüchtling)
   - Kind minderjährig und ledig
   - Pass oder Passersatz (kann notfalls durch Reiseausweis für Ausländer nach § 5 AufenthV ersetzt werden)
   - Antrag innerhalb von drei Monaten nach Anerkennung des Stammberechtigten gestellt
   - Kein Ausweisungsinteresse oder Aufenthaltsverbot (bei Kindern selten)

2. **Variante**
   - Stammberechtigter mit »Blaue Karte EU« oder Niederlassungserlaubnis nach § 19 AufenthG
   - Kind minderjährig und ledig
   - Pass oder Passersatz
   - Lebensunterhalt gesichert
   - Ausreichend Wohnraum
   - Stammberechtigter Inhaber des Sorgerechts oder anderer Elternteil lebt ebenfalls in Deutschland
   - Kein Ausweisungsinteresse oder Aufenthaltsverbot (bei Kindern selten)

3. **Variante**
   - Stammberechtigter mit Aufenthaltstitel
   - Kind minderjährig und ledig
   - Pass oder Passersatz
   - Lebensunterhalt gesichert
   - Ausreichend Wohnraum
   - Gemeinsame Übersiedlung
   - Kein Ausweisungsinteresse oder Aufenthaltsverbot (bei Kindern selten)

4. **Variante**
   - Beide Elternteile oder der sorgeberechtigte Elternteil mit Aufenthaltstitel
   - Kind unter 16 Jahren
   - Pass oder Passersatz
   - Lebensunterhalt gesichert
   - Ausreichend Wohnraum
   - Kein Ausweisungsinteresse oder Aufenthaltsverbot (bei Kindern selten)

5. Variante
- Beide Elternteile oder der allein sorgeberechtigte Elternteil mit Aufenthaltstitel
- Kind beherrscht die deutsche Sprache und es besteht eine positive Integrationsprognose
- Pass oder Passersatz
- Lebensunterhalt gesichert
- Ausreichend Wohnraum
- Kein Ausweisungsinteresse oder Aufenthaltsverbot (bei Kindern selten)

■ **Rechtsfolgen**

1. Antrag im Ausland:
   Rechtsanspruch auf nationales Visum zum Zweck der Familienzusammenführung

2. Antrag in Deutschland bei der Ausländerbehörde
   (Verzicht auf das Visumverfahren in der Regel nur nach Ermessen, § 5 Abs. 2 AufenthG):
   Rechtsanspruch auf Aufenthaltserlaubnis nach § 32 AufenthG

B **Ermessensanspruch**

■ **Voraussetzungen**

1. Variante
Wie A Rechtsanspruch, 1. Variante, aber nach Ablauf von drei Monaten

2. Variante
Eine der Varianten unter A Rechtsanspruch, wenn ein Ausweisungsinteresse vorliegt oder der Lebensunterhalt nicht gesichert ist und eine besondere Ausnahmesituation vorliegt

3. Variante
Härtefall
- Kind minderjährig und ledig
- Pass oder Passersatz
- Mindestens ein Elternteil mit Aufenthaltstitel in Deutschland
- Lebensunterhalt gesichert (Regelanforderung)
- Kein Aufenthaltsverbot
- Besondere Umstände, die einen Verbleib im Herkunftsland für das Kind oder für einen Elternteil in Deutschland zu einer Belastung werden lassen, die mit dem Kindeswohl oder dem Recht auf Familie nicht vereinbar wären

▪ Rechtsfolgen

1. Antrag im Ausland:
Anspruch auf fehlerfreies Ermessen bei der Entscheidung über das nationale Visum

2. Antrag in Deutschland bei der Ausländerbehörde
(Verzicht auf das Visumverfahren nur, wenn Antragstellung im Ausland unzumutbar):
Anspruch auf fehlerfreies Ermessen bei der Entscheidung über die Aufenthaltserlaubnis nach § 32 AufenthG

7.3.3 In Deutschland geborene Kinder

Das Aufenthaltsrecht in Deutschland geborener Kinder wurde nach der Entscheidung des BVerfG neu gestaltet, sodass die Aufenthaltsrechte vom Vater genauso wie von der Mutter abgeleitet werden können. Nach § 33 AufenthG sind drei Varianten zu unterscheiden:

1. Variante

Bei Geburt befinden sich beide Elternteile oder der allein sorgeberechtigte Elternteil mit einer Aufenthaltserlaubnis oder Niederlassungserlaubnis in Deutschland.[1] Es besteht ein Rechtsanspruch auf die Erteilung einer Aufenthaltserlaubnis für das Kind.

Beispiel

Die unverheiratete chinesische Studentin Ling bekommt während ihres Studiums ein Kind. Ihr steht das alleinige Sorgerecht zu (solange sie nicht mit dem Vater eine gemeinsame Sorgeerklärung abgibt). Das Kind hat ohne weitere Anforderungen einen Anspruch auf Erteilung der Aufenthaltserlaubnis.

2. Variante

Bei Geburt befindet sich nur einer der beiden sorgeberechtigten Elternteile mit einer Aufenthaltserlaubnis oder Niederlassungserlaubnis in Deutschland. Es besteht nur ein Ermessensanspruch auf Erteilung der Aufenthaltserlaubnis.

Beispiel

Eine verheiratete thailändische Staatsangehörige lebt (ohne ihren Ehemann) mit einer Aufenthaltserlaubnis nach § 18 AufenthG zur Durchführung eines zweijährigen Projekts an einem Institut in Deutschland. Sie bekommt in Deutschland ein Kind, für welches der Ehemann in Thailand ebenfalls das Sorgerecht hat. Die Ausländerbehörde trifft eine Ermessensentscheidung über die Aufenthaltserlaubnis für das Kind. Hierbei ist zu prüfen, ob das Kind allein zum Vater zurückkehren kann oder ob der Mutter die Rückkehr zusammen mit dem Kind zugemutet werden kann. Zu berücksichtigen sind auch öffentliche Belange, die aber von so großem Gewicht sein müssen, dass sie schwerer wiegen als das Interesse, die Mutter-Kind-Beziehung in Deutschland fortzusetzen.

---

[1] Bei Vorliegen weiterer Voraussetzungen erwirbt das Kind die deutsche Staatsangehörigkeit bei der Geburt, siehe → S. 346.

3. Variante

Wird das Kind während eines Kurzaufenthalts mit oder ohne Schengenvisum in Deutschland geboren, so gilt sein Aufenthalt bis zum Ablauf des Aufenthaltsrechts eines Elternteils als erlaubt. In dieser Zeit wird keine Aufenthaltserlaubnis benötigt, weil ein Kind erst sechs Monate nach der Geburt eine Aufenthaltserlaubnis braucht (§ 81 Abs. 2 AufenthG).

7.4 Der Nachzug sonstiger Familienangehöriger

7.4.1 Nachzug von Eltern zu anerkannten Flüchtlingen u.a.

Minderjährige Asylberechtigte mit einer Aufenthaltserlaubnis nach § 25 Abs. 1 AufenthG, anerkannte Flüchtlinge, subsidiär Schutzberechtigte (§ 25 Abs. 2 AufenthG) und Resettlement-Flüchtlinge (§ 23 Abs. 4 AufenthG) haben einen Anspruch auf den Nachzug der Eltern, wenn sich kein sorgeberechtigter Elternteil in Deutschland aufhält. In diesen Fällen wird auch auf die Sicherung des Lebensunterhalts und auf ausreichend Wohnraum verzichtet.

Die Regelung betrifft die Fälle der Anerkennung eines unbegleiteten Minderjährigen und von Minderjährigen, die mit Familienangehörigen eingereist sind, wenn nur sie selbst, nicht aber die Eltern im Asylverfahren anerkannt wurden.

Beispiele

Ein zwölfjähriges Mädchen aus Eritrea reist allein nach Deutschland ein, durch einen Vormund wird ein Asylantrag gestellt. Die Eltern, selbst Aktivisten bei einer militanten Oppositionsorganisation in Eritrea, hatten die Ausreise organisiert, um ihre Tochter in Sicherheit zu bringen. Sie wird als Flüchtling anerkannt, weil in Eritrea seitens der Ordnungskräfte mit Verfolgung wegen der Aktivitäten der Eltern (Sippenhaft) zu rechnen ist. Nach Erteilung der Aufenthaltserlaubnis nach § 25 Abs. 2 AufenthG haben die Eltern einen Anspruch auf Nachzug. Von diesem Anspruch könnten beide Elternteile allerdings nur gemeinsam Gebrauch machen. Befindet sich nämlich ein Elternteil bereits in Deutschland, so verliert der andere Elternteil seinen Rechtsanspruch auf Nachzug. Eine schwer nachvollziehbare Einschränkung des Gesetzgebers.

Eine Familie aus Kamerun mit drei Kindern, zwei Jungen im Alter von acht und zehn Jahren und einem Mädchen im Alter von 13 Jahren, reist nach Deutschland ein und stellt Asylanträge. Alle Anträge werden abgelehnt bis auf den Antrag des 13-jährigen Mädchens. Sie wird wegen der drohenden Zwangsbeschneidung in Kamerun anerkannt. Ihre Eltern haben einen Anspruch auf die Aufenthaltserlaubnis nach § 36 AufenthG. In diesem Fall steht § 10 Abs. 3 AufenthG (keine Erteilung nach einem negativ abgeschlossenen Asylverfahren) nicht entgegen, weil den Eltern ein Rechtsanspruch auf Erteilung zusteht. Anders verhält es sich bei den beiden jüngeren Geschwistern, sie hätten nach § 32 AufenthG nur dann einen Rechtsanspruch auf Nachzug zu ihren Eltern, wenn ihr Lebensunterhalt gesichert wäre. Allerdings können gegen sie auch keine aufenthaltsbeendenden Maßnahmen eingeleitet werden; sie können nicht ohne Kindeswohlgefährdung allein nach Kamerun zurückkehren, eine Rückkehr der gesamten Familie ist jedoch auch nicht möglich. Es liegt also ein Ausnahmefall vor, sodass auf die Regelanforderungen nach § 5 AufenthG verzichtet werden kann. Auf das Visumverfahren kann jedoch wegen § 10 Abs. 3 AufenthG nicht verzichtet werden. Es bleibt daher nur die Möglichkeit, ihnen eine humanitäre Aufenthaltserlaubnis nach § 25 Abs. 5 AufenthG zu erteilen (→ S. 195).

Anders als beim Familiennachzug nach § 32 AufenthG soll es beim Nachzug zu minderjährigen Kindern nicht darauf ankommen, ob sie zum Zeitpunkt des Antrags minderjährig waren; die Minderjährigkeit muss vielmehr zum Zeitpunkt der Erteilung des Einreisevisums noch vorliegen. Das BVerwG[1] verweist die im Ausland – eventuell in Kriegsgebieten – lebenden Eltern auf das gerichtliche Eilverfahren nach § 123 VwGO vor dem VG Berlin, um ihre Nachzugsansprüche rechtzeitig vor Eintritt der Volljährigkeit zu realisieren.

Verlängerung/Verfestigung

Es gibt keine gesetzliche Grundlage für eine Verlängerung der Aufenthaltserlaubnis der Eltern nachdem das Kind die Volljährigkeit erreicht hat. Sie müssen entweder selbst ein Asylverfahren durchführen oder die Möglichkeit nutzen, eine Aufenthaltserlaubnis zum Zweck der Erwerbstätigkeit nach §§ 18 bis 21 AufenthG für eine qualifizierte Erwerbstätigkeit zu beantragen. Lediglich wenn das volljährige Kind wegen einer Behinderung oder schweren (psychischen) Erkrankung zwingend auf die Unterstützung der Eltern angewiesen ist, kann die Aufenthaltserlaubnis nach § 36 Abs. 2 AufenthG (siehe → 7.4.2) erteilt werden.

Eine Niederlassungserlaubnis oder eine Erlaubnis zum Daueraufenthalt EU kann erst nach fünf Jahren unter den allgemeinen Anforderungen des § 9 bzw. § 9a AufenthG erteilt werden.

---

[1] BVerwG vom 18.4.2013 – 10 C 9/12.

Arbeit und Sozialleistungen

Die Aufenthaltserlaubnis wird mit einer Erwerbserlaubnis verbunden (§ 27 Abs. 5 AufenthG). Es bestehen Leistungsansprüche nach SGB II/ SGB XII, die den Aufenthalt nicht gefährden, jedoch bis zur Volljährigkeit des Kindes beendet werden sollten, um eine Aufenthaltserlaubnis zu einem anderen Zweck erhalten zu können.
Es besteht ein Anspruch und auch eine Verpflichtung zum Besuch eines Integrationskurses (§§ 44 Abs. 1 Nr. 1 b, 44a Abs. 1 AufenthG).

7.4.2 Nachzug weiterer Familienangehöriger

Der Nachzug »sonstiger Familienangehöriger« nach § 36 AufenthG erfasst sowohl volljährige oder verheiratete eigene Kinder, Eltern zu ihren minderjährigen Kindern oder Minderjährige zu engen sonstigen volljährigen Familienangehörigen. Die Vorschrift ist bislang von den Ausländerbehörden äußerst restriktiv angewandt worden und dies entspricht auch den Vorgaben der Verwaltungsvorschriften. Insbesondere sollen besondere Schwierigkeiten im Heimatland, seien sie wirtschaftlicher oder sozialer Art, keinen Härtefall begründen, erforderlich ist vielmehr stets ein familiäres Angewiesensein auf ein Zusammenleben, welches sich nur im Bundesgebiet realisieren lässt.[1]

Ausgeschlossen sein soll ein Nachzug minderjähriger oder volljähriger Kinder, die im Heimatland (noch) verheiratet sind, zu ihren Eltern.[2] Gerade hier sind jedoch Situationen denkbar, in denen die Kinder in besonderem Maße auf die Unterstützung und Lebenshilfe ihrer Eltern angewiesen sind. Wenn etwa eine junge Frau den Ausweg aus einer Gewaltbeziehung sucht und im Heimatland keine unterstützenden Angehörigen zur Verfügung stehen, ist die Zulassung des Nachzugs zu den Eltern zur Vermeidung einer außergewöhnlichen Härte erforderlich.[3] Auch der Nachzug eines nicht sorgeberechtigten Elternteils zu seinem in Deutschland lebenden Kind kommt nach Rechtsprechung des BVerfG[4] in Betracht.

---

[1] BVerwG vom 25.6.1997 – 1 B 236.96; OVG Lüneburg vom 23.1.2013 – 8 LA 226/12.
[2] VwV AufenthG 2.1.4.2.
[3] Wenn sie zuvor langjährig in Deutschland gelebt hat, kommt auch ein Aufenthaltsrecht nach § 37 AufenthG als Wiederkehrerin in Betracht.
[4] BVerfG vom 8.12.2005 – 2 BvR 1001/04; so auch OVG Bremen vom 12.8.2001 – 1 B 150/11.

Liegt ein außergewöhnlicher Härtefall vor und sind auch die sonstigen Nachzugsvoraussetzungen, insbesondere die Sicherung des Lebensunterhalts, erfüllt, so hat die Ausländerbehörde über die Aufenthaltserlaubnis nach Ermessen zu entscheiden. In der Regel werden allerdings die Umstände, die zur Annahme einer außergewöhnlichen Härte geführt haben, den Belangen des Ausländers oder seines Familienangehörigen ein solches Gewicht verleihen, dass kein Ermessensspielraum mehr bleibt.

Beispiel

Einem ägyptischen Wissenschaftler soll eine Niederlassungserlaubnis nach § 19 AufenthG erteilt werden, weil seine langjährigen wissenschaftlichen Forschungen für ein deutsches Forschungsinstitut optimal nutzbar sind. Er hat eine geistig behinderte Tochter im Alter von 22 Jahren. Eine Übersiedlung ohne seine Frau und die Tochter kommt für ihn nicht infrage.
Die Ehefrau hat einen Rechtsanspruch auf eine Aufenthaltserlaubnis nach § 30 AufenthG. Die Tochter kann nicht allein in Ägypten verbleiben, dies würde für sie eine »außergewöhnliche Härte« bedeuten, sie hat daher einen Ermessensanspruch auf Nachzug nach § 36 AufenthG. Gewichtige öffentliche Belange, die einem Nachzug entgegenstehen könnten, sind nicht erkennbar. Das Ermessen verdichtet sich deshalb zu einem Anspruch auf eine Aufenthaltserlaubnis nach § 36 AufenthG.

Eine außergewöhnliche Härte beim Nachzug erwachsener, behinderter Familienangehöriger ist gegeben, wenn im Herkunftsland keine familiäre Unterstützung zur Verfügung steht. Der Verweis auf öffentlichen Einrichtungen reicht nicht.[1]

Verlängerung/Verfestigung

Die Aufenthaltserlaubnis vermittelt wie bei Ehegatten nach drei Jahren ein eigenständiges Aufenthaltsrecht, unabhängig vom Bestand der familiären Lebensgemeinschaft (§ 31 AufenthG). Dies gilt allerdings nicht, wenn der Aufenthalt des Stammberechtigten von vornherein ohne Verlängerungsmöglichkeit zeitlich befristet war. Auch die Niederlassungserlaubnis wird nach den allgemeinen Anforderungen (§ 9 AufenthG) frühestens nach fünf Jahren erteilt.

---

[1] OVG Lüneburg vom 23.1.2013 – 8 LA 226/12.

Arbeit und Sozialleistungen

Die Aufenthaltserlaubnis wird mit einer Erwerbserlaubnis verbunden (§ 27 Abs. 5 AufenthG).

Auch die Regelungen über Sozialleistungen folgen für Familienangehörige von Deutschen den Regeln für Ehegatten von Deutschen (→ S. 104) und für Familienangehörige von Ausländern denen für Ehegatten von Ausländern (→ S. 115).

7.5 Eigenständiges Aufenthaltsrecht

7.5.1 Eigenständiges Aufenthaltsrecht für Ehegatten, Lebenspartner und sonstige volljährige Familienangehörige

§ 31 AufenthG regelt das Recht auf eine eigenständige Aufenthaltserlaubnis des Ehegatten nach der Beendigung der ehelichen Lebensgemeinschaft. Auch die eingetragenen Lebenspartner werden in die Regelung einbezogen (§ 27 Abs. 2 AufenthG). Über den Verweis in § 28 Abs. 3 AufenthG gilt § 31 AufenthG auch für die Ehegatten und Lebenspartner von Deutschen und über den Verweis in § 36 Abs. 2 AufenthG auch für sonstige Familienangehörige, die als Volljährige nachgezogen sind.[1]

§ 31 AufenthG darf aber nur angewendet werden, wenn die ursprüngliche Aufenthaltserlaubnis gerade zum Zweck des Familiennachzugs (§§ 27 ff. AufenthG) erteilt wurde, nicht aber, wenn bisher eine Aufenthaltserlaubnis aus humanitären Gründen erteilt war.[2]

Die Regelung enthält drei unterschiedliche Tatbestände, die jeweils zu einem Anspruch auf die Verlängerung der Aufenthaltserlaubnis führen:

1. Die Aufhebung der **ehelichen Lebensgemeinschaft** erfolgt, nachdem die Lebensgemeinschaft zuvor mindestens **drei Jahre**[3] rechtmäßig im Bundesgebiet bestanden hat und der Stammberechtigte bis zur Trennung im Besitz ei-

---

[1] Die Trennung vom Partner wird hier übertragen auf eine Beendigung der Familiengemeinschaft mit der Stammberechtigten, z. B. durch Auszug aus der Familienwohnung.
[2] BVerwG vom 4.9.2007 – 1 C 43/06; OVG Hamburg vom 9.2.2012 – 3 Bs 126/10.
[3] Für türkische Staatsangehörige gilt die bisherige Regelung mit einer Frist von zwei Jahren fort, siehe → S. 331.

ner Aufenthaltserlaubnis oder einer Niederlassungserlaubnis war. Zu beachten ist, dass Zeiten einer Ehe, die zuvor im Ausland geführt wurde, bei der Berechnung der drei Jahre nicht mitzurechnen sind. Zu den Zeiten des rechtmäßigen Aufenthalts gehören auch Zeiten der Antragsbearbeitung, in denen eine Erlaubnisfiktion nach § 81 Abs. 3 und Abs. 4 AufenthG bestand, nicht aber Zeiten nach Ablauf der Aufenthaltserlaubnis bis zu einem verspäteten Verlängerungsantrag. Maßgeblich für die Berechnung des Endes der Frist ist stets die Trennung und nicht die Scheidung der Ehe. Vorübergehende Trennungen beenden die eheliche Lebensgemeinschaft allerdings nicht. Zieht z. B. die Ehefrau ins Frauenhaus und kehrt nach wenigen Wochen in die eheliche Wohnung zurück, so wird dadurch die eheliche Lebensgemeinschaft nicht beendet. Die Zeiten der Trennung sollen allerdings bei der Berechnung der Drei-Jahres-Frist nicht mitgerechnet werden.[1]

Häufig lässt sich der exakte Zeitpunkt einer dauerhaften Trennung nicht ohne weiteres nachweisen. Zieht ein Ehegatte aus der Wohnung aus und meldet einen anderen Wohnsitz an, so ist in der Regel von einer endgültigen Trennung auszugehen.

> Ein im Scheidungsverfahren angegebener Trennungszeitpunkt wird als tatsächlicher Trennungszeitpunkt anzusehen sein, wenn etwas anderes durch die Betroffenen nicht bewiesen werden kann. Hierauf ist bei der Einleitung eines Scheidungsverfahrens zu achten, da in diesen Verfahren gelegentlich Trennungszeitpunkte vorverlegt werden, um eine schnellere Scheidung zu erreichen.

2. Die Verlängerung der Aufenthaltserlaubnis wird auch dann gewährt, wenn der **Stammberechtigte verstorben** ist. In diesem Falle gibt es keine Mindestbestandszeit der ehelichen Lebensgemeinschaft.

3. Der Anspruch auf Verlängerung besteht auch dann, wenn die Frist von drei Jahren noch nicht abgelaufen ist, es aber zur Vermeidung einer **besonderen Härte** erforderlich ist, den Ehegatten den weiteren Aufenthalt zu ermöglichen.
   Für die besondere Härte werden zwei Regelbeispiele gebildet:

   – Die **Rückkehrverpflichtung**, die sich aus der Auflösung der ehelichen Lebensgemeinschaft ergibt, **führt zu einer erheblichen Beeinträchtigung der schutzwürdigen Belange des Ehegatten**. Hierunter werden

---

[1] BVerwG vom 30.9.1998, InfAuslR 1999, S. 72, 73.

insbesondere Fälle erfasst, bei denen Frauen wegen der Trennung oder Scheidung im Heimatland Bedrohungen, Verfolgungen oder massiven Diskriminierungen ausgesetzt sind.[1]

Beispiel

Eine marokkanische Ehefrau wäre bei ihrer Rückkehr der Verstoßung durch ihre Familie ausgesetzt und es bestünde die ernsthafte Gefahr, auf sich allein gestellt in Marokko nicht überleben zu können.

Stellt die Gefahr im Herkunftsstaat allerdings unabhängig von der Ehe eine Verfolgung im Sinne der Genfer Flüchtlingskonvention dar, so muss sie in einem Asylverfahren geltend gemacht und geprüft werden.[2]

– Dem Ehegatten ist das weitere **Festhalten an der ehelichen Lebensgemeinschaft** wegen der Beeinträchtigung seiner schutzwürdigen Belange **unzumutbar**. Hierunter versteht man insbesondere die Beeinträchtigung von Rechtspositionen eines Ehegatten, denen das Gewicht von Grund- oder Menschenrechten zukommt. Neben den Fällen der physischen Gewalt, der Verletzung des sexuellen Selbstbestimmungsrechts, der Freiheitsberaubung und der Situation in einer Zwangsehe sind auch psychische Gewalt, entwürdigende Behandlungen sowie schwer wiegende sonstige Beeinträchtigungen des Selbstbestimmungsrechtes erfasst.[3] Insgesamt bleibt die Rechtsprechung bei der Feststellung einer besonderen Härte jedoch restriktiv. Es soll nicht auf die subjektiv empfundene Unzumutbarkeit ankommen, sondern auf eine an objektiven Kriterien zu messende Unzumutbarkeit. Ehestreitigkeiten, Kränkungen u.Ä. reichen hierfür nicht.[4] Auch die Alkoholsucht des Partners mache die Aufrechterhaltung der Lebensgemeinschaft nicht unzumutbar[5]; ebenso wenig ein ständiges Fremdgehen.[6]

§ 31 AufenthG erwähnt darüber hinaus ausdrücklich, dass die schutzwürdigen Belange auch das Wohl eines mit dem Ehegatten in familiärer Lebensgemeinschaft lebenden Kindes erfassen. Damit wird ausdrücklich klargestellt, dass dem Ehegatten das weitere Zusammenleben dann nicht zumutbar ist, wenn ein Kind misshandelt oder sexuell missbraucht wird.

---

[1] VwV AufenthG 31.2.2.1.3.
[2] BVerwG vom 9.6.2009 – 1 C 11/08.
[3] OVG Berlin-Brandenburg vom 4.4.2006 – 11 S 34.05.
[4] OVG Niedersachsen vom 29.11.2011 – 8 ME 120/11; VG München vom 21.2.2013 – M 12 K 12.4701.
[5] OVG NRW vom 23.12.2011 – 18 A 2651/11.
[6] VG München vom 1.3.2011 – M 4 K 09.5758.

> In der Praxis ist es wichtig, nach einer Trennung (vor Ablauf von drei Jahren) frühzeitig Beweismittel zu sichern. Dies können ärztliche Atteste sein, aber auch Zeugenaussagen von Nachbarn, Freunden und Verwandten über Beleidigungen und Herabsetzungen, über Einschränkungen der Bewegungsfreiheit oder Kontaktverbote mit Angehörigen. Ist das Kindeswohl betroffen, sollte das Jugendamt beteiligt werden. Die Dokumentation von Maßnahmen im Rahmen des Gewaltschutzgesetzes oder nach den entsprechenden Regelungen in den Polizeigesetzen der Länder ist besonders wichtig.

Überwiegend wird angenommen, dass sich nur der Partner auf die Unzumutbarkeit der ehelichen Lebensgemeinschaft berufen kann, der diese aus eigenem Antrieb verlässt, aber nicht der verlassene Partner.[1] Die Frage, ob ein Zusammenleben für einen der Ehepartner eine unzumutbare Belastung darstellt, ist jedoch nach objektiven Kriterien zu bewerten. Wenn z. B. der Ehemann gegenüber der Frau gewalttätig wurde, so steht ihr ein unabhängiges Bleiberecht zu, auch wenn der Mann ihr durch eine Trennung seinerseits zuvor kommt.

Das eigenständige Aufenthaltsrecht setzt weiterhin voraus, dass die Verlängerung der Aufenthaltserlaubnis des Ausländers, von dem das bisherige Aufenthaltsrecht abgeleitet wurde, möglich war. Damit sollen Fälle ausgeschlossen werden, in denen die Ausländerbehörde die Aufenthaltserlaubnis nur für einen von vornherein befristeten Zeitraum erteilt hatte, wie etwa für eine bestimmte vorübergehende Beschäftigung. Auch der nachziehende Ehegatte hatte sich in diesen Fällen von Anfang an auf einen nur vorübergehenden Aufenthalt in Deutschland einzustellen und kann deshalb kein eigenständiges Daueraufenthaltsrecht erlangen.

Verlängerung/Verfestigung

Bei der Entscheidung über die **erste Erteilung einer Aufenthaltserlaubnis** nach § 31 AufenthG kommt es in allen drei Alternativen nicht darauf an, ob der Lebensunterhalt ohne Inanspruchnahme von Arbeitslosengeld II oder Sozialhilfe gesichert ist. Das trägt der Situation Rechnung, dass insbe-

---

[1] Bayerischer VGH vom 15.3.2007 – 19 ZB 06.3197; OVG Saarland vom 25.8.2011 – 2 A 266/11; Dienelt in Renner/Bergmann/Dienelt, 2013, § 31 AufenthG, Rn. 56.

sondere Frauen oft in einer finanziellen Abhängigkeit vom Ehemann gelebt haben und es ihnen nicht gelingen kann, sofort nach einer Trennung eine Erwerbstätigkeit aufzunehmen. Nur wenn die Hilfebedürftigkeit mutwillig herbeigeführt wurde, steht sie der Erteilung der Aufenthaltserlaubnis entgegen. Diese Privilegierung gilt aber nur für die erste Erteilung, die immer auf ein Jahr befristet wird.
Für die weitere Verlängerung müssen die allgemeinen Erteilungsvoraussetzungen nach § 5 AufenthG erfüllt werden, vor allem muss dann der Lebensunterhalt eigenständig gesichert werden.

Von einem Ausnahmetatbestand muss jedoch ausgegangen werden, wenn die Sicherung des Lebensunterhalts ohne eigenes Verschulden durch besondere Umstände nicht möglich ist (z. B. wegen Versorgung von Kleinkindern, Durchführung einer Ausbildung, um den Lebensunterhalt alsbald nachhaltig zu sichern, fortdauernde Traumatisierung durch Misshandlungen in der Ehe).[1] Ist der Sozialhilfebezug jedoch wegen einer Erkrankung oder wegen des Alters unvermeidlich, soll dies eine Verlängerung der Aufenthaltserlaubnis ausschließen.[2] Verfassungsrechtliche Bedenken gegen eine solche Differenzierung bleiben.

Frauen, auch Mütter, die in einer Ehe bisher die Familienarbeit übernommen haben, müssen nach einer Trennung frühzeitig eine Strategie der Arbeitsmarktintegration entwickeln, um ihr eigenständiges Aufenthaltsrecht auch nach Ablauf des ersten Jahres zu behalten. Dabei sind sie oft auf die Unterstützung von Sozialarbeiterinnen angewiesen, weil ihnen die Fördermöglichkeiten der Arbeitsverwaltung weit gehend unbekannt sein dürften. Eine enge Zusammenarbeit mit den Leistungsträgern nach SGB II ist anzustreben. Insbesondere sollte ein längeres Verharren in Arbeitsgelegenheiten vermieden werden, weil diese meist nicht zu einer Integration in den Arbeitsmarkt führen.

Aufgenommen wurde in § 31 Abs. 3 AufenthG eine Regelung, nach der das eigenständige Aufenthaltsrecht dann als **Niederlassungserlaubnis** erteilt werden kann, wenn der Stammberechtigte im Besitz einer Niederlassungserlaubnis ist und durch Unterhaltsleistungen den Lebensunterhalt des Ehegatten sicherstellt. Das Gleiche gilt über § 28 Abs. 3 AufenthG auch dann, wenn der

---

[1] VGH Baden-Württemberg vom 4.12.2002 – 13 S 2194/01; OVG Niedersachsen vom 8.2.2007 – 4 ME 49/07.
[2] OVG Berlin vom 3.3.2005 – 8 S 8.05; VG Hamburg vom 1.2.2007 – 10 E 4110/06.

Ehegatte Deutscher ist. Begünstigt werden durch diese Regelung vor allen Dingen Personen, die aus einem bestimmten Grund für längere Zeit auf die Unterhaltsleistungen ihrer ehemaligen Ehegatten angewiesen sind, z. B. wegen Kinderbetreuung oder eigener Krankheit.

Weiter wird vorausgesetzt:
– ein fünfjähriger Aufenthalt,
– ausreichende Sprachkenntnisse,
– Grundkenntnisse der Rechts- und Gesellschaftsordnung,
– Straffreiheit und
– ausreichend Wohnraum.

Beispiel

Die ausländische Ehefrau, die wegen einer längerfristigen Krankheit nicht berufstätig sein kann und von ihrem Ehemann Unterhalt in Höhe von mindestens 700 € (abhängig von den Unterkunftskosten) erhält, hätte Anspruch auf eine Niederlassungserlaubnis, wenn der Ehemann entweder eine Niederlassungserlaubnis besitzt oder Deutscher ist.
Kann die Ehefrau wegen der Betreuung eines Kleinkindes nicht berufstätig sein, so wäre für beide Personen ein Unterhalt von mindestens 800 € zu zahlen.

Wird weniger Unterhalt gezahlt, kann auch eigenes Einkommen berücksichtigt werden, wenn es voraussichtlich dauerhaft erzielt wird.[1]

Für türkische Staatsangehörige gelten Sonderregelungen, die sich aus ihrer Eigenschaft als Arbeitnehmer ableiten und die gerade in Trennungssituationen von erheblicher Bedeutung sein können (→ S. 322–325).

Ansonsten wird die Niederlassungserlaubnis nach insgesamt fünf Jahren erteilt, wenn die Voraussetzungen des § 9 Abs. 2 AufenthG vorliegen (→ S. 223).

Eine Ausnahme gilt für Ehegatten, denen der Nachzug zu Stammberechtigten mit einer Aufenthaltserlaubnis nach §§ 22, 23 Abs. 1 oder Abs. 2, 25 Abs. 3 oder Abs. 4a, 25a Abs. 1 oder 25b Abs. 1 AufenthG erteilt wurde (aus humanitären oder völkerrechtlichen Gründen). Sie erhalten die Niederlassungserlaubnis ebenso wie die Stammberechtigten nur nach § 26 Abs. 4 AufenthG, diese wird jedoch seit Juli 2015 auch bereits nach fünf Jahren erteilt.

---

[1] VwV AufenthG 31.3.3.

Arbeiten

Die Aufenthaltserlaubnis nach § 31 AufenthG wird immer mit einer Erwerbserlaubnis verbunden.

Sozialleistungen

Es bestehen Ansprüche auf alle Familienleistungen, die sich aus den jeweiligen Sozialgesetzen ergeben. Ansprüche auf Berufsausbildungsbeihilfe und BAföG entstehen erst nach 15 Monaten, es sei denn, die Ausbildung wurde schon während der Zeit der ehelichen Lebensgemeinschaft begonnen und war förderfähig, weil der Ehegatte eine Niederlassungserlaubnis besaß (§ 8 Abs. 2 und 4 BAföG, § 63 Abs. 2 und 4 SGB III).

Familiennachzug

Die Nachzugsrechte von Familienangehörigen richten sich nach den allgemeinen Voraussetzungen nach §§ 27, 29, 30, 32, 33, 36 AufenthG.

7.5.2 Eigenständiges Aufenthaltsrecht von Kindern

§ 34 AufenthG regelt zunächst im Abs. 1 das Aufenthaltsrecht des Kindes als grundsätzlich abhängig von dem Aufenthaltsrecht der Eltern oder eines personensorgeberechtigten Elternteils. Voraussetzung für die Verlängerung der Aufenthaltserlaubnis des Kindes ist lediglich das Fortbestehen der familiären Lebensgemeinschaft. Auf die Sicherung des Lebensunterhalts und den angemessenen Wohnraum wird verzichtet.

§ 35 regelt die Erteilung einer Niederlassungserlaubnis und damit die Verselbstständigung des Aufenthaltsrechts für junge Menschen, die eine Aufenthaltserlaubnis zum Familiennachzug nach § 32 AufenthG erhalten haben oder in Deutschland geboren wurden.

§ 35 regelt zwei unterschiedliche Sachverhalte:

1. Wer am Tag seines 16. Geburtstags bereits seit fünf Jahren im Besitz einer Aufenthaltserlaubnis ist, erhält die Niederlassungserlaubnis ohne weitere Voraussetzungen. Auf die Dauer des Besitzes der Aufenthaltserlaubnis werden folgende Zeiten angerechnet:

- Aufenthaltszeiten mit einem Visum, wenn im Anschluss eine Aufenthaltserlaubnis erteilt wurde;
- Aufenthaltszeiten mit einer Fiktionsbescheinigung, wenn die beantragte Aufenthaltserlaubnis erteilt wurde;
- die Zeiten, in denen das Kind von der Erteilung einer Aufenthaltserlaubnis befreit war;
- Zeiten eines Rechtsschutzverfahrens, welches zur Erteilung einer Aufenthaltserlaubnis führte (§ 84 Abs. 2 Satz 3).

Nicht angerechnet werden hingegen in der Regel die Zeiten, in denen sich das Kind zum Besuch einer Schule im Ausland aufgehalten hat. Dies gilt allerdings nicht, wenn eine deutsche Schule besucht wurde oder wenn der Aufenthalt im Ausland im Rahmen eines Schüleraustauschs oder eines vergleichbaren Austauschprogramms stattfand.

2. Mit Erreichung der **Volljährigkeit** wird dem nachgezogenen ausländischen Kind die Niederlassungserlaubnis erteilt, wenn folgende Voraussetzungen erfüllt sind:
- Fünf Jahre im Besitz der Aufenthaltserlaubnis;
- ausreichende Kenntnisse der deutschen Sprache (wird nach vier Jahren Schulbesuch unterstellt);
- der Lebensunterhalt ist ohne Inanspruchnahme von Leistungen nach dem SGB II, SGB XII oder SGB VIII gesichert oder der junge Mensch befindet sich in einer schulischen oder beruflichen Ausbildung oder einem Hochschulstudium, die zu einem anerkannten Bildungsabschluss führt.

Beispiel

Ein Kind kommt im Alter von zwölf Jahren im Wege des Familiennachzugs nach Deutschland. Zum 16. Geburtstag ist es noch keine fünf Jahre im Bundesgebiet, erhält also keine Niederlassungserlaubnis. Zum Zeitpunkt des 18. Geburtstags besucht es die Fachoberschule mit dem Ziel des Fachabiturs. Jetzt erhält es die Niederlassungserlaubnis, selbst wenn die Familie auf Alg II und Sozialgeld angewiesen ist.

Es ist für einen jungen Ausländer also nicht möglich, zwischen dem 16. und dem 18. Geburtstag eine Niederlassungserlaubnis zu erhalten. Mit der Volljährigkeit werden die Anforderungen an die Niederlassungserlaubnis gegenüber der Erteilung mit 16 Jahren deutlich erhöht.

Problematisch bleibt die Forderung nach einer Ausbildung mit anerkanntem beruflichem Abschluss. Maßnahmen der Berufsvorbereitung, das Berufsgrundschuljahr oder Tätigkeiten als Praktikant fallen nicht hierunter.[1] Integrationspolitisch erscheint es bedenklich, denjenigen eine Niederlassungserlaubnis zu verwehren, die sich auf andere Weise um eine Integration in den ersten Arbeitsmarkt bemühen.

Die Niederlassungserlaubnis kann aber im Wege des Ermessens versagt werden, wenn entweder ein auf dem persönlichen Verhalten des Ausländers beruhendes Ausweisungsinteresse vorliegt (zu den Ausweisungsinteressen siehe → S. 262 ff.) oder wenn der junge Mensch in den letzten drei Jahren zu einer Jugend- oder Freiheitsstrafe von mehr als sechs Monaten oder zu einer Geldstrafe von 180 Tagessätzen verurteilt wurde. Wurde die Freiheitsstrafe zur Bewährung ausgesetzt, so ist zunächst die Aufenthaltserlaubnis solange zu verlängern, bis die Bewährungsfrist abgelaufen ist. Gerade im Zusammenhang mit jugendtypischen Verfehlungen soll es nicht zu einer vorschnellen Beendigung des Aufenthalts kommen, sondern dem jungen Menschen soll eine Bewährungszeit eingeräumt werden. Nach Ablauf der Bewährungszeit ist ihm dann in der Regel die Niederlassungserlaubnis zu erteilen, wenn die übrigen Voraussetzungen vorliegen.

Eine Ausnahme gilt für Ehegatten, denen der Nachzug zu Stammberechtigten mit einer Aufenthaltserlaubnis nach §§ 22, 23 Abs. 1 oder Abs. 2, 25 Abs. 3 oder Abs. 4a, 25a Abs. 1 oder 25b Abs. 1 AufenthG erteilt wurde (aus humanitären oder völkerrechtlichen Gründen). Sie erhalten die Niederlassungserlaubnis ebenso wie die Stammberechtigten nur nach § 26 Abs. 4 AufenthG; diese wird jedoch seit Juli 2015 auch bereits nach fünf Jahren erteilt.

Junge Menschen mit einer Behinderung, die es ihnen nicht ermöglicht, ausreichend Kenntnisse der deutschen Sprache zu erwerben und ihren Lebensunterhalt selbstständig zu sichern, haben ebenfalls einen Anspruch auf Erteilung der Niederlassungserlaubnis (§ 35 Abs. 4 AufenthG).

8 Recht auf Wiederkehr

8.1 Wiederkehr für junge Menschen

Das in § 37 AufenthG geregelte Recht wurde ins Ausländerrecht aufgenommen, nachdem sich Ende der 1980er-Jahre herausgestellt hatte, dass junge Ausländer, nachdem sie im Bundesgebiet sozialisiert worden waren, auf erhebliche Schwierigkeiten stießen, wenn sie mit ihren Eltern ins Herkunftsland zurückkehrten.

---

[1] VwV AufenthG 35.1.2.4.

Im Jahre 2011 wurde das spezielle Wiederkehrrecht für junge Ausländerinnen eingeführt, die zum Zweck der Zwangsverheiratung ins Ausland verschleppt oder dort gegen ihren Willen festgehalten werden.

Mit der Aufenthaltserlaubnis zum Zweck der Wiederkehr wird an ein früher bestehendes Aufenthaltsrecht angeknüpft.

§ 37 AufenthG regelt vier verschiedene Konstellationen, für eine gilt ein Rechtsanspruch und für zwei ein Ermessensanspruch, für die vierte ist beides möglich.

1. Rechtsanspruch auf Wiederkehr nach § 37 Abs. 1 AufenthG

Für die Erteilung einer Aufenthaltserlaubnis müssen folgende Voraussetzungen erfüllt sein:

– Der Ausländer muss als Minderjähriger **acht Jahre** rechtmäßig seinen **gewöhnlichen Aufenthalt** im Bundesgebiet gehabt haben. Auch wenn der Antrag erst nach Erreichen der Volljährigkeit gestellt wird, muss die Achtjahresfrist schon bis zum 18. Geburtstag erfüllt sein. Für die Zeitberechnung werden Zeiten eines Asylverfahrens oder der Aussetzung der Abschiebung (Duldung) nicht angerechnet. Es muss sich aber nicht um einen ununterbrochenen Aufenthalt gehandelt haben, es kommt vielmehr auf die Gesamtzeit an.

– Der Ausländer muss **sechs Jahre** lang in Deutschland eine **Schule besucht** haben. Neben den Zeiten des Besuchs einer Regelschule werden auch Zeiten des Besuchs der Berufsschule oder einer Privatschule berücksichtigt.

– Der **Lebensunterhalt** muss für die Zukunft **gesichert** sein. Dies kann durch eine eigene Erwerbstätigkeit geschehen. Der Nachweis hierüber muss durch die Vorlage eines Arbeitsvertrages oder einer Stellenzusage erbracht werden. Es kann auch eine Unterhaltsverpflichtung eines Dritten nach § 68 Abs. 1 AufenthG für die Dauer von fünf Jahren vorgelegt werden. Sie muss gemäß § 68 Abs. 2 AufenthG schriftlich abgegeben werden und auch die Kosten für eine Krankenversicherung umfassen. Eine solche Erklärung kann auch von den Eltern des Rückkehrwilligen abgegeben werden, sie erübrigt sich nicht, wenn diese gesetzlich unterhaltsverpflichtet sind. Ob die gesetzliche Unterhaltspflicht für die nächsten fünf Jahre fortbestehen wird, lässt sich nämlich im Vorhinein nicht sicher voraussagen; zudem ist eine Erklärung nach § 68 AufenthG gemäß Abs. 2 nach Maßgabe des Verwaltungsvollstreckungsgesetzes vollstreckbar. Dies bedeutet, dass die Stelle, die Unterhaltsleistungen im Falle der Mittellosigkeit erbringt (Leistungsträger nach SGB II oder SGB XII), die Eltern nicht verklagen muss, sondern sie direkt in Anspruch nehmen kann.

- Der zurückkehrende Ausländer muss **zwischen 15 und 20 Jahre** alt sein. Es kommt hierbei nicht auf das Datum der Rückkehr an, sondern auf den Tag des Antrags, der entweder bei der Auslandsvertretung im Heimatland oder bei der Ausländerbehörde zu stellen ist.
- Der **Auslandsaufenthalt** darf bis zur Antragsstellung **nicht mehr als fünf Jahre** betragen haben.

Das größte Problem bei der Anwendung dieser Vorschrift stellt das enge Zeitfenster dar. Besonders häufig besteht der Wunsch auf Rückkehr bei jungen Menschen, die erst recht spät mit ihren Eltern ins Heimatland zurückgekehrt sind. Hier wird dann aber häufig die Grenze des 21. Geburtstages überschritten.

2. Ermessensanspruch bei abgeschlossenem Schulabschluss

Auch wenn die Dauer von acht Jahren Aufenthalt oder von sechs Jahren Schulbesuch nicht erreicht wird, kann die Aufenthaltserlaubnis erteilt werden, wenn im Bundesgebiet ein anerkannter Schulabschluss erworben wurde. Bei dem Schulabschluss muss es sich mindestens um einen Hauptschulabschluss handeln. Es kann zwar von der Dauer des Aufenthalts abgesehen werden, nicht aber von einem rechtmäßigen Aufenthalt im Bundesgebiet. Alle übrigen unter 1. genannten Voraussetzungen müssen erfüllt sein. Im Rahmen des Ermessens ist zu berücksichtigen, ob der erreichte Schulabschluss eine positive Integrationsprognose ermöglicht.

3. Ermessensanspruch zur Vermeidung einer besonderen Härte

Nach Ermessen kann von den Voraufenthaltszeiten, den Zeiten des Schulbesuchs und den Anforderungen an den Zeitpunkt der Antragsstellung abgesehen werden, wenn dies zur Vermeidung einer besonderen Härte geboten ist. Die Rechtsprechung geht davon aus, dass zur Ermittlung der besonderen Härte für das Recht auf Wiederkehr ein »Saldierender Vergleich« vorgenommen werden muss. Verglichen werden soll der konkrete Einzelfall mit dem gesetzlichen Typus des Wiederkehrers und den in § 37 Abs. 1 AufenthG geregelten Voraussetzungen. Es kommt also einerseits darauf an, ob der Rückkehrwillige von den Lebensverhältnissen im Bundesgebiet so stark geprägt wurde, dass es ihm unverhältnismäßig hart treffen würde, wenn ihm der Zugang zur Bundesrepublik dauerhaft verwehrt würde. Andererseits ist darauf abzustellen, ob die Abweichungen von den Voraussetzungen des § 37 Abs. 1 AufenthG als insgesamt geringfügig zu bewerten sind oder ob es sich um eine erhebliche Abweichung handelt.[1]

---

[1] BVerwG vom 19.3.2002 – 1 C 19/01.

4. Regel- und Ermessensanspruch nach einer Zwangsverheiratung

Eine besondere Problematik besteht, wenn junge Menschen, die in Deutschland ihren gewöhnlichen Aufenthalt haben, von ihren Eltern oder Verwandten gegen ihren Willen ins Ausland gebracht werden oder dort festgehalten werden, um sie zu verheiraten. Wenn den jungen Menschen, oftmals nach geraumer Zeit, eine Flucht aus der Zwangslage gelingt, können sie die normalen Wiederkehrvoraussetzungen kaum erfüllen. Der nun eingefügte § 37 Abs. 2a AufenthG regelt nun die von den Verbänden seit langem geforderte Rückkehrmöglichkeit.

Grundsätzlich ist ein Voraufenthalt in Deutschland erforderlich. Die Eheschließung muss mit Gewalt, Drohung oder einem sonstigen Übel erzwungen und die Rückkehr verhindert worden sein. Auf die Sicherung des Lebensunterhalts aus eigener Erwerbstätigkeit oder durch eine Bürgschaftserklärung wird ausdrücklich verzichtet.

– Ein Regelanspruch (»soll«) besteht, wenn vor der Verschleppung mindestens acht Jahre in Deutschland mit einem Aufenthaltstitel verbracht wurden, sechs Jahre die Schule besucht wurde und der Antrag spätestens 10 Jahre nach der Ausreise und höchstens drei Monate nach Wegfall der Zwangslage gestellt wurde.

– Ein Ermessensanspruch besteht, wenn eine erfolgreiche Integration in Deutschland zu erwarten ist und der Rückkehrantrag spätestens fünf Jahre nach Ausreise und höchstens drei Monate nach Wegfall der Zwangslage gestellt wurde. Hier besteht keine Mindestzeit für den Voraufenthalt.

Bei der Ermessensausübung sind die familiären und sonstigen sozialen Bindungen des Rückkehrwilligen im Bundesgebiet zu berücksichtigen. Eine Ermessensreduzierung auf Null ergibt sich, wenn der Familienschutz nach Art. 6 Abs. 1 GG oder das Recht auf Familie nach Art. 8 EMRK einen Anspruch auf Zugang und Aufenthalt im Bundesgebiet nach § 36 AufenthG eröffnen würde.

Auch bei Vorliegen der Voraussetzungen eines Rechtsanspruchs wird dieser auf einen Ermessensanspruch reduziert, wenn der Ausländer vor seiner Ausreise aus dem Bundesgebiet ausgewiesen worden war oder hätte ausgewiesen werden können. Nach Ermessen kann die Ausländerbehörde allerdings erst dann entscheiden, wenn nach einer Ausweisung die Befristung abgelaufen ist und damit das Verbot, eine Aufenthaltserlaubnis zu erteilen, nicht mehr besteht.

Der Rechtsanspruch wird auch dann auf einen Ermessensanspruch reduziert, wenn gegenwärtig ein Ausweisungsinteresse vorliegt. Hier geht es nicht mehr darum, ob eine Ausweisung rechtlich zulässig wäre, es genügt, dass eine Gefahr für die öffentliche Sicherheit und Ordnung besteht (§ 53 Abs. 1 AufenthG). Möglich ist dies bereits, wenn die Gefahr der Obdachlosigkeit besteht, dagegen sind mögliche Ansprüche auf Sozialleistungen keine Gefahr für die öffentliche Sicherheit oder Ordnung.

Ebenfalls nach Ermessen ist zu entscheiden, wenn die persönliche Betreuung eines minderjährigen Rückkehrers im Bundesgebiet nicht gewährleistet ist. Zu berücksichtigen ist hierbei das Alter und der Grad der Selbstständigkeit.

Verlängerung

§ 37 Abs. 4 AufenthG enthält eine Sonderregelung zur Verlängerung der Aufenthaltserlaubnis. Bei Wiederkehrern ist die Aufenthaltserlaubnis auch dann zu verlängern, wenn sie nachträglich ihren Lebensunterhalt nicht mehr sichern können, entweder weil sie arbeitslos geworden sind oder weil die Verpflichtung der dritten Person abgelaufen ist.

Arbeit

Die Aufenthaltserlaubnis wird mit einer Erwerbserlaubnis verbunden (§ 37 Abs. 1 Satz 2 AufenthG).

Sozialleistungen

Es bestehen Ansprüche auf Familienleistungen und Ausbildungsbeihilfen. Der Bezug von SGB II-Leistungen führt nicht zur Aufenthaltsbeendigung.

8.2   Rückkehr von Rentnern

§ 37 Abs. 5 AufenthG enthält einen Regelanspruch auf Rückkehr für Personen, die im Bundesgebiet eine Rente beziehen. Es spielt dabei keine Rolle, um welche Art von Rente es sich handelt. Auch eine Rente aus einer privaten Versicherung kann den Anspruch begründen. Ebenso reicht auch der Bezug einer abgeleiteten Witwen-Rente.[1]

---

[1] BVerwG vom 6.3.2008 – 1 C 16/06.

Ebenso wie bei der Rückkehr von jungen Menschen wird auch für Rentner ein rechtmäßiger **Voraufenthalt von acht Jahren** verlangt. Ein ununterbrochener Aufenthalt wird nicht gefordert, es können auch mehrere Aufenthaltszeiten zusammengerechnet werden. Allerdings muss der Aufenthalt zum Zeitpunkt der Ausreise die Voraussetzungen für einen dauerhaften Verbleib erfüllt haben, ein nur vorübergehender Aufenthalt aus humanitären Gründen reicht nicht.[1]

Es müssen die allgemeinen Erteilungsvoraussetzungen nach § 5 Abs. 1 AufenthG erfüllt sein, insbesondere muss der **Lebensunterhalt gesichert** sein. Durch § 2 Abs. 3 AufenthG wird klargestellt, dass der Rentenbezug nicht als Inanspruchnahme öffentlicher Mittel gilt.
Es ist nicht erforderlich, dass der Lebensunterhalt stets nur aus der bezogenen Rente gesichert wird, auch andere Einkommensarten wie z. B. vorhandenes Vermögen oder die Vermietung eines Hausgrundstückes im Heimatland können dazu beitragen, den Lebensunterhalt zu sichern.

Die **Ehegatten** werden über § 30 Abs. 1 Nr. 3e AufenthG einbezogen; bei einer gemeinsamen Einreise besteht ein Rechtsanspruch auf Familiennachzug, wenn

- der Aufenthalt für länger als ein Jahr erlaubt werden soll;

- die allgemeinen Voraussetzungen vorliegen, insbesondere der Lebensunterhalt entsprechend den Vorgaben des § 5 Abs. 1 AufenthG gesichert ist.

Das Rückkehrrecht ist nicht erforderlich für Rentnerinnen, die sich bereits seit 15 Jahren in Deutschland aufgehalten haben und deren Lebensunterhalt gesichert ist, weil in diesen Fällen die Niederlassungserlaubnis nicht durch längere Auslandsaufenthalte erlischt (§ 51 Abs. 2 AufenthG).

9 Aufenthaltserlaubnis für ehemalige Deutsche

In § 38 AufenthG wird erstmals ein Anspruch auf Erteilung einer Aufenthaltserlaubnis für Personen geregelt, die sich als Deutsche im Bundesgebiet aufgehalten haben, die deutsche Staatsangehörigkeit jedoch wieder verloren haben.

---

[1] BVerwG vom 6.3.2008 – 1 C 16/06.

Damit wurde eine Regelung für Kinder ausländischer Eltern geschaffen, die nach § 4 Abs. 3 StAG durch die Geburt die deutsche Staatsangehörigkeit erwerben (siehe auch → S. 346). Gleichzeitig verfügen sie über die Staatsangehörigkeit der Eltern oder eines Elternteils (z.B: Ableitung nur vom Vater). Bis 2014 mussten diese Deutschen durch Geburt im Alter zwischen 21 und 23 Jahren eine Entscheidung zwischen beiden Staatsangehörigkeiten treffen und konnten die deutsche in der Regel nur behalten, wenn sie auf ihre zweite Staatsangehörigkeiten verzichteten. Mit Änderung des § 29 StAG wird die Beibehaltung beider Staatsangehörigkeiten jetzt zum Regelfall. Eine Optionspflicht besteht nur für junge Menschen, die nicht in Deutschland aufgewachsen sind, d.h. bis zum 21. Geburtstag weder acht Jahre in Deutschland gelebt, noch sechs Jahre eine Schule besucht, noch einen Schul- oder Berufsabschluss erworben haben.[1] Nur in diesen seltenen Fällen besteht noch die Möglichkeit, die deutsche Staatsangehörigkeit wieder zu verlieren.

Der Verlust der deutschen Staatsangehörigkeit ist nach § 25 StAG auch bei einem Aufenthalt in Deutschland möglich. Wer als Deutscher eine andere Staatsangehörigkeit durch Antrag erwirbt, verliert seine deutsche Staatsangehörigkeit. Betroffen sind von dieser Regelung vor allem Deutsche mit Migrationshintergrund, die nach einer Einbürgerung die ursprüngliche Staatsangehörigkeit wieder angenommen haben. Sie verlieren »automatisch« die deutsche Staatsangehörigkeit.[2]

Für ehemals deutsche Ausländerinnen enthält § 38 AufenthG zwei Rechtsansprüche und einen Ermessensanspruch. Der Antrag auf einen Aufenthaltstitel muss gemäß § 38 Abs. 1 Satz 2 AufenthG innerhalb von sechs Monaten, nachdem der Betroffene von dem Verlust der deutschen Staatsangehörigkeit erfahren hat, gestellt werden. Abzustellen ist auf den Zeitpunkt, zu dem für den Betroffenen der Verlust der deutschen Staatsangehörigkeit definitiv feststand. Zweifel an der Frage der Staatsangehörigkeit reichen nicht. Das Erlöschen kann sowohl dem Betroffenen als auch den deutschen Behörden unbekannt bleiben, wenn eine andere Staatsangehörigkeit angenommen wurde. Die ausländischen Behörden machen hierüber keine Mitteilungen und den Betroffenen ist die Regelung des § 25 StAG oft nicht bewusst. Nach Kenntnis des Verlusts der deutschen Staatsangehörigkeit gilt der Aufenthalt bis zum Ablauf der Antragsfrist und für die Dauer der Bearbeitung des Antrags auf eine Aufenthaltserlaubnis nach § 81 Abs. 3 AufenthG als erlaubt (Fiktionsbescheinigung).

---

[1] Berlit, ZAR 2015, S. 90 ff.
[2] Weitere Verlustgründe siehe → S. 358.

Bei Rücknahme einer Einbürgerung, z.B. wegen falschen Angaben, kann in entsprechender Anwendung des § 38 AufenthG ebenfalls ein Aufenthaltstitel erteilt werden.[1]

Auch das Recht auf Erwerbstätigkeit gilt bis zur Entscheidung weiter.

1. Ein **Rechtsanspruch auf eine Niederlassungserlaubnis** besteht, wenn der Betroffene fünf Jahre lang als Deutscher mit gewöhnlichem Aufenthalt im Bundesgebiet gelebt hat. Für den Rechtsanspruch auf Erteilung der Niederlassungserlaubnis müssen die allgemeinen Erteilungsvoraussetzungen nach § 5 Abs. 1 AufenthG vorliegen.
Sind diese nicht erfüllt, z. B., weil der Lebensunterhalt nicht aus eigenen Mitteln gesichert ist, so wird aus dem Rechtsanspruch ein Ermessensanspruch. Gerade bei Jugendlichen, die seit ihrer Geburt als Deutsche in Deutschland aufgewachsen sind, dürfte sich eine Ermessensreduzierung auf Null auch dann ergeben, wenn sie sich in einer schulischen oder beruflichen Ausbildung befinden, die zu einem anerkannten Berufsabschluss führt (entsprechend der Regelung in § 35 Abs. 1 Nr. 3 AufenthG).

2. Ein **Rechtsanspruch auf eine Aufenthaltserlaubnis** besteht, wenn der Betroffene noch nicht fünf Jahre als Deutscher im Bundesgebiet gelebt hat, sich aber mindestens seit einem Jahr mit gewöhnlichem Aufenthalt im Inland aufgehalten hat. Zu beachten ist hier, dass die deutsche Staatsangehörigkeit nicht während des gesamten Jahres bestanden haben muss. Auf diese Regelung kann sich also auch eine Person beziehen, die nur für einen sehr kurzen Zeitraum deutsch war, sich aber schon länger im Bundesgebiet aufhält.
Auch hier müssen die allgemeinen Erteilungsvoraussetzungen nach § 5 AufenthG vorliegen. Von diesen Voraussetzungen kann nach Ermessen abgesehen werden. In Fällen, in denen ein sehr langer Voraufenthalt besteht, jedoch nur eine kurze Zeit des Besitzes der deutschen Staatsangehörigkeit, ist bei der Ausübung des Ermessens zu berücksichtigen, welchen Verfestigungsgrad die Aufenthaltserlaubnis vor Erwerb der deutschen Staatsangehörigkeit hatte.
Die Aufenthaltserlaubnis berechtigt uneingeschränkt zur Ausübung einer Erwerbstätigkeit. Bereits begonnene Integrationsprozesse können auf diese Weise fortgeführt werden.
Es besteht ein Anspruch auf Familienleistungen und auf Leistungen nach dem SGB II und SGB XII. Ansprüche auf Berufsausbildungsbeihilfe und Leistungen nach BAföG bestehen ebenfalls.

---

[1] BVerwG vom 19.4.2011 – 1 C 16/10.

3. Einen **Ermessensanspruch auf Erteilung einer Aufenthaltserlaubnis** haben ehemalige Deutsche, die ihren gewöhnlichen Aufenthalt im Ausland haben, wenn sie über ausreichende Kenntnisse der deutschen Sprache verfügen.

10 Langfristig aufenthaltsberechtigte Drittstaatsangehörige, die aus anderen EU-Staaten zuwandern

Mit der Daueraufenthaltsrichtlinie (2003/109/EG) hat die EU einen Rechtstitel für Drittstaatangehörige geschaffen, die sich seit mindestens fünf Jahren in einem Mitgliedsstaat rechtmäßig aufhalten. Diesen Menschen soll es grundsätzlich gestattet sein, innerhalb der EU weiterzuwandern. Für diese Zuwanderung wurde die Aufenthaltserlaubnis nach § 38a AufenthG eingeführt.

Voraussetzungen für diesen Titel sind:
- Ein Aufenthaltstitel eines anderen Mitgliedsstaates, der das Daueraufenthaltsrecht der EU dokumentiert.[1]
- Ein gesicherter Lebensunterhalt in Deutschland und ein Krankenversicherungsschutz, der demjenigen der Gesetzlichen Krankenversicherung entspricht.

Die Sicherung des Lebensunterhalts ist schwierig, weil nicht jede Beschäftigung aufgenommen werden kann. Im ersten Jahr wird eine Beschäftigungserlaubnis nur nach einer Vorrangprüfung erteilt, es sei denn die Beschäftigungserlaubnis wird nach der BeschV zustimmungsfrei oder ohne Vorrangprüfung erteilt (akademische oder qualifizierte Berufe, Freiwilligendienste, siehe → S. 80 ff.).

Als Sonderregelung gilt für diesen Personenkreis, dass die Aufenthaltserlaubnis ohne Zustimmung der AA erteilt wird, wenn eine berufliche Ausbildung in Deutschland aufgenommen werden soll.

---

[1] Die Liste der Aufenthaltstitel der anderen EU-Staaten findet sich in den Hinweisen zu den wesentlichen Änderungen durch das Gesetz zur Umsetzung aufenthalts- und asylrechtlicher Richtlinien der Europäischen Union vom 19. August 2007 (BGBl. I S. 1970); www.bmi.bund.de/.../Gesetzestexte/Richtlinienumsetzungsgesetz.pdf.

Eine selbständige Tätigkeit kann dagegen von Anfang an ohne besondere Genehmigung aufgenommen werden.

Über die Aufenthaltserlaubnis wird nach Ermessen entschieden, wenn ein Ausweisungsinteresse besteht. Allerdings muss eine Abwägung zwischen den Belangen der Zuwandernden und den öffentlichen Interessen erfolgen. Die Ablehnung darf nur erfolgen, wenn diese »verhältnismäßig« ist.

Dieser Aufenthaltstitel kann nicht in Anspruch genommen werden von Dienstleistungserbringerinnen, Saisonarbeitnehmern und Grenzarbeitnehmern.

Verlängerung/Verfestigung

Es bestehen keine Sonderregelungen, sodass die Dauer der Aufenthaltserlaubnis mindestens ein Jahr beträgt. Die Niederlassungserlaubnis kann nach fünf Jahren Aufenthalt unter den Voraussetzungen des § 9 AufenthG beantragt werden.

Familiennachzug

Der Familiennachzug wird durch die Daueraufenthaltsrichtlinie privilegiert, soweit die Familiengemeinschaft schon in dem anderen EU-Staat bestand. Es wird kein Sprachnachweis verlangt und die Altersgrenze von 18 Jahren gilt nicht.

Sozialleistungen

Es bestehen grundsätzlich Leistungsansprüche nach dem SGB II und SGB XII, welche jedoch den Aufenthalt gefährden, weil die Aufenthaltserlaubnis in Hinblick auf den nicht gesicherten Lebensunterhalt entzogen oder nachträglich befristet werden kann.
Die Ansprüche auf Familienleistungen bestehen.
Ausbildungsbeihilfen sind für Inhaber der Aufenthaltserlaubnis nach § 38a nicht vorgesehen.

11 Aufenthaltserlaubnis aus humanitären Gründen
(§§ 22, 23, 23a, 24, 25, 25a, 25b AufenthG)

11.1 Struktur der Aufenthaltserlaubnisse aus humanitären Gründen

Das 5. Kapitel des AufenthG regelt vor allem den rechtmäßigen Aufenthalt für Ausländerinnen, die ohne eine ausdrückliche Genehmigung nach Deutschland gekommen sind oder ohne Erlaubnis geblieben sind und aus unterschiedlichen Gründen dennoch nicht in ihre Herkunftsländer zurückkehren können.

Daneben ermöglichen §§ 22, 23 und 24 AufenthG Aufnahmen im Bundesgebiet auf der Grundlage von politischen Einzelentscheidungen (§ 22 AufenthG), von Gruppenentscheidungen (§ 23 AufenthG) oder von Beschlüssen auf EU-Ebene (§ 24 AufenthG). Der Rat der EU hatte bislang noch über keinen Fall des Zustroms von Flüchtlingen nach Europa zu beschließen.

Von der Zweckrichtung her lassen sich die humanitären Aufenthaltstitel wie folgt aufteilen:

Flüchtlingsaufnahme nach GG, GFK und Europarecht		AufenthG
1.	Asylanerkennung	§ 25 Abs. 1
2.	Anerkennung als Flüchtling	§ 25 Abs. 2
3.	Zuerkennung subsidiären Schutzes	§ 25 Abs. 2
4.	Abschiebeschutz wegen Menschenrechtsverletzungen oder Bedrohung von Leib und Leben im Herkunftsland	§ 25 Abs. 3
5.	vorübergehende Flüchtlingsaufnahme im europäischen Verteilungsverfahren	§ 24

Gruppenregelungen auf der Grundlage politischer Entscheidungen		AufenthG
1.	Aufnahme aus besonderen politischen Gründen durch Aufnahmeverfahren des BAMF (jüdische Zuwanderer aus der ehemaligen Sowjetunion, irakische Flüchtlinge)	§ 23 Abs. 2
2.	Aufnahme von Resettlement-Flüchtlingen	§ 23 Abs. 4
3.	Bleiberechtsregelung des Landesinnenministerium im Einvernehmen mit dem Bundesinnenministerium	§ 23 Abs. 1
4.	Gesetzliche Bleiberechtsregelung	§ 25b
5.	Bleiberecht für integrierte junge Menschen	§ 25a

Einzelfallentscheidungen	AufenthG
1. Aufnahme aus dem Ausland auf der Grundlage einer politischen Einzelfallentscheidung	§ 22
2. Abschiebeschutz wegen sonstigen Abschiebehindernissen	§ 25 Abs. 5
3. Verbleib als Zeuge in Verfahren gegen Menschenhändler	§ 25 Abs. 4a
4. Vorübergehender Verbleib als Zeuge im Verfahren wegen Arbeitsausbeutung	§ 25 Abs. 4b
5. Sonstiger vorübergehender Verbleib aus humanitären oder politischen Gründen	§ 25 Abs. 4 Satz 1
6. Langfristiger Verbleib, wenn eine andere Aufenthaltserlaubnis nicht mehr verlängert werden kann	§ 25 Abs. 4 Satz 2
7. Auf der Grundlage einer Einzelfallentscheidung der Härtefallkommission	§ 23a

Für die humanitären Aufenthaltstitel gelten die allgemeinen Erteilungsvoraussetzungen des § 5 AufenthG nur sehr eingeschränkt. Die Anforderungen müssen bei jedem Aufenthaltstitel gesondert geprüft werden. Sonderregelungen finden sich sowohl in § 5 Abs. 3 AufenthG als auch bei den einzelnen Regelungen.

11.2 Flüchtlingsaufnahme nach GG, GFK und Europarecht

Die Aufenthaltserlaubnisse wegen Asylberechtigung (§ 25 Abs. 1 AufenthG), Anerkennung als Konventionsflüchtling (§ 25 Abs. 2 AufenthG), subsidiären Schutzstatus (§ 25 Abs. 2 AufenthG) und wegen zielstaatsbezogener Abschiebehindernisse (§ 25 Abs. 3 AufenthG) erfordern Feststellungen über die Schutzbedürftigkeit, die nicht von den Ausländerbehörden oder zumindest nicht allein von ihnen getroffen werden können. In der Regel setzen diese Aufenthaltserlaubnisse die erfolgreiche Durchführung eines Asylverfahrens voraus. Das Verfahren richtet sich nach dem Asylgesetz, die Zuständigkeit liegt beim Bundesamt für Migration und Flüchtlinge.

Das Asylverfahren wird in diesem Band nur als grobe Struktur dargestellt, die Details des Asylverfahrens, der Anerkennungskriterien und der Rechtsstellung während des Verfahrens finden sich in dem Handbuch: »Asylarbeit – Ein Rechtsratgeber für die Soziale Praxis«, Fachhochschulverlag 2016.

11.2.1 Exkurs: Asylverfahren

Die Flüchtlingsmigration ist in Deutschland nach einer Hochzeit Anfang der 90er-Jahre (bis zu 400.000 pro Jahr) Anfang dieses Jahrhunderts bis auf unter 20.000 Personen im Jahr (2007) zurückgegangen und lag 2010 bei knapp über 40.000 Menschen. Die Kriege in Syrien und in Afrika, der staatliche und der islamistische Terror in vielen Staaten haben 2015 zu den höchsten Flüchtlingszahlen seit dem Ende des 2. Weltkriegs geführt. Täglich steigt die Zahl der Menschen, die ohne Rücksicht auf ihr Leben versuchen, aus Afrika und Asien nach Europa zu gelangen, obwohl die EU ihnen ohne Rücksicht auf humanitäre Grundsätze den Kampf, ja sogar den bewaffneten Kampf, ansagt. Besonders viele Menschen kommen auf dem Landweg von der Türkei nach Griechenland und von dort über die so genannte »Balkanroute« nach Westeuropa oder über das Mittelmeer nach Italien und Spanien. Da in Griechenland weder eine menschenwürdige Versorgung noch ein ordnungsgemäßes Verfahren vorhanden sind und auch in Italien völlig unwürdige Verhältnisse herrschen, versuchen die Flüchtlinge vor allem nach Deutschland und Frankreich, aber auch in andere west- und nordeuropäische Staaten zu gelangen. Die Europäische Union hatte als Teil des Gemeinsamen Europäischen Asylsystems (GEAS) ein Verfahren zur Verteilung der Flüchtlinge innerhalb Europas entwickelt, geregelt zunächst in der Dublin II-Verordnung, 2013 ersetzt durch die Dublin III-Verordnung 604/2013. Die Verteilungskriterien orientieren sich aber nicht an den Belastungen durch die Aufnahme, sondern als zentrales Element an der Zuständigkeit des Staates, in dem die Flüchtenden erstmals das Territorium der EU betreten. Dadurch werden die Staaten der Peripherie besonders belastet, obwohl sie teilweise gleichzeitig die Hauptlast der Europäischen Wirtschaftskrise tragen, neben Griechenland und Italien auch Bulgarien und Rumänien. Staaten wie Ungarn versuchen die Last an die Transitstaaten des Balkans wie Serbien und Mazedonien zurückzugeben.

Insgesamt befindet sich das Verteilungssystem »Dublin III« gerade im Zustand des völligen Zusammenbruchs, nach Griechenland und Ungarn darf nicht mehr zurückgeschoben werden, nach Italien keine Familien mit Kleinkindern, für syrische Staatsangehörige hat das BAMF die Rückschiebungen innerhalb Europas im August 2015 vollständig ausgesetzt, weil der Aufwand in keinem Verhältnis zum Ergebnis stand, diese Anweisung ist aber im November 2015 wieder zurückgenommen worden.

Die Mitgliedgliedstaaten befinden sich zurzeit in Verhandlungen über eine Neuverteilung der Flüchtlingsaufnahme; bislang stehen die vehement vertretenen nationalen Interessen einer Einigung entgegen.

Das Grundproblem der Flüchtlingsaufnahme besteht darin, das der Schutzanspruch erst entsteht, wenn das Territorium eines Schutzstaates erreicht wird. Die Einreise selbst muss von den Flüchtenden erst real erkämpft werden, z.T. wie beim Zugang zu den spanischen Enklaven in Afrika oder an der ungarischen oder bulgarischen Grenze gegen die unmittelbare Gewalt der Grenzschützer.

Ein Asylantrag kann nur in Deutschland oder bei der Einreise an der Grenze gestellt werden. Die Möglichkeit einer Antragstellung vom Ausland aus besteht nicht. Deshalb kann Asylbewerbern die unerlaubte Einreise auch nicht als strafbare Handlung oder als Umstand entgegen gehalten werden, der die Erteilung eines Aufenthaltstitels ausschließt.

Der Ablauf des Verfahrens richtet sich nach dem Asylgesetz (AsylG).[1] Die Zuständigkeit liegt beim Bundesamt für Migration und Flüchtlinge (BAMF); nur diese Bundesbehörde darf über das Vorliegen von Fluchtgründen entscheiden.[2]

---

[1] Name geändert durch Gesetz vom 20.10.2015, BGBl. I, 1722.
[2] BVerwG vom 3.3.2006, InfAuslR 2006, S. 347.

11 Aufenthaltserlaubnis aus humanitären Gründen

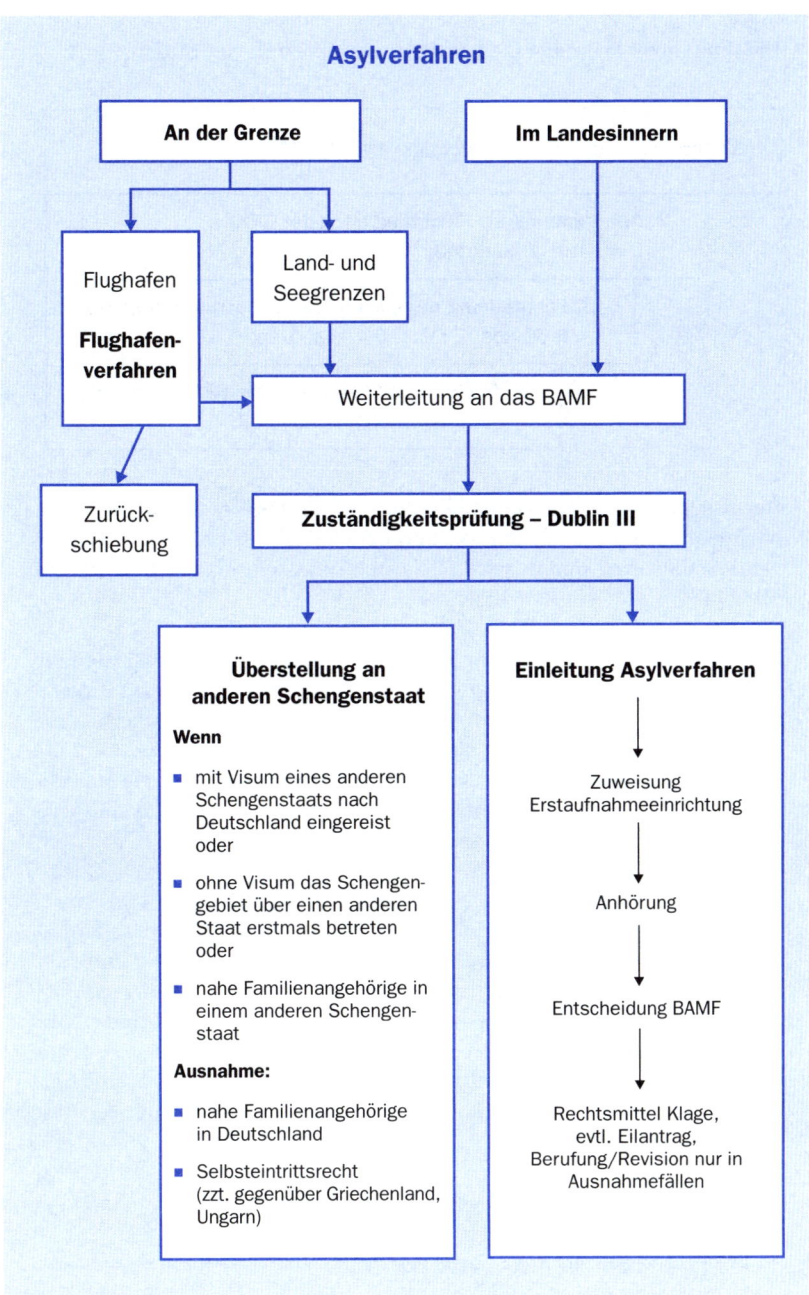

Die inhaltliche Prüfung eines Asylantrags erfolgt in vier Stufen:

> **1. Anerkennung als asylberechtigt**, Art. 16a GG
>
> **2. Anerkennung als Flüchtling nach der GFK**, § 60 Abs. 1 AufenthG
>
> **3. Feststellung der subsidiären Schutzberechtigung**, § 60 Abs. 2 i.V.m. § 4 Abs. 1 AsylG
>
> **4. Feststellung eines Abschiebehindernisses**, § 60 Abs. 5 und 7 AufenthG

Die Feststellung der jeweils höheren Stufe umfasst auch die weiteren, nachgeordneten Stufen. Ein Asylberechtigter gilt also zugleich als Konventionsflüchtling und es wird festgestellt, dass ein Abschiebehindernis vorliegt.

Der Unterschied zwischen der Asylanerkennung und der Anerkennung als Konventionsflüchtling liegt seit der Neugestaltung durch das Zuwanderungsgesetz nur noch darin, dass die Voraussetzungen nach Art. 16a GG wesentlich enger gefasst sind als die Anforderungen der GFK[1]. Die Rechtspositionen nach einer Anerkennung sind jedoch so weit angeglichen, sodass – pragmatisch betrachtet – kein Bedarf mehr für die Asylanerkennung nach dem GG besteht.

In den Medien wird häufig auf die extrem geringe Quote der Asylanerkennungen hingewiesen und damit oft der Pauschalvorwurf des Missbrauchs verbunden. Tatsächlich sind die Quoten für die Feststellung der Asylberechtigung gering, sie lagen in 2015 nur bei 1 %. Weniger publiziert wird hingegen, dass die Quoten der Flüchtlingsanerkennung 2015 bei 37 % lagen. Positive Feststellungen zur subsidiären Schutzberechtigung und zum Abschiebeschutz enthielten zusätzlich ca. 1,5 % der Entscheidungen des BAMF. 37 % der Anträge wurden abgelehnt. Der Rest hat sich anderweitig erledigt.[2]

---

[1] Genfer Flüchtlingskonvention, siehe Glossar → S. 379.
[2] Alle Angaben aus BAMF, Statistik vom 11.9.2015, www.bamf.de.

Zu 1:
Für die **Asylanerkennung** wird weiterhin ausschließlich eine staatliche Verfolgung akzeptiert, die in ihrer Zielrichtung gegen eine bestimmte politische, weltanschauliche, religiöse Weltanschauung oder soziale Gruppenzugehörigkeit gerichtet ist. Staatliche Verfolgung ist danach nur möglich, wenn ein Staat mit der Fähigkeit, Staatsmacht auszuüben, vorhanden ist.[1] Verfolgungen im Zusammenhang mit Krieg- und Bürgerkrieg werden damit weit gehend ausgeschlossen. Eine Verfolgung ist asylrelevant, wenn sie dem Einzelnen »gezielt Rechtsverletzungen zufügt, die ihn ihrer Intensität nach aus der übergreifenden Friedensordnung der staatlichen Einheit ausgrenzen«.[2] In den meisten Fällen scheitert die Anerkennung bereits daran, dass die Betroffenen über einen sicheren Drittstaat eingereist sind und damit von den Vergünstigungen des grundrechtlichen Asylschutzes ausgeschlossen sind (Art. 16a Abs. 2 Satz 2 GG).

Beispiel
(in Anlehnung an VG Frankfurt am Main vom 24.10.2007 – 6 K 1556/02.A)

Félix reist auf dem Luftweg mit einem gefälschten Pass aus dem Tschad über den Flughafen Frankfurt ein. Bei der Einreisekontrolle wird die Fälschung aufgedeckt. Félix beantragt unverzüglich Asyl und wird im Rahmen des »Flughafenverfahrens« auf dem Gelände untergebracht und angehört. Er gibt an, Mitglied der Rebellenorganisation FARF (Forces armées pour la République Fédérale) gewesen zu sein und in direkter Zuarbeit für den Präsidenten der Organisation logistische Aufgaben wahrgenommen zu haben. Er habe im Tschad deshalb bereits ohne Anklage im Gefängnis gesessen. Das BAMF stellt fest, es seien erhebliche weitere Ermittlungen erforderlich. Félix kann nach Deutschland einreisen und wird der Erstaufnahmeeinrichtung in Gießen zugewiesen. Es wird kein Dublin III-Verfahren eingeleitet, da Félix vor seiner Einreise nach Deutschland keinen anderen EU-Staat berührt hat und auch sonst keine Beziehung zu einem anderen EU-Staat hat. Nachdem seine Angaben überprüft und weitere Details abgefragt worden sind, wird Félix als Asylberechtigter anerkannt. Es wird festgestellt, dass
– es sich um eine Verfolgung durch staatliche Organe handelt,
– der Tschad über ein funktionierendes Staatssystem verfügt und
– die Verfolgung auf die politische Tätigkeit von Félix zielte.

---

[1] BVerfG vom 10.7.1989, BVerfGE 80, 315 ff.
[2] BVerfG vom 2.7.1980, NJW 1980, 2641 ff; BVerfG vom 27.4.2004, NVwZ-RR 2004, 613 f.

- Auch wurde Félix bereits vor seiner Ausreise verfolgt, es ist daher ein herabgestufter Wahrscheinlichkeitsmaßstab anzulegen. Eine weitere Verfolgung bei Rückkehr kann nicht mit hinreichender Sicherheit ausgeschlossen werden.
- Es besteht keine inländische Fluchtalternative, das heißt, Félix könnte sich nicht in einen anderen Teil des Tschads begeben, in dem er vor Verfolgung sicher wäre.
- Er ist auch nicht über einen sicheren Drittstaat eingereist

Zu 2:
Die **Anerkennung als Konventionsflüchtling** folgt anderen Kriterien. Durch die Qualifikationsrichtlinie[1] wurden auf der Rechtsebene der EU einheitliche Maßstäbe zur Auslegung und Anwendung der GFK festgelegt. Die wichtigsten Unterschiede sind:
- Die begründete Furcht vor Verfolgung kann sich auch auf private Akteure beziehen, wenn in der Realität keine Möglichkeit besteht, Schutz vor Verfolgung von staatlichen Stellen oder internationalen Organisationen zu erlangen.
- Es wird nicht allein die Religionsausübung als private Betätigung geschützt, sondern auch die Darstellung der Religionszugehörigkeit in der Öffentlichkeit.[2]
- Flüchtlingsschutz genießen auch Personen, die erst nach ihrer Ausreise durch ihre politische, weltanschauliche oder religiöse Betätigung der Gefahr einer Verfolgung in ihrem Herkunftsstaat ausgesetzt werden.
- Die Einreise über einen sicheren Drittstaat steht der Anerkennung nicht entgegen. Soweit die Einreise allerdings über einen anderen Schengenstaat erfolgte, werden die Antragsteller zur Durchführung des Verfahrens an diesen Staat überstellt (so genanntes Dublin III-Verfahren).[3]

---

[1] Siehe Glossar → S. 370.
[2] EuGH vom 5.9.2012 – C-71/11.
[3] Ausnahmen von dieser Zuständigkeitsregelung bestehen, wenn Deutschland ein Visum erteilt hat oder sich Familienangehörige in Deutschland aufhalten; Verordnung (EG) Nr. 604/2013 des Rates vom 26.6.2013 zur Festlegung der Kriterien und Verfahren zur Bestimmung des Mitgliedsstaates, der für die Prüfung eines für einen Drittstaatsangehörigen oder Staatenlosen in einem Mitgliedsstaat gestellten Antrag auf internationales Schutz zuständig ist (Dublin III ABl. EGL 180/31 vom 29.6.2013, in Kraft seit 19.7.2013.

11 Aufenthaltserlaubnis aus humanitären Gründen

> **Beispiel**
> (in Anlehnung an VG Hamburg vom 7.11.2005 – 4 A 1970/03)
>
> Dora, Staatsangehörige von Kamerun, reist mit einem Schengenvisum der deutschen Botschaft über Paris mit dem Zug nach Deutschland ein. Bei der Ausländerbehörde Köln stellt sie einen Asylantrag wegen drohender Zwangsverheiratung in Kamerun. Diese leitet den Antrag an das BAMF weiter. Dora wird in Köln angehört und dann der Erstaufnahmeeinrichtung in Sachsen zugewiesen. Die Prüfung des Antrags ergibt, dass Dora nicht als Asylberechtigte anerkannt werden kann, weil
> – die Zwangsverheiratung durch die Eltern keine staatliche Verfolgung darstellt und
> – sie über Frankreich, einen sicheren Drittstaat, eingereist ist.
>
> Sie wird jedoch als Flüchtling nach der Genfer Flüchtlingskonvention (§ 60 Abs. 1 AufenthG) anerkannt, weil
> – die Zwangsverheiratung einen schwer wiegenden Eingriff in das Recht auf persönliche Freiheit und auf sexuelle Selbstbestimmung (diese gilt als Teil des Rechts auf körperliche Unversehrtheit) darstellt und
> – die Intensität dieses Eingriffs den Charakter einer Verfolgung hat.
> – Die Verfolgung wird durch private Akteure ausgeübt, es besteht aber keine Möglichkeit, Schutz vor dieser Verfolgung durch staatliche Organe zu erhalten.
> – Auch besteht für sie keine inländische Fluchtalternative, da sie als alleinstehende junge Frau in anderen Teilen des Landes nicht überlebensfähig wäre.
> – Deutschland ist für die Durchführung des Verfahrens nach der Dublin III-Verordnung auch zuständig, weil sie mit einem deutschen Schengenvisum eingereist ist

Für die Anerkennung von Konventionsflüchtlingen ist Voraussetzung, dass die Verfolgung landesweit besteht, der Flüchtling also nicht die Möglichkeit hat, in einem anderen Landesteil sicher zu leben. Er kann allerdings nicht auf andere Gebiete in seinem Herkunftsstaat verwiesen werden, wenn er dort anderweitigen Gefahren ausgesetzt wäre, wie z. B. Krieg, Bürgerkrieg oder einer die Existenz bedrohenden Notlage.

Das Bundesamt darf die Flüchtlingsanerkennung nicht vornehmen, wenn
- der Flüchtling aus schwer wiegenden Gründen eine Gefahr für die Sicherheit der Bundesrepublik darstellt;
- der Flüchtling rechtskräftig zu einer Freiheitsstrafe von mindestens drei Jahren verurteilt worden ist und dadurch eine Gefahr für die Allgemeinheit darstellt;
- der begründete Verdacht besteht, dass der Flüchtling ein Verbrechen gegen den Frieden, ein Kriegsverbrechen oder ein Verbrechen gegen die Menschlichkeit begangen hat;[1]
- der begründete Verdacht besteht, dass er vor seiner Asylantragstellung außerhalb des Bundesgebiets ein schweres nichtpolitisches Verbrechen begangen hat (es handelt sich um die Ausschlussklausel des Art. 14 Abs. 2 Genfer Konvention) oder
- der Flüchtling Handlungen begangen hat, die den Zielen der Vereinten Nationen zuwiderlaufen.[2]

Zu 3:
Die Feststellung eines **subsidiären Schutzstatus** erfolgt, wenn keine Verfolgung wegen eines asylrelevanten Merkmals zu befürchten ist, aber ein ernsthafter Schaden droht.
Drei Ausprägungen dieses Schadens legen die Verfahrensrichtlinie und entsprechend § 4 AsylG fest:

- **Gefahr der Todesstrafe**
  Liegt bereits eine Verurteilung zum Tode vor, kommt es allein darauf an, ob die Gefahr einer Vollstreckung besteht. Beseitigt werden kann diese nur, wenn die Vollstreckungen in einem Land generell nicht mehr durchgeführt werden, entweder aufgrund amtlicher Verfügungen oder langjähriger Praxis.
  Im Übrigen ist zu prüfen, ob eine hinreichende Wahrscheinlichkeit für eine Verurteilung zum Tode und deren Vollstreckung besteht.

---

[1] Erfasst werden Verbrechen im Sinne der Londoner Erklärung von 1945; Erläuterungen hierzu siehe UNHCR, ZAR 2004, S. 207, 208.
[2] Es besteht keine Einigkeit zwischen den Staaten, welche Handlungen von dieser Klausel erfasst werden sollen, siehe Davy, ZAR 2003, S. 43, 48; siehe auch UNHCR, ZAR 2004, S. 207, 208.

- **Gefahr der Folter oder der unmenschlichen oder erniedrigenden Behandlung oder Bestrafung**
Werden in einem Staat regelhaft Folter oder grausame Körperstrafen bei strafrechtlichen Ermittlungen eingesetzt, können auch Verfolgungen wegen kriminellen Unrechts zum Anspruch auf Schutz führen. Nach der Rechtsprechung des Europäischen Gerichtshofs für Menschenrechte (EGMR) stellt auch eine mangelnde medizinische Behandlung, die den Menschen dem Tod oder einer erheblichen Gesundheitsgefahr aussetzt, eine unmenschliche Behandlung dar (EGMR vom 2.5.1997 – 30240/96). Allerdings liegt die Schwelle besonders hoch, wenn die unmenschliche Behandlung nicht unmittelbar auf staatliche Maßnahmen zurückzuführen sind. Eine hypothetische Gefahr reicht ebenso wenig aus wie eine Verschlechterung der Behandlungsbedingungen. Es muss vielmehr eine sehr konkrete Leib- oder Lebensgefahr durch die fehlenden Behandlungsmöglichkeiten nachgewiesen werden.[1]

- **Willkürliche Gewalt im Rahmen eines internationalen oder innerstaatlichen bewaffneten Konflikts**
Einen Anspruch auf diesen Schutz haben Flüchtlinge, die nicht wegen eines individuellen Merkmals verfolgt werden, ihr Heimatland jedoch wegen einer unmittelbaren, auf ihre Person bezogenen Gefahr für Leib und Leben in einer Kriegs- oder Bürgerkriegssituation verlassen haben.
Es reicht noch nicht aus, festzustellen, dass in dem jeweiligen Land eine bewaffnete Auseinandersetzung stattfindet, diese muss auch zu einer konkreten Bedrohung für den einzelnen Flüchtling führen. Eine individuelle Gefahr muss aber nicht mehr nachgewiesen werden, wenn der Grad der willkürlichen Gewalt ein so hohes Niveau erreicht hat, das Menschen allein wegen ihrer Anwesenheit im Kriegsgebiet einer realen Leib- und Lebensgefahr ausgesetzt sind.[2]

---

[1] EGMR vom 6.2.2001 – 44599/98 – ablehnend bei Behandlung von Schizophrenie in Algerien; EGMR vom 26.2.2015 – Nr. 1412/12 ablehnend bei dialysepflichtigem Flüchtling aus Kirgisistan; EGMR vom 27.2.2014 – Nr. 70055/10 ablehnend bei HIV-infizierter Frau mit drei Kindern aus Nigeria. Allerdings wird das Gericht auch aus den eigenen Reihen kritisiert (Abweichende Voten in den beiden letzten Verfahren).
[2] EuGH vom 17.2.2009 – C 465/07.

Zu 4:
Die Feststellung eines nationalen **zielstaatsbezogenen Abschiebehindernisses** nach § 60 Abs. 5 und Abs. 7 AufenthG erfasst die verbleibenden Fälle, in denen Flüchtlinge einer individuellen unmittelbaren Gefahr für Leib- und Leben ausgesetzt sind. Hierunter fallen insbesondere soziale Umstände, die ein Überleben für bestimmte Personen oder Personengruppen im Herkunftsstaat unmöglich oder unzumutbar machen. Der Wortlaut des § 60 Abs. 7 AufenthG beschränkt den Schutz auf individuelle Gefahren und nimmt die Gefährdungen aus, denen die Bevölkerung in einer Region allgemein ausgesetzt ist. Diese Einschränkung ist so allgemein aber nicht mit dem Schutz der Menschenwürde und des Lebens nach Art. 1 Abs. 1 und Art. 2 GG vereinbar. Eine Abschiebung ist immer dann unzulässig, wenn der Mensch gleichsam sehenden Auges dem sicheren Tod oder schwersten Verletzungen ausgeliefert würde.[1]

Bei Feststellung von zielstaatsbezogenen Abschiebehindernissen im Bescheid des BAMF soll die Aufenthaltserlaubnis nach § 25 Abs. 3 AufenthG ausgestellt werden, es sei denn, es gibt einen aufnahmebereiten Drittstaat ohne Gefährdung, es wird grob gegen Mitwirkungspflichten (z. B. Passbeschaffung) verstoßen oder die Person stellt eine erhebliche Gefahr für die öffentliche Sicherheit und Ordnung dar.[2]

Über das Vorliegen von Abschiebehindernissen entscheidet die Ausländerbehörde, wenn weder gleichzeitig noch früher ein Asylantrag gestellt worden ist (»einmal Bundesamt, immer Bundesamt«). Vor einer Entscheidung muss sie jedoch die Stellungnahme des BAMF einholen (§ 72 Abs. 2 AufenthG).

Hat das BAMF im Rahmen eines Asylverfahrens oder auch isoliert über das Vorliegen eines der oben genannten Abschiebehindernisse entschieden, so ist die Ausländerbehörde nach § 42 AsylG an diese Entscheidung gebunden. Die Entscheidung kann gemäß § 73 Abs. 3 AsylG nur durch das BAMF abgeändert werden.

Für die Durchführung des Asylverfahrens wird den Antragstellern nach der Registrierung eine Bescheinigung über die Meldung als Asylsuchen-

---

[1] BVerwG vom 17.10.1995 – 9 C 9/95; BVerwG vom 23.8.2006 – 1 B 60.6.
[2] Die einzelnen Ausnahmetatbestände finden sich unter § 25 Abs. 3 AufenthG.

der (BüMA, § 63a AsylG) und bei Asylantragstellung beim BAMF eine Aufenthaltsgestattung (§ 55 AsylG) erteilt, deren Gültigkeit (unabhängig von dem Datum, welches die Bescheinigung enthält) mit dem rechtskräftigen Ende des Asylverfahrens erlischt. In den ersten sechs Wochen nach der Antragstellung (verlängerbar bis längstens sechs Monate) werden Asylbewerber einer so genannten Erstaufnahmeeinrichtung zugewiesen (§ 47 AsylG). Antragstellerinnen aus »sicheren Herkunftsstaaten«[1] müssen ohne zeitliche Befristung bis zur Anerkennung oder bis zur Abschiebung in der Aufnahmeeinrichtung bleiben. Es soll ein Verfahren mit verkürzten Rechtsmittelfristen, vergleichbar dem Flughafenverfahren, in speziellen Einrichtungen eingeführt werden. Im übrigen kann die Zuweisung zu Aufnahmeeinrichtungen im gesamten Bundesgebiet erfolgen, weil jedem Bundesland bestimmte Aufnahmequoten zugeteilt sind. Allein die Frage, welches Bundesland noch offene Kapazitäten hat, entscheidet also über den Zuweisungsort. Kann das Verfahren nicht innerhalb von sechs Monaten abgeschlossen werden oder ist schon vorher absehbar, dass es längere Zeit in Anspruch nehmen wird, so werden Asylbewerber aus der Einrichtung entlassen und einzelnen Kommunen zugewiesen, die dann für die Unterbringung verantwortlich sind (§ 50 AsylG). In der Regel werden sie dort in Gemeinschaftsunterkünften untergebracht (§ 53 AufenthG).[2] Diskutiert werden auch Aufnahmeeinrichtungen an der Grenze, in denen Flüchtlinge inhaftiert werden können, bis ihr Verfahren abgeschlossen ist.

Während der Zeit in der Erstaufnahmeeinrichtung darf der Bezirk der zuständigen Ausländerbehörde nicht verlassen werden (§ 56 AsylG), es sei denn zu Behörden- und Gerichtsterminen (§ 57 Abs. 3 AsylG) ohne Genehmigung, zu Besuchen bei Anwälten und Flüchtlingshilfsorganisationen (§ 57 Abs. 2 AsylG) mit einer Genehmigung (die unverzüglich zu erteilen ist) und aus sonstigen zwingenden Gründen mit einer nach Ermessen zu erteilenden Genehmigung (§ 57 Abs. 1 AsylG).[3]

---

[1] Albanien, Bosnien, und Herzegowina, Ghana, Kosovo, Mazedonien, Montenegro, Senegal, Serbien.
[2] Die derzeitige Überlastung des Systems hat dazu geführt, dass der Ablauf dieses Verfahrens nicht mehr normgerecht eingehalten wird. Es gibt Notunterkünfte, die Registrierung und insbesondere die eigentliche Asylantragstellung kann sich um Wochen oder sogar Monate verzögern.
[3] In der Praxis wird die Erlaubnis z.B. erteilt, wenn Frauen zum Schutz vor Gewalt in ein Frauenhaus aufgenommen werden müssen, anlässlich von Geburt, Hochzeit und Tod naher Angehöriger oder zum Aufsuchen von Fachärzten, Kliniken oder Psychotherapeuten.

Nach Entlassung aus der Erstaufnahmeeinrichtung kann das Verlassen des Bezirks auch allgemein gestattet werden. Hiervon muss in der Regel Gebrauch gemacht werden, wenn es zum Arbeiten, dem Schul- oder Hochschulbesuch erforderlich ist (§ 58 Abs. 1 AsylG). Die meisten Bundesländer haben von der Option in § 58 Abs. 6 AsylG Gebrauch gemacht und den vorübergehenden Aufenthalt (nicht Verlegung des Wohnsitzes!) im Gebiet des gesamten Landes erlaubt.

Als wesentliche Erleichterung wurde Ende 2014 der Wegfall der Residenzpflicht nach drei Monaten Aufenthalt (§ 59a AsylG), gerechnet ab der ersten Registrierung als asylsuchend, geduldet oder mit erlaubter Einreise. Hergestellt wird damit die bundesweite Bewegungsfreiheit für Flüchtlinge, nicht aber das Recht, den Wohnort zu verlegen. Dafür ist auch weiterhin ein aufwendiges Umverteilungsverfahren erforderlich, welches nur auf zwingende Gründe (Familienzusammenführung, Facharztbehandlung, Gewaltschutz) gestützt werden kann. Keine Bewegungsfreiheit besteht, solange Asylbewerberinnen in der Aufnahmeeinrichtung bleiben müssen; für Menschen aus »sicheren Herkunftsstaaten« also während des gesamten Verfahrens nicht.
Die räumliche Beschränkung kann auch wieder angeordnet werden nach einer strafrechtlichen Verurteilung, dem begründeten Verdacht eines Rauschgiftdelikt oder wenn die Abschiebung konkret bevorsteht (§ 59b AsylG).

Für unbegleitete minderjährige Flüchtlinge gelten Sonderregelungen im Asylverfahren. Ihnen ist stets ein Vormund zu bestellen (§ 42 Abs. 1 Nr. 3 SGB VIII) und die Unterbringung muss zwingend in Einrichtungen erfolgen, die den besonderen Bedürfnissen von Kindern und Jugendlichen entsprechen. In der Regel sollte dies eine Jugendhilfeeinrichtung sein.

Für Antragsteller aus »sicheren Herkunftsstaaten« besteht ein generelles Arbeitsverbot (§ 61 AsylG).

Der Arbeitsmarktzugang erfolgt in vier Phasen, wobei die Zeiten sich jeweils ab der ersten Registrierung errechnen:

1. **Drei Monate oder bis zur Entlassung aus der Aufnahmeeinrichtung**: Arbeitsverbot (§ 61 AsylG)

2. **Bis zum 15. Monat**: Beschäftigungserlaubnis mit Vorrangprüfung (siehe → S. 49). Ausnahmen:
   - Ohne Zustimmung:
   Aufnahme einer betrieblichen Berufsausbildung (§ 32 Abs. 2 Nr. 2, Abs. 4 BeschV), eine Einstiegsqualifizierung nach § 54a SGB III (§ 32 Abs. 2 Nr. 1, Abs. 4 BeschV), eine Beschäftigung als Akademiker mit einem inländischen Hochschulabschluss oder einer Bezahlung auf dem Niveau der Blauen Karte EU (§§ 32 Abs. 2 Nr. 3, Abs. 4, 2 Abs. 1 BeschV, siehe → S. 73), Freiwilligendienste (§§ 32 Abs. 2 Nr. 3, Abs. 4, 14 BeschV) und Praktika zu Weiterbildungszwecken (§§ 32 Abs. 2 Nr. 3, Abs. 4, 15 BeschV).
   - Ohne Vorrangprüfung (§ 32 Abs. 5 Nr. 1 BeschV):
   MINT-Berufe mit reduziertem Gehalt wie bei der Blauen Karte EU (§ 2 Abs. 2 BeschV, siehe auch → S. 73). Mit inländischem Berufsabschluss oder anerkanntem ausländischen Berufsabschluss in einem Mangelberuf (§ 6 BeschV). Für eine Anpassungsmaßnahme zur Anerkennung eines ausländischen Berufsabschlusses (§ 8 BeschV).

3. **Ab dem 16. Monat**: Beschäftigungserlaubnis ohne Vorrangprüfung (§ 32 Abs. 5 Nr. 2 BeschV).

4. **Nach vier Jahren**: Beschäftigungserlaubnis ohne Zustimmung der AA (§ 32 Abs. 3, Abs. 4 BeschV).

Soziale Leistungen erhalten Asylbewerber ausschließlich nach den Bestimmungen des Asylbewerberleistungsgesetzes (AsylbLG). Seit dem Urteil des BVerfG vom 18.7.2012[1] wurde die Neufassung des AsylbLG erforderlich, welches zum 1.3.2015 in Kraft trat.

Das Leistungsniveau wurde im Wesentlichen dem Niveau der SGB II-Leistungen unter Herausrechnung der Positionen für Hausrat, Unterkunft und Heizung angepasst. Der Anteil für die Deckung persönlicher Bedürfnisse soll in den Aufnahmeeinrichtungen grundsätzlich nicht mehr in Geld ausbezahlt werden (§ 3 Abs. 1 Satz 2–5 AsylbLG).

---

[1] 1 BvL 10/10; 1 BvL 2/11.

Soweit Asylbewerberinnen nicht mehr in Erstaufnahmeeinrichtungen untergebracht sind, sollen die Leistungen (abgesehen von Unterkunft, Heizung und Hausrat) vorrangig als Geldleistungen ausgezahlt werden (§ 3 Abs. 2 AsylbLG). Ein alleinstehender Erwachsener erhält derzeit insgesamt 364 € (2016).

15 Monate nach der ersten Registrierung werden die Leistungen analog der Leistungen nach SGB XII gezahlt (§ 2 AsylbLG), das bedeutet grundsätzlich auch einen Anspruch auf die Finanzierung einer angemessenen Wohnung auf dem freien Wohnungsmarkt. Dem steht jedoch eine Verpflichtung in der Aufenthaltsgestattung zur Wohnsitznahme in einer bestimmten Unterkunft entgegen. Viele Kommunen ermöglichen aber den Auszug, wenn es gelingt eine angemessene (preiswerte) Wohnung zu finden.

Noch besteht in den ersten 15 Monaten ein reduzierter Anspruch auf Gesundheitsversorgung. Allerdings gehen die Bundesländer verstärkt zur Einführung einer Krankenversicherungskarte (mit gewissen Einschränkungen) über. Diese Lösung ist jetzt auch gesetzlich vorgesehen.

11.2.2 Aufenthaltserlaubnis
(§ 25 Abs. 1 oder Abs. 2 AufenthG)

Erteilungsvoraussetzungen

Mit der Anerkennungsentscheidung als Asylberechtigte, als Flüchtling nach der GFK (Konventionsflüchtling) oder als subsidiär Schutzberechtigte durch das BAMF entsteht der Anspruch auf die Aufenthaltserlaubnis nach § 25 Abs. 1 bzw. Abs. 2 AufenthG.

Die allgemeinen Erteilungsvoraussetzungen nach § 5 AufenthG (gesicherter Lebensunterhalt, geklärte Identität, kein Ausweisungsinteresse, Einreise mit dem erforderlichen Visum) dürfen für diese Aufenthaltserlaubnisse nicht gefordert werden (§ 5 Abs. 3 AufenthG).

Asylberechtigte und Konventionsflüchtlinge haben einen Anspruch auf Ausstellung eines Reiseausweises für Flüchtlinge, da sie nach § 2 AsylG im Bundesgebiet die Rechtsstellung eines Flüchtlings nach der Genfer Konvention genießen. Dieser Pass wird von der zuständigen Ausländerbehörde ausgestellt (leicht zu erkennen an der hellblauen Farbe mit zwei dunkelblauen Querstreifen). Die Inhaber des Passes erfüllen damit die Voraussetzung des Passbesitzes nach § 3 AufenthG, einen Nationalpass benötigen sie nicht. Beschaffen sich Asylberechtigte dennoch einen Nationalpass, so erlischt ihre Asylanerkennung (§ 71 Abs. 1 Nr. 1 AsylG).[1]

Die subsidiäre Schutzgewährung führt nicht zur Ausstellung eines Flüchtlingsausweises, vielmehr muss ein nationales Pass beschafft werden, soweit dies möglich ist. Es besteht jedoch nach Art. 25 Abs. 2 der Qualifikationsrichtlinie ein Rechtsanspruch auf die Ausstellung eines Reiseausweises für Ausländer (§ 5 AufenthV), wenn ein Nationalpass nicht beschafft werden kann. Welche Anforderungen an die Bemühungen um einen Pass gestellt werden, hängt auch davon ab, welche Informationen über das Verhalten der jeweiligen Botschaften vorliegen. Informationen finden sich unsystematisch in der Informationsdatenbank MILO des BAMF (https://milo.bamf.de). Subsidiär Schutzberechtigte erhalten eine Aufenthaltserlaubnis nach § 25 Abs. 2, 2. Alternative.

---

[1] Diese Regelung muss allerdings gestrichen werden, weil nach Art. 44 RL 2013/32/EU die Anerkennung als Flüchtling nur in einem ordentlichen Verwaltungsverfahren entzogen werden darf.

Der Anspruch auf Erteilung einer Aufenthaltserlaubnis besteht nicht, wenn der Ausländer aus schwer wiegenden Gründen der öffentlichen Sicherheit und Ordnung ausgewiesen worden ist.

Die Ausweisung muss schon während des laufenden Asylverfahrens verfügt worden sein.

Wurden Asylberechtigte, Konventionsflüchtlinge oder subsidiär Schutzberechtigte ausgewiesen, so ist ihnen eine Duldung zu erteilen, wenn ein Abschiebehindernis vorliegt.

Allerdings gibt § 58a AufenthG den Landesinnenministern oder dem Bundesinnenminister die Möglichkeit, eine Abschiebung zu verfügen, wenn dies »auf Grund einer auf Tatsachen gestützten Prognose zur Abwehr einer besonderen Gefahr für die Sicherheit der Bundesrepublik Deutschland oder einer terroristischen Gefahr« erforderlich ist. In diesem Fall ist keine Ausweisung oder Androhung der Abschiebung erforderlich. Die Feststellung der Verfolgungstatbestände im Asylverfahren verliert ihre Bindungswirkung und sonstige bereits anhängige Verfahren können unbeachtet bleiben. Der Ausländer ist während eines Rechtsmittelverfahrens gemäß § 62 Abs. 2 Nr.1a AufenthG in Sicherungshaft zu nehmen. Die Rechtsmittelfrist beträgt sieben Tage, der Eilantrag ist unmittelbar an das Bundesverwaltungsgericht zu richten, die erste und einzige Überprüfungsinstanz. Im Rahmen dieses Verfahrens sind auch bestehende Abschiebungshindernisse zu prüfen.

Verlängerung und Verfestigung

Bei der Verlängerung und Verfestigung wird wieder unterschieden zwischen Asylberechtigten und anerkannten Flüchtlingen einerseits und den subsidiär Schutzberechtigten anderseits.

Asylberechtigte/anerkannte Flüchtlinge

Die Aufenthaltserlaubnis wird zunächst für drei Jahre erteilt.

Sie darf nicht mit einer Wohnsitzauflage verbunden werden. Das BVerwG hat bestätigt,[1] dass anerkannte Flüchtlinge (und damit auch Asylberechtigte) nach Art. 23 GFK grundsätzlich Freizügigkeit in Deutschland genießen.

---

[1] BVerwG vom 15.1.2008 – 1 C 17.07.

Nach drei Jahren des Besitzes einer Aufenthaltserlaubnis besteht ein Rechtsanspruch auf die Erteilung einer Niederlassungserlaubnis. Es müssen weder die Voraussetzungen nach § 9 AufenthG noch die allgemeinen Erteilungsvoraussetzungen nach § 5 Abs. 1 AufenthG (siehe § 5 Abs. 3 AufenthG) vorliegen. Der Bezug von Alg II oder Sozialhilfe ist also unschädlich.

Bislang musste vor der Erteilung der Niederlassungserlaubnis stets das BAMF eingeschaltet werden, welches zu prüfen hatte, ob nach § 73 Abs. 2a AsylG Gründe für einen Widerruf oder eine Rücknahme vorliegen. Mit der Gesetzesänderung zum Juli 2015 wurde die Regelung des § 26 Abs. 3 AufenthG so umgestaltet, dass die Ausländerbehörden keine Anfrage mehr an das BAMF stellen müssen und dieses von sich aus entscheidet, in welchen Fällen ein Widerruf oder eine Rücknahme geprüft werden soll. Das bedeutet praktisch, dass eine Prüfung nur noch durchgeführt wird, wenn sich entweder im Herkunftsland grundlegende Verbesserungen oder zumindest Veränderungen der Verfolgungssituation ergeben haben, oder wenn besondere individuelle Gründe für einen Widerruf (z.B. bei einer förmlichen Rehabilitation eines Verfolgten, der Machtübernahme durch die Organisation, welcher er oder sie angehörte) oder eine Rücknahme (z.B. bei falschen Angaben, Täuschung über die Identität) bekannt geworden sind. Diese Änderung führt dazu, dass die meisten Flüchtlinge nicht nach drei Jahren nochmal um ihren Status bangen müssen und zugleich zu einer deutlichen bürokratischen Entlastung des BAMF.

Von einem Widerruf nach § 73 Abs. 1 Satz 3 AsylG (ebenso Art. 1 C Nr. 5 GFK) ist abzusehen, wenn die Rückkehr aus zwingenden Gründen, die sich aus der früheren Verfolgung ergeben, unzumutbar ist. Häufig haben die erlittene Gewalt und Verfolgung zu einer posttraumatischen Belastungsstörung (PTBS) geführt. Auch nach einem Regimewechsel oder einer Beruhigung der Verhältnisse im Herkunftsland kann die psychische Erkrankung erneut aufbrechen, wenn Flüchtlinge durch eine Rückkehr an die früheren Ereignisse erinnert werden.[1] Diese Beschränkung der Widerrufsmöglichkeit wird in den Verfahren des BAMF oft nicht ausreichend berücksichtigt.[2] Das BVerwG hatte die Frage, unter welchen Voraussetzungen die Flüchtlingsanerkennung widerrufen werden kann, dem Europäischen Gerichtshof vorgelegt.[3] Mit der Entscheidung des EuGH[4] wurde der Maßstab des BVerwG im

---

[1] VGH Baden-Württemberg vom 5.11.2007 – A 6 S 1097/05; Gierlichs, ZAR 2006, S. 277 ff.
[2] Siehe auch Pfaff, ZAR 2003, S. 225, 228; Salomons/Hruschka, ZAR 2004, S. 386 ff.
[3] BVerwG vom 7.2.2008 – 10 C 33.07.
[4] EuGH vom 2.3.2010 – C-175/08.

Wesentlichen bestätigt. Die Verfolgungsgründe sind wie in einem Erstverfahren zu prüfen.

Wird festgestellt, dass die Voraussetzungen der Anerkennung nicht oder nicht mehr vorliegen, so ist in der Regel auch die Verlängerung der Aufenthaltserlaubnis zu versagen und zur Ausreise aufzufordern. Die Aufforderung ist mit der Androhung der Abschiebung nach § 59 AufenthG (→ S. 270) zu verbinden.

Das BAMF muss im Widerrufsverfahren immer auch prüfen, ob andere zielstaatsbezogene Abschiebehindernisse[1] vorliegen. Die Ausländerbehörden sind an das Ergebnis der Prüfung gebunden. Werden Abschiebehindernisse festgestellt, so ist in der Regel eine Aufenthaltserlaubnis nach § 25 Abs. 3 AufenthG zu erteilen. Werden sie aber verneint, so können sich die Betroffenen nicht mehr auf Gefahren im Herkunftsland berufen, wenn die Ausländerbehörde ihren Aufenthalt beenden will.

Der Ausländer kann allerdings eine neue Aufenthaltserlaubnis beantragen, die auf einen anderen Erlaubnistatbestand gegründet wird. In Betracht kommt hier vor allem der Aufenthalt zum Zweck der Erwerbstätigkeit (zu den Voraussetzungen siehe → S. 71) oder ein Aufenthalt aus sonstigen humanitären Gründen, z. B. nach § 25 Abs. 5 AufenthG, wenn ein inlandsbezogenes Abschiebehindernis[2] vorliegt.

Der Antrag auf Verlängerung der Aufenthaltserlaubnis kann auch auf § 25 Abs. 4 Satz 2 AufenthG gestützt werden (→ S. 214), wenn das Verlassen des Bundesgebiets für den Ausländer aufgrund der besonderen Umstände eine außergewöhnliche Härte bedeuten würde. Da eine gesetzliche Härtefallregelung zur Verfügung steht, ist für eine Entscheidung der Härtefallkommission außerhalb der gesetzlichen Ansprüche in der Regel kein Raum.

Beispiele

Ein politischer Oppositioneller aus Tunesien wird Anfang 2009 als Asylberechtigter anerkannt, weil er von der tunesischen Regierung wegen seiner öffentlich geäußerten Auffassungen verfolgt wird. 2010 kommt es zum Sturz des Regimes. Bei der Überprüfung 2012 wird ihm die Asylberechtigung aberkannt und er wird zur Ausreise aufgefordert.

---

[1] Siehe Glossar → S. 382.
[2] Siehe Glossar → S. 382.

- In der Zwischenzeit hat er ein Masterstudium in politischen Wissenschaften absolviert und ist bei einer überregionalen Zeitung als Afrikakorrespondent angestellt. Ihm kann die Aufenthaltserlaubnis zum Zweck der Beschäftigung nach § 18 AufenthG i.V.m. § 2 Abs. 1 Nr. 3 BeschV erteilt werden oder die Blaue Karte EU ausgestellt werden, wenn er mindestens 4.032 € brutto verdient.

- Er ist Vater eines schwer behinderten Kindes, welches im Heimatland nicht behandelt werden kann.
Es liegt ein inlandsbezogenes Abschiebehindernis vor, die Aufenthaltserlaubnis kann (oder »soll«, siehe → S. 196) nach § 25 Abs. 5 AufenthG erteilt werden.

- Seit 2009 hat er als Bauhelfer gearbeitet, durch einen Arbeitsunfall ist er erwerbsunfähig geworden und erhält eine Rente der Berufsgenossenschaft. Die Aufenthaltsbeendigung könnte für ihn eine außergewöhnliche Härte bedeuten, es besteht die Möglichkeit der Verlängerung der bisherigen Aufenthaltserlaubnis nach § 25 Abs. 4 Satz 2 AufenthG.

Subsidiär Schutzberechtigte

Die Aufenthaltserlaubnis wird zunächst für ein Jahr erteilt, danach für weitere zwei Jahre (§ 26 Abs. 1 Satz 3 AufenthG). Ob die Erteilung einer Wohnsitzauflage zur Aufenthaltserlaubnis nach § 25 Abs. 2, 2. Alternative AufenthG zulässig ist, ist bislang noch nicht geklärt. Das BVerwG[1] hat diese Frage dem EuGH[2] zur Klärung vorgelegt.

Subsidiär Schutzberechtigte können die Niederlassungserlaubnis erst nach fünf Jahren und nur dann erhalten, wenn sie die Voraussetzungen des § 9 AufenthG (u. a. gesicherter Lebensunterhalt, fünf Jahre Rentenzahlungen, Sprachkenntnisse Niveau B 1) erfüllen (§ 26 Abs. 4 AufenthG).

Das BAMF kann auch hier ein Widerrufs- oder Rücknahmeverfahren durchführen, solange die Niederlassungserlaubnis noch nicht erteilt wurde. Zu den Anforderungen und Konsequenzen siehe oben unter »Asylberechtigte/anerkannte Flüchtlinge«.

---

[1] BVerwG vom 19.8.2014 – 1 C 1.14.
[2] EuGH, Az: C-444/14.

Familiennachzug

Ab der Erteilung der Aufenthaltserlaubnis besteht ein Anspruch auf Familiennachzug nach § 30 Abs. 1 Nr. 3c AufenthG für den Ehegatten oder Lebenspartner und nach § 32 Abs. 1 Nr. 1 AufenthG für die minderjährigen, ledigen Kinder. Das gilt seit Juli 2015 auch für die subsidiär Schutzbedürftigen. Allerdings soll das Recht auf Familiennachzug für subsidiär Schutzberechtigte für zwei Jahre ausgesetzt werden.

Wird der Nachzugsantrag innerhalb von drei Monaten nach Anerkennung gestellt (auch bei der hiesigen Ausländerbehörde oder direkt beim Auswärtigen Amt möglich) und bestand die Familie bereits im Herkunftsstaat, dürfen keine weiteren Anforderungen gestellt werden (§ 29 Abs. 2 AufenthG).

Bei einem späteren Antrag hat die Ausländerbehörde nach Ermessen zu entscheiden, wenn der Lebensunterhalt nicht gesichert werden kann oder kein ausreichender Wohnraum vorliegt (§ 29 Abs. 2 AufenthG). Angesichts des besonderen Gewichts des Schutzstatus nach der Genfer Flüchtlingskonvention, darf die Wirkung des Grundrechtsschutzes nach Art. 6 GG nicht eingeschränkt werden. Es kann allerdings verlangt werden, dass sich die Flüchtlinge ernsthaft um eine Arbeitsstelle und um Wohnraum für die Familie bemühen. Abgelehnt werden kann der Nachzug auch, wenn die Familieneinheit in einem anderen Staat hergestellt werden kann, etwa weil der Ehepartner in einem anderen Staat über ein Aufenthaltsrecht verfügt, welches auch den Familiennachzug ermöglicht.[1]

Für bereits in Deutschland lebende Familienangehörige ist diese Regelung von geringer Relevanz. Ehegatten oder Lebenspartner erhalten Familienasyl nach § 26 Abs. 1 AsylG bzw. Familienschutz nach § 26 Abs. 5 AsylG, wenn die Ehe schon im Heimatland bestanden hat. Sie müssen dazu unmittelbar nach ihrer Einreise ebenfalls einen Asylantrag stellen. Für die Kinder bis zum 16. Geburtstag gilt der Antrag nach § 14a AsylG als gestellt, wenn sie sich zum Zeitpunkt der Asylantragstellung eines Elternteils im Bundesgebiet aufhalten, während des Verfahrens einreisen oder hier geboren werden. Ältere Kinder müssen einen eigenen Antrag stellen. Entscheidend ist, dass das Kind zum Zeitpunkt seiner Antragstellung noch minderjährig und ledig ist. Es erhält auch dann Familienasyl, wenn es erst nach der Anerkennung eines Elternteils geboren wird.

Die Eltern und Geschwister eines minderjährigen Asylberechtigten, anerkannten Flüchtlings oder subsidiär Schutzberechtigten erhalten den gleichen

---

[1] VwV AufenthG 29.2.1, 29.2.2.1.

Rechtsstatus, wenn die Familieneinheit bereits im Herkunftsland bestand und sie entweder vor dem anerkannten Minderjährigen eingereist sind oder den Asylantrag unverzüglich (die angemessene Zeit für eine Beratung muss eingeräumt werden) nach Einreise gestellt haben (§ 26 Abs. 3 und Abs. 5 AsylG).

Als besonders problematisch erweisen sich die Fälle, in denen ein bereits volljähriges Kind mit der Familie einreist oder später nachreist. Hier ist keine Einbeziehung in das Familienasyl mehr möglich, es gibt auch keinen Rechtsanspruch auf Familienzusammenführung. Oft handelt es sich um Kinder, die noch in der vollständigen wirtschaftlichen Abhängigkeit von ihren Eltern leben und für die sich eine Rückkehr ins Heimatland ohne den Schutz der übrigen Familie, die in Deutschland bleibt, besonders schwierig ist. In vielen Staaten haben sie ohne familiäre Unterstützung keinerlei Existenzmöglichkeiten; besonders betroffen sind junge Frauen. Der Antrag auf eine Aufenthaltserlaubnis kann nur auf § 36 AufenthG (→ S. 133) oder auf eigene Abschiebehindernisse (→ S. 196) gestützt werden.

Alleinstehende minderjährige Asylberechtigte, anerkannte subsidiär Schutzberechtigte oder Konventionsflüchtlinge können ihre Eltern nach Deutschland holen. Beide Elternteile haben einen Rechtsanspruch auf eine Aufenthaltserlaubnis nach § 36 AufenthG (→ S. 131), wenn sich kein sorgeberechtigter Elternteil in Deutschland aufhält. Der Lebensunterhalt muss in diesen Fällen nicht gesichert sein. Der Aufenthalt wird jedoch nicht verlängert, wenn das Kind volljährig wird und kein anderer Aufenthaltsgrund (Erwerbstätigkeit) besteht.[1]

Arbeit

Die Aufenthaltserlaubnis wird mit einer uneingeschränkten Erwerbserlaubnis verbunden. Dies ermöglicht es, sich auf jede Arbeitsstelle zu bewerben und auch einer selbstständigen Tätigkeit nachzugehen.

Rechtlich unklar geregelt ist die Situation zwischen der Bestandskraft des Anerkennungsbescheids (ein Monat nach Zustellung) und der Ausstellung der Aufenthaltserlaubnis. Die Aufenthaltsgestattung ist erloschen (§ 67 Abs. 1 Nr. 6 AsylG) und der Aufenthalt gilt bis zur Erteilung der Aufenthaltserlaubnis als erlaubt (§ 25 Abs. 1 Satz 2 AufenthG). Die Möglichkeit, eine Arbeit genehmigungsfrei aufzunehmen oder fortzusetzen, ist nicht ausdrücklich geregelt; sie ergibt sich jedoch aus der Qualifikationsrichtlinie[2]. Nach Art. 26 Abs. 1 der

---

[1] BVerwG vom 13.6.2013 – 10 C 24/12.
[2] S. Glossar.

Qualifikationsrichtlinie wird der freie Zugang zu Beschäftigung unmittelbar nach der Zuerkennung des Schutzstatus ermöglicht. Die Betroffenen können daher von der Ausländerbehörde verlangen, ihnen ein Dokument auszustellen, aus dem sich ergibt, dass zur Arbeitsaufnahme keine Beschäftigungserlaubnis erforderlich ist.

Sozialleistungen

Asylberechtigte, anerkannte Flüchtlinge und subsidiär Schutzberechtigte sind sozialrechtlich deutschen Staatsangehörigen gleichgestellt. Soweit sie kein Einkommen erzielen können, erhalten sie Leistungen nach dem SGB II und bei Erwerbsunfähigkeit nach dem SGB XII. Sie haben Ansprüche auf alle Familienleistungen wie Kindergeld, Elterngeld, Unterhaltsvorschuss, Wohngeld, Berufsausbildungsbeihilfe nach § 56 SGB III, Leistungen nach BAföG, AFBG und Leistungen nach dem SGB VIII.

Auch hinsichtlich der Sozialleistungen ergibt sich aus Art. 29 und 30 der Qualifikationsrichtlinie, dass die Leistungen ab Bestandskraft der Anerkennung zu gewähren sind und nicht erst ab der Ausstellung des Aufenthaltstitels.

11.2.3 Aufenthaltserlaubnis wegen zielstaatsbezogenen Abschiebehindernissen (§ 25 Abs. 3 AufenthG)

Voraussetzungen

Wird in einem Asylverfahren vom BAMF festgestellt, dass Abschiebehindernisse nach § 60 Abs. 5 oder 7 AufenthG vorliegen, so verpflichtet § 5 Abs. 3 AufenthG die Ausländerbehörde im Regelfall (»soll«) zur Erteilung der Aufenthaltserlaubnis.

Das gilt ebenso, wenn die Ausländerbehörde (nur zuständig, wenn zu keinem Zeitpunkt ein Asylantrag gestellt wurde) nach Anhörung des BAMF ein zielstaatsbezogenes nationales Abschiebehindernis festgestellt hat.

Die allgemeinen Erteilungsvoraussetzungen nach § 5 Abs. 1 und Abs. 2 AufenthG dürfen nach § 25 Abs. 3 AufenthG nicht vorausgesetzt werden. Damit darf die fehlende Sicherung des Lebensunterhalts oder die Einreise ohne Visumverfahren auch nicht zur Begründung eines Ausnahmefalls herangezogen werden.

Die Erteilung einer Aufenthaltserlaubnis ist in den folgenden Fällen gesetzlich untersagt:

- **Wenn dem Flüchtling die Ausreise in einen anderen Staat möglich und zumutbar ist.**
Solche Ausreisemöglichkeiten können insbesondere dann bestehen, wenn der Flüchtling mit einer Person verheiratet ist, die die Staatsangehörigkeit eines Landes besitzt, in dem dem Flüchtling keine Gefahren drohen. Hier ist zunächst zu klären, ob dieser Staat bereit ist, eine Einreise- und Aufenthaltserlaubnis zu erteilen. Es ist auch zu berücksichtigen, ob es für die Eheleute in diesem Staat eine reelle Existenzbasis gibt.

- **Wenn der Flüchtling wiederholt oder gröblich gegen entsprechende Mitwirkungspflichten verstößt.**
Nicht jeder in der Vergangenheit liegende Verstoß gegen Mitwirkungspflichten kann hier erfasst sein; vielmehr muss es sich um »entsprechende« Verpflichtungen handeln, also gerade solche, die dazu beitragen könnten, dem Flüchtling die Ausreise in einen dritten Staat zu ermöglichen. Hierzu gehört insbesondere die beharrliche Weigerung, sich um eine Einreiseerlaubnis zu bemühen oder die hierzu erforderlichen Unterlagen zu beschaffen.

- **Wenn schwer wiegende Gründe die Annahme rechtfertigen, dass der Flüchtling ein Verbrechen gegen den Frieden, ein Kriegsverbrechen oder ein Verbrechen gegen die Menschlichkeit begangen hat.**

- **Wenn schwer wiegende Gründe die Annahme rechtfertigen, dass der Flüchtling eine Straftat von erheblicher Bedeutung begangen hat.**
Verlangt werden muss hier eine Straftat, die auch nach deutschem Recht mit einer langjährigen Freiheitsstrafe geahndet würde und für die der Flüchtling durch aktive Beteiligung unmittelbare Verantwortung trägt.[1]

- **Wenn schwer wiegende Gründe die Annahme rechtfertigen, dass der Flüchtling Handlungen begangen hat, die den Zielen der Vereinten Nationen zuwiderlaufen.**
Dieser Ausschlussgrund ist Art. 1 F der GFK entnommen. Die Berufung kommt nur unter extremen Umständen in Betracht.[2]

- **Wenn schwer wiegende Gründe die Annahme rechtfertigen, dass der Flüchtling eine Gefahr für die Allgemeinheit oder eine Gefahr für die Sicherheit der Bundesrepublik darstellt.**
Dieser Ausschlussgrund übernimmt den Ausschlussgrund aus Art. 33 Abs. 2 der GFK.

---

[1] Marx, ZAR 2004, 275, 281.
[2] Siehe Richtlinien des UNHCR zur Anwendung der Ausschlussklauseln in Art. 1 F der GFK, abgedruckt in ZAR 2004, 207 ff.

Die Erteilung einer Aufenthaltserlaubnis ist nicht deshalb ausgeschlossen, weil der gleichzeitig oder vorher gestellte Asylantrag als »offensichtlich unbegründet« abgelehnt worden ist. Das wird jetzt in § 10 Abs. 3 Satz 3 AufenthG ausdrücklich klargestellt.

Wurden die Betroffenen ausgewiesen, zurückgeschoben oder abgeschoben, so kann die Aufenthaltserlaubnis erst erteilt werden, nachdem die Sperrwirkung entfallen ist. Hierzu kann die nachträgliche Befristung oder Aufhebung beantragt werden (§ 11 Abs. 1, Abs. 3 AufenthG).

Verlängerung/Verfestigung

Die erstmalige Erteilung erfolgt nach § 26 Abs. 1 Satz 4 AufenthG für mindestens ein Jahr. Sie darf nicht verlängert werden, wenn das Ausreisehindernis nicht mehr besteht.

Die Aufenthaltserlaubnis wird mit einer **Wohnsitzauflage** verbunden, solange Leistungen nach dem SGB II/SGB XII bezogen werden. Mit ihr wird untersagt, den Wohnort ohne Genehmigung zu wechseln. Die Einschränkung der Freizügigkeit ist zulässig, da dieses Grundrecht (Art. 11 Abs. 1 GG) als Deutschenrecht ausgestaltet ist.

Die Wohnsitzauflage muss in folgenden Fällen aufgehoben oder geändert werden:
- Am neuen Wohnort kann der Lebensunterhalt voraussichtlich ohne Inanspruchnahme von Sozialleistungen nach dem SGB II, XII gesichert werden oder es sind nur geringfügige aufstockende Leistungen erforderlich.
- Der Umzug ist zur Herstellung der familiären Gemeinschaft mit Ehegatten, Lebenspartnern oder minderjährigen Kindern erforderlich.
- Der Umzug ist zur Pflege eines nahestehenden Verwandten erforderlich.
- Der Umzug ist zum Schutz vor häuslicher Gewalt oder sonstigen Formen der Gewalt erforderlich.

Will die Ausländerbehörde die Aufenthaltserlaubnis nicht mehr verlängern und beruht die Feststellung nach § 60 AufenthG auf einer Entscheidung des BAMF, so muss sie dort nachfragen, ob die Feststellung widerrufen oder zurückgenommen wird. Hatte die Ausländerbehörde selbst oder eine andere Ausländerbehörde das Abschiebehindernis festgestellt, so kann sie in eigener Prüfung feststellen, dass das Abschiebehindernis entfallen ist, muss aber zuvor eine Stellungnahme des BAMF einholen (§ 72 Abs. 2 AufenthG). In der Folge wird der Flüchtling zur Ausreise aufgefordert und dies mit einer Abschiebungsandrohung verbunden. Es kann aber auch eine Aufenthaltserlaubnis zu einem anderen Zweck, etwa zu Erwerbstätigkeit oder wegen eines Abschiebehindernisses aus anderen Gründen beantragt werden.

War der Flüchtling fünf Jahre im Besitz einer Aufenthaltserlaubnis so kann er eine **Niederlassungserlaubnis** beantragen (§ 26 Abs. 4 AufenthG). Zeiten eines vorangegangenen Asylverfahrens werden angerechnet. Nach der bisherigen Behördenpraxis und Rechtsprechung wird nur die Zeit des letzten Asylverfahrens berücksichtigt.

Grundsätzlich müssen alle Voraussetzungen nach § 9 Abs. 2 AufenthG für die Erteilung der Niederlassungserlaubnis erfüllt sein.

Personen, die vor dem 11. Geburtstag eingereist sind, kann die Niederlassungserlaubnis nach Ermessen bereits mit Erreichung des 16. Geburtstags erteilt werden (§ 26 Abs. 4 Satz 3 unter Verweis auf § 35 Abs. 1 Satz 1 AufenthG). Später – aber noch minderjährig – Eingereisten kann nach fünf Jahren die Niederlassungserlaubnis nach § 35 Abs. 1 Satz 2 AufenthG erteilt werden, wenn sie volljährig sind. Die Aufenthaltserlaubnis muss aber vor dem 18. Geburtstag erteilt worden sein.[1]

Beispiel

Ein Jugendlicher reist im Alter von 14 Jahren ein und stellt sofort einen Asylantrag. Zwar wird die Gewährung von Asyl abgelehnt, das BAMF stellt in seinem Bescheid jedoch fest, dass für ihn Abschiebehindernisse nach § 60 Abs. 7 AufenthG vorliegen; er erhält eine Aufenthaltserlaubnis nach § 25 Abs. 3 AufenthG. Nach fünf Jahren, inklusive Asylverfahren, also mit 19 Jahren kann er eine Niederlassungserlaubnis beantragen, wenn sein Lebensunterhalt gesichert ist oder er sich in einer anerkannten Ausbildung befindet sowie bisher straffrei gelebt hat. Er muss auch nicht alle Voraussetzungen des § 9 AufenthG erfüllen (z.B. fünf Jahre sozialversicherungspflichtige Beschäftigung), weil er die Niederlassungserlaubnis nach § 35 AufenthG erhält.

Familiennachzug

Der Familiennachzug wird nach § 29 Abs. 3 AufenthG nur im Ermessenswege erlaubt, wenn es aus völkerrechtlichen oder humanitären Gründen oder zur Wahrung der politischen Interessen der Bundesrepublik geboten ist (siehe → S. 113).

---

[1] BVerwG vom 13.9.2011 – 1 C 17/10.

Arbeit

Die Aufenthaltserlaubnis wird nicht mit einer generellen Erlaubnis der Erwerbstätigkeit verbunden. Die Beschäftigungserlaubnis wird aber von der Ausländerbehörde ohne Zustimmung der AA für die Dauer der Aufenthaltserlaubnis erteilt (§ 31 BeschV).

Sozialleistungen

Es bestehen Ansprüche auf Arbeitslosengeld II und Sozialgeld nach dem SGB II und bei Erwerbsunfähigkeit auf Leistungen nach dem SGB XII.

Ansprüche auf Familienleistungen (Kindergeld § 62 Abs. 2 Nr. 2c EStG, Elterngeld § 1 Abs. 7 Nr. 2c BEEG, Unterhaltsvorschuss § 1 Abs. 2 Nr. 2c UhVorschG) entstehen erst nach drei Jahren. Die weitere gesetzliche Anforderung einer Erwerbstätigkeit (bzw. Arbeitslosengeld-Bezug nach dem SGB III oder Elternzeit) wurde vom BVerfG[1] für verfassungswidrig erklärt. Allerdings hat der BFH[2] dieses Urteil der BVerfG zum Elterngeld nicht entsprechend auf das Kindergeld angewendet. Das FG Niedersachsen[3] hat diese Frage nun dem BVerfG[4] vorgelegt.

> Tipp: Gegen ablehnende Kindergeldbescheide für Personen mit einer Aufenthaltserlaubnis nach § 25 Abs. 3 AufenthG, die sich bereits seit drei Jahren in Deutschland aufhalten, sollte Widerspruch eingelegt werden und zugleich gebeten werden, das Verfahren bis zu einer Entscheidung des BVerfG in der Sache 2 BvL 10/14 ruhen zu lassen.

Ansprüche auf Berufsausbildungsbeihilfe (§ 59 Abs. 2 Nr. 2 SGB III) und auf BAföG (§ 8 Abs. 2 Nr. 2 BAföG) und AFBG entstehen nach 15 Monaten Aufenthalt. Jugendhilfeleistungen werden ohne Einschränkungen erbracht.

---

[1] Vom 10.7.2012 – 1 BvL 2/10.
[2] Vom 26.3.2013 – III B 158/12.
[3] Vom 19.8.2013 – 7 K 111/13.
[4] Az: 2 BvL 10/14.

11.3 Gruppenregelungen auf der Grundlage politischer Entscheidungen

11.3.1 Aufnahme aus besonderen politischen Gründen durch Aufnahmeverfahren des BAMF nach § 23 Abs. 2 AufenthG

Personen jüdischer Abstammung aus den Gebieten der ehemaligen Sowjetunion (ausgenommen die baltischen Staaten, weil sie der EU angehören) können im Wege eines Aufnahmeverfahrens, welches vom Herkunftsstaat aus zu betreiben ist, nach Deutschland zuwandern. Das Verfahren wird zentral vom BAMF durchgeführt.

Allerdings ist dies Verfahren seit 2005 wesentlich verschärft worden. Die Zahl der Zuwanderer ist von mehr als 16.000 im Jahr 2000 auf nur noch 246 im Jahr 2013 gesunken.[1]

> **Aufnahmevoraussetzungen, die die Antragsteller erfüllen müssen:**
>
> - Staatsangehörigkeit eines Nachfolgestaates der ehemaligen Sowjetunion oder als staatenlose Personen mindestens seit 1.1.2005 dort ihren Wohnsitz haben.
> - Jüdischer Nationalität sein oder von mindestens einem jüdischen Elternteil abstammen und sich zu keiner anderen als der jüdischen Religion bekennen.
> - Deutschkenntnisse, die mindestens der Niveaustufe A1 des Gemeinsamen Europäischen Referenzrahmens entsprechen; diese Verpflichtung besteht auch für die mitreisenden Familienangehörigen. Bei Kindern, die noch nicht 14 Jahre alt sind, kann hiervon allerdings abgesehen werden.
> - Dauerhaft selbst für ihren Lebensunterhalt in Deutschland sorgen können; dazu benötigen die Antragsteller eine positive Integrationsprognose, die vom BAMF auf der Grundlage einer Selbstauskunft des Antragstellers und unter Einbeziehung des familiären Umfeldes erstellt wird; Kriterien sind u.a. die Sprachkenntnisse, die Qualifikation und Berufserfahrung sowie das Alter der Zuwanderer.
> - Den Nachweis zur Aufnahmemöglichkeit in einer jüdischen Gemeinde im Bundesgebiet; hierzu fordert das BAMF eine gutachterliche Stellungnahme der Zentralwohlfahrtsstelle der Juden in Deutschland e.V. (ZWST) an. Die Union Progressiver Juden wird in dieses Verfahren eingebunden und kann ebenfalls eine Stellungnahme abgeben.
>
> Bei Opfern nationalsozialistischer Verfolgung wird auf die Integrationsprognose und den Nachweis der Deutschkenntnisse verzichtet. Das Gleiche gilt für Härtefälle.

---

[1] BAMF, Migrationsbericht 2013, S. 84.

Personen mit jüdischer Abstammung erhalten nach der Einreise mit einem Aufnahmebescheid eine Niederlassungserlaubnis nach § 23 Abs. 2 AufenthG, ihre nichtjüdischen Familienangehörigen eine Aufenthaltserlaubnis aus humanitären Gründen nach §§ 29, 30, 32 AufenthG, wenn sie gleichzeitig einreisen.

Zusätzlich wurden auf der Grundlage der Anordnung nach § 23 Abs. 2 AufenthG des BMI vom 5.12.2008 im Jahr 2009 insgesamt 2500 irakische Flüchtlinge aus den Flüchtlingslagern in Syrien und Jordanien aufgenommen. Das Auswahlverfahren wurde durch das BAMF durchgeführt. Die Aufenthaltserlaubnis wurde auf drei Jahre befristet und kann verlängert werden, auch wenn der Lebensunterhalt nicht ohne Sozialleistungen gesichert ist.

11.3.2 Resettlement-Flüchtlinge

Durch Beschluss der Innenministerkonferenz (IMK) vom Dezember 2011 wird ein kontinuierlichen Resettlement-Programms zur Aufnahme von Flüchtlingen, zunächst 300 in drei Jahren, geschaffen. Die Auswahl erfolgt in Zusammenarbeit mit dem Hohen Flüchtlingskommissar der UN (UNHCR).

Die Bundesregierung hat in Zusammenarbeit mit den Ländern bislang drei Aufnahmeanordnungen (vom 30.5.2013, 23.12.2013 und 18.7.2014) über jeweils 10.000 Personen getroffen. Vorrangig berücksichtigt wurden Personen mit familiären Bezügen in Deutschland, für die nach Möglichkeit eine Verpflichtungserklärung nach § 68 AufenthG zur Übernahme der Kosten des Lebensunterhalts abzugeben war.
Derzeit bestehen keine weiteren Programme und sind auch nicht geplant.

Für die Aufnahme von Personen im sog.»Ressetlement-Programm« wurde mit der Gesetzesänderung zum Juli 2015 eine eigene Aufenthaltserlaubnis in § 23 Abs. 4 AufenthG geschaffen. Das Verfahren wird vom BAMF durchgeführt und die Aufnahmezusage muss vor der Einreise erteilt werden. Die weiteren Anforderungen werden jeweils vom BMI in Abstimmung mit den Bundesländern festgelegt.[1]

Verlängerung/Verfestigung

Die Aufenthaltserlaubnis wird für mindestens ein Jahr erteilt (§ 26 Abs. 1 AufenthG).

---

[1] Tometten, ZAR 2015, S. 299 ff.

Die **Niederlassungserlaubnis** wird bereits nach drei Jahren erteilt, ohne dass die Voraussetzungen des § 9 AufenthG erfüllt sein müssen. Möglich ist jedoch eine Überprüfung, ob die Gründe für die Schutzgewährung weiterhin bestehen (§ 26 Abs. 3 Satz 2 AufenthG).

Familiennachzug

Die aufgenommenen Personen werden hinsichtlich des Nachzugs ihrer Familie (Ehegatten, Lebenspartner und minderjährige Kinder) weit gehend den anerkannten Schutzberechtigten gleichgestellt.

Wenn die Familieneinheit schon im Herkunftsland bestand und der Antrag innerhalb von drei Monaten nach Erteilung der Aufenthaltserlaubnis nach § 23 Abs. 4 AufenthG erfolgt, wird auch die Sicherung des Lebensunterhalts und auf ausreichenden Wohnraum verzichtet. Bei sonstigen Anträgen kann auf diese Anforderungen verzichtet werden, wenn die Familieneinheit auf andere Weise nicht hergestellt werden kann und ein Bemühen um wirtschaftliche Integration nachgewiesen werden kann.

Auch auf den Sprachnachweis für Ehegatten wird verzichtet (§ 30 Abs. 1 Satz 3 Nr. 1 AufenthG) und der Kindernachzug wird bis zum 18. Geburtstag zugelassen, auch wenn der Nachzug erst später erfolgt.

Arbeit

Die Aufenthaltserlaubnis wird mit einer Erwerbserlaubnis verbunden (§ 23 Abs. 4, Abs. 2 Satz 5 AufenthG).

Sozialleistungen

Es werden Leistungen nach dem SGB II/SGB XII gewährt, auch die Ansprüche auf Familienleistungen, Wohngeld und Ausbildungsbeihilfen (§ 8 Abs. 2 Nr. 1 BAföG, § 59 Abs. 1 Satz 2 SGB III, AFBG) bestehen uneingeschränkt.

11.3.3 Bleiberechtsregelungen – stichtagsgebunden
(§ 23 Abs. 1 i.V.m. §§ 104a, 104b AufenthG)

§ 23 Abs. 1 AufenthG enthält die Möglichkeit, bestimmten Ausländergruppen eine Aufenthaltserlaubnis aus völkerrechtlichen oder humanitären Gründen oder zur Wahrung politischer Interessen der Bundesrepublik zu erteilen. Voraussetzung ist eine politische Entscheidung des Landesinnenministeriums im Einvernehmen mit dem Bundesinnenministerium, nach der bestimmte abgrenzbare Gruppen, z. B. nach dem Herkunftsland, der Region, der Aufenthaltsdauer oder sonstigen Kriterien ein vorübergehendes oder dauerhaftes Aufenthaltsrecht erhalten.

Von dieser Regelung ist in der Vergangenheit nicht allzu oft Gebrauch gemacht worden. In akuten Kriegs- oder Bürgerkriegssituationen zogen die Innenministerien es vor, nur eine Aussetzung der Abschiebung mit Erteilung von Duldungen (§ 60a Abs. 1 AufenthG) vorzunehmen, um später eine leichtere Aufenthaltsbeendigung durchzusetzen und keine Verfestigungen eintreten zu lassen. Das erforderliche Einverständnis des Bundesinnenministeriums setzte meist eine Zustimmung aller Länderministerien voraus, weil nur so die »Bundeseinheitlichkeit« gewahrt werden konnte. Bis 2004 erfolgten einige kleinere Altfallregelungen, überwiegend blieb es jedoch für abgelehnte Asylbewerber und Kriegsflüchtlinge, die nicht abgeschoben werden konnten, auch nach langjährigem Aufenthalt bei einer Duldung.

Die gesetzliche Regelung für langjährig Geduldete erfolgte dann mit dem Änderungsgesetz im August 2007.

Insgesamt wurden vier Varianten der Bleiberechts-Aufenthaltserlaubnis geschaffen:

1. **Erwachsene und ihre minderjährigen Kinder,**
§ 104a Abs. 1 AufenthG

2. **Erwachsene, als Minderjährige eingereist,**
§ 104a Abs. 2 Satz 1 AufenthG

3. **Unbegleitete Minderjährige,**
§ 104a Abs. 2 Satz 2 AufenthG

4. **Minderjährige nach Ausreise der Eltern,**
§ 104b AufenthG

Die Aufenthaltserlaubnisse wurden entweder von Anfang an als Aufenthaltserlaubnis nach § 23 Abs. 1 AufenthG erteilt, spätestens jedoch ab dem 1.1.2010, soweit keine Rückstufung in die Duldung wegen fehlender Bemühung um die Sicherung des Lebensunterhalts erfolgte.

Für Neuerteilungen spielt die Aufenthaltserlaubnis heute keine Rolle mehr, da die stichtagsabhängigen politischen Bleiberechtsregelungen seit Juli 2015 durch eine gesetzliche, stichtagsunabhängige Bleiberechtsregelung ersetzt wurde.

Verlängerung/Verfestigung

Die Aufenthaltserlaubnis nach § 23 Abs. 1 AufenthG kann nach § 26 Abs. 1 AufenthG um jeweils bis zu drei Jahren verlängert werden.

Die **Niederlassungserlaubnis** kann frühestens nach einer Aufenthaltsdauer von fünf Jahren erteilt werden (§ 26 Abs. 4 AufenthG). Bei der Berechnung der Frist werden die Zeiten eines Asylverfahrens und Zeiten der Duldung vor 2005 angerechnet (§§ 26 Abs. 4 Satz 2, 102 Abs. 2 AufenthG). Es müssen auch alle übrigen Anforderungen nach § 9 AufenthG erfüllt sein (→ S. 223), für Personen, die als Minderjährige eingereist sind, nur die Anforderungen nach § 35 Abs. 1 Satz 2 AufenthG.

Familiennachzug

Der Familiennachzug kann – solange noch keine Niederlassungserlaubnis erteilt wurde – nur aus humanitären oder politischen Gründen erteilt werden. Soweit sich Familienangehörige, die die Voraussetzungen der Bleiberechtsregelung nicht erfüllen, bereits in Deutschland aufhalten, kann ihnen die Aufenthaltserlaubnis auch nach § 25 Abs. 5 AufenthG erteilt werden, wenn das Recht auf Schutz der Familie (Art. 6 Abs. 1 GG, Art. 8 EMRK) ein Abschiebehindernis darstellt (→ S. 196).

Arbeit

Die Aufenthaltserlaubnis berechtigt zur Erwerbstätigkeit. Damit kann jede Arbeit aufgenommen werden, auch eine selbstständige Tätigkeit ist erlaubt.

Sozialleistungen

Es bestehen grundsätzlich Ansprüche auf Leistungen nach dem SGB II und SGB XII, die Leistungseinschränkungen für die Sozialhilfe nach § 23 Abs. 1 SGB XII gelten nicht, weil die Aufenthaltserlaubnis nach § 23 Abs. 1 AufenthG ausdrücklich zum Verbleib und zur Integration in Deutschland erteilt wird. Der Leistungsbezug kann einer Verlängerung entgegenstehen, insbesondere wenn ernsthafte und intensive Bemühungen zur Aufnahme einer Erwerbstätigkeit fehlen.

Die Ansprüche auf Ausbildungsbeihilfen und Familienleistungen bestehen in vollem Umfang.

11.3.4 Aufenthaltserlaubnis für integrierte junge Menschen nach § 25a AufenthG

Auch nach der Stichtagsregelung blieben viele junge Menschen, die in Deutschland aufgewachsen waren, im Status der Duldung, weil ihre Eltern nicht alle Anforderungen erfüllen konnten. Hatten die Eltern z.B. bei Asylantragstellung oder bei der Beantragung einer Duldung falsche Angaben gemacht und dadurch die Abschiebung verhindert, so wurde dieses Verhalten den jungen Menschen zugerechnet und schloss einen Aufenthaltstitel aus.

Oftmals leben diese jungen Menschen schon so lange in Deutschland, dass sie nicht mehr ohne Verstoß gegen das Recht auf Privatleben nach Art. 8 EMRK (→ S. 198) zurück geschickt werden können. Gleichzeitig haben viele erfolgreich eine Schulausbildung durchlaufen und könnten nach einer Ausbildung als qualifizierte Fachkräfte in Deutschland arbeiten. Auf diesem Hintergrund wurde zum 1.7.2011 der neue Aufenthaltstitel nach § 25a AufenthG »Aufenthaltsgewährung bei gut integrierten Jugendlichen und Heranwachsenden« eingefügt. Ergänzt wird die Aufenthaltserlaubnis für junge Menschen durch eine Aufenthaltserlaubnis für ihre Eltern unter engen Voraussetzungen.

1. Für die Erteilung der **Aufenthaltserlaubnis nach § 25a Abs. 1 AufenthG an junge Menschen** müssen folgende Anforderungen erfüllt werden:

- Die Zeit des **ununterbrochenen Aufenthalts** muss einschließlich eines eventuellen Asylverfahrens mindestens **vier Jahre** betragen.

- Der **Antrag** muss **vor dem 21. Geburtstag** gestellt werden.

- Der junge Mensch muss **in Deutschland geboren** sein oder **vor dem 17. Geburtstag eingereist** sein.

- Die **Schule** wurde entweder seit **vier Jahren erfolgreich besucht** oder es liegt ein **Schul- oder Berufsabschluss** vor. Als erfolgreich gilt der Schulbesuch, wenn ein Schulabschluss erwartet werden kann.

- Es muss erwartet werden können, dass sich der junge Mensch **in die hiesigen Lebensverhältnisse einfügt**. Hierzu sind hinreichende Deutschkenntnisse (mindestens A 2) erforderlich sowie Straffreiheit. Grundsätzlich kann jede Straftat berücksichtigt werden, es sei denn andere Umstände fallen so positiv ins Gewicht, dass dagegen eine geringfügige Straftat zurücktritt.

- Die Aufenthaltsdauer darf nicht durch eigene **falsche Angaben oder Täuschung** über die Identität beeinflusst worden sein. Anders als bei den sonstigen humanitären Aufenthaltserlaubnissen wird ein Fehlverhalten der Eltern nicht zugerechnet. Es kommt nur auf das eigene Verschulden an.

- Der junge Mensch muss sich in einer anerkannten schulischen oder beruflichen **Ausbildung** (einschließlich Hochschule) **befinden** oder der **Lebensunterhalt** muss **gesichert** sein.
- Die übrigen **allgemeinen Erteilungsvoraussetzungen** nach § 5 AufenthG müssen vorliegen.
  Für den Lebensunterhalt (§ 5 Abs. 1 Nr. 1 AufenthG) gilt jedoch die ausdrückliche Regelung in § 25a Abs. 1 Satz 2 AufenthG. Ausweisungsgründe (§ 5 Abs. 1 Nr. 2 AufenthG) werden nur berücksichtigt, soweit sie einer positiven Integrationsprognose entgegenstehen. Erforderlich ist jedoch ein Pass oder Passersatz (§ 5 Abs. 1 Nr. 4 AufenthG) und eine geklärte Identität (§ 5 Abs. 1 Nr. 1a AufenthG). Von dieser Voraussetzung kann nach Ermessen abgesehen werden, wen die Integrationsleistungen oder sonstige gewichtige Umstände das öffentliche Interesse an der Identitätsklärung überwiegen.[1] Es darf kein Terrorismusverdacht bestehen (§ 5 Abs. 4 AufenthG). Auch die Gefährdung sonstiger Interessen Deutschlands (§ 5 Abs. 1 Nr. 3 AufenthG) ist zu berücksichtigen. Liegt allerdings ein atypischer Fall vor, so ist auf die Anforderungen nach § 5 Abs. 1 AufenthG zu verzichten. Möglich ist dies etwa, wenn die Familieneinheit nur in Deutschland hergestellt werden kann und die Erteilung der Aufenthaltserlaubnis auch dem Schutz von Ehe- und Familie nach Art. 6 GG und dem Recht auf Familien- und Privatleben nach Art. 8 EMRK dient.
- Es darf **keine Erteilungssperre** wegen einer Ausweisung oder vorangegangenen Abschiebung nach § 11 Abs. 1 AufenthG bestehen. Es kann jedoch ein Antrag auf Befristung oder Aufhebung gestellt werden (§ 11 Abs. 4 AufenthG).
- Wurde ein Antrag auf Familienasyl (§ 14a AsylG), der von Amts wegen eingeleitet wurde, als offensichtlich unbegründet nach § 30 Abs. 3 AsylG abgelehnt, so steht dies der Erteilung der Aufenthaltserlaubnis nach § 25a AufenthG nicht entgegen.[2]

Sind die Voraussetzungen erfüllt, wird die **Aufenthaltserlaubnis nach Ermessen** erteilt. Angesichts der hohen und zugleich umfassenden Voraussetzungen bleibt kaum noch die Möglichkeit die Aufenthaltserlaubnis aus sonstigen Gründen des Vorrangs des Gemeinwesens abzulehnen.[3]

---

[1] BVerwG vom 14.5.2013 – 1 C 17.12.
[2] Das BVerwG vom 21.11.2006 – 1 C 10.06 hatte festgestellt, dass § 10 Abs. 3 Satz 2 AufenthG keine Sperrwirkung entfaltet, wenn das Verfahren von Amts wegen eingeleitet wurde.
[3] VG Darmstadt vom 31.8.2012 – 6 K 1808/11.DA.

Wenn die Voraussetzungen nicht erfüllt sind, z. B. der 21. Geburtstag überschritten wurde, oder es an einem erfolgreichen Schulbesuch fehlt, so muss auch geprüft werden, ob eine Aufenthaltserlaubnis nach § 25 Abs. 5 AufenthG wegen einer Verwurzelung in Deutschland (siehe 11.4.2) in Betracht kommt.[1]

Zukünftig ist auch der Antrag nach § 25b AufenthG zu prüfen, wenn die Aufenthaltsdauer bereits acht bzw. sechs Jahre beträgt (siehe 11.3.5).

2. Die Aufenthaltserlaubnis nach § 25a Abs. 2 AufenthG für die Eltern setzt voraus:

- Das **Kind** mit der Aufenthaltserlaubnis nach § 25a Abs. 1 AufenthG ist **minderjährig**.

- Es besteht eine **familiäre Lebensgemeinschaft** (tatsächlich gelebte Beziehung, nicht unbedingt ein gemeinsamer Haushalt).

- Der Aufenthalt wurde **nicht** durch **falsche Angaben** oder durch **fehlende Mitwirkung** (etwa bei der Passbeschaffung) beeinflusst.

- Es dürfen **keine beachtlichen Straftaten** vorliegen. Verurteilung zu höchstens 50 Tagessätzen, bei Straftaten des Ausländerrechts höchstens insgesamt 90 Tagessätze, bleiben unberücksichtigt. Im Bundeszentralregister gelöschte Straftaten werden nicht berücksichtigt.

- Der **Lebensunterhalt** muss **durch eigene Erwerbstätigkeit gesichert** sein. Es können keine Beiträge von Dritten berücksichtigt werden. Auch wird eine Prognose über eine langfristige Unterhaltssicherung verlangt. Bei der Berechnung der Höhe des notwendigen Lebensunterhalts wird das Kind mit der Aufenthaltserlaubnis nach § 25a AufenthG nicht berücksichtigt.[2] Gedeckt sein müssen die Bedarfe nach dem SGB II. Es wird jedoch nur das Einkommen berücksichtigt, welches nach Abzug der Freibeträge nach § 11 b SGB II verbleibt, weil es sich hier nicht um einen Familiennachzug, sondern um eine humanitäre Aufenthaltserlaubnis handelt.[3]

- Die **allgemeinen Erteilungsvoraussetzungen** nach § 5 AufenthG müssen ebenfalls **erfüllt** sein.

Auch den Eltern wird die Aufenthaltserlaubnis nur nach Ermessen erteilt.

---

[1] VG Hamburg vom 29.5.2013 – 17 K 446/12.
[2] Deibel, ZAR 2011, S. 241, 245.
[3] Siehe zu den unterschiedlichen Berechnungen für den gesicherten Lebensunterhalt BVerwG vom 16.11.2010 – 1 C 20.09. 245.

Erfüllen die Eltern minderjähriger Kinder mit einer Aufenthaltserlaubnis nach § 25a AufenthG die Voraussetzung für eine eigene Aufenthaltserlaubnis nicht, so »soll« ihnen eine Duldung zur Betreuung der Minderjährigen und damit zum Schutz von Ehe und Familie nach Art. 6 GG und Art. 8 EMRK erteilt werden.

Verlängerung/Verfestigung

Die Aufenthaltserlaubnis kann mit einer Dauer bis zu drei Jahren erteilt werden und bei Vorliegen derselben Voraussetzungen auch weiter verlängert werden (§ 26 Abs. 1 AufenthG).
Die **Niederlassungserlaubnis** kann nach fünf Jahren erteilt werden, wenn für die jungen Menschen die Voraussetzungen nach § 35 AufenthG vorliegen und für ihre Eltern die Voraussetzungen nach § 9 AufenthG.

Familiennachzug

Der Familiennachzug ist ausgeschlossen, solange noch keine Niederlassungserlaubnis erteilt wurde. Lebt der Ehegatte bereits im Bundesgebiet, so kann gleichwohl eine Aufenthaltserlaubnis nach § 25 Abs. 5 AufenthG zum Schutz von Ehe und Familie erteilt werden. Im Bundesgebiet geborenen Kindern wird eine Aufenthaltserlaubnis nach § 33 AufenthG erteilt.

Den Kindern der Eltern, d.h. den Geschwistern der jungen Menschen mit Aufenthaltserlaubnis nach § 25a Abs. 1 AufenthG kann nach Ermessen ebenfalls eine Aufenthaltserlaubnis erteilt werden (§ 25a Abs. 2 Satz 2 AufenthG).

Arbeit

Die Aufenthaltserlaubnis berechtigt zur Erwerbstätigkeit (§ 25a Abs. 4 AufenthG).

Sozialleistungen

Grundsätzlich bestehen Ansprüche auf Leistungen nach dem SGB II oder SGB XII, die Leistungseinschränkungen für die Sozialhilfe nach § 23 Abs. 1 SGB XII gelten nicht, weil die Aufenthaltserlaubnis nach § 25a AufenthG ausdrücklich zum Verbleib und zur Integration in Deutschland erteilt wird. Einer Verlängerung der Aufenthaltserlaubnis nach § 25a Abs. 2 AufenthG für die Eltern steht der Leistungsbezug in der Regel entgegen, d.h. wenn er nicht nur kurzfristig oder auf Grund einer außergewöhnlichen Notlage erfolgt. Bei jungen Menschen mit der Aufenthaltserlaubnis nach § 25a Abs. 1 AufenthG steht der Leistungsbezug der Verlängerung nur entgegen, wenn sie sich nicht in einer Ausbildung befinden.

Die Leistungen der Ausbildungsförderung nach BAföG, die Berufsausbildungsbeihilfe nach §§ 56, 59 SGB III und die Leistungen nach dem Aufstiegsfortbildungsförderungsgesetz (AFBG) bestehen uneingeschränkt.
Es bestehen Ansprüche auf alle Familienleistungen und auf Wohngeld.

Prüfungsschema Aufenthaltserlaubnis nach § 25a AufenthG

1. Variante: Junge, integrierte Menschen mit Duldung, § 25a Abs. 1 AufenthG

- **Voraussetzungen**
  1. Antrag nach dem 15. und vor dem 21. Geburtstag
  2. In Deutschland geboren oder vor dem 14. Geburtstag eingereist
  3. Ununterbrochener Aufenthalt von mindestens sechs Jahren
  4. Entweder sechs Jahre erfolgreicher Schulbesuch oder ein Schul- oder Berufsabschluss
  5. Positive Integrationsprognose
  6. Keine eigenen falschen Angaben oder Täuschung über die Identität
  7. Sicherung des Lebensunterhalts oder schulische oder berufliche Ausbildung (einschließlich Hochschule)
  8. Keine Ausweisungsgründe, soweit sie der positiven Integrationsprognose entgegenstehen (§ 5 Abs. 1 Nr. 2 AufenthG)
  9. Pass oder Passersatz (§ 5 Abs. 1 Nr. 4 AufenthG)
  10. Geklärte Identität (§ 5 Abs. 1 Nr. 1a AufenthG)
  11. Keine Sperre wegen eines abgelehnten Asylantrags (§ 25a Abs. 4 AufenthG)

- **Rechtsfolge:**
  Erteilung der Aufenthaltserlaubnis nach Ermessen

2. Variante: Eltern von Minderjährigen mit einer oben stehenden Aufenthaltserlaubnis, § 25a Abs. 2 AufenthG

- **Voraussetzungen**
  1. Kind mit Aufenthaltserlaubnis nach § 25a Abs. 1 AufenthG ist minderjährig
  2. Familiäre Lebensgemeinschaft mit dem Kind
  3. Keine falschen Angaben oder fehlende Mitwirkung
  4. Keine beachtlichen Straftaten (50 Tagessätze/90 Tagessätze)
  5. Lebensunterhalt muss durch eigene Erwerbstätigkeit gesichert sein
  6. Erfüllung der allgemeinen Erteilungsvoraussetzungen nach § 5 AufenthG
  7. Keine Ausweisungsgründe (§ 5 Abs. 1 Nr. 2 AufenthG)
  8. Pass oder Passersatz (§ 5 Abs. 1 Nr. 4 AufenthG)
  9. Geklärte Identität (§ 5 Abs. 1 Nr. 1a AufenthG)
  10. Keine Sperre wegen eines abgelehnten Asylantrags (§ 25a Abs. 4 AufenthG)

- **Rechtsfolge:**
  Erteilung der Aufenthaltserlaubnis nach Ermessen

11.3.5 Stichtagsunabhängige Bleiberechtsregelung nach § 25b AufenthG

Mit der Einfügung des § 25b AufenthG hat der Gesetzgeber zum Juli 2015 erstmals eine seit langem geforderte und diskutierte Bleiberechtsregelung geschaffen, die unabhängig von den ursprünglichen Gründen der Einreise und des Aufenthalts allen Personen mit einem langjährigen geduldeten Aufenthalt in Deutschland den Erwerb einer Aufenthaltserlaubnis ermöglicht.[1]

Grundvoraussetzung für die Erteilung einer Aufenthaltserlaubnis ist eine nachhaltige Integration in die Lebensverhältnisse in Deutschland. Die im Folgenden aufgelisteten Voraussetzungen sollen regelmäßig vorliegen. Dies eröffnet ausdrücklich einen Spielraum, falls eine Voraussetzung nicht erfüllt wird, sich aber dennoch das Gesamtbild einer gelungenen Verwurzelung ergibt:[2]

- Eine **Aufenthaltszeit von acht Jahren**, bei einer Haushaltsgemeinschaft mit einem minderjährigen, ledigen Kind von **sechs Jahren**.
  Auf die Zeit werden alle Zeiten des Asylverfahrens, vorangegangener Aufenthaltserlaubnisse und der Duldung angerechnet. Es werden aber keine Zeiten eines früheren Aufenthalts angerechnet, wenn dazwischen ein längerer Auslandsaufenthalt lag. Kurzfristige Unterbrechungen von bis zu drei Monaten sind unschädlich.
  Das Kind muss nicht zwingend ein leibliches Kind sein, auch Stiefkinder oder Pflegekinder werden berücksichtigt.

- **Bekenntnis zur freiheitlich demokratischen Grundordnung** und Grundkenntnisse der Rechts- und Gesellschaftsordnung sowie der Lebensverhältnisse **in Deutschland**.
  Wie dieser Nachweis abgefragt werden soll, ist weder gesetzlich geregelt, noch ergibt es sich aus der Gesetzesbegründung. Hier werden die Ausländerbehörden also mit unterschiedlichen Annahmen oder Prüfungen vorgehen. Zu berücksichtigen ist aber, dass Geduldete keinen Zugang zu den Integrationskursen haben und daher keine entsprechenden Zertifikate verlangt werden können.

- Zur **Sicherung des Lebensunterhalts** bestehen zwei alternative Vorgaben:
  – Entweder muss der Lebensunterhalt überwiegend durch Erwerbstätigkeit gesichert sein, d.h. es müssen mehr als 50 % des Bedarfs der Familie entsprechend den Regelbedarfen zzgl. Unterkunft und Heizung nach dem SGB II/SGB XII durch Erwerbseinkommen erwirtschaftet werden. Ein ergänzender Leistungsbezug steht der Erteilung also nicht im Wege.

---

[1] Huber, NVwZ 2015, S. 1178 ff.
[2] BT-Drs. 18/4097 vom 25.2.2015, S. 51.

– Oder die bisherige Ausbildungs- und Einkommenssituation lässt unter Berücksichtigung der familiären Situation eine zukünftige Sicherung des Lebensunterhalts erwarten. Hier kann insbesondere berücksichtigt werden, dass Alleinerziehende mit kleinen Kindern, kinderreiche Familien oder pflegende Angehörige vorübergehend weniger als die Hälfte des Bedarfs erwirtschaften; ebenso kann eine gegenwärtige Ausbildungssituation oder ein Studium berücksichtigt werden, soweit der Lebensunterhalt hier nicht bereits durch Ausbildungsbeihilfen als gesichert betrachtet werden kann.
Der Bezug von Wohngeld ist im Unterschied zu anderen Aufenthaltstiteln ausdrücklich unschädlich.
Auf die Anforderung der Lebensunterhaltssicherung wird verzichtet, wenn diese aus Gesundheits- oder Altersgründen nicht erfüllt werden kann (§ 25b Abs. 3 AufenthG).

- **Sprachnachweis auf dem Niveau A 2** des Gemeinsamen Europäischen Referenzrahmens für Sprachen.[1] Hier sollen nach der Gesetzesbegründung in der Regel entsprechende Zertifikate verlangt werden. Auf einen Nachweis soll verzichtet werden, wenn sich die Antragsteller bislang ohne Schwierigkeiten bei Vorsprachen bei der Ausländerbehörde verständigen konnten, vier Jahre eine deutsche Schule besucht haben oder ein Studium abgeschlossen haben.[2] Auf den Sprachnachweis wird verzichtet, wenn dieser aus Gesundheits- oder Altersgründen nicht erbracht werden kann.

- **Bei schulpflichtigen Kindern** ist der **Schulbesuch** durch eine Schulbescheinigung nachzuweisen.

- Eine gegenwärtige Verhinderung oder Verzögerung der Aufenthaltsbeendigung durch **Täuschung** oder **fehlende Mitwirkung** schließt die Erteilung der Aufenthaltserlaubnis aus.

- **Verurteilung** zu mindestens einem Jahr Freiheitsstrafe oder Jugendstrafen von mindestens einem Jahr, die nicht zur Bewährung ausgesetzt wurden, sowie alle Ausweisungsinteressen, die auf politischen Handlungen oder Einstellungen beruhen, die gegen die freiheitlich demokratische Grundordnung gerichtet sind (§ 54 Abs. 1 und Abs. 2 Nr. 1 und Nr. 2 AufenthG), schließen die Erteilung aus. Zu berücksichtigen ist auch, dass die allgemeinen Erteilungsvoraussetzungen nach § 5 AufenthG vorliegen müssen und deshalb in der Regel auch kein sonstiges Ausweisungsinteresse vorliegen darf. Hiervon

---

[1] Siehe Glossar → S. 386.
[2] BT-Drs. 18/4097 vom 25.2.2015, S. 53.

sind aber Ausnahmen möglich, wenn die positive Integrationsleistung überwiegt.

- Es darf **keine Einreise- und Aufenthaltssperre** nach § 11 Abs. 1, Abs. 6 oder Abs. 7 AufenthG bestehen. Allerdings kann eine solche Sperre nach § 11 Abs. 4 AufenthG nachträglich aufgehoben oder befristet werden. Nach der Gesetzesbegründung ist eine solche Aufhebung oder Befristung regelmäßig vorzunehmen, wenn die Voraussetzungen für die Erteilung einer Aufenthaltserlaubnis nach § 25b AufenthG vorliegen.[1]

- **Von der Sperrwirkung** wegen eines als offensichtlich unbegründet abgelehnten Asylantrag nach § 10 Abs. 3 Satz 2 AufenthG **kann abgesehen werden**.

Auf die Erteilung der Aufenthaltserlaubnis nach § 25b AufenthG besteht ein Regelanspruch (»soll«); somit muss die Aufenthaltserlaubnis erteilt werden, es sei den es liegt ein Ausnahmefall vor, der von der Ausländerbehörde zu begründen wäre.

Familiennachzug

Ehegatten, Lebenspartner und minderjährige, ledige Kinder erhalten die Aufenthaltserlaubnis auch, wenn sie die Mindestaufenthaltszeit nicht erfüllen, aber alle übrigen Anforderungen (§ 25b Abs. 4 AufenthG).
Im Unterschied zu den anderen Aufenthaltstiteln aus humanitären Gründen können sich Ehegatten bei einer Trennung auf § 31 AufenthG berufen.

Beispiel

Karim kam 2005 nach Deutschland und erhielt nach einem abgelehnten Asylantrag eine Duldung. Im Jahr 2013 heiratete er Miriam, die im selben Jahr nach Deutschland gekommen war und ebenfalls nur geduldet wurde. Im August 2015 wird sowohl Karim als auch Miriam eine Aufenthaltserlaubnis nach § 25b AufenthG ausgestellt; Karim nach Abs. 1, weil er bereits seit mehr als acht Jahren in Deutschland lebt und Miriam nach Abs. 4 als seiner Ehefrau. Ende 2016 trennt sich Miriam von Karim, sie ist zu diesem Zeitpunkt erst knapp vier Jahre in Deutschland, dennoch kann sie sich entsprechend § 31 AufenthG nach drei Jahren der ehelichen Gemeinschaft in Deutschland auf ein eigenständiges Aufenthaltsrecht berufen. Ihre Aufenthaltserlaubnis nach § 25b AufenthG wird verlängert.

---

[1] BT-Drs. 18/4097 vom 25.2.2015, S. 53.

Im Übrigen wird ein Familiennachzug zu Personen, welche die Voraussetzungen des § 25b Abs. 1 AufenthG selbst erfüllen nur aus humanitären Gründen zugelassen (§ 29 Abs. 3 Satz 1 AufenthG). Ein Nachzug zu Personen, die die Aufenthaltserlaubnis selbst nur als Familienangehörige erhalten haben (§ 25b Abs. 4 AufenthG) ist ausgeschlossen (§ 29 Abs. 3 Satz 3 AufenthG).

Verlängerung/Verfestigung

Die Aufenthaltserlaubnis wird für zwei Jahre erteilt und verlängert. Die Niederlassungserlaubnis kann nach frühestens fünf Jahren erteilt werden, wenn die Voraussetzungen des § 9 AufenthG vorliegen (§ 26 Abs. 4 AufenthG).

Arbeit

Die Aufenthaltserlaubnis wird mit der Erwerbserlaubnis verbunden.

Sozialleistungen

Es bestehen keine Leistungseinschränkungen.

11.4 Einzelfallentscheidungen

11.4.1 Aufnahme aus dem Ausland (§ 22 AufenthG)

Die Aufenthaltserlaubnis nach § 22 AufenthG beruht ausschließlich auf einer politischen Willensbetätigung des Landes- oder Bundesinnenministeriums. Der Antrag kann nur im Ausland gestellt werden. Durch den Aufenthalt außerhalb des Schutzbereichs des Grundgesetzes besteht eine denkbar gering geschützte Rechtsposition. Die Zahl der aufgenommenen Personen ist daher verschwindend gering. Zum Ende 2013 hielten sich insgesamt nur 584 Personen mit einer Aufenthaltserlaubnis nach § 22 AufenthG in Deutschland auf.[1]

---

[1] BAMF, Migrationsbericht 2013, 2015, S. 85.

11.4.2 Aufenthaltserlaubnis wegen inlandsbezogener Abschiebehindernisse (§ 25 Abs. 5 AufenthG)

- **Voraussetzungen:**
  - Vollziehbar ausreisepflichtig, Ausreise unmöglich (oder unzumutbar)
  - Aus rechtlichen oder tatsächlichen Gründen (nicht zielstaatsbezogen)
  - Veränderung (Wegfall der Ausreisehindernisse) ist in absehbarer Zeit nicht zu erwarten
  - Kein Verschulden
  - Pass
  - Kein Ausschluss der Aufenthaltserlaubnis
- **Rechtsfolge:**
  → Ermessensanspruch

- **Zusätzliche Voraussetzung:**
  - Seit 18 Monaten vollziehbar ausreisepflichtig
- **Rechtsfolge:**
  → Regelanspruch

- **Zusätzliche Voraussetzung:**
  - Allgemeine Anforderungen (§ 5 AufenthG)
  - Lebensunterhalt gesichert
  - Kein Ausweisungsinteresse
- **Rechtsfolge:**
  → Ermessensreduzierung auf Null

Die Aufenthaltserlaubnis nach § 25 Abs. 5 AufenthG wegen eines inlandsbezogenen Ausreisehindernisses darf nur erteilt werden, wenn folgende Anforderungen erfüllt sind:

- Die Person ist **vollziehbar ausreisepflichtig**, weil ihr aus keinem sonstigen Grund ein Aufenthaltsrecht zusteht.
  Zumeist geht es um Menschen, die nach einem negativ abgeschlossenen Asylverfahren eine Duldung erhalten haben. Die Erteilung kommt aber auch für Menschen in Betracht, die unerlaubt eingereist sind, nach dem Ablauf eines Visums oder einer Aufenthaltserlaubnis Deutschland nicht verlassen haben oder deren vorausgegangener Aufenthaltstitel erloschen, zurückgenommen oder widerrufen wurde.

- Es muss ein **rechtliches oder tatsächliches Ausreisehindernis** vorliegen.
  Es muss sowohl die Abschiebung wie auch die freiwillige Ausreise unmöglich

oder unzumutbar sein. Abschiebeverbote nach § 60 Abs. 5 und 7 AufenthG werden hier nicht berücksichtigt, weil sie zu einer Aufenthaltserlaubnis nach § 25 Abs. 3 AufenthG führen und damit eine günstigere Rechtsstellung[1] vermitteln.

Typische Beispiele für rechtliche Abschiebehindernisse sind:
- Die Abschiebung wurde durch richterliche Anordnung ausgesetzt.
- Gegen den Ausländer wird ein Strafverfahren geführt und die Staatsanwaltschaft hat die nach § 72 Abs. 4 AufenthG erforderliche Genehmigung zur Abschiebung nicht erteilt.
- Der Ausländer befindet sich im polizeilichen Zeugenschutzprogramm und die Zeugenschutzdienststelle erteilt keine Einwilligung zur Abschiebung.
- Der Schutz von Ehe und Familie nach Art. 6 GG und Art. 8 EMRK. Das BVerwG[2] betrachtet den Familienschutz nicht als ein Abschiebehindernis nach § 25 Abs. 3 AufenthG, sondern als ein Vollstreckungshindernis im Sinne von § 25 Abs. 5 AufenthG, welches die Durchführung der Abschiebung rechtlich unmöglich macht. Geschützt werden dabei im Bundesgebiet gelebte Familienbeziehungen zwischen Ehegatten und Lebenspartnern, gemeinsamen Eltern sowie Eltern und ihren minderjährigen Kindern. Grundsätzlich hat das BVerfG[3] betont, dass einwanderungspolitische Belange durch den grundrechtlichen Schutz von Ehe und Familie nach Art. 6 GG zurückgedrängt werden, wenn Familienangehörige auf gegenseitigen Beistand angewiesen sind und dieser nur im Bundesgebiet geleistet werden kann.[4] Typisch sind etwa Konstellationen, bei denen ein Ehegatte oder ein minderjähriges Kind eine Aufenthaltserlaubnis nach § 25 Abs. 3 AufenthG erhält, weil eine im Herkunftsland nicht zu behandelnden Krankheit vorliegt und deshalb dort Lebensgefahr droht.[5]

Auch die Beziehungen zwischen erwachsenen Kindern und ihren Eltern sowie in Ausnahmefällen sonstige Verwandtschaftsbeziehungen können unter den Familienschutz fallen, wenn die Beteiligten existenziell auf die Familienunterstützung angewiesen sind und diese nur in Deutschland erbracht werden kann.

---

[1] Praktisch bedeutsam ist vor allem der Leistungsanspruch nach dem SGB II bei einer Aufenthaltserlaubnis nach § 25 Abs. 3 AufenthG im Unterschied zum Anspruch nach AsylbLG bei einer Aufenthaltserlaubnis nach § 25 Abs. 5 AufenthG.
[2] BVerwG vom 27.6.2006 – 1 C 14/05.
[3] BVerfG vom 17.5.2011 – 2 BvR 1367/10.
[4] So auch Bayerischer VGH vom 11.3.2014 – 10 B 11.978.
[5] OVG Sachsen-Anhalt vom 25.10.2011 – 2 O 126/11; OVG Berlin-Brandenburg vom 23.11.2011 – 2 S 86.11.

> **Beispiel**
>
> Die Abschiebung würde gegen Art. 8 EMRK verstoßen, wenn ein betreuungsbedürftiges minderjähriges Kind auf die Anwesenheit eines Elternteils oder auch beider Elternteile angewiesen ist. Das gilt auch für ein erwachsenes, betreuungsbedürftiges Kind[1] oder ein erwachsenes Kind gegenüber einem Elternteil, der auf die Lebenshilfe angewiesen ist.[2]

Auch die Familiennachzugsrichtlinie[3] führt dazu, dass die Prüfung der Familienzusammenführung »im Licht der Art. 7 und 24 Abs. 2 und 3 der Charta ausgeübt werden muss, wonach die Mitgliedsstaaten die Anträge auf Familienzusammenführung unter Berücksichtigung des Wohls der betroffenen Kinder und in dem Bestreben, auch das Familienleben zu fördern, prüfen müssen und das Ziel dieser Richtlinie und deren praktische Wirksamkeit nicht beeinträchtigen dürfen.« Das gilt auch, wenn bestimmte Voraussetzungen (z. B. Sicherung des Lebensunterhalts) nicht erfüllt werden können.[4]
Dennoch finden sich ausgesprochen restriktive Entscheidungen der Verwaltungsgerichte. Wenn es sich bei allen beteiligten Familienmitgliedern um Drittstaatsangehörige handelt, soll ein Verweis auf das Herkunftsland selbst nach jahrzehntelangem Aufenthalt in Deutschland und nach Erteilung einer Niederlassungserlaubnis nicht gegen Verfassungs- und Menschenrechte verstoßen.[5]

Der Wunsch, eine familiäre Lebensgemeinschaft aufzubauen, stellt kein Abschiebehindernis dar, weil durch die Beendigung des Aufenthalts nicht in eine schon bestehende Rechtsposition nach Art. 6 GG eingegriffen wird.[6]

Auch der Schutz des Privatlebens nach Art. 8 EMRK kann ein Ausreisehindernis darstellen. Erforderlich ist aber nicht allein ein langjähriger Aufenthalt in Deutschland, vielmehr müssen sich die persönlichen, wirtschaftlichen und sozialen Kontakte der Ausländerin in Deutschland so verfestigt haben und gleichzeitig die Bindungen an den Herkunftsstaat so weit reduziert haben, dass sie zu einer »faktischen Inländerin« geworden ist.[7]

---

[1] VGH Baden-Württemberg vom 9.2.2004, EZAR 027 Nr. 23.
[2] Thüringer OVG vom 15.11.2002, EZAR 043 Nr. 58.
[3] Siehe Glossar → S. 368.
[4] EuGH vom 6.12.2012 – C-356/11 »O und S«.
[5] VG Hamburg vom 27.5.2015 – 9 K 4116/13; VG Magdeburg vom 13.10.2014 – 3 B 660/14.
[6] Bayerischer VGH vom 28.7.2008 – 10 ZB 07.822.
[7] OVG Sachsen-Anhalt vom 15.5.2014 – 2 L 136/12.

Denkbar ist auch die Verwurzelung eines Menschen mit geistiger Behinderung, der zwar nicht am allgemeinen Arbeitsmarkt in Deutschland teilnehmen können wird, jedoch in besonderer Weise auf das ihm vertraute soziale Umfeld angewiesen ist.[1] Nicht entschieden ist dabei die Frage, ob für eine Verwurzelung auch ein durchgehend nur geduldeter Aufenthalt ausreicht,[2] oder zumindest ein zeitweiliger rechtmäßiger Aufenthalt zu fordern ist.[3] Allerdings sieht auch der EGMR[4] in einem langjährigen Aufenthalt wegen der Dauer des Asylverfahrens noch keinen Vertrauenstatbestand, der einer Aufenthaltsbeendigung entgegenstünde.

Typische Beispiele für tatsächliche Abschiebehindernisse sind:

– Reiseunfähigkeit oder Transportunfähigkeit wegen Krankheit.

– Passlosigkeit, wenn die Abschiebung oder Ausreise ohne Pass nicht möglich ist.

– Verweigerung der Rücknahme durch den Heimatstaat, z. B. bei faktischer Staatenlosigkeit.

Nicht in allen Fällen, in denen trotz einer Erkrankung Transportfähigkeit vorliegt, kann auch abgeschoben werden. Wenn die Übernahme und Erstversorgung im Heimatland nicht möglich ist, kann die Ausreise unzumutbar sein.[5]

Beispiel

Homa, iranische Staatsangehörige, 66 Jahre alt, lebt allein in Teheran. Mit einem Schengenvisum besucht sie ihren in Deutschland lebenden Sohn und seine Familie. Während des Besuchsaufenthalts erleidet sie einen Schlaganfall. Sie ist auf ständige Betreuung und Pflege angewiesen. Selbst wenn ein Rückflug liegend und mit entsprechender Betreuung möglich wäre, so könnte sie in Teheran nicht übernommen und versorgt werden, weil dort keine Angehörigen verfügbar sind. Es besteht daher ein tatsächliches Ausreisehindernis.

Allerdings machen die Ausländerbehörden auch von der Möglichkeit der ärztlich begleiteten Abschiebung Gebrauch, insbesondere bei Suizidgefahr.[6]

---

[1] OVG Rheinland-Pfalz vom 15.3.2012 – 7 A 11417/11.
[2] So VGH Mannheim vom 13.12.2010 – 11 S 2359/10.
[3] Siehe Fritzsch, ZAR 2010, S. 14, 17 f.; so auch BVerwG vom 26.10.2010 – 1 C 18.09.
[4] EGMR vom 8.4.2008 – Nr. 21878 »Nnyanzi«.
[5] OVG NRW vom 9.5.2007 – 19 B 352/07; VGH Baden-Württemberg vom 6.2.2008 – 11 S 2439/07.
[6] Siehe OVG Saarland vom 14.9.2010 – 2 B 210/10 und vom 21.9.2011 – 2 A 3/11.

Mit dem Wegfall des Ausreisehindernisses darf in absehbarer Zeit nicht zu rechnen sein. Gerade an dieser Anforderung scheitert die Erteilung der Aufenthaltserlaubnis oftmals, weil viele Ausländerbehörden fordern, dass eine Ausreise mit Sicherheit in den nächsten Monaten oder Jahren nicht erfolgen kann. Sinnvoll erscheint demgegenüber eine Prognose für die kommenden sechs Monate[1]; soweit das Ausreisehindernis in diesem Zeitraum voraussichtlich nicht beseitigt werden kann, besteht ein Ermessensanspruch auf die Erteilung der Aufenthaltserlaubnis.

Die Person muss unverschuldet an der Ausreise gehindert sein.

In vielen Fällen könnte der Ausländer rein tatsächlich ausreisen, er würde damit aber gegen ein Gesetz verstoßen, sich selbst in Lebensgefahr bringen oder auf eine grundgesetzlich gewährte Rechtsposition verzichten. Bei richtiger Auslegung ist daher zu fragen, ob der Ausländer den Umstand verschuldet hat, der ihm die freiwillige Ausreise nicht möglich oder nicht zumutbar macht.[2]

Auch in Fällen der Passlosigkeit oder der Verweigerung der Rücknahme durch den Heimatstaat besteht rein tatsächlich die Möglichkeit einer illegalen Ausreise in benachbarte Staaten. Eine solche Ausreise ist jedoch ebenfalls nicht zumutbar, zumal die deutschen Behörden keine illegalen Einreisen in andere EU-Staaten betreiben oder fördern dürfen (siehe § 46 Abs. 2 AufenthG). Es ist also darauf abzustellen, ob der Ausländer das tatsächliche Abschiebehindernis hätte beseitigen können.

Eine Aufenthaltserlaubnis darf aber nicht erteilt werden, wenn die Behörden zwar nicht in der Lage sind abzuschieben, weil der Heimatstaat bei Abschiebungen die Aufnahme verweigert, der Ausländer selbst aber legal ins Heimatland oder ein aufnahmebereites Drittland zurückreisen kann.

Ein Verschulden liegt insbesondere vor, wenn der Ausländer falsche Angaben macht, über seine Identität oder Staatsangehörigkeit täuscht oder zumutbare Anforderungen zur Beseitigung des Ausreisehindernisses nicht erfüllt.

Bei der Passbeschaffung sind Ausländerinnen verpflichtet alle zumutbaren Handlungen vorzunehmen, sie haben nicht nur Anträge auszufüllen, persönlich bei der Botschaft oder dem Konsulat vorzusprechen und gegebenenfalls sogar wahrheitswidrig zu behaupten, sie wollten freiwillig ausreisen[3], sondern auch Verwandte oder Bekannte und sogar Rechtsanwälte im Herkunftsland

---

[1] So OVG Sachsen-Anhalt vom 29.6.2011 – 2 O 52/11.
[2] VGH Baden-Württemberg vom 20.6.1997, VBlBW 1997, S. 466.
[3] BVerwG vom 10.11.2009 – 1 C 19/08.

11 Aufenthaltserlaubnis aus humanitären Gründen

einzuschalten, um eine Passausstellung zu erwirken. Führt dies allerdings alles nicht zum Erfolg, so liegt ein unverschuldetes Ausreisehindernis vor.[1]

Wenn zwar der Verdacht einer Identitätstäuschung im Raum steht, sich dieser jedoch nicht erhärten lässt, gehen Zweifel zulasten der Ausländerbehörde.[2]

Die Erteilung einer Aufenthaltserlaubnis ist nach einer bestandskräftigen Ablehnung des Asylantrags als »offensichtlich unbegründet« nach § 30 Abs. 3 AsylG (§ 10 Abs. 3 Satz 2 AufenthG) nur möglich, wenn ein Rechtsanspruch besteht. Der Regelanspruch nach § 25 Abs. 5 AufenthG stellt keinen Rechtsanspruch dar. Allerdings reicht es nicht aus, wenn ein Asylantrag als offensichtlich unbegründet abgelehnt worden war. Zumindest muss der Bescheid des BAMF entweder im Tenor oder in der Begründung ausdrücklich auf § 30 Abs. 3 AsylG Bezug nehmen.[3]

Eine Einreise- und Aufenthaltssperre nach § 11 Abs. 1, Abs. 6 oder Abs. 7 AufenthG steht der Erteilung nunmehr entgegen, weil mit der Änderung im Juli 2015 keine Regelung in § 25 Abs. 5 AufenthG mehr die Erteilung entgegen einer bestehenden Sperre ermöglicht. Gleichzeitig kann jetzt nach § 11 Abs. 4 AufenthG die nachträgliche Aufhebung oder Verkürzung der Einreise- und Aufenthaltssperre beantragt werden.

Über die Erteilung der Aufenthaltserlaubnis wird in den ersten 18 Monaten der vollziehbaren Ausreisepflicht, also in der Regel des Besitzes einer Duldung, nach Ermessen entschieden (§ 25 Abs. 5 Satz 1 AufenthG).

Ist die Abschiebung seit 18 Monaten ausgesetzt, entsteht für den Ausländer ein Regelanspruch (§ 25 Abs. 5 Satz 2 AufenthG) auf Erteilung der Aufenthaltserlaubnis (»soll«). Eine Ablehnung ist dann nur noch möglich, wenn die Situation im Einzelfall Besonderheiten aufweist, die es nicht gerechtfertigt erscheinen lassen, die Aufenthaltserlaubnis zu erteilen. Insbesondere Straffälligkeit in nicht mehr unbedeutendem Umfang wird dazu führen, dass lediglich die Duldung verlängert wird.

Sind die allgemeinen Erteilungsvoraussetzungen nach § 5 AufenthG (Lebensunterhalt nicht gesichert, Ausweisungsgründe) nicht erfüllt, so wird über die Aufenthaltserlaubnis nach Ermessen entschieden. Bei der Ausübung des Ermessens ist jedoch die Wertung des Gesetzgebers, nach 18 Monaten in der Re-

---

[1] Bayerischer VGH vom 14.3.2012 – 10 B 10.109.
[2] A.a.O.
[3] BVerwG vom 25.8.2009 – 1 C 30.08; Bayerischer VGH vom 11.2.2014 – 10 C 11.1680.

gel eine Aufenthaltserlaubnis zu erteilen, zu berücksichtigen. Allein die Tatsache, dass der Ausländer und seine Familie auf Leistungen nach dem AsylbLG angewiesen sind, reicht für eine Ablehnung nicht. Ernsthafte Bemühungen um ein Erwerbseinkommen können allerdings gefordert werden. Liegen diese vor, wiegt das individuelle Interesse an der Erteilung der Aufenthaltserlaubnis schwerer als das öffentliche Interesse.[1]

Bei behördlichen Beschränkungen der Erwerbstätigkeit darf das fehlende Erwerbseinkommen nicht negativ berücksichtigt werden.[2]

Auch das Fehlen eines Passes stellt keinen zwingenden Versagungsgrund dar, soweit der Ausländer sich erfolglos um die Beschaffung bemüht hat oder die Unmöglichkeit der Beschaffung feststeht. In diesen Fällen ist nach § 55 AufenthV ein Ausweisersatz auszustellen, nach § 5 AufenthV kann auch ein Reiseausweis ausgestellt werden.

Verlängerung/Verfestigung

Die Aufenthaltserlaubnis wird für einen Zeitraum von sechs Monaten erteilt, solange der bisherige Aufenthalt noch keine 18 Monate angedauert hat, danach für mindestens ein Jahr (§ 26 Abs. 1 AufenthG).

Eine Niederlassungserlaubnis wird frühestens nach fünf Jahren Aufenthalt erteilt (§ 26 Abs. 4 AufenthG), wenn die Voraussetzungen des § 9 AufenthG vorliegen (→ S. 223).

Familiennachzug

Der Familiennachzug ist nach § 29 Abs. 3 Satz 2 AufenthG ausgeschlossen. Erst nach der Erteilung einer Niederlassungserlaubnis wird er unter den Voraussetzungen der §§ 30, 32, 27, 5 AufenthG gewährt.

Befinden sich Familienangehörige allerdings bereits auf deutschem Boden, so können sie sich auf den Schutz aus Art. 6 GG und Art. 8 EMRK berufen. Auch für sie besteht dann ein rechtliches Abschiebehindernis und entsprechend ein

---

[1] OVG Berlin-Brandenburg vom 24.1.2012 – 3 B 19.10; VG Stuttgart vom 11.10.2005, InfAuslR 2006, S. 14 ff; VG Koblenz vom 10.10.2005, InfAuslR 2006, S. 25 ff.
[2] OVG Schleswig-Holstein vom 23.6.2011 – 4 L B 10/10.

Ermessens- oder Regelanspruch auf die Erteilung einer Aufenthaltserlaubnis nach § 25 Abs. 5 AufenthG.

Arbeit

Die Aufenthaltserlaubnis wird mit einer Beschäftigungserlaubnis ohne Zustimmung der AA erteilt (§ 31 BeschV).

Sozialleistungen

Soweit der Lebensunterhalt nicht durch eigene Erwerbstätigkeit gesichert werden kann, bestehen Leistungsansprüche nach dem AsylbLG. Nach 15 Monaten (insgesamt ab Einreise) werden die Leistungen in Höhe der Leistungen nach dem SGB XII gezahlt (§ 2 AsylbLG).

Nach 18 Monaten ab der Feststellung eines Abschiebehindernisses endet der Leistungsanspruch nach dem AsylbLG (§ 1 Abs. 1 Nr. 3c) und es entsteht ein Anspruch nach dem SGB II (bei Erwerbsunfähigkeit dem SGB XII). In der Regel ist die erste Ausstellung einer Duldung der Zeitpunkt der Feststellung eines Abschiebehindernisses. Die Sozialleistungsträger werden mit dieser komplexen Regelung jedoch vor erhebliche Anforderungen gestellt, und auch die Betroffenen können ihre jeweilige Rechtsposition nur durch Kenntnis der ausländerrechtlichen Akte sicher ermitteln.

Ansprüche auf Familienleistungen (Kindergeld § 62 Abs. 2 Nr. 2c EStG, Elterngeld § 1 Abs. 7 Nr. 2c BEEG; Unterhaltsvorschuss § 1 Abs. 2 Nr. 2c UhVorschG) bestehen erst nach drei Jahren legalen Aufenthalts. Die weitere gesetzliche Anforderung einer Erwerbstätigkeit (bzw. Arbeitslosengeld-Bezug nach SGB III oder Elternzeit) wurde vom BVerfG[1] für verfassungswidrig erklärt. Allerdings hat der BFH[2] dieses Urteil zum Elterngeld nicht entsprechend auf das Kindergeld angewendet. Das FG Niedersachsen[3] hat diese Frage nun dem BVerfG[4] zur Entscheidung vorgelegt.

---

[1] Vom 26.3.2013 – III B 158/12.
[2] Vom 10.7.2012 – 1 BvL 2/10.
[3] Vom 19.8.2013 – 7 K 111/13.
[4] Az: 2 BvL 10/14.

> Tipp: Gegen ablehnende Kindergeldbescheide für Personen mit einer Aufenthaltserlaubnis nach § 25 Abs. 5 AufenthG, die sich bereits seit drei Jahren in Deutschland aufhalten, sollte Widerspruch eingelegt werden und zugleich gebeten werden, das Verfahren bis zu einer Entscheidung des BVerfG in der Sache 2 BvL 10/14 ruhen zu lassen.

Ansprüche auf Jugendhilfeleistungen bestehen in vollem Umfang.

Ansprüche auf Ausbildungsbeihilfen entstehen ab 1.1.2016 nach 15 Monaten erlaubten Aufenthalts (§ 8 Abs. 2 Nr. 2 BAföG; § 59 Abs. 2 Nr. 2 SGB III; § 8 Abs. 2 Nr. 2 AFBG).

11.4.3 Aufenthaltserlaubnis für Zeuginnen in Strafverfahren gegen Menschenhändler (§ 25 Abs. 4a AufenthG)

Erteilungsvoraussetzungen

Die Aufenthaltserlaubnis nach § 25 Abs. 4a AufenthG geht auf die so genannte Opferschutzrichtlinie[1] zurück. Der Zweck dieser Richtlinie ist aber nicht die Wahrung humanitärer Rechte für die Opfer schwerer Kriminalität, sondern die effizientere Verfolgung der Täter.

Entsprechend wird nicht an der Opfereigenschaft angeknüpft, sondern an der Zeugenstellung und Zeugeneignung.

Wichtig ist die Beachtung der Reichweite des Straftatbestands des Menschenhandels, der entsprechend der Vorgaben der Rahmenrichtlinie der EU zum Straftatbestand des Menschenhandels[2] eine neue Struktur erhielt. Erfasst werden damit Straftaten, die eine Person mit verschiedenen Mitteln zur Prostitution oder in eine Situation der Arbeitsausbeutung bringen oder derartige Abläufe unterstützen. Die Handlung muss weder grenzüberschreitend erfolgen noch mit physischer Gewalt verbunden sein.

---

[1] Siehe Glossar → S. 370.
[2] Rahmenbeschluss des Rates vom 19.7.2002 zur Bekämpfung des Menschenhandels, 2002/629/EG.

Menschenhandel

1. **Sexuelle Ausbeutung (§ 232 StGB)**
   Wer eine andere Person dazu bringt (das bedeutet: alle Handlungsweisen, die den Willen eines Menschen beeinflussen, vorausgesetzt, der Entschluss steht noch nicht fest),
   - unter Ausnutzung einer Zwangslage oder der Hilflosigkeit, die mit ihrem Aufenthalt in einem fremden Land verbunden ist (keine Voraussetzung, wenn die Person unter 21 Jahre ist),
   - zur Aufnahme oder Fortsetzung der Prostitution oder sonst zu sexuellen Handlungen, durch die sie ausgebeutet wird,
   wird mit Freiheitsstrafe von sechs Monaten bis zu zehn Jahren bestraft.

   Die Tat ist ein Verbrechen, wenn eine der folgenden Voraussetzungen vorliegt:
   – Das Opfer ist ein Kind unter 14 Jahren;
   – das Opfer wird schwer misshandelt oder gerät in Todesgefahr;
   – der Täter handelt gewerbsmäßig;
   – der Täter handelt als Mitglied einer Bande;
   – der Täter setzt Gewalt, Drohung oder List ein, um die Tat zu begehen oder sich der Person zu bemächtigen.

2. **Arbeitsausbeutung (§ 233 StGB)**
   Wer eine andere Person dazu bringt,
   – unter Ausbeutung einer Zwangslage oder der Hilflosigkeit, die mit dem Aufenthalt in einem fremden Land verbunden ist,
   – in Sklaverei oder Schuldknechtschaft oder zur Aufnahme oder Fortsetzung einer Beschäftigung bei ihm oder einem Dritten zu Arbeitsbedingungen, die in einem auffälligen Missverhältnis zu den Arbeitsbedingungen anderer Arbeitnehmerinnen stehen,
   wird mit Freiheitsstrafe von sechs Monaten bis zu zehn Jahren bestraft.

3. **Förderung des Menschenhandels (§ 233a StGB)**
   Wer die Tat begünstigt, indem er
   – anwirbt;
   – befördert;
   – weitergibt;
   – beherbergt;
   – aufnimmt,
   wird mit Freiheitsstrafe von drei Monaten bis zu fünf Jahren bestraft.

In der Praxis bereitet es oft Schwierigkeiten, den Tatbestand des Menschenhandels durch Arbeitsausbeutung nachzuweisen, in diesen Fällen kann auf den neu eingeführten § 25 Abs. 4b AufenthG (siehe unten) zurückgegriffen werden.

§ 25 Abs. 4a AufenthG beinhaltet bislang nur einen Ermessensanspruch auf die Aufenthaltserlaubnis. Dadurch wurde die Opferschutzrichtlinie[1] nur unzureichend umgesetzt. Durch die Gesetzänderung vom Juli 2015 besteht jetzt ein Regelanspruch (»soll«), der eine Abweichung nur noch in besonders gelagerten Ausnahmefällen ermöglicht.

Es müssen folgende Voraussetzungen vorliegen:

- Die Staatsanwaltschaft (oder das Gericht) hat festgestellt, dass die Anwesenheit des Opfers für die weiteren Ermittlungen zweckmäßig ist;
- das Opfer hat seine Bereitschaft zur Kooperation mit den Ermittlungsbehörden erklärt;
- das Opfer hat die Beziehungen zu den Tätern vollständig abgebrochen;
- das Opfer stellt keine Gefahr für die Sicherheit und Ordnung dar.

Eine illegale Einreise oder ein illegaler Aufenthalt steht der Erteilung nicht entgegen. Die übrigen Voraussetzungen nach § 5 AufenthG müssen nicht erfüllt sein (§ 5 Abs. 3 Satz 1 AufenthG).

Beispiel

Marie aus Kamerun kommt mit einem Schengenvisum zu ihrem Onkel nach Deutschland. Er hatte ihr versprochen, sie könne in Deutschland entweder arbeiten oder studieren. Das wäre alles kein Problem, er würde die Formalitäten für sie regeln. In Deutschland angekommen, vermittelt er sie an einen Zuhälter, der sie zwingt, für ihn der Prostitution nachzugehen. Sie darf das Haus nicht verlassen. Eines Tages gelingt es ihr jedoch, telefonisch Kontakt mit einer Beratungsstelle aufzunehmen. Durch die Polizei wird sie aus der Wohnung geholt. Marie macht eine Aussage bei der Polizei, daraufhin wird gegen den Zuhälter und den Onkel ein Strafverfahren nach § 232 StGB eingeleitet. Marie erklärt sich bereit, auch vor Gericht auszusagen. Sie wird durch Vermittlung der Beratungsstelle in einem Frauenhaus untergebracht. Zusätzlich erklärt sie, dass sie jeden Kontakt mit dem Onkel vermeiden wird.
Marie hat einen Anspruch auf die Erteilung der Aufenthaltserlaubnis nach § 25 Abs. 4a AufenthG, weil sie die Anforderungen erfüllt. Sie darf nicht mit einer Duldung abgespeist werden.

---

[1] Siehe Glossar → S. 370.

Verlängerung/Verfestigung

Die Aufenthaltserlaubnis nach § 25 Abs. 4a AufenthG war bislang als vorübergehende Erlaubnis zum Verbleib während eines laufenden Verfahrens angelegt. Durch die Änderung vom Juli 2015 wird sie jetzt einer Verlängerung zugänglich. Im Gesetzestext wurde die Formulierung für einen »vorübergehenden« Aufenthalt gestrichen und um einen Regelanspruch auf Verlängerung ergänzt, soweit »humanitäre oder persönliche Gründe oder öffentliche Interessen die weitere Anwesenheit des Ausländers im Bundesgebiet erfordern«.

Die Aufenthaltserlaubnis wird während der Dauer des Verfahrens für jeweils ein Jahr erteilt und anschließend für jeweils zwei Jahre verlängert (§ 26 Abs. 1 Satz 5 AufenthG).

Familiennachzug

Der Familiennachzug wird nach § 29 Abs. 3 AufenthG nur aus humanitären, völkerrechtlichen oder politischen Gründen zugelassen. Damit wird der Familiennachzug seit Juli 2015 erstmals zugelassen und Frauen, die während ihrer Mitwirkung in einem Verfahren einer Berufstätigkeit nachgehen können z.b. ihre zurückgelassenen Kinder nach Deutschland nachholen.

Arbeit

Die Beschäftigungserlaubnis wird zusammen mit der Aufenthaltserlaubnis von der Ausländerbehörde ohne Zustimmung der AA erteilt (§ 31 BeschV).

Sozialleistungen

Mit der Änderung des AsylbLG zum 1.3.2015 wurden Personen mit einer Aufenthaltserlaubnis nach § 25 Abs. 4a AufenthG aus der Liste der Anspruchsberechtigten nach AsylbLG gestrichen. Sie haben damit ab der Erteilung der Aufenthaltserlaubnis einen Anspruch auf SGB II-/SGB XII-Leistungen. Wichtig ist, das damit auch der Zugang zu den Integrationskursen gesichert ist, da die Jobcenter nach § 3 Abs. 2b SGB II auf die Teilnahme hinzuwirken haben. Nach § 44 Abs. 1 Nr. 1c AufenthG besteht der Teilnahmeanspruch dagegen erst bei Verlängerung der Aufenthaltserlaubnis nach Abschluss des Verfahrens gegen die Täter.

Auch die übrigen Leistungen der Arbeitsmarktintegration (u.a. Kosten der Übersetzung und Anerkennung ausländischer Berufszertifikate nach § 44 SGB III, Einstiegsqualifizierung nach § 54a SGB III, sonstige Praktika, Bildungsgutscheine und Lohnzuschüsse) können von den Jobcentern erbracht werden.

Auch die Mitgliedschaft in der gesetzlichen Krankenversicherung erfolgt über die Jobcenter, sodass auch die erforderliche psychotherapeutische Versorgung gewährleistet ist.

Ansprüche auf Familienleistungen (Kindergeld § 62 Abs. 2 Nr. 2c EStG, Elterngeld § 1 Abs. 7 Nr. 2c BEEG, Unterhaltsvorschuss § 1 Abs. 2 Nr. 2c UhVorschG) bestehen weiterhin erst nach drei Jahren Aufenthalt.

Der Anspruch auf Kindergeld ist zurzeit noch nicht geklärt (→ S. 203).

Ansprüche auf Jugendhilfeleistungen bestehen in vollem Umfang. Minderjährige Opfer sind stets in Jugendhilfeeinrichtungen unterzubringen. Auch für junge Frauen unter 21 Jahren ist diese Unterbringungsform in der Regel angezeigt, um ihnen nach der Missbrauchserfahrung und angesichts der Unerfahrenheit in einem fremden Land die erforderliche Unterstützung zukommen zu lassen. In der Praxis sind die Jugendämter oft nicht bereit, die Hilfe für junge Volljährige nach § 41 SGB VIII zu erbringen, weil »nur« ein Regelanspruch auf diese Hilfe besteht.

Für junge Frauen mit Kleinkindern kann die Unterbringung in einer Mutter-Kind-Einrichtung (§ 19 SGB VIII) angemessen sein.

Ansprüche auf Ausbildungsbeihilfen entstehen nicht. Hier besteht offensichtlich eine gesetzliche Lücke, da selbst Geduldeten die Ausbildungsbeihilfen nach 15 Monaten Aufenthalt (ab 1.1.2016) offen stehen.

11.4.4 Aufenthaltserlaubnis für Zeuginnen eines Strafverfahrens wegen Arbeitsausbeutung (§ 25 Abs. 4b AufenthG)

Die Aufenthaltserlaubnis nach § 25 Abs. 4b AufenthG wurde mit der Gesetzesänderung vom 22.11.2011[1] in das Gesetz eingefügt und dient der Umsetzung der Sanktionsrichtlinie der EU (2009/52/EG).[2] Das zentrale Anliegen der Richtlinie ist die Bekämpfung illegaler Zuwanderung. Flankierend werden

---

[1] BGBl. I vom 22.12.11, S. 3044 ff.
[2] Siehe Glossar → S. 371.

auch Maßnahmen zum Schutz vor Arbeitsausbeutung vorgesehen[1], so in Art. 13 Abs. 4 die Erteilung eines Aufenthaltstitels entsprechend der Regelung in der Opferschutzrichtlinie. So enthält nun § 25 Abs. 4b AufenthG einen Ermessensanspruch auf eine Aufenthaltserlaubnis für Opfer von Arbeitsausbeutung.

Die vorübergehende Aufenthaltserlaubnis kann unter folgenden Voraussetzungen nach Ermessen erteilt werden:

- Es muss eine Straftat vorliegen

    – nach § 10 Abs. 1 (Ausbeutung von ausländischen Arbeitnehmerinnen ohne Arbeitsgenehmigung) oder

    – nach § 11 Abs. 1 Nr. 3 des Schwarzarbeitsbekämpfungsgesetzes (Beschäftigung von Minderjährigen ohne Arbeitsgenehmigung) oder

    – nach § 15a des Arbeitnehmerüberlassungsgesetzes (Ausbeutung von Leiharbeitnehmerinnen ohne Arbeitsgenehmigung).

- Es wird ein Strafverfahren gegen die Täter geführt.

- Die Staatsanwaltschaft oder das Gericht hat festgestellt, dass die weitere Anwesenheit der Betroffenen für die Ermittlungen zweckmäßig ist.

- Die Betroffenen zur Aussage im Verfahren bereit sind.

- Die Betroffenen stellen keine Gefahr für die Sicherheit und Ordnung dar.

- Der Erteilung steht ein vorangegangener illegaler Aufenthalt ebenso wenig entgegen wie eine Sperre wegen einer Ausweisung oder vorangegangenen Abschiebung nach § 11 Abs. 1 AufenthG. Auch müssen die allgemeinen Erteilungsvoraussetzungen (bis auf die Sicherheitsaspekte) nicht erfüllt sein (§ 5 Abs. 3 Satz 1 AufenthG).

Nicht gefordert wird im Unterschied zu § 25 Abs. 4a AufenthG, dass die Betroffenen den Kontakt zu den Tätern abbrechen, da zur Durchsetzung der Ansprüche auf ausstehenden Lohn auch der Kontakt mit den Arbeitgebern erforderlich werden kann.

Die Aufenthaltserlaubnis kann über das Strafverfahren hinaus verlängert werden, solange noch zivilrechtliche Ansprüche geltend gemacht werden, die

---

[1] Siehe hierzu: Huber, NZA 2012, 477 ff.

vom Herkunftsland nicht in zumutbarer Weise betrieben werden können. Diese Regelung korrespondiert mit § 98a Abs. 1 AufenthG. Danach gilt für Personen, die in Deutschland ohne Genehmigung beschäftigt waren zu ihren Gunsten, dass das Arbeitsverhältnis mindestens drei Monate angedauert hat. Kann der Arbeitgeber die Lohnzahlungen nicht für diesen Zeitraum nachweisen, so hat er den ortsüblichen Lohn für drei Monate nachzuzahlen.

Verlängerung/Verfestigung

Die Aufenthaltserlaubnis wird jeweils für ein Jahr erteilt (§ 26 Abs. 1 Satz 5 AufenthG). Sie wird jeweils um ein Jahr verlängert, solange die Voraussetzungen vorliegen. Eine Verfestigung ist nicht vorgesehen und auch kaum denkbar, da hierfür ein Aufenthalt von fünf Jahren erforderlich wäre (§ 26 Abs. 4 AufenthG).

Familiennachzug

Der Familiennachzug ist nach § 29 Abs. 3 AufenthG ausgeschlossen. Auch wenn sich Familienangehörige bereits in Deutschland aufhalten, wird eine humanitäre Aufenthaltserlaubnis nach § 25 Abs. 5 AufenthG nur ausnahmsweise in Betracht kommen, da der Wegfall des Ausreisehindernisses absehbar bleibt. Der Familieneinheit kann durch Erteilung einer Duldung Rechnung getragen werden.

Arbeit

Die Beschäftigungserlaubnis wird zusammen mit der Aufenthaltserlaubnis von der Ausländerbehörde ohne Zustimmung der AA erteilt (§ 31 BeschV).

Sozialleistungen

Es bestehen lediglich Ansprüche nach dem AsylbLG. Familienleistungen kämen theoretisch frühestens nach drei Jahren in Betracht.
Ansprüche auf Ausbildungsbeihilfen bestehen nicht.

11.4.5 Aufenthaltserlaubnis zum vorübergehenden Aufenthalt aus humanitären Gründen (§ 25 Abs. 4 Satz 1 AufenthG)

Erteilungsvoraussetzungen

Ausländerinnen ohne Anspruch auf einen Aufenthaltstitel kann eine Aufenthaltserlaubnis nach § 25 Abs. 4 Satz 1 AufenthG für einen vorübergehenden Aufenthalt aus dringenden humanitären oder persönlichen Gründen, oder weil erhebliche öffentliche Interessen an der vorübergehenden persönlichen Anwesenheit des Ausländers bestehen, erteilt werden.

Vorausgesetzt wird, dass der Ausländer **nicht vollziehbar ausreisepflichtig** ist. Die Aufenthaltserlaubnis kann nicht erteilt werden

- nach einer unerlaubten Einreise;
- nach einem unerlaubten Aufenthalt im Bundesgebiet;
- nach einem rechtskräftig negativ beendeten Asylverfahren oder
- nach einer sonstigen rechtskräftig festgestellten Ausreiseverpflichtung.

Sie kann ebenfalls nicht erteilt werden, wenn ein Asylantrag als »offensichtlich unbegründet« nach § 30 Abs. 3 AsylG abgelehnt wurde (§ 10 Abs. 3 AufenthG). Auch nach einer Ausweisung, Abschiebung oder Zurückschiebung untersagt § 11 Abs. 1 AufenthG die Erteilung eines Aufenthaltstitels im Bundesgebiet, es sei denn, die Sperrwirkung ist nach Ablauf einer gesetzten Frist erloschen.

Die Aufenthaltserlaubnis nach § 25 Abs. 4 Satz 1 AufenthG wird nur für einen vorübergehenden Aufenthalt erteilt; es muss also ein humanitärer oder sonstiger Grund vorliegen, der aufgrund seiner Eigenart nur einen vorübergehenden Aufenthalt erfordert.

Beispiele für humanitäre und persönliche Gründe sind:

- Eine unmittelbar bevorstehende Eheschließung oder Begründung einer Lebenspartnerschaft, die einen gesetzlichen Anspruch auf eine Aufenthaltserlaubnis vermittelt.[1]

- Die zu erwartende Anerkennung eines eigenen Kindes durch einen deutschen Vater und damit die Feststellung der deutschen Staatsangehörigkeit des Kindes oder die Übertragung des Sorgerechts für ein deutsches Kind.

---

[1] So auch 55.3.2.2. AuslG-VwV; OVG Hamburg vom 9.2.2010 – 3 Bs 238/09; Erlass des Innenministeriums NRW vom 2.10.2002, I 4/43.443.

- Eine fortgeschrittene Schwangerschaft.[1]
- Die vorübergehende Betreuung eines schwer erkrankten Familienangehörigen.[2]
- Der Abschluss einer medizinischen[3] oder psychotherapeutischen Behandlung.
- Der Abschluss einer Schul- oder Berufsausbildung, wenn sich der Schüler oder Auszubildende bereits im letzten Schul- oder Ausbildungsjahr befindet,[4] ansonsten nur, wenn das Schuljahr nur noch wenige Wochen dauert.
- Die Regelung von Familien- oder Nachlassangelegenheiten.[5]
- Die Führung eines Prozesses, der die Anwesenheit erforderlich macht, z. B. ein Vaterschaftsfeststellungsverfahren oder ein Scheidungsverfahren,[6] wenn die persönliche Anwesenheit nicht durch eine kurzfristige Betretenserlaubnis ermöglicht werden kann.

Erhebliche öffentliche Interessen werden vor allem dann angenommen, wenn ein Ausländer in einem laufenden gerichtlichen Verfahren oder bei der Ermittlung von Straftaten benötigt wird. Hier ist in der Regel eine Stellungnahme der Staatsanwaltschaft oder des Gerichts erforderlich. Infrage kommen auch sonstige gerichtliche oder behördliche Verfahren, wenn das Interesse an der Anwesenheit durch das Gericht oder die Behörde festgestellt wurde.[7]

Auf die allgemeinen Erteilungsvoraussetzungen nach § 5 Abs. 1 AufenthG kann nach § 5 Abs. 3 AufenthG verzichtet werden. Dies betrifft u. a. die Einhaltung des Visumverfahrens und die Sicherung des Lebensunterhalts. Gerade bei den genannten Beispielen wird es typischerweise nicht möglich sein, den Lebensunterhalt aus eigenen Mitteln zu sichern.[8]

Von der Regelung des § 25 Abs. 4 Satz 1 AufenthG wird in der Praxis nur zurückhaltend Gebrauch gemacht, da die Erteilung der Aufenthaltserlaubnis

---

[1] VG Bremen vom 13.10.2009 – 4 V 1516/09.
[2] VwV AufenthG 24.4.1.6.1.
[3] A.a.O.
[4] Bayerischer VGH vom 21.2.2006 – 24 CS 05.3197.
[5] VwV AufenthG 24.4.1.6.1.
[6] Zustimmend für Vaterschaftsfeststellung: VG Neustadt (Weinstraße) vom 5.6.2013 – 2 L 471/13 N.W.; ablehnend für Scheidungsverfahren: OVG Saarland vom 17.7.2009 – 2 B 385/09.
[7] VwV AufenthG 25.4.1.6.3.
[8] Gesetzesbegründung zum Zuwanderungsgesetz, BT-Drs. 15/420, S. 70; OVG Niedersachsen vom 27.6.2005 – 11 ME 96/05.

eine spätere zwangsweise Durchsetzung der Aufenthaltsbeendigung deutlich erschwert.

Verlängerung/Verfestigung

Die Aufenthaltserlaubnis darf nach § 26 Abs. 1 AufenthG zunächst nur für sechs Monate erteilt werden und kann jeweils für dieselbe Dauer verlängert werden. Nach Ablauf von 18 Monaten Aufenthalt in Deutschland kann sie auch für einen längeren Zeitraum verlängert werden. Der Erwerb einer Niederlassungserlaubnis ist zwar nicht durch Gesetz ausgeschlossen, die erforderlichen fünf Jahre Aufenthalt (§ 26 Abs. 3 AufenthG) dürften bei einem nur vorübergehenden Aufenthalt kaum entstehen können.

Familiennachzug

Der Familiennachzug ist nach § 29 Abs. 3 AufenthG ausgeschlossen. Speziell für bereits in Deutschland lebende Kinder kann sich aber ein Abschiebehindernis und damit auch ein Ermessens- oder Regelanspruch auf Erteilung einer Aufenthaltserlaubnis nach § 25 Abs. 5 AufenthG ergeben.

Arbeit

Die Beschäftigungserlaubnis wird zusammen mit der Aufenthaltserlaubnis von der Ausländerbehörde ohne Zustimmung der AA erteilt (§ 31 BeschV).

Sozialleistungen

Die Inhaber der Aufenthaltserlaubnis nach § 25 Abs. 4 Satz 1 AufenthG haben gemäß § 1 Abs. 1 Nr. 3 AsylbLG lediglich Ansprüche auf Leistungen nach dem Asylbewerberleistungsgesetz.

Familienleistungen (Kindergeld § 62 Abs. 2 Nr. 2c EStG; Elterngeld § 1 Abs. 7 Nr. 2c BEEG; Unterhaltsvorschuss § 1 Abs. 2 Nr. 2c UhVorschG) werden erst nach drei Jahren gewährt (→ S. 203 f.).

Ansprüche auf Ausbildungsbeihilfen bestehen nicht.

Ansprüche auf Jugendhilfeleistungen bestehen in vollem Umfang.

11.4.6 Aufenthaltsverlängerung aus dringenden humanitären Gründen (§ 25 Abs. 4 Satz 2 AufenthG)

Erteilungsvoraussetzungen

Personen, die bereits im Besitz einer Aufenthaltserlaubnis waren, die nicht verlängert werden kann, können nach § 25 Abs. 4 Satz 2 AufenthG erneut eine Aufenthaltserlaubnis erhalten, wenn das Verlassen des Bundesgebiets aufgrund der besonderen Umstände des Einzelfalls eine **außergewöhnliche Härte** bedeuten würde.

Gedacht ist hierbei insbesondere an Personen, denen der Aufenthalt zunächst nach § 25 Abs. 4 Satz 1 AufenthG nur für einen vorübergehenden Aufenthalt erteilt wurde. Diese Aufenthaltserlaubnis kommt aber ebenso für Personen in Betracht, denen eine Aufenthaltserlaubnis nach § 25 Abs. 1 bis 3 AufenthG oder § 25 Abs. 5 AufenthG wegen eines bestehenden Ausreise- oder Abschiebehindernisses erteilt wurde, wenn die Verlängerung wegen Wegfalls des Flüchtlingsstatus oder des Ausreise- oder Abschiebehindernisses ausgeschlossen ist.

Nach einer Trennung oder sonstigen Beendigung der familiären Lebensgemeinschaft kann keine Aufenthaltserlaubnis nach § 25 Abs. 4 Satz 2 AufenthG erteilt werden, weil für diese Fälle die Regelungen zum eigenständigen Aufenthaltsrecht in §§ 31, 35 und 37 AufenthG vorrangig anzuwenden sind.[1] Ein Schengen Visum für einen befristeten Aufenthalt hat nicht den Charakter eines Aufenthaltstitels und kann daher auch nicht nach § 25 Abs. 4 Satz 2 AufenthG verlängert werden.[2]

Die Anforderung einer »außergewöhnlichen Härte« führt zu einer sehr restriktiven Anwendung der Regelung durch die Verwaltungsgerichte.[3] Es wird eine »individuelle Sondersituation«[4] gefordert, die einen Ausländer aufgrund seiner individuellen Situation deutlich ungleich härter treffen würde als andere in vergleichbaren Situationen.[5] So wurden etwa Ansprüche auf Verlängerung einer Aufenthaltserlaubnis nach § 25 Abs. 4 Satz 2 AufenthG abgelehnt, wenn bei Menschen, die mehrere Jahre mit einer Asylberechtigung in Deutschland gelebt hatten, die

---

[1] VG München vom 16.2.2006 – M 10 S 06.38.
[2] HessVGH vom 25.2.2011 – 7 B 139/11.
[3] BVerwG vom 8.2.2007 – 1 B 69/06.
[4] Dienelt in Renner/Bergmann/Dienelt, 2013, § 25 Rn. 71.
[5] BVerwG vom 19.9.2000 – 1 C 19/99; OVG Münster vom 20.5.2005 – 18 B 1207/04.

Anerkennung durch das BAMF widerrufen worden war (→ S. 169 f.).[1] Die Rückkehr ins Herkunftsland wurde trotz erfolgreicher Integration in Deutschland nicht als außergewöhnliche Härte bewertet.[2] Zu berücksichtigen ist auch der Anspruch aus Art. 8 EMRK auf die Gestaltung des Privatlebens in dem Staat, in dem eine weit gehende Verwurzelung erfolgt ist, bei gleichzeitiger umfassender Entfremdung vom Herkunftsstaat.[3] Eine Verwurzelung setzt aber auch eine nachhaltige Integration voraus.[4] Im Fall eines langjährigen Aufenthalts eines Menschen mit Behinderung leitet das VG Berlin[5] ein Recht auf Verbleib aus Art. 3 Abs. 3 Satz 2 GG (Verbot der Benachteiligung wegen der Behinderung) als grundrechtliche Wertentscheidung mit Ausstrahlung auf die gesamte Rechtsordnung ab.

Nicht übersehen werden sollte, dass sich die Bewertung des Begriffs der »außergewöhnlichen Härte« aus der Gewichtung der Grundrechtsinteressen des Einzelnen im Verhältnis zu den öffentlichen Interessen ergibt. Durch den Zusatz »außergewöhnlich« wird den öffentlichen Interessen dabei ein besonderes Gewicht zugesprochen.

Anwendungsfälle des § 25 Abs. 4 Satz 2 AufenthG sind also nur Konstellationen, in denen durch die Aufenthaltsbeendigung in schwer wiegender Weise in die grundrechtlich geschützten Belange des Ausländers eingegriffen würde:

- Die Verlängerung der Aufenthaltserlaubnis zur längerfristigen Betreuung oder Pflege eines Angehörigen.

- Die Verlängerung der Aufenthaltserlaubnis für Minderjährige, die auch nach Wegfall eines Abschiebehindernisses existenziell auf ihr soziales Umfeld angewiesen bleiben.[6]

- Die Verlängerung der Aufenthaltserlaubnis eines Kindes, für welches bis zur Volljährigkeit ein Abschiebehindernis bestand (→ S. 270), weil es im Heimatland nicht von Familienangehörigen betreut werden konnte und das auch weiterhin nicht auf die Unterstützung von Angehörigen im Herkunftsland zurückgreifen kann.

- Die Verlängerung der Aufenthaltserlaubnis nach § 36 Abs. 1 AufenthG, nachdem das Kind die Volljährigkeit erreicht hat.

---

[1] Bayerischer VGH vom 13.2.2008 – 10 CS 07.2733.
[2] Bayerischer VGH vom 23.11.2007 – 19 C 07.2527.
[3] BVerwG vom 27.1.2009 – 1 C 40.07; Dienelt in Renner/Bergmann/Dienelt, 2013, § 25 Rn. 74.
[4] OVG Saarland vom 4.8.2005 – 2 B 73/15.
[5] VG Berlin vom 15.12.2011 – 35 A 313.08.
[6] In den Gesichtspunkten ähnlich VGH Baden-Württemberg vom 27.1.1992 – 13 S 1585/90.

Von den allgemeinen Erteilungsvoraussetzungen nach § 5 Abs. 1 und Abs. 2 AufenthG (Lebensunterhalt gesichert, keine Ausweisungsgründe) kann nach Ermessen abgesehen werden (§ 5 Abs. 3 Satz 2 AufenthG). Zu berücksichtigen ist, ob der Lebensunterhalt unverschuldet nicht gesichert werden kann.

Die Erteilung einer Aufenthaltserlaubnis ist ausgeschlossen, wenn ein vorangegangener Asylantrag als »offensichtlich unbegründet« nach § 30 Abs. 3 AsylG abgelehnt (§ 10 Abs. 3 AufenthG) oder die Person ausgewiesen, zurückgeschoben oder abgeschoben worden ist (§ 11 Abs. 1 AufenthG) oder eine Einreise- und Aufenthaltssperre verhängt wurde (§ 11 Abs. 6 oder Abs. 7 AufenthG).

Verlängerung/Verfestigung

Die Aufenthaltserlaubnis kann für einen Zeitraum zwischen einem und drei Jahren erteilt werden und beliebig oft verlängert werden (§ 26 Abs. 1 AufenthG).

Eine Niederlassungserlaubnis wird frühestens nach fünf Jahren Aufenthalt erteilt (§ 26 Abs. 4 AufenthG), wenn die Voraussetzungen des § 9 AufenthG vorliegen (→ S. 223). Für als Minderjährige Eingereiste gelten die Anforderungen des § 35 AufenthG (§ 26 Abs. 4 Satz 4 AufenthG).[1] Anzurechnen sind die Zeiten eines Asylverfahrens.

Familiennachzug

Der Familiennachzug ist nach § 29 Abs. 3 Satz 2 AufenthG ausgeschlossen. Erst nach der Erteilung einer Niederlassungserlaubnis wird er bei Vorliegen der Voraussetzungen nach §§ 30, 32, 27, 5 AufenthG gewährt.

Gegen den Ausschluss des Familiennachzugs zu Personen, denen eine Aufenthaltserlaubnis erteilt wurde, die wie bei § 25 Abs. 4 Satz 2 AufenthG auf einen dauerhaften Verbleib ausgerichtet ist, bestehen erhebliche verfassungsrechtliche Bedenken.[2]

---

[1] Heinhold, ZAR 2008, S. 161, 166.
[2] Benassi, InfAuslR 2006, S. 397 ff.

Befinden sich Familienangehörige allerdings bereits auf deutschem Boden, so können sie sich auf den Schutz aus Art. 6 GG und Art. 8 EMRK berufen. Auch für sie besteht dann ein rechtliches Abschiebehindernis und entsprechend ein Ermessens- oder Regelanspruch auf die Erteilung einer Aufenthaltserlaubnis nach § 25 Abs. 5 AufenthG.[1]

Arbeit

Die Beschäftigungserlaubnis wird zusammen mit der Aufenthaltserlaubnis von der Ausländerbehörde ohne Zustimmung der AA erteilt (§ 31 BeschV).

Sozialleistungen

Es bestehen Ansprüche auf Leistungen nach dem SGB II und SGB XII.

Da bei der Erteilung der Aufenthaltserlaubnis nur nach Ermessen davon abgesehen werden kann, dass der Lebensunterhalt gesichert ist, wird auch bei jeder Verlängerung der Aufenthaltserlaubnis erneut darüber entschieden, ob der Leistungsbezug angesichts der Lage des Einzelfalls einer Verlängerung entgegensteht.

Familienleistungen (Kindergeld § 62 Abs. 2 Nr. 2c EStG; Elterngeld § 1 Abs. 7 Nr. 2c BEEG; Unterhaltsvorschuss § 1 Abs. 2 Nr. 2c UhVorschG) können nur bezogen werden, wenn der gesamte legale Aufenthalt bereits drei Jahre andauert (zu den Einzelheiten siehe auch → S. 203).

Ansprüche auf Ausbildungsbeihilfen entstehen nach 15 Monaten (ab 1.1.2016) erlaubten Aufenthalts (§ 8 Abs. 2 Nr. 2 BAföG; § 62 Abs. 2 Nr. 2 SGB III).

---

[1] VGH Baden-Württemberg vom 18.4.2007 – 11 S 1035/06.

11.4.7 Aufenthaltserlaubnis auf der Grundlage einer Entscheidung einer Härtefallkommission (§ 23a AufenthG)

Erteilungsvoraussetzungen

Die Aufenthaltserlaubnis nach § 23a AufenthG ist nicht an bestimmte gesetzliche Voraussetzungen gebunden, sondern setzt eine Empfehlung der Härtefallkommission voraus. Mittlerweile existieren in allen Bundesländern Härtefallkommissionen, teilweise allerdings ohne Beteiligung von Nichtregierungsorganisationen. Die Kommission arbeitet in jedem Fall nach dem Prinzip der Selbstbefassung, es gibt ausdrücklich keinen individualrechtlichen Anspruch auf Prüfung eines Antrags. Die Kommission kann eine Empfehlung zur Erteilung einer Aufenthaltserlaubnis aussprechen, obwohl keine Anspruchsgrundlage im Gesetz (ausgenommen die gesetzliche Regelung über die Härtefallkommission) besteht. Gebunden ist sie aber an die jeweiligen Ländererlasse, die jeweils unterschiedliche Personenkreise von der Erteilung ausschließen.[1]

Die Kommission kann ein Ersuchen auf Erteilung einer Aufenthaltserlaubnis an das Landesinnenministerium oder je nach Bundesland direkt an die Ausländerbehörde richten. Beide sind nicht an das Ersuchen gebunden und entscheiden nach Ermessen, wobei berücksichtigt werden kann, ob der Lebensunterhalt gesichert ist oder ein Dritter eine Unterhaltsgarantie übernommen hat. Von den Erteilungsverboten nach § 10 Abs. 3 und § 11 Abs. 1 AufenthG kann abgewichen werden. Rechtsschutz gegen die Entscheidungen der Kommission besteht nur ganz eingeschränkt in Fällen offensichtlicher Willkür oder sachfremder Entscheidungskriterien. Gegen die Ermessensentscheidung der zuständigen Anordnungsstelle können Rechtsmittel, beschränkt auf die Überprüfung der Ermessensausübung, eingelegt werden.[2]

Verlängerung/Verfestigung

Die Aufenthaltserlaubnis wird meist zunächst für ein Jahr erteilt, kann jedoch auch für einen Zeitraum bis zu drei Jahren erteilt werden (§ 26 Abs. 1 AufenthG).

---

[1] Siehe zu den einzelnen Regelungen: http://www.fluechtlingsinfo-berlin.de → Gesetzgebung → Durchführungsbestimmungen zum Zuwanderungsgesetz → Härtefallverordnungen und -kommissionen in den Bundesländern.

[2] Zur Einschätzung und Auswertung der bisherigen Erfahrungen siehe: Göbel-Zimmermann, ZAR 2008, 47 ff.

Nach fünf Jahren besteht die Möglichkeit der Erteilung einer Niederlassungserlaubnis, wenn die Voraussetzungen nach § 9 AufenthG vorliegen (→ S. 223).

Jungen Menschen, die als Minderjährige eingereist sind, wird die Niederlassungserlaubnis entsprechend § 35 AufenthG erteilt.

Familiennachzug

Bei dieser Aufenthaltserlaubnis gelten die allgemeinen Regeln des Familiennachzugs zu Ausländern; es bestehen die entsprechenden Rechtsansprüche nach §§ 30, 32 AufenthG (→ S. 107).

Arbeit

Die Beschäftigungserlaubnis wird zusammen mit der Aufenthaltserlaubnis von der Ausländerbehörde ohne Zustimmung der AA erteilt (§ 31 BeschV).

Sozialleistungen

Es bestehen Ansprüche auf Leistungen nach dem SGB II bzw bei Erwerbsunfähigkeit nach dem SGB XII.

Ansprüche auf Familienleistungen entstehen erst nach drei Jahren Aufenthalt (Kindergeld § 62 Abs. 2 Nr. 2c EStG; Elterngeld § 1 Abs. 7 Nr. 2c BEEG; Unterhaltsvorschuss § 1 Abs. 2 Nr. 2c UhVorschG) (zu den rechtlichen Einzelheiten siehe auch → S. 203).

Es bestehen Ansprüche auf Berufsausbildungsbeihilfe (§ 59 Abs. 1 SGB III), BAföG (§ 8 Abs. 2 Nr. 1 BAföG) und Aufstiegsfortbildungsförderung (§ 8 Abs. 2 Nr. 1 AFBG). Jugendhilfeleistungen werden ohne Einschränkungen erbracht.

Prüfungsschemata humanitäre Aufenthaltserlaubnis im Einzelfall

A Aufenthaltserlaubnis nach § 25 Abs. 5 AufenthG

■ **Voraussetzungen**

1. Rechtliches oder tatsächliches Abschiebe- und Ausreisehindernis; wenn nicht vorhanden, weiter unter → B Aufenthaltserlaubnis nach § 25 Abs. 4 Satz 1 AufenthG
2. Vollziehbar ausreisepflichtig
3. Pass, Passersatz (§ 6 AufenthV) oder Ausweisersatz (§ 55 AufenthV)
4. Ausreise in absehbarer Zeit nicht möglich
5. Kein Verschulden am Ausreisehindernis
6. Kein Aufenthaltsverbot (§§ 55 Abs. 4, 10 Abs. 3, 11 Abs. 1, 6, 7 AufenthG)
   Achtung: Sperrwirkung kann nach § 11 Abs. 4 AufenthG beseitigt werden

■ **Rechtsfolge**

Erteilung nach Ermessen

■ **Weitere Voraussetzung**

7. Seit 18 Monaten vollziehbar ausreisepflichtig

■ **Rechtsfolge Regelanspruch**

■ **Weitere Voraussetzungen**

8. Lebensunterhalt gesichert
9. Kein Ausweisungsinteresse

■ **Rechtsfolge**

Ermessensreduzierung auf Null

B Aufenthaltserlaubnis nach § 25 Abs. 4 Satz 1 AufenthG

■ Voraussetzungen

1. Nicht vollziehbar ausreisepflichtig
2. Aufenthalt nur vorübergehend erforderlich; wenn nicht, weiter unter
   → C Aufenthaltserlaubnis nach § 25 Abs. 4 Satz 2 AufenthG
3. Dringende humanitäre oder persönliche Gründe oder erhebliche öffentliche Interessen
4. Pass, Passersatz (§ 6 AufenthV) oder Ausweisersatz (§ 55 AufenthV)
5. Kein Aufenthaltsverbot (§§ 55 Abs. 4, 10 Abs. 3, 11 Abs. 1, 6 oder 7 AufenthG)

■ Rechtsfolge

Erteilung nach Ermessen. Berücksichtigt werden können die Sicherung des Lebensunterhalts, Ausweisungsgründe und sonstige öffentliche Interessen der Bundesrepublik

C Aufenthaltserlaubnis nach § 25 Abs. 4 Satz 2 AufenthG

■ Voraussetzungen

1. Es bestand bisher ein Aufenthaltstitel, nicht vollziehbar ausreisepflichtig; wenn nicht, weiter unter → D Aufenthaltserlaubnis nach § 23a AufenthG
2. Die Aufenthaltsbeendigung würde eine »außergewöhnliche Härte« bedeuten; wenn nicht, weiter unter → D Aufenthaltserlaubnis nach § 23a AufenthG
3. Pass, Passersatz (§ 6 AufenthV) oder Ausweisersatz (§ 55 AufenthV)
4. Kein Aufenthaltsverbot (§§ 55 Abs. 4, 10 Abs. 3, 11 Abs. 1, 6 oder 7 AufenthG)

■ Rechtsfolge

Erteilung nach Ermessen. Berücksichtigt werden können die Sicherung des Lebensunterhalts, Ausweisungsgründe und sonstige öffentliche Interessen der Bundesrepublik

D Aufenthaltserlaubnis nach § 23a AufenthG

■ Voraussetzungen

1. Positive Entscheidung einer Härtefallkommission des Bundeslandes – es besteht kein Anspruch auf Prüfung durch die Kommission
2. Positive Entscheidung des Landesinnenministeriums oder (nach Landesrecht) der Ausländerbehörde

■ Rechtsfolge

Aufenthaltserlaubnis wird nach § 23a AufenthG erteilt (es besteht weder ein Rechts- noch ein Ermessensanspruch, im Prinzip sind Rechtsmittel nicht möglich)

E Sonderregelung: Aufenthaltserlaubnis nach § 25 Abs. 4a AufenthG

■ Voraussetzungen

1. Die Staatsanwaltschaft oder das Gericht hat festgestellt, dass die Anwesenheit des Opfers für die weiteren Ermittlungen zweckmäßig ist
2. Das Opfer hat seine Bereitschaft zur Kooperation mit den Ermittlungsbehörden erklärt
3. Das Opfer hat die Beziehungen zu den Tätern vollständig abgebrochen
4. Das Opfer stellt keine Gefahr für die Sicherheit und Ordnung dar

■ Rechtsfolge

Regelanspruch. Verlängerungsanspruch aus humanitären Gründen

F Sonderregelung: Aufenthaltserlaubnis nach § 25 Abs. 4b AufenthG

■ Voraussetzungen

1. Es liegt eine illegale Beschäftigung mit einer strafbaren Arbeitsausbeutung vor
2. Nach der Feststellung der Staatsanwaltschaft oder des Gerichts ist die Anwesenheit der Betroffenen für die Ermittlungen erforderlich
3. Die Betroffene hat ihre Bereitschaft zur Zeugenaussage erklärt
4. Es besteht keine Gefahr für die Sicherheit und Ordnung

■ Rechtsfolge

Erteilung der Aufenthaltserlaubnis nach Ermessen

12 Niederlassungserlaubnis und Erlaubnis zum Daueraufenthalt-EU

Die Niederlassungserlaubnis wird unbefristet erteilt, sie erlaubt den unbeschränkten Zugang zu jeder Erwerbstätigkeit, darf zeitlich und räumlich nicht eingeschränkt werden (eine Ausnahme gilt nach § 23 Abs. 2 AufenthG für aus politischen Gründen aufgenommene Ausländer, zurzeit jüdische Angehörige der Staaten der ehemaligen Sowjetunion) und auch nicht mit Nebenbestimmungen versehen werden. Es bleibt die Möglichkeit, die politische Betätigung zu verbieten oder zu beschränken.

Nach der Erteilung einer Niederlassungserlaubnis kann der Aufenthalt des Ausländers nur noch beendet werden, wenn er

- ausgewiesen wird;
- keinen gültigen Pass mehr besitzt;
- seine Staatsangehörigkeit wechselt oder verliert;
- Deutschland für länger als sechs Monate verlässt oder erkennbar ist, dass er bereits bei seiner Ausreise beabsichtigt, in einen anderen Staat überzusiedeln (siehe § 51 Abs. 1 AufenthG).

Allerdings kann auch die Niederlassungserlaubnis widerrufen werden, wenn das BAMF die Anerkennung als Flüchtling widerruft (§ 73 AsylG; § 52 Abs. 1 Nr. 4 AufenthG).[1]

Wenn der Ausländer sich bereits 15 Jahre rechtmäßig im Bundesgebiet aufgehalten hat und bei seiner Rückkehr ins Bundesgebiet sein Lebensunterhalt gesichert ist und keine schwerwiegenden Abschiebeinteressen vorliegen (§ 54 Abs. 1 Nr. 2 bis 5 oder Abs. 2 Nr. 5 bis 7 AufenthG), bleibt die Niederlassungserlaubnis gültig, auch wenn Deutschland für mehr als sechs Monate verlassen wurde (§ 51 Abs. 2 AufenthG).

Auch bei Ehegatten von Deutschen erlischt die Niederlassungserlaubnis nicht durch Ausreise, solange keine schwerwiegenden Abschiebeinteressen vorliegen (§ 51 Abs. 2 Satz 2 AufenthG).

In beiden Konstellationen wird von der Ausländerbehörde auf Antrag eine Bescheinigung über die den Fortbestand der Niederlassungserlaubnis bei Ausreise ausgestellt (§ 51 Abs. 2 Satz 3 AufenthG). Von dieser Möglichkeit sollte

---

[1] Heinhold, ZAR 2008, S. 161.

unbedingt Gebrauch gemacht werden, um Schwierigkeiten bei der Rückreise nach einem längeren Auslandsaufenthalt zu vermeiden.

Grundsätzlich richtet sich der gesetzliche Anspruch auf die Erteilung der Niederlassungserlaubnis nach § 9 Abs. 2 AufenthG.

Vorrangig sind allerdings die **Sonderregelungen** in
- § 18b (Absolventen deutscher Hochschulen);
- § 19a Abs. 6 (Blaue Karte);
- § 19 AufenthG (Hochqualifizierte);
- § 21 Abs. 4 AufenthG (Selbstständige);
- § 23 Abs. 2 AufenthG (auf der Grundlage besonderer politischer Interessen der Bundesrepublik);
- § 26 Abs. 3 AufenthG (anerkannte Flüchtlinge, Resettlement-Flüchtlinge);
- § 28 Abs. 2 AufenthG (Familienangehörige von Deutschen);
- § 35 AufenthG (Jugendliche und junge Erwachsene);
- § 28 Abs. 1 Nr. 1 AufenthG (ehemalige Deutsche).

Auch für Personen mit einer humanitären Aufenthaltserlaubnis wurde die Mindestaufenthaltszeit mit der Gesetzesänderung im Juli 2015 auf fünf Jahre (vorher sieben Jahre) reduziert (§ 26 Abs. 4 AufenthG). Auch reicht es für die Anwendung des § 35 AufenthG, wenn junge Menschen als Minderjährige eingereist sind; die Aufenthaltserlaubnis muss nicht vor dem 18. Geburtstag erteilt worden sein. Angerechnet werden Zeiten eines Asylverfahrens (§ 26 Abs. 4 Satz 3 AufenthG), auch dann, wenn zwischen dem Ende des Verfahrens und der Erteilung einer Aufenthaltserlaubnis längere Zeiten einer nicht anzurechnenden Duldung nach § 60a AufenthG[1] lagen.[2] Angerechnet werden dagegen die Zeiten einer Duldung oder einer Aufenthaltsbefugnis, die vor dem 1.1.2005 erteilt wurden (§ 102 Abs. 2 AufenthG). Personen mit einer humanitären Aufenthaltserlaubnis können sich auch auf die erleichterten Bedingungen des § 35 AufenthG für in Deutschland aufgewachsene Minderjährige (Frist nur fünf Jahre) berufen, allerdings nur, wenn sie bereits bei Eintritt der Volljährigkeit im Besitz einer Aufenthaltserlaubnis waren.[3]

Auf die erforderliche Zeit von fünf Jahren rechtmäßigen Aufenthalts nach § 9 Abs. 1 Nr. 1 AufenthG werden zusätzlich bestimmte Zeiten angerechnet, die im Ausland verbracht wurden oder die zu einem früheren Zeitpunkt im Bun-

---

[1] Siehe VwV AufenthG 26.4.8.
[2] BVerwG vom 13.9.2011 – 1 C 17/10.
[3] A.a.O.

desgebiet verbracht wurden. Auslandsaufenthalte werden bis zu sechs Monate angerechnet, wenn sie nicht zu einem Erlöschen des Aufenthaltstitels geführt haben. Ein längerfristiger Schulbesuch im Ausland (nicht als Austauschschülerin) unterbricht in der Regel den rechtmäßigen Aufenthalt, so dass die Zeiten im Ausland insgesamt nicht angerechnet werden können.[1]

Voraufenthaltszeiten können nur dann angerechnet werden, wenn sich der Ausländer bei einer früheren Ausreise aus dem Bundesgebiet bereits im Besitz einer Niederlassungserlaubnis befunden hat. In diesem Fall wird die Zeit des Voraufenthalts abzüglich der Abwesenheit des Ausländers aus dem Bundesgebiet angerechnet, höchstens jedoch mit vier Jahren.

Beispiel

Eine Ausländerin reist mit 13 Jahren ins Bundesgebiet ein und erhält mit 18 Jahren eine Niederlassungserlaubnis, mit 20 Jahren verlässt sie die Bundesrepublik und kehrt mit 24 Jahren zurück. Sie hatte sich also sieben Jahre im Bundesgebiet aufgehalten. Bei ihrer Ausreise war sie im Besitz eine Niederlassungserlaubnis. Sie verblieb anschließend vier Jahre im Ausland. Hier werden also drei Jahre Voraufenthalt angerechnet (sieben minus vier), sie kann damit frühestens im Alter von 26 Jahren erneut eine Niederlassungserlaubnis erhalten.

Der **Lebensunterhalt** muss gesichert sein (§ 9 Abs. 2 Nr. 2 AufenthG). Nach der Rechtsprechung wird hier eine eigenständige Unterhaltssicherung verlangt, die auch durch einen gesetzlichen Unterhaltsanspruch gegenüber Ehegatten oder Eltern erfüllt werden kann. Beiträge anderer Familienangehöriger sollen im Unterschied zu den allgemeinen Anforderungen an die Aufenthaltserlaubnis nicht berücksichtigt werden.[2] Es muss sich auch um ein gesichertes Einkommen handeln, befristete Arbeitsverträge und neu abgeschlossene Verträge, bei denen die Probezeit noch nicht abgelaufen ist, reichen in der Regel nicht aus.

Die Berechnung des erforderlichen Einkommens erfolgt grundsätzlich nach dem gesamten Bedarf der Familie (Bedarfsgemeinschaft) entsprechend den Leistungen nach §§ 19 ff. SGB II. Als anrechenbares Einkommen wird die Nettovergütung abzüglich der Freibeträge nach § 11b SGB zu Grunde gelegt. Erst dann lässt sich feststellen, dass mit diesem Einkommen kein Anspruch auf Grundsicherungsleistungen verbleibt.[3]

---

[1] OVG Berlin-Brandenburg vom 28.9.2010 – 11 B 14.10.
[2] VG Ansbach vom 3.6.2008 – AN 19 K 08.00166.
[3] BVerwG vom 16.11.2010 – 1 C 21.09.

> **Beispiel**
>
> Viola lebt zusammen mit ihrer 10-jährigen Tochter in einem Haushalt. Sie verdient als Verkäuferin 1.400 € brutto = 1.060 € netto. Zusätzlich bezieht sie Kindergeld für ihre Tochter in Höhe von 184 € monatlich. Unterhalt erhält sie vom Kindesvater nicht; auch der Anspruch auf Unterhaltsvorschuss ist bereits abgelaufen. Für die Wohnung muss sie eine Warmmiete in Höhe von 400 € aufbringen.
> Von ihrem Bruttoeinkommen werden 320 € Freibeträge (100 € Sockelbetrag nach § 11b Abs. 2, 180 € nach § 11b Abs. 3 Nr. 1 und 40 € nach § 11b Abs. 3 Nr. 2 SGB II) errechnet, die dann von ihrem Nettoeinkommen abgezogen werden. Als anrechenbares Einkommen verbleiben also 740 €. Zuzüglich des Kindergeldes ergibt dies ein Gesamteinkommen von 924 €.
> Dem stehen als Bedarf gegenüber der Regelsatz von 404 € für Viola, 270 € für die Tochter, ein Mehrbedarf für Alleinerziehende von 48,50 € und die Unterkunftskosten in Höhe von 400 €, insgesamt also 1.122,50 €.
> Diesen Bedarf kann Viola zwar mit ihrem Einkommen decken, durch die Freibeträge hätte sie theoretisch jedoch einen Anspruch auf ergänzende Leistungen in Höhe von 198,50 €.
> Damit kann ihr die Niederlassungserlaubnis nicht erteilt werden.

Nach der Rechtsprechung des BVerwG[1] gilt der Lebensunterhalt auch bei den Personen, die im Wege des Familiennachzugs gekommen sind, nur dann als gesichert, wenn kein Restanspruch auf Leistungen nach dem SGB II oder SGB XII mehr verbleibt. Die Privilegierung, die durch die Familiennachzugsrichtlinie bei der Einreise besteht, wird hier also nicht fortgesetzt.

Auch dürfen bei der Berechnung der Bedarfsdeckung deutsche Familienangehörige nicht berücksichtigt werden, da deren aufenthaltsrechtliche Stellung nicht durch die Verfestigung des Aufenthalts eines Familienangehörigen verbessert werden kann.[2]

Nach den Verwaltungsvorschriften[3] gilt der Lebensunterhalt auch bei Bezug von Wohngeld nicht als gesichert. Diese Regelung muss jedoch modifiziert werden, da sie im Widerspruch zum Gesetzeswortlaut des § 2 Abs. 3 AufenthG steht. Aus dem Wohngeldbezug darf nur dann auf eine fehlende Sicherung des Lebensunterhalts geschlossen werden, wenn die Bedarfe nach §§ 19 ff. SGB II nicht ohne das Wohngeld gedeckt werden können. Ist dieser Bedarf aber bereits durch Einkommen gedeckt, so schadet der Wohngeldbezug nicht.[4]

---

[1] BVerwG vom 28.4.2015 – 1 B 20.15.
[2] BVerwG vom 16.8.2011 – 1 C 12.10.
[3] VwV AufenthG 2.3.1.3.
[4] OVG Lüneburg vom 20.3.2012 – 8 LC 277/10.

Auf diese Anforderung muss zwingend verzichtet werden, wenn Personen wegen einer **Krankheit oder Behinderung** nicht in der Lage sind zu arbeiten. Auch wenn noch eine geringfügige Tätigkeit körperlich möglich wäre, das Einkommen jedoch nicht reichen würde, um den Lebensunterhalt zu decken, besteht der Anspruch auf die Niederlassungserlaubnis unabhängig davon, ob Erwerbseinkommen erzielt wird.[1] Dagegen wird bei Personen, die wegen der Pflege eines kranken oder behinderten Angehörigen nicht arbeiten können, keine Ausnahme gemacht. Für sie bleibt die Niederlassungserlaubnis unerreichbar. Hierin sieht das BVerwG keine unzulässige Ungleichbehandlung.[2] Das gleiche Problem trifft auch Personen, die wegen des Alters nicht mehr arbeiten können.

Auch die Familienangehörigen von Deutschen sollen für die Niederlassungserlaubnis nachweisen, dass ihr Lebensunterhalt eigenständig gesichert ist. Zwar verzichtet die Sonderregelung (§ 28 Abs. 2 Satz 1 AufenthG) auf die Anforderungen nach § 9 AufenthG, jedoch nicht zugleich auf die Anforderungen, die allgemein an die Erteilung jedes Aufenthaltstitels zu stellen sind (§ 5 AufenthG).[3]

Für die Niederlassungserlaubnis ist die Einzahlung von mindestens 60 Monaten Pflichtbeiträgen in die gesetzliche **Rentenversicherung** erforderlich, bei Selbstständigen werden sonstige Leistungen, die eine entsprechende Altersversorgung sichern, berücksichtigt (§ 9 Abs. Nr. 3 AufenthG).

Diese Anforderung muss von Personen, die sich am 1.1.2005 mit einer Aufenthaltserlaubnis oder Aufenthaltsbefugnis in Deutschland aufhielten, nicht erfüllt werden. Die **Übergangsregelung** soll für diesen Personenkreis die Niederlassungserlaubnis zu den gleichen Bedingungen eröffnen, wie nach der alten Rechtslage die unbefristete Aufenthaltserlaubnis gewährt wurde.

Berufliche Ausfallzeiten, die auf einer Kinderbetreuung oder häuslichen Pflege beruhen, werden entsprechend angerechnet. Damit wird der Erhalt der Niederlassungserlaubnis erleichtert, weil insbesondere Frauen oft durch die Kinderbetreuung und die Pflege älterer oder kranker Menschen im Haushalt an einer Erwerbstätigkeit gehindert waren. Der Begriff der »beruflichen Ausfallzeit« kann in Anlehnung an die rentenrechtliche Regelung als Zeit der Erziehung von Kindern bis zum zehnten Lebensjahr und von pflegebedürftigen

---

[1] Bayerischer VGH vom 18.6.2015 – 10 C 15.675; OVG NRW vom 15.10.2004 – 17 A 1150/13.
[2] BVerwG vom 28.10.2008 – 1 C 34/07.
[3] OVG NRW vom 6.7.2006 – 18 E 1500/05; BVerwG vom 30.4.2009 – 1 C 3/08; Oberhäuser in Hofmann/Hoffmann, 2008, § 28 AufenthG, Rn. 37.

Personen verstanden werden. Voraussetzung für die Anrechnung einer »beruflichen Ausfallzeit« sind stets Beitragsleistungen aufgrund einer eigenen Erwerbstätigkeit.

Auch Personen, die sich in einer **Ausbildung** befinden, die zu einem anerkannten schulischen oder beruflichen Bildungsabschluss führt, müssen nicht fünf Jahre sozialversichert beschäftigt gewesen sein. Die Regelung ist notwendig, damit junge Menschen, die einen qualifizierten Bildungsabschluss anstreben, aufenthaltsrechtlich nicht schlechter stehen als Personen ohne Ausbildung.

Bei **Ehegatten** genügt es, dass einer von beiden die Voraussetzungen der fünfjährigen sozialversicherten Tätigkeit erfüllt.

Der nicht berufstätige Ehemann einer Ausländerin bekommt also nach fünf Jahren die Niederlassungserlaubnis, wenn seine Frau fünf Jahre lang versicherungspflichtig gearbeitet hat.

Erforderlich sind ausreichende **Kenntnisse der deutschen Sprache** und **Grundkenntnisse der Rechts- und Gesellschaftsordnung** und der Lebensverhältnisse in Deutschland. Die Regelung korrespondiert unmittelbar mit Kapitel 3 des Aufenthaltsgesetzes über die Förderung der Integration. Das Bestehen des Abschlusstestes des Integrationskurses dient zugleich dem Nachweis der Erfüllung der Voraussetzungen für den Erhalt der Niederlassungserlaubnis. Die Prüfung kann auch ohne Besuch des Sprachkurses abgelegt werden. Sowohl die Sprachkenntnisse als auch die Kenntnisse der Rechts- und Gesellschaftsordnung können durch einen Schulabschluss belegt werden.[1] Nur eine einfache mündliche Verständigung in deutscher Sprache kann verlangt werden, wenn der Ausländer nicht zur Teilnahme an einem Integrationskurs verpflichtet war (siehe §§ 44 Abs. 3 Nr. 2, 44a Abs. 2 Nr. 3 AufenthG) oder wenn er am 1.1.2005 eine Aufenthaltserlaubnis oder eine Aufenthaltsbefugnis besaß. In diesen Fällen wird auch auf die Kenntnis der Rechts- und Gesellschaftsordnung verzichtet.

Auf ausreichende Sprachkenntnisse und auf Grundkenntnisse der Rechts- und Gesellschaftsordnung muss verzichtet werden, wenn die Anforderungen aufgrund einer **Krankheit oder Behinderung** nicht erfüllt werden können. Es reicht nicht jede Behinderung, sondern es muss die Unmöglichkeit des Spracherwerbs nachgewiesen werden.

---

[1] VwV AufenthG 9.2.1.7.

Die Betreuung von Kleinkindern und die Schwierigkeiten den Integrationskurs wegen schlechter Busverbindungen zu erreichen, stellen keinen vergleichbaren Grund für den Verzicht auf den Sprachnachweis dar.[1]

Letztlich kann auch zur Vermeidung einer **Härte** von den Voraussetzungen des Sprachkurses und der Grundkenntnisse der Rechts- und Gesellschaftsordnung abgesehen werden. Hierunter könnten z. B. alte Menschen fallen, denen der Spracherwerb wegen des fortgeschrittenen Alters nicht mehr zugemutet werden kann.

Nach § 9 Abs. 2 Nr. 9 AufenthG muss auch ausreichender Wohnraum (→ S. 111) nachgewiesen werden. Ein Nutzungsvertrag über Wohnraum in einem Übergangswohnheim bzw. einer kommunalen Flüchtlingsunterkunft reicht nicht.[2]

Gründe der **öffentlichen Sicherheit und Ordnung** dürfen der Erteilung nicht entgegenstehen. Gefordert wird eine einzelfallbezogene Prüfung nach der Schwere und Art des Gesetzesverstoßes und der Gefahr für die Allgemeinheit sowie der Aufenthaltsdauer und der persönlichen Bindungen. Die Regelung wurde mit dem Änderungsgesetz von 2007 an die Formulierung in § 9a AufenthG zur Erteilung der Daueraufenthaltserlaubnis-EG angepasst. Bis zu dieser Änderung waren Straftaten relevant, die in den letzten drei Jahren zu einer Verurteilung von mindestens sechs Monaten Freiheitsstrafe oder 180 Tagessätzen Geldstrafe geführt haben. Wurde die Freiheitsstrafe vollstreckt, so begann die Dreijahresfrist erst mit der Entlassung aus der Strafhaft. Es ist anzunehmen, dass auch jetzt noch diese Bewertung von Straftaten einen Orientierungsrahmen bieten.[3]

Fraglich ist, ob zusätzlich auf die allgemeine Erteilungsvoraussetzung nach § 5 Abs. 1 Nr. 2 AufenthG, nach der **kein Ausweisungsinteresse** vorliegen darf, zurückgegriffen werden kann. In der Konsequenz könnte die Versagung der Niederlassungserlaubnis auch auf Straftaten gestützt werden, die noch nicht zu einer Verurteilung geführt haben oder auf mehrere Verurteilungen, die jeweils unterhalb von sechs Monaten Freiheitsstrafe oder 180 Tagen Geldstrafe geblieben sind.

Vor der Erteilung einer Niederlassungserlaubnis kann eine **Regelanfrage** beim Verfassungsschutz durchgeführt werden (§ 73 Abs. 2 AufenthG).

---

[1] BVerwG vom 28.4.2015 – 1 C 21.14.
[2] VG Münster vom 13.3.2012 – 8 K 2096/11.
[3] Siehe VwV AufenthG 9.2.1.4 und 9a.2.1.5.2.1.

Zusammenstellung der Regel- und Ausnahmeanforderungen an die Niederlassungserlaubnis

1. Fünf Jahre Besitz einer Aufenthaltserlaubnis
Abweichungen nach sonstigen Regelungen des AufenthG

- Sofort
  - Bei besonderem politischen Interesse
    (Juden aus der ehemaligen SU), § 23 Abs. 2
  - Hochqualifizierte, § 19
  - Bei Verlust der deutschen Staatsangehörigkeit, wenn zuvor fünf Jahre als Deutscher im Bundesgebiet verbracht wurden, § 38

- Nach 21 Monaten
  Inhaber der Blauen Karte EU mit Sprachkenntnissen auf dem Niveau B1, § 19a Abs. 6 Satz 2

- Nach zwei Jahren
  Absolventen einer deutschen Hochschule mit einem entsprechenden Arbeitsplatz, § 18a

- Nach 33 Monaten
  Inhaber der Blauen Karte EU ohne Sprachkenntnisse auf dem Niveau B1, § 19a Abs. 6 Satz 1

- Nach drei Jahren
  - Asylberechtigte und GFK-Flüchtlinge, § 26 Abs. 3
  - Resettlement-Flüchtlinge, § 23 Abs. 4
  - Selbstständige, § 21 Abs. 4
  - Familienangehörige von Deutschen, § 28 Abs. 2

- Nach fünf Jahren
  - Zum 16. Geburtstag, § 35 Abs. 1 Satz 1
  - Zum 18. Geburtstag, § 35 Abs. 1 Satz 2

- Nach sieben Jahren
  - Personen mit humanitärer Aufenthaltserlaubnis, § 26 Abs. 4
  - Familienangehörige von Personen mit humanitärer Aufenthaltserlaubnis, § 29 Abs. 3 Satz 3

2. Gesicherter Lebensunterhalt

Abweichungen nach sonstigen Regelungen des AufenthG

- Nicht erforderlich:
  - Wenn die Anforderung wegen einer körperlichen, geistigen oder seelischen Krankheit oder Behinderung nicht erfüllt werden kann, § 9 Abs. 2 Satz 6; § 35 Abs. 4
  - Bei Asylberechtigten und GFK-Flüchtlingen, § 26 Abs. 3
  - Resettlement-Flüchtlinge, § 26 Abs. 3
  - Bei jungen Menschen in Ausbildung, § 35 Abs. 3 Nr. 3
  - Bei der Erteilung zum 16. Geburtstag, § 35 Abs. 1 Satz 1

- Es kann verzichtet werden:
  In besonderen Fällen der Aufenthaltserlaubnis für ehemalige Deutsche, § 38 Abs. 3

3. 60 Monate Rentenversicherungsbeiträge oder vergleichbare Alterssicherung

Abweichungen nach sonstigen Regelungen des AufenthG

- Nicht erforderlich:
  - § 104 Abs. 2: für alle, die am 1.1.2005 im Besitz einer Aufenthaltserlaubnis oder -befugnis waren,
  - § 9 Abs. 2 Nr. 3, 2. Halbsatz: soweit Ausfallzeiten wegen Kinderbetreuung oder Pflege angerechnet werden,
  - § 9 Abs. 3 Satz 1: wenn der Ehegatte die Voraussetzung erfüllt,
  - § 9 Abs. 3 Satz 2: wenn sich der Ausländer in einer Ausbildung mit anerkanntem Abschluss befindet (Ausnahme: bei einer humanitären Aufenthaltserlaubnis),
  - § 9 Abs. 2 Satz 6: wenn die Anforderung wegen einer körperlichen, geistigen oder seelischen Krankheit oder Behinderung nicht erfüllt werden kann,
  - § 21 Abs. 4: für Selbstständige,
  - § 26 Abs. 3: für Asylberechtigte, GFK-Flüchtlinge und Resettlement-Flüchtlinge,
  - § 28 Abs. 2: für Familienangehörige von Deutschen,
  - § 35: für bis zum 13. Geburtstag Eingereiste,
  - § 38: bei Verlust der deutschen Staatsangehörigkeit,
  - §§ 18a, 19a Abs. 6: Alterssicherung für die Zeit des Mindestaufenthalts.

4. **Gründe der öffentlichen Sicherheit und Ordnung dürfen nicht entgegenstehen, insbesondere keine Straftaten von Gewicht**

Abweichungen nach sonstigen Regelungen des AufenthG

- Einschränkungen:
    - § 26 Abs. 3: für Asylberechtigte, GFK-Flüchtlinge und Resettlement-Flüchtlinge nur bei schwer wiegenden Straftaten,
    - § 38 Abs. 3: in besonderen Fällen kann auf die Anforderung verzichtet werden,
    - § 35: für junge Menschen nach Ermessen bei Verurteilungen von mindestens sechs Monaten Jugendstrafe, drei Monaten Freiheitsstrafe oder 90 Tagessätzen Geldstrafe.

5. **Beschäftigungserlaubnis**

Abweichungen nach sonstigen Regelungen des AufenthG

- Nicht erforderlich:
    - § 9 Abs. 3 Satz 1: wenn Ehegatte eine Beschäftigungserlaubnis besitzt,
    - § 9 Abs. 2 Nr. 5: für Selbstständige,
    - § 35: für junge Menschen.

6. **Dauernde Berufsausübungserlaubnis (z. B. für Heilberufe, Rechtsanwälte)**

Abweichungen nach sonstigen Regelungen des AufenthG

- Nicht erforderlich:
    - § 9 Abs. 3 Satz 1: wenn Ehegatte eine Erlaubnis besitzt,
    - § 21 Abs. 4: für Selbstständige,
    - § 26 Abs. 3: für Asylberechtigte, GFK-Flüchtlinge und Resettlement-Flüchtlinge,
    - § 28 Abs. 2: für Familienangehörige von Deutschen,
    - § 35: für junge Menschen,
    - § 38: bei Verlust der deutschen Staatsangehörigkeit.

7. **Ausreichend Kenntnisse der deutschen Sprache**

Abweichungen nach sonstigen Regelungen des AufenthG

- Es reicht die Verständigung auf einfache mündliche Art:
    - § 104 Abs. 2: für alle, die am 1.1.2005 im Besitz einer Aufenthaltserlaubnis oder Befugnis waren oder

- § 9 Abs. 2 Satz 5 : soweit wegen geringem Integrationsbedarf kein Anspruch auf Teilnahme an einem Integrationskurs bestand oder wegen dauerhafter Unmöglichkeit keine Verpflichtung bestand.

- Nicht erforderlich:
  - § 9 Abs. 2 Satz 3: wenn die Anforderung wegen einer körperlichen, geistigen oder seelischen Krankheit oder Behinderung nicht erfüllt werden kann,
  - § 19: für Hochqualifizierte,
  - § 19a: Blaue Karte EU,
  - § 21 Abs. 4: für Selbstständige,
  - § 23 Abs. 2: bei besonderem politischen Interesse nicht erforderlich,
  - § 26 Abs. 3: für Asylberechtigte, GFK-Flüchtlinge und Resettlement-Flüchtlinge,
  - § 35 Abs. 1 Satz 1: Anspruch zum 16. Geburtstag,
  - § 38: bei Verlust der deutschen Staatsangehörigkeit,
  - § 28 Abs. 2: für Familienangehörige von Deutschen.

- Es kann verzichtet werden:
  - § 9 Abs. 2 Satz 4: zur Vermeidung einer Härte.

8. Grundkenntnisse der Rechts- und Gesellschaftsordnung und der Lebensverhältnisse

Abweichungen nach sonstigen Regelungen des AufenthG

- Nicht erforderlich:
  - Für alle unter 7. genannten Gruppen,
  - § 35 Abs. 1 Satz 2: Anspruch zum 18. Geburtstag.

9. Ausreichend Wohnraum für sich und die Familienangehörigen

Abweichungen nach sonstigen Regelungen des AufenthG

- Nicht erforderlich:
  - § 19: für Hochqualifizierte,
  - § 21 Abs. 4: für Selbstständige,
  - § 23 Abs. 2: bei besonderem politischen Interesse,
  - § 26 Abs. 3: für Asylberechtigte, GFK-Flüchtlinge und Resettlement-Flüchtlinge,
  - § 28 Abs. 2: für Familienangehörige von Deutschen,
  - § 35: für junge Menschen,
  - § 38: bei Verlust der deutschen Staatsangehörigkeit.

Auf Antrag ist die Niederlassungserlaubnis als Erlaubnis zum Daueraufenthalt-EU (§ 9a AufenthG) entsprechend der Daueraufenthaltsrichtlinie[1] zu erteilen. Die Anforderungen stimmen weit gehend mit denen der Niederlassungserlaubnis überein. Lediglich für die Alterssicherung werden keine festen Beitragszeiten genannt (§ 9c Nr. 2 AufenthG). Dafür wird ausdrücklich darauf abgestellt, dass die steuerlichen Verpflichtungen erfüllt sind (§ 9c Nr. 1 AufenthG) und der Krankenversicherungsschutz für alle Familienmitglieder gewährleistet ist (§ 9c Nr. 3 AufenthG).

Die Erlaubnis zum Daueraufenthalt EU wird Personen mit einer humanitären Aufenthaltserlaubnis nicht erteilt, es sei denn diese wurde nach § 25 Abs. 1 oder Abs. 2 oder nach § 23 Abs. 2 AufenthG erteilt. Auch Personen, denen nur eine Aufenthaltserlaubnis zu einem vorübergehenden Aufenthalt (§§ 16, 17 oder § 18 AufenthG zu einem von vorne herein befristeten Zweck) sind von der Erlaubnis zum Daueraufenthalt EU ausgeschlossen.

Die Erlaubnis kann auch zusätzlich zu einer Niederlassungserlaubnis erteilt werden.[2]

Die Erlaubnis zum Daueraufenthalt-EU führt zu einem Anspruch auf **Gleichbehandlung** mit Deutschen bei allen sozialen Leistungen (Art. 11 Daueraufenthaltsrichtlinie). Sie gibt ihnen auch das Recht, **innerhalb der EU weiterzuwandern** und erwerbstätig zu sein. Auch sind alle berufsqualifizierenden Abschlüsse nach den gleichen Grundsätzen anzuerkennen wie bei EU-Bürgerinnen. Daraus ergibt sich eine deutliche Verbesserung beim Zugang zu qualifizierten Beschäftigungen; allerdings kommt die Anerkennung der Berufsdiplome nach langjährigem Aufenthalt wohl in den meisten Fällen zu spät.

Die Niederlassungserlaubnis und die Erlaubnis zum Daueraufenthalt-EU werden immer mit einer Erwerbserlaubnis verbunden.

13 Duldung

Die Duldung bescheinigt die Aussetzung der Abschiebung, damit aber keinen rechtmäßigen Aufenthalt. Sie wird vollziehbar ausreisepflichtigen Personen erteilt, um zu dokumentieren, dass die Abschiebung derzeit nicht vollzogen werden kann oder nicht vollzogen werden soll. Die eigentliche Funktion der Duldung ist es, Personen, die nicht über ein Aufenthaltsrecht verfügen, deren Auf-

---

[1] Siehe Glossar → S. 368.
[2] BVerwG vom 19.3.2013 – 1 C 12.12.

enthalt jedoch faktisch nicht beendet wird, mit einem Dokument auszustatten. So wird nachgewiesen, dass sie bei den Behörden in Deutschland registriert sind und derzeit nicht abgeschoben werden sollen. Sobald sie Deutschland verlassen, erlischt dieses Dokument, es besteht kein Recht auf Wiedereinreise.

Es kommt nicht darauf an, aus welchem Grund eine Person nicht abgeschoben werden kann, die Duldung muss auch ausgestellt werden, wenn ein Abschiebehindernis selbst verschuldet ist.

Ende 2013 lebten noch ca. 95.000 Personen mit einer Duldung in Deutschland, davon 32.000 bereits länger als sechs Jahre.[1]

Die Duldung ist zu erteilen, wenn

- ein Landesinnenministerium einen Beschluss über die Aussetzung der Abschiebung aus völkerrechtlichen oder humanitären Gründen für maximal sechs Monate getroffen hat (§ 60a Abs. 1 AufenthG);

- ein tatsächliches oder rechtliches Abschiebehindernis (→ S. 270 ff.) vorliegt (§ 60a Abs. 2 Satz 1 AufenthG) oder

- die vorübergehende Anwesenheit für ein Strafverfahren wegen eines Verbrechens[2] von der Staatsanwaltschaft oder einem Gericht für sachgerecht erachtet wird (§ 60a Abs. 2 Satz 2 AufenthG). Angesprochen wird hier vor allem die Anwesenheit von Zeugen oder Mittätern für Vernehmungen, z. B. in Verfahren wegen Menschenhandels, Menschenraubs, Kindesentziehung.

Im Übrigen kann eine Duldung nach Ermessen erteilt werden, wenn dringende humanitäre oder persönliche Gründe oder erhebliche öffentliche Interessen die Anwesenheit erfordern. Durch diese Regelung wird auch die Erteilung einer Duldung zum Zweck der Zeugenaussage in einem Strafverfahren wegen eines Vergehens möglich. Auch kann die Duldung erteilt werden, um z. B. eine Ausbildung zu Ende zu führen, ein Vaterschaftsfeststellungsverfahren durchzuführen, zivilrechtliche Ansprüche gegen einen Straftäter durchzusetzen, eine begonnene Heilbehandlung zu Ende zu führen oder auch während der Mutterschutzfrist. Die Duldung kann auch erteilt werden, um wichtige persönliche Belange zu berücksichtigen, die noch nicht die Schwelle eines Abschiebeverbots erreicht haben.[3]

---

[1] BAMF, Migrationsbericht 2013, 2015, S. 157.
[2] Problematisch ist, dass ein erheblicher Teil dieser Straftaten nur ein Vergehen darstellt und erst in der qualifizierten Form zum Verbrechen wird. Nach der Opferschutzrichtlinie dürfen jedoch von den Behörden benötigte aussagebereite Zeuginnen grundsätzlich nicht abgeschoben werden.
[3] VGH Baden-Württemberg vom 13.9.2007 – 11 S 1964/07.

Die Ermessensduldung wurde durch die Gesetzesänderung im Juli 2015 um einen ausdrücklich genannten Anwendungsfall ergänzt (§ 60a Abs. 2 Satz 4–6 AufenthG). Wenn vor dem 21. Geburtstag eine qualifizierte Berufsausbildung aufgenommen wird, kann die Duldung nach Ermessen erteilt werden. Ausgenommen sind Personen, die aus einem sicheren Herkunftsstaat (zurzeit: Albanien, Bosnien und Herzegowina, Ghana, Kosovo, Mazedonien, Montenegro, Senegal und Serbien) stammen.

Die Duldung wird für ein Jahr erteilt und im Regelfall so lange um jeweils ein Jahr verlängert, wie die ordnungsgemäße Ausbildung andauert. Nach einer erfolgreichen Ausbildung kann eine Aufenthaltserlaubnis nach § 18a AufenthG erteilt werden, sobald eine Beschäftigung in dem Ausbildungsberuf aufgenommen wird. Schon während der Ausbildung kann auch die Aufenthaltserlaubnis nach § 25a AufenthG in Betracht kommen, falls die Aufenthaltsdauer von vier Jahren vor dem 21. Geburtstag erreicht wird.

Die Geltungsdauer der Duldung ist nicht gesetzlich geregelt, sie richtet sich nach dem Hindernis, welches der Ausreise oder Abschiebung entgegensteht.[1]

Im ersten Jahr eines geduldeten Aufenthalts besteht für die Betroffenen keine Sicherheit vor einer überraschenden Abschiebung. Erst nach Ablauf des ersten Jahres muss die Abschiebung bei einem **Widerruf** der Duldung einen Monat vorher angekündigt werden (§ 60a Abs. 5 Satz 4 AufenthG). Läuft die Geltungsdauer der Duldung allerdings ab, besteht auch nach jahrelangem geduldetem Aufenthalt kein Schutz vor einer sofortigen Abschiebung.[2]

Bei längerer Dauer wird die Duldung oft mit dem Zusatz versehen, dass sie **erlischt**, sobald die erforderlichen Papiere für die Abschiebung vorliegen. Die Abschiebung kann in diesen Fällen ohne weitere Vorankündigung vollstreckt werden. Durch die Neuregelung vom 20.10.2015 darf die Abschiebung nach Ablauf einer Ausreisefrist nicht mehr angekündigt werden (§ 59 Abs. 1 Satz 8 AufenthG).

Die Duldung ist nach § 61 Abs. 1 AufenthG in den ersten drei Monaten räumlich beschränkt auf das Gebiet des jeweiligen Bundeslandes (**Residenzpflicht**). Sie kann auch enger beschränkt werden (§ 61 Abs. 1 Satz 2 AufenthG). Meist erfolgt eine Beschränkung auf den Bezirk der Ausländerbehörde, wenn mit einer baldigen Abschiebung gerechnet wird.

---

[1] Bauer in Renner/Bergmann/Dienelt, 2013, § 60a AufenthG, Rn. 47.
[2] Eine Ausnahme findet sich in § 60a Abs. 5 Satz 4 2. Halbsatz AufenthG für den Fall, dass die Duldung nach mehr als einem Jahr erst widerrufen und dann für mehr als ein Jahr verlängert wurde.

13 Duldung

Im Übrigen wird die Duldung mit einer Wohnsitzauflage verbunden, solange der Lebensunterhalt nicht gesichert ist (§ 61 Abs. 1d AufenthG).

Besteht die Notwendigkeit des **Wechsels des Wohnorts**, sind Anträge auf die Erteilung einer neuen Duldung bei der Ausländerbehörde des gewünschten Aufenthaltsortes zu stellen,[1] es sei denn, es liegt eine Verteilung nach § 15a AufenthG vor. In diesem Fall wird die Umverteilung von der zuständigen Landesbehörde im EASY-Verfahren (analog der Erstverteilung von Asylbegehrenden) vorgenommen (§ 15a Abs. 5 AufenthG). Vor der Erteilung der neuen Duldung sollte diese Ausländerbehörde die Zustimmung der bisher zuständigen Ausländerbehörde einholen.

Voraussetzung ist, dass die Person unabweislich auf ein Leben an dem gewünschten Ort angewiesen ist, nicht vorrangig, dass sie an dem bisherigen Ort nicht mehr leben kann.[2] Die Ausländerbehörde muss die begehrte neue Duldung ausstellen, wenn durch die strikte Einhaltung der räumlichen Beschränkung Grundrechte verletzt werden.[3] Gründe sind z. B. die Zusammenführung der Kernfamilie[4], die Unterstützung von kranken, behinderten oder pflegebedürftigen Angehörigen, der Schutz vor häuslicher Gewalt oder eine drohende Zwangsverheiratung.

Erst nach der Neuerteilung der Duldung bestehen Ansprüche auf Leistungen nach dem AsylbLG am neuen Wohnort.

In den ersten drei Monaten des Aufenthalts darf Personen mit einer Duldung keine Beschäftigungserlaubnis erteilt werden (§ 32 BeschV).

Geduldeten wird auch danach ohne zeitliche Befristung jede Beschäftigung untersagt, wenn sie

- aus einem »sicheren Herkunftsstaat«[5] kommen, seit dem 1. September 2015 einen Asylantrag gestellt haben und dieser abgelehnt wurde. Die Regelung wurde mit dem Asylverfahrensbeschleunigungsgesetz vom 20.10.2015[6] ein-

---

[1] OVG NRW vom 16.4.12 – 18 B 1585/11.
[2] OVG Rheinland-Pfalz vom 15.2.2012 – 7 A 11177/11; VGH Baden-Württemberg vom 9.7.2002 – 11 S 2240/01; OVG Niedersachsen vom 17.10.2002 – 8 ME 142/02.
[3] OVG Niedersachsen vom 25.2.2000 – 3 M 11/00; Hailbronner, § 56 Rn. 7a (Stand: 2014).
[4] OVG NRW vom 16.4.2012 – 18 B 1585/11.
[5] Albanien, Bosnien und Herzegowina, Ghana, Kosovo, Mazedonien, Montenegro, Senegal, Serbien.
[6] BGBl. I, S. 1722, in Kraft seit dem 24.10.2015.

gefügt und soll Menschen aus den Balkanstaaten davon abhalten, nach Deutschland zu kommen und hier Asylanträge zu stellen. Die katastrophalen Lebensbedingungen vor allem für Roma in den Balkanstaaten werden aber weiter zu Wanderungen auf der Suche nach einem menschenwürdigen Leben führen. Ob durch die Arbeitsverbote nicht ein Ausweichen auf das Leben in der Illegalität bewirkt wird, bleibt abzuwarten;

- eingereist sind, um Leistungen nach dem AsylbLG zu erhalten. Dieser Vorwurf wird gegenüber Personen erhoben, die bereits bei der Einreise wussten, dass sie nicht abgeschoben werden können, es sei denn, sie hatten einen nachvollziehbaren Grund für die Einreise;

- ein Verschulden daran trifft, dass sie nicht abgeschoben werden können. Dies gilt insbesondere bei einer Täuschung über die Identität oder die Staatsangehörigkeit oder bei sonstigen falschen Angaben, die die Abschiebung erschweren oder unmöglich machen. Es muss aktuell einen Kausalzusammenhang zwischen der Unmöglichkeit der Abschiebung und der Handlungsweise der Ausländer bestehen. Die mangelnde Mitwirkung bei der Passbeschaffung stellt einen Versagungsgrund dar,[1] wenn die Abschiebung bei einer entsprechenden Mitwirkung auch erfolgen könnte und nicht aus anderen Gründen unmöglich ist.[2]

Die Regelung wurde ins AufenthG (§ 60a Abs. 6) eingefügt und dafür das Arbeitsverbot in § 33 BeschV gestrichen.

Im Übrigen kann die Beschäftigungserlaubnis mit Zustimmung der AA und mit einer Vorrangprüfung (siehe → S. 49) erteilt werden (§ 32 Abs. 1 BeschV). Keiner Zustimmung bedürfen bestimmte akademische Tätigkeiten auf der Grundlage eines anerkannten ausländischen Studienabschluss mit einem Mindesteinkommen, die Aufnahme einer Berufsausbildung, einer Einstiegsqualifizierung nach § 54a SGB III, ein Freiwilligendienst oder Praktika zu Weiterbildungszwecken (§ 32 Abs. 2 BeschV).

Nach insgesamt 15 Monaten Aufenthalt kann die Zustimmung der AA ohne Vorrangprüfung erteilt werden (§ 32 Abs. 5 Nr. 2 BeschV) und nach vier Jahren Aufenthalt entfällt die Zustimmungspflicht (§ 32 Abs. 3 BeschV).

---

[1] OVG Berlin-Brandenburg vom 18.5.2011 – 3 B 3.11; Bayerischer VGH vom 12.12.2011 – 10 C 11.788; Marx, ZAR 2005, S. 48, 53.
[2] Bayerischer VGH vom 28.4.2011 – 19 ZB 11.875; OVG Lüneburg vom 12.8.10 – 8 PA 183/10; VG Würzburg vom 21.11.2011 – W 7 K 11.6; Zühlcke, ZAR 2005, 317, 321.

Die Beschäftigung in der Leiharbeit ist für Geduldete nach 15 Monaten zulässig (§ 32 Abs. 3 BeschV).

Neugeregelt wurden durch das Asylverfahrensbeschleunigungsgesetz vom 20.10.2015[1] Leistungskürzungen, die zum Teil sogar das physische Existenzminimum unterschreiten:

1. Stufe:
Es werden nur die Leistungen erbracht, die den Umständen nach unabweislich geboten sind. Dazu gehören in jedem Fall die Leistungen, die das physische Existenzminimum abdecken (Ernährung, Kleidung, Unterkunft und Hausrat, Körperpflege und Gesundheitsleistungen). Je nach Situation können auch weitere Leistungen unabweisbar sein; dazu gehören die Bildungsleistungen für Kinder und zum Beispiel bei Krankheit und Schwangerschaft auch alle Leistungen zum Erhalt der Gesundheit und zum Schutz des Grundrechts auf Ehe und Familie und zur Sicherung des Kindeswohls.

Betroffen sind **Geduldete** (§ 1 Abs. 1 Nr. 4 AsylbLG) und **Ausreisepflichtige** (§ 1 Abs. 1 Nr. 5 AsylbLG), wenn sie nach Deutschland gekommen sind, um Leistungen in Anspruch zu nehmen. Einbezogen werden auch die **Familienangehörigen** (§ 1 Abs. 1 Nr. 6 AsylbLG).

Die Regelung soll immer dann Anwendung finden, wenn Menschen nicht abgeschoben werden können und ihnen bei Einreise schon bewusst war, dass sie auf staatliche Leistungen der Existenzsicherung angewiesen sein werden. War der eigentliche Zweck der Einreise aber auf etwas anderes gerichtet, z.B. das Zusammenleben mit nahen Angehörigen, so liegt keine Einreise zum Zweck des Leistungsbezugs vor.[2]

Bereits diese Regelung (die sich auch schon in der bisherigen Formulierung des § 1a AsylbLG fand) wird von einem Teil der Rechtsprechung und der Literatur als verfassungswidrig bewertet, weil das menschenwürdige Existenzminimum damit unterschritten wird und dies möglicherweise auf unbefristete Zeit. Auch erfolgen die Leistungskürzungen aus migrationspolitischen Erwägungen (Abschreckung gegenüber Einreisewilligen und Druck gegenüber nicht Ausreisewilligen), die nach der Entscheidung des BVerfG vom 18.7.2012[3] untersagt sind.

---

[1] BGBl. I, S. 1722, in Kraft seit dem 24.10.2015.
[2] LSG Berlin-Brandenburg vom 20.12.2012 – L 15 AY 4/09.
[3] 1 BvL 10/10.

2. Stufe:

Es werden nur Leistungen für Ernährung, Unterkunft und Körper- und Gesundheitspflege erbracht. Damit wird auch das physische Existenzminimum um die Positionen Kleidung und Hausrat unterschritten.

Betroffen sind folgende drei Gruppen:

- Ausreisepflichtige, die ausreisen können. Davon wird immer ausgegangen, wenn eine Frist zur Ausreise abgelaufen ist und keine anerkannten Gründe der Ausreise entgegenstehen (Krankheit, Verzögerungen bei der Passausstellung, die allein in der Verantwortung des Herkunftsstaates liegen). Nicht erfasst werden Personen mit einer Duldung.

- Personen, die ein Verschulden daran trifft, dass sie nicht abgeschoben werden können. Erfasst werden vor allem die Fälle, in denen den Betroffenen fehlende Mitwirkung an der Feststellung der Identität oder der Beschaffung von Passersatzpapieren vorgeworfen wird.[1] Das Verhalten muss aber auch ursächlich dafür sein, dass die Abschiebung nicht durchgeführt werden kann. Lehnt ein Staat (z.B. derzeit Afghanistan) die Übernahme von abgeschobenen Personen ab, so wird die Abschiebung nicht durch die fehlenden Passpapiere verursacht.

- Personen, bei denen festgestellt wurde, dass auf Grund eines Verteilungsbeschlusses der EU ein anderer EU-Staat für die Durchführung des Asylverfahrens zuständig ist. Nachdem das Dublin-Verfahren weit gehend zusammengebrochen ist, sollen nun Quoten zur Verteilung auf die verschiedenen Staaten des Dublin-Abkommens (EU + Schweiz, Norwegen, Island, Liechtenstein) festgelegt werden. Nach der Formulierung ist jedoch nicht klar, ob die Leistungsreduzierung ab der Zustellung eines entsprechenden Bescheids oder erst dann gelten soll, wenn dieser Bescheid bestandskräftig geworden ist, also keine Rechtsmittel mehr möglich sind.

Diese Neuregelungen werden von der Mehrheit der Gutachterinnen im Gesetzgebungsverfahren als verfassungswidrig abgelehnt.[2]

---

[1] LSG Sachsen-Anhalt vom 19.6.2014 – L 8 AY 15/13 B ER.
[2] So Vogt von der GGUA vom 6.10.2015, Allenberger für EKD und Katholisches Büro vom 9.10.2015 unter Verweis auf EuGH, Urteil vom 27.9.2012, Cimade gg. Ministre de L'interieur; UNHCR vom 23.9.2015 unter Verweis auf EuGH vom 27.2.2014 – C 79/13 »Saciri«; die ungeklärte Rechtslage betonend Kluth vom 11.10.2015; Vereinbarkeit mit der Verfassung sieht unter den Wissenschaftlerinnen nur Thym vom 10.10.2015; alle Stellungnahmen dokumentiert unter http://www.fluechtlingsinfo-berlin.de/fr/asylblg/AsylG_2015.html, abgefragt am 1.11.2015.

Geduldete Ausländer erhalten, soweit sie mittellos sind, ausschließlich **Leistungen nach dem AsylbLG**.[1] Der Leistungsbezug nach dem SGB II ist durch § 7 Abs. 1 Satz 2 Nr. 3 SGB II ausgeschlossen und der Bezug von Leistungen nach dem SGB XII durch § 23 Abs. 2 SGB XII. Wenn der Leistungsbezug 15 Monate angedauert hat, erhalten sie Leistungen in Höhe der Leistungen nach SGB XII.[2]

Ein Übergang in die Analogleistungen nach SGB XII erfolgt nicht, wenn den Betroffenen vorgeworfen wird, sie hätten die Dauer des Aufenthalts rechtsmissbräuchlich beeinflusst. Dieser Vorwurf wird vor allem erhoben, wenn die Beschaffung von Pässen nicht oder nicht ausreichend betrieben wurde. Die meisten Fälle werden aber bereits unter die Leistungskürzungen nach § 1a AsylbLG fallen. Diese Regelung darf nur auf Geduldete, nicht aber auf Asylbewerberinnen angewendet werden.

Geduldete Ausländer haben keinerlei Ansprüche auf Familienleistungen. Türkische Staatsangehörige (→ S. 336 f.) sowie Personen aus den Staaten des ehemaligen Jugoslawiens und aus den Staaten der Mittelmeerabkommen können nach den zwischenstaatlichen Abkommen Ansprüche auf Leistungen haben, soweit sie den Status eines Arbeitnehmers haben.

Der BFH[3] sah in dem Ausschluss vom Kindergeldbezug keinen Gleichheitsverstoß.

Das Niedersächsische FG[4] hat die Frage auch in Hinblick auf Personen mit einer Duldung dem BVerfG[5] zur Entscheidung vorgelegt.

Von Leistungen der Stiftung »Mutter und Kind – Schutz des ungeborenen Lebens« dürfen geduldete Schwangere nicht ausgenommen werden. Die Bundesregierung hat zu dieser Frage auf eine Kleine Anfrage der PDS im Jahr 2000 folgendes mitgeteilt:

»Nach § 2 Abs. 1 Stiftungserrichtungsgesetz der Stiftung Mutter und Kind vergibt die Stiftung ›ergänzende Hilfen‹ an werdende Mütter, die sich in einer Notlage befinden. ›Ergänzende Hilfen‹ können in diesem Zusammenhang nur Hilfen sein, die über diejenigen der bestehenden Sozialgesetze hinausgehen. So gesehen können

---

[1] Siehe hierzu BVerfG vom 18.7.2012 – 1 BvL 10/10.
[2] BSG vom 17.6.2008 – B 8/9b AY 1/07 R.
[3] Vom 23.12.2013 – III B 88/13.
[4] Vom 21.8.2013 – 7 K 116/13.
[5] Az: 2 BvL 14/14.

zu allen gesetzlichen Sozialleistungen, auch zu denen des BSHG und des AsylbLG, ergänzende Hilfen der Stiftung gewährt werden.«[1]

Nach § 6 SGB VIII haben junge Menschen mit einer Duldung Ansprüche auf Leistungen der Jugendhilfe, wenn sie ihren gewöhnlichen Aufenthalt in Deutschland haben. Davon ist auszugehen, wenn eine Beendigung des Aufenthalts während der Zeit der Gewährung einer Jugendhilfeleistung nicht abzusehen ist.[2]

Unbegleitete Minderjährige sind nach Einreise unverzüglich in Obhut zu nehmen (§§ 42 Abs. 1 Nr. 3, 42a–42e SGB VIII) und die Bestellung eines Vormundes einzuleiten. Die vorrangige Beachtung des Kindeswohls verlangt, sie in einer geeigneten stationären Jugendhilfeeinrichtung unterzubringen. Die Ansprüche auf Leistungen nach dem SGB VIII sind nicht daran gebunden, dass ein Asylverfahren durchgeführt wird.

Ansprüche auf BAföG oder Berufsausbildungsbeihilfe bestehen für Geduldete nach einem Aufenthalt von 15 Monaten (§ 8 Abs. 2a BAföG; § 63 Abs. 2a SGB III).

Rückkehrförderung wird von der International Organisation for Migration (IOM) im Auftrag des Bundes und der Länder mit den Programmen REAG (Reintegration and Emigration Programme for Asylum Seekers in Germany) und GARP (Government Assisted Repatriation Programme) durchgeführt. Die Kosten der freiwilligen Ausreise und eine kleine Reisebeihilfe werden für Flüchtlinge und ausreisepflichtige Ausländer übernommen. Den Angehörigen einiger migrationspolitisch besonders bedeutender Herkunftsstaaten wird zusätzlich eine GARP-Starthilfe gewährt.[3] Die Rückkehrberatung wird überwiegend von Wohlfahrtsverbänden und Fachberatungsstellen durchgeführt. Informationen finden sich auf der Homepage des Bundesamts für Migration und Flüchtlinge (http://www.bamf.de → Zentrale Themen → Rückkehrförderung).

---

[1] BT-Drs. 14/3168 vom 6.4.2000.
[2] Kunkel, ZAR 2006, S. 92, 93 f.
[3] Länder und die Höhe der Leistungen finden sich im REAG/GARP-Programm 2015, germany.iom.int.

14 Aufenthaltsrechtliche Illegalität

Es wird vermutet, dass sich derzeit zwischen 100.000 und 400.000 Ausländer ohne Genehmigung in Deutschland aufhalten.[1]

Auch Personen ohne jeden Aufenthaltsstatus sind nicht grundsätzlich rechtlos. Für sie gelten die Grund- und Menschenrechte sowie Leistungsansprüche aus dem Arbeitsverhältnis und Ansprüche auf Sozial- und Gesundheitsleistungen.[2] Auf der Grundlage der Arbeitgebersanktionsrichtlinie (RL 2009/52/EG) wurde eine Regelung zur erleichterten Durchsetzung von Lohnansprüchen ins AufenthG eingefügt (§ 98a). Auch können durch Arbeitsausbeutung Geschädigte eine Aufenthaltserlaubnis zum vorübergehenden Verbleib erhalten, wenn sie an der Strafverfolgung als Zeugen mitwirken (§ 25 Abs. 4b AufenthG). Die Freistellung der Arbeitsgerichte von den Übermittlungspflichten öffentlicher Stellen an die Ausländerbehörde (§ 87 Abs. 2 AufenthG) wurde im Gesetzgebungsverfahren jedoch abgelehnt.

Grundsätzlich bestehen auch Ansprüche nach dem AsylbLG einschließlich medizinischer Behandlung.[3] Die Inanspruchnahme derartiger Leistungen führt allerdings in der Regel zur Aufdeckung der Anwesenheit und damit zur zwangsweisen Beendigung des Aufenthalts, meistens auch zur Verhängung von Abschiebungshaft.

Wird eine unerlaubte Tätigkeit aufgedeckt, so besteht für den Arbeitgeber die Verpflichtung, die Sozialversicherungsbeiträge nachzuentrichten.

Bei einem Arbeitsunfall oder einer Berufserkrankung bestehen Leistungsansprüche gegen die Unfallversicherung. Jede Arbeitnehmerin ist unabhängig von ihrer Anmeldung versichert (§ 2 Abs. 1 Nr. 1 SGB VII); der Arbeitgeber ist gegenüber der Unfallversicherung nach § 110 Abs. 1a SGB VII erstattungspflichtig.

Bei akuten, sofort behandlungsbedürftigen Erkrankungen ist jeder Arzt und jedes Krankenhaus zur Behandlung verpflichtet (unterlassene Hilfeleistung, § 323c StGB). Die Kosten sind von den Sozialämtern im Rahmen der §§ 4, 6a AsylbLG zu übernehmen, da es sich um ausreisepflichtige Personen handelt. Für öffentlich-rechtliche Krankenanstalten oder für den erstattungspflichtigen Sozialleistungsträger besteht aufgrund des Geheimnisschutzes, auf den

---

[1] BAMF, Migrationsbericht 2013, 2015, S. 137.
[2] Siehe detailliert: Deutsches Institut für Menschenrechte, 2012.
[3] Frings in: Falge/Fischer-Lescano/Sieveking, S. 143 ff.

§ 88 AufenthG verweist, in diesen Fällen keine Verpflichtung nach § 87 Abs. 2 AufenthG und auch keine Berechtigung, die Daten des Patienten an die Ausländerbehörde weiter zu melden.[1]

Eine bestehende Erkrankung kann auch ein Abschiebehindernis nach § 60 Abs. 7 AufenthG darstellen (→ S. 270 ff.).

In Fällen häuslicher Gewalt nimmt die Polizei die Personenstandsdaten des Gewaltopfers auf und leitet Erkenntnisse über einen unerlaubten Aufenthalt an die Polizei weiter. Ein Opfer häuslicher Gewalt ohne Aufenthaltspapiere kann auch unmittelbar der Ausländerbehörde zugeführt werden, die dann in der Regel einen Antrag auf Anordnung von Abschiebungshaft beim Haftrichter stellen wird.

In vielen Bundesländern (Bayern, Hamburg, Nordrhein-Westfalen, Schleswig-Holstein) besteht eine Schulpflicht unabhängig vom Aufenthaltsstatus. § 87 Abs. 2 AufenthG entbindet Schulen und Erziehungseinrichtungen ausdrücklich von der Mitteilungsverpflichtung an die Ausländerbehörden.

Kinder und Jugendliche, die sich unerlaubt in Deutschland aufhalten, können keine Leistungen der Jugendhilfe in Anspruch nehmen. Tageseinrichtungen für Kinder erhalten keine Kostenerstattung durch das Jugendamt. Aufgrund der Ausnahmeregelung in § 87 Abs. 2 AufenthG können aber auch öffentliche Einrichtungen nicht mehr zur Datenweitergabe verpflichtet werden, wenn sie Kinder ohne Aufenthaltsstatus freiwillig aufnehmen.

Unbegleitet einreisende Minderjährige sind nach § 42 Abs. 1 Nr. 3 SGB VIII von den öffentlichen Trägern der Jugendhilfe in Obhut zu nehmen und zu betreuen, auch wenn sie nicht über einen Aufenthaltsstatus verfügen. Bei der Inobhutnahme handelt es sich nicht um eine Leistung der Jugendhilfe, sondern um eine Schutzmaßnahme. Die Verpflichtung, zum Schutz eines Kindes tätig zu werden, ist nicht von seinem rechtmäßigen Aufenthalt, sondern allein von seinem tatsächlichen Aufenthalt abhängig (§ 6 Abs. 2 i.V.m. Abs. 1 Satz 2 SGB VIII).

Nach § 96 AufenthG machen sich Personen strafbar, die einem Anderen bei der Straftat der unerlaubten Einreise oder des unerlaubten Aufenthalts Beihilfe leisten. Zusätzliche Voraussetzung ist entweder ein Vermögensvorteil oder eine Handlung, die wiederholt oder zugunsten mehrerer Ausländer erfolgt. Mitarbeiter in der Sozialen Arbeit können sich dadurch strafbar ma-

---

[1] VwV AufenthG 88, insbesondere 88.2.4.3.

chen, dass sie Personen (mindestens zwei Personen oder zweimal) ohne Aufenthaltspapiere Unterstützungsleistungen erbringen. Verurteilt wurde etwa ein Pfarrer wegen der Gewährung von Kirchenasyl.[1] Allerdings werden Personen, die im Rahmen ihres beruflichen Auftrags Unterstützungen leisten, von der Strafbarkeit ausgenommen.[2]

---

[1] LG Osnabrück vom 2.11.2001 – 7 Ns 131/01.
[2] VwV AufenthG Vor 95.1.4.

Kontrollfragen

1. Kann eine Ausländerin an der Grenze auch dann zurückgewiesen werden, wenn sie im Besitz eines gültigen Visums ist?
2. Benötigt ein Positivstaater ein Visum, um seine Verwandten in Deutschland für drei Wochen zu besuchen?
3. Besteht bei einem Grenzübertritt innerhalb des Schengenraums eine Verpflichtung, einen Pass mitzuführen?
4. Darf ein australischer Wissenschaftler ohne Visum für zwei Wochen nach Deutschland einreisen, wenn er hier mehrere Seminare gegen Honorar abhalten will?
5. Kann ein Schengenvisum Typ C immer nur für drei Monate erteilt werden?
6. Benötigt ein Flüchtling für die Einreise nach Deutschland ein Visum, wenn er einen Asylantrag stellen will?
7. Muss aus einem Aufenthaltstitel immer ersichtlich sein, ob eine Erwerbstätigkeit in Deutschland erlaubt ist?
8. Kann von den allgemeinen Erteilungsvoraussetzungen (§ 5 Abs. 1 AufenthG) in Ausnahmefällen abgesehen werden?
9. Gilt der Lebensunterhalt als gesichert, wenn der Bedarf einer Familie nur unter Berücksichtigung des Kindergeldes und des Kinderzuschlags vollständig gedeckt werden kann?
10. Besteht ein Unterschied zwischen einer Erwerbserlaubnis und einer Beschäftigungserlaubnis?
11. Wird eine Aufenthaltserlaubnis immer mit einer Erwerbserlaubnis verbunden?
12. Wird einem Ausländer nach zwei Jahren erlaubtem oder geduldetem Aufenthalt immer eine Beschäftigungserlaubnis ohne Beschränkung erteilt?
13. Entfällt die Arbeitsmarktprüfung vor Erteilung einer Beschäftigungserlaubnis, wenn ein Arbeitgeber eine ganz bestimmte Ausländerin einstellen möchte?
14. Wird die Beschäftigungserlaubnis auch für eine Tätigkeit bei einer Leiharbeitsfirma erteilt?
15. Dokumentiert die Fiktionsbescheinigung, dass ein Antrag auf einen Aufenthaltstitel gestellt wurde, über den bislang noch nicht entschieden ist?
16. Reicht es für die Erteilung einer Aufenthaltserlaubnis zum Zweck des Studiums, wenn der Studierende über ein Sparguthaben von 6.000 € verfügt?

17. Muss jeder ausländische Studierende mit einem ausländischen Schulabschluss eine Feststellungsprüfung ablegen, um zu einem Studium in Deutschland zugelassen zu werden?
18. Besteht für Studierende mit einer Aufenthaltserlaubnis nach § 16 AufenthG die Möglichkeit, den Studiengang zu wechseln?
19. Besteht für Studierende mit einer Aufenthaltserlaubnis nach § 16 AufenthG ein Arbeitsverbot?
20. Müssen ausländische Studierende, die zum Zweck des Studiums nach Deutschland gekommen sind (§ 16 AufenthG), nach Studienabschluss immer in ihr Herkunftsland zurückkehren?
21. Ist es für Drittstaatsangehörige möglich, zum Zweck der Aufnahme einer Tätigkeit als Bauhelfer nach Deutschland zu kommen?
22. Können hochqualifizierte Wissenschaftlerinnen mit einem Arbeitsplatz in Deutschland sofort eine Niederlassungserlaubnis erhalten?
23. Reicht es für eine Blaue Karte EU aus, wenn eine Physikerin eine Stelle mit einem Monatsbruttoeinkommen von 5.000 € angeboten bekommt?
24. Können ausgebildete Pflegekräfte zum Zweck der Tätigkeit in einer Pflegeeinrichtung nach Deutschland einreisen?
25. Können drittstaatsangehörige Arbeitnehmer einer Firma in Griechenland in Deutschland eine Aufenthaltserlaubnis erhalten, wenn sie von ihrer Firma eingesetzt werden, um ein Gebäude zu errichten?
26. Kann die mexikanische Nichte einer in Deutschland lebenden mexikanischen Staatsangehörigen als Au-pair im Haushalt ihrer Tante eine Aufenthaltserlaubnis erhalten?
27. Kann der indische Ehemann einer deutschen Staatsangehörigen in Deutschland eine Aufenthaltserlaubnis erhalten, wenn beide bereits bei Eheschließung vereinbart haben, keine eheliche Lebensgemeinschaft zu führen und getrennt zu leben?
28. Kann die russische Ehefrau eines deutschen Staatsangehörigen ohne Deutschkenntnisse ein Visum zum Zweck des Familiennachzugs zu ihrem Ehemann erhalten?
29. Kann die serbische Staatsangehörige eine Aufenthaltserlaubnis zum Zweck des Familiennachzugs (§ 28 AufenthG) erhalten, wenn sie in Deutschland (mit Duldung) ein Kind zur Welt bringt und der deutsche Vater die Vaterschaft anerkannt hat?

30. Kann die ausländische Ehefrau eines deutschen Staatsangehörigen nach drei Jahren ehelicher Lebensgemeinschaft in Deutschland eine Niederlassungserlaubnis erhalten, wenn beide Leistungen nach dem SGB II beziehen?
31. Kann eine drittstaatsangehörige Ausländerin auch ohne Nachweis deutscher Sprachkenntnisse eine Aufenthaltserlaubnis zum Nachzug zu ihrem Ehemann, der als Asylberechtigter anerkannt ist, bekommen?
32. Kann ein iranischer Ehemann zu seiner in Deutschland geborenen iranischen Ehefrau nachziehen, wenn beide Leistungen nach dem SGB II in Anspruch nehmen müssten?
33. Kann dem irakischen Ehemann einer Iranerin, die in Deutschland mit einer humanitären Aufenthaltserlaubnis nach § 25 Abs. 5 AufenthG lebt, eine Aufenthaltserlaubnis zum Familiennachzug nach § 30 AufenthG erteilt werden?
34. Kann die tunesische Ehefrau (Aufenthaltserlaubnis nach § 30 AufenthG) eines Ägypters mit Niederlassungserlaubnis Leistungen nach dem BAföG in Anspruch nehmen, wenn sie studieren will?
35. Kann das 17-jährige Kind eines Asylberechtigten eine Aufenthaltserlaubnis zum Familiennachzug (§ 32 AufenthG) bekommen, wenn der Vater auf Leistungen nach dem SGB II angewiesen ist? Gehen Sie davon aus, dass der Antrag zwei Wochen nach Zugang des Anerkennungsbescheids gestellt wurde!
36. Kann das zehnjährige Kind einer türkischen Mutter eine Aufenthaltserlaubnis zum Familiennachzug (§ 32 AufenthG) erhalten, wenn der Vater in der Türkei lebt und die Mutter das alleinige Sorgerecht hat?
37. Muss in der Regel auch beim Nachzug von Kindern deren Lebensunterhalt in Deutschland gesichert sein?
38. Hat das in Deutschland geborene Kind einer allein stehenden chinesischen Staatsangehörigen einen Anspruch auf eine Aufenthaltserlaubnis, wenn seine Mutter eine Aufenthaltserlaubnis zum Zwecke des Studiums (§ 16 AufenthG) hat?
39. Hat die allein stehende türkische Mutter eines erwachsenen deutschen Staatsangehörigen einen Rechtsanspruch auf Familiennachzug?
40. Muss die nachgezogene drittstaatsangehörige Ehefrau eine bestimmte Mindestzeit mit ihrem Ehemann in Deutschland zusammengelebt haben, bevor sie sich wegen fortlaufender Misshandlungen von ihm trennen kann, ohne ihr Aufenthaltsrecht zu verlieren?
41. Der syrische Ehemann einer deutschen Staatsangehörigen ist nach drei Jahren Lebensgemeinschaft zusammen mit zwei gemeinsamen Kindern aus der Ehe-

wohnung ausgezogen. Kann er vorübergehend Leistungen nach dem SGB II beziehen, ohne sein Aufenthaltsrecht zu verlieren?

42. Kann ein ausländisches Kind, das im Alter von neun Jahren zu seinen Eltern nachgezogen ist, mit 16 Jahren eine Niederlassungserlaubnis bekommen, wenn die gesamte Familie Leistungen nach dem SGB II bezieht?

43. Kann das mit zwölf Jahren nachgezogene Kind die Niederlassungserlaubnis mit 18 Jahren erhalten, wenn es von SGB II-Leistungen lebt und derzeit noch einen Ausbildungsplatz sucht?

44. Besteht für einen 20-jährigen Russen, der bis zu seinem 16. Geburtstag in Deutschland aufgewachsen war und dann mit seinen Eltern nach Russland zurückkehrte, die Möglichkeit, nach Deutschland zurückzukommen?

45. Ist die Ausländerbehörde für die Durchführung des Asylverfahrens zuständig?

46. Wenn ein Ausländer einen Asylantrag ohne weitere Einschränkungen stellt, wird dann nur sein Anspruch auf Asylanerkennung geprüft?

47. Kann die Anerkennung als Flüchtling nach der GFK auch erfolgen, wenn die Verfolgungsgefahr nicht vom Staat, sondern von Privatpersonen ausgeht?

48. Kann eine Asylanerkennung auch erfolgen, wenn das Leben eines Menschen dadurch in Gefahr ist, dass eine Krankheit im Herkunftsland nicht behandelt werden kann?

49. Werden Asylberechtigten und anerkannten Flüchtlingen verschiedene Pässe ausgestellt?

50. Ist die Anerkennung als Asylberechtigter oder als Flüchtling nach der GFK endgültig?

51. Können Asylberechtigte und anerkannte Flüchtlinge die Niederlassungserlaubnis früher erhalten als andere Ausländer?

52. Kann auch ein Kind, das erst nach der Asylanerkennung eines Elternteils geboren wurde, das so genannte Familienasyl erhalten?

53. Ist es möglich, dass Ausländer, für die ein zielstaatsbezogenes Abschiebehindernis besteht, dennoch keine Aufenthaltserlaubnis, sondern nur eine Duldung erhalten?

54. Können Flüchtlinge mit einer Aufenthaltserlaubnis nach § 25 Abs. 3 AufenthG (zielstaatsbezogenes Abschiebehindernis) früher eine Niederlassungserlaubnis bekommen als andere Ausländerinnen?

55. Können Resettlement-Flüchtlinge eine Niederlassungserlaubnis bekommen, wenn sie SGB II-Leistungen beziehen?

56. Haben Inhaber einer Aufenthaltserlaubnis nach § 23 Abs. 1 AufenthG Ansprüche auf SGB II-Leistungen?

57. Kann einem 20-Jährigen, der zusammen mit seinem Vater seit 2011 in Deutschland lebt, eine Aufenthaltserlaubnis nach § 25a AufenthG erteilt werden, wenn er sich in einer betrieblichen Ausbildung befindet und Leistungen der Berufsausbildungshilfe in Anspruch nehmen muss?

58. Kann auch der Vater des in Frage 58 genannten Jugendlichen eine Aufenthaltserlaubnis nach § 25a Abs. 2 AufenthG erhalten, wenn er Alg II beziehen muss?

59. Kann eine alleinerziehende Mutter mit zwei Kindern im Alter von drei und einem Jahr, die seit 2008 mit einer Duldung in Deutschland lebt, eine Aufenthaltserlaubnis nach § 25b AufenthG erhalten, wenn sie lediglich einer Teilzeitbeschäftigung nachgeht und 600 € netto verdient?

60. Kann einer 80-jährigen Drittstaatsangehörigen, die wegen einer schweren Erkrankung nicht ins Herkunftsland zurückkehren kann, eine Aufenthaltserlaubnis erteilt werden, wenn sie sich erst seit zwei Jahren in Deutschland aufhält?

61. Kann einem Drittstaatsangehörigen ohne Pass, der sich weigert, seine Identität und Staatsangehörigkeit offenzulegen, eine Aufenthaltserlaubnis nach § 25 Abs. 5 AufenthG erteilt werden?

62. Besteht für einen unerlaubt nach Deutschland eingereisten Ausländer, der hier monatelang ohne Entlohnung in einem Haushalt gearbeitet hat, eine Möglichkeit, vorübergehend eine Aufenthaltserlaubnis zu erhalten?

63. Haben traumatisierte Opfer des Menschenhandels einen Rechtsanspruch auf psychotherapeutische Behandlung?

64. Können Inhaber einer vorübergehenden humanitären Aufenthaltserlaubnis nach § 25 Abs. 4 Satz 1 AufenthG Leistungen nach dem SGB II beziehen?

65. Muss nach einer positiven Entscheidung einer Härtefallkommission immer eine Aufenthaltserlaubnis nach § 23a AufenthG erteilt werden?

66. Bietet die Erlaubnis zum Daueraufenthalt-EU mehr Rechte als die Niederlassungserlaubnis?

67. Kann eine Ausländerin, die sich 2016 seit neun Jahren in Deutschland aufgehalten hat, auch dann eine Niederlassungserlaubnis erhalten, wenn sie erst zwei Jahre Rentenbeiträge gezahlt hat?

68. Können Ausländer, die wegen ihres Alters nicht mehr erwerbsfähig sein können, eine Niederlassungserlaubnis erhalten, auch wenn sie Grundsicherungsleistungen nach § 41 SGB XII in Anspruch nehmen?

69. Kann die Inhaberin einer Duldung aus Deutschland ausreisen und wieder einreisen, etwa für eine Urlaubsreise?

70. Gibt es für Geduldete nach zwei Jahren Aufenthalt die Möglichkeit, eine Beschäftigungserlaubnis ohne Arbeitsmarktprüfung zu erhalten?

71. Ist für unbegleitete Minderjährige über 16 Jahre (ausländerrechtlich handlungsfähig) ein Vormund zu bestellen?

III Aufenthaltsbeendigung

1 **Ausreisepflicht 252**
2 **Fehlen eines Aufenthaltstitels oder eines sonstigen Aufenthaltsrechts 256**
3 **Ausweisung 262**
   3.1 Wirkung der Ausweisung 262
   3.2 Voraussetzungen der Ausweisung 263
      3.2.1 Gefahr für die öffentliche Sicherheit und Ordnung oder sonstige erhebliche öffentliche Interessen 264
      3.2.2 Die Abwägung öffentlicher Ausweisungsinteressen gegen private Bleibeinteressen 265
   3.3 Besonders geschützte Gruppen 268
4 **Abschiebung 270**
5 **Abschiebungshaft/Dublin-Haft/Ausreisegewahrsam 276**
   5.1 Abschiebungshaft 277
   5.2 Überstellungshaft nach der Dublin III-Verordnung 281
   5.3 Ausreisgewahrsam 282
6 **Rechtsschutz 283**
Kontrollfragen 285

1 Ausreisepflicht

Wann immer Menschen oder sogar ganze Familien ihr Leben in Deutschland eingerichtet haben, wird die behördlich angeordnete Aufenthaltsbeendigung zum bedrohlichen Eingriff in die gesamte private und berufliche Lebensgestaltung. Allein das Risiko einer erzwungenen Rückkehr löst tief greifende Verunsicherung aus, eine über längere Zeit ungeklärte Bleibeperspektive führt häufig zu psychischen und psychosomatischen Erkrankungen.

Weil die meisten Entscheidungen und Verfahren, die auf eine Beendigung des Aufenthalts gerichtet sind, von existenzieller Bedeutung für die Betroffenen sind, erfordern sie eine Begleitung und Vertretung durch spezialisierte Rechtsanwältinnen.

Sozialarbeiter sind dennoch zwingend auf Grundkenntnisse aus diesem Bereich angewiesen, um auf Ängste und Verunsicherungen von Klienten nicht hilflos zu reagieren, sondern die Risiken realistisch einschätzen zu können und die Einschaltung eines Rechtsanwaltes weder zu früh noch zu spät anzuraten. Auch müssen sie die Auswirkungen von Entscheidungen und Ereignissen in anderen Bereichen auf die Aufenthaltssituation einschätzen können, etwa wie sich eine strafrechtliche Verurteilung, Drogenabhängigkeit oder der Bezug bestimmter Sozialleistungen auswirkt.

Die rechtlichen Regelungen über die Aufenthaltsbeendigung finden sich im 5. Kapitel des AufenthG (§§ 50 bis 62 AufenthG).

Grundsätzlich ist das Recht jedes Staates, über die Einreise, den Aufenthalt und die Beendigung des Aufenthalts von Personen fremder Staatsangehörigkeit in eigener Souveränität zu entscheiden, völkerrechtlich anerkannt.

Das Grundgesetz der Bundesrepublik Deutschland gewährt allen Menschen, die sich auf ihrem Staatsgebiet aufhalten, die wichtigsten Grundrechte. Das Recht auf Freizügigkeit (Art. 11 GG), also das Recht, frei ein- und auszureisen und sich in Deutschland frei zu bewegen, kommt allerdings nur Deutschen zugute. Dagegen steht das allgemeine Persönlichkeitsrecht (Art. 2 Abs. 1 GG) auch Nichtdeutschen zu. Jede Aufenthaltsbeendigung greift in dieses Recht der freien Gestaltung des eigenen Lebens ein und bedarf daher einer gesetzlichen Grundlage. Weitere Rechtspositionen, die einer Aufenthaltsbeendigung entgegen stehen können, ergeben sich aus dem Recht der EU, der Europäischen Menschenrechtskonvention (EMRK), dem Europäischen Niederlassungsabkommen (ENA), dem Europäischen Fürsorgeabkommen (EFA) und der Genfer Flüchtlingskonvention (GFK). Mit der Rückführungsrichtlinie[1] wurde für die Aufenthaltsbeendigung in der EU ein einheitlicher Verfahrensablauf geregelt, der die Mitgliedsstaaten einerseits auf eine Abschiebung von Personen verpflichtet, die sich im Gebiet der EU ohne Berechtigung aufhalten, anderseits die Vollstreckungsmaßnahmen dem Grundsatz der Verhältnismäßigkeit unterwirft.[2]

Die Beendigung des Aufenthalts und ihre zwangsweise Durchsetzung durch Abschiebung setzen voraus:

1. **die Ausreisepflicht,**
2. **die Vollziehbarkeit der Ausreisepflicht.**

Die Ausreisepflicht entsteht entweder, wenn kein Aufenthaltstitel und auch kein sonstiges Aufenthaltsrecht mehr besteht oder nie bestanden hat oder durch eine Ausweisung.

---

[1] Siehe Glossar → S. 371.
[2] Siehe Hörich, ZAR 2011,281 ff.

Die Abschiebung setzt in der Regel eine Aufforderung voraus, das Gebiet der Bundesrepublik innerhalb einer bestimmten Frist zu verlassen. Nur so kann der freiwilligen Ausreise Vorrang vor der zwangsweisen Entfernung aus dem Bundesgebiet eingeräumt werden. Zugleich wird die Abschiebung angedroht, falls die Ausreise nicht erfolgt.

Da es sich um einen belastenden Eingriff[1] handelt, ist in der Regel eine vorherige Anhörung erforderlich (§ 28 VwVfG). Meistens wird die Anhörung schriftlich vorgenommen. Die Betroffenen erhalten ein Schreiben der Ausländerbehörde; oft ist dessen Sinn nur schwer zu verstehen. Meist wird bereits der vollständige Inhalt der Verfügung mitgeteilt, lediglich eingeleitet durch den Satz:

»Ich beabsichtige, folgende Verfügung zu erlassen: ...«

Dann folgt:

»Die Erteilung einer Aufenthaltserlaubnis wird abgelehnt. Ich fordere Sie auf, das Gebiet der Bundesrepublik Deutschland bis zum ... zu verlassen. Sollten Sie dieser Aufforderung nicht nachkommen, drohe ich Ihnen die Abschiebung an.«

Durch diese Konstruktion wird leicht übersehen, dass es sich noch nicht um die aufenthaltsbeendende Verfügung handelt und noch keine Rechtsmittel eingelegt werden können, sondern zunächst eine Frist zur Abgabe einer Stellungnahme (diese findet sich meist am Ende des Schreibens) gesetzt wird. Diese Anhörung ist jedoch ein sehr wichtiger Zeitpunkt im Verfahrensverlauf, weil jetzt alle rechtlichen und tatsächlichen Gesichtspunkte vorgetragen werden können, die eventuell einer aufenthaltsbeendenden Maßnahme entgegenstehen. Gibt es wichtige rechtliche oder tatsächliche Aspekte, die von der Ausländerbehörde nicht berücksichtigt wurden oder mangels Kenntnis nicht berücksichtigt werden konnten, sollte umgehend anwaltlicher Rat eingeholt werden. Einen Bescheid abzuwarten, könnte sich als Unbekümmertheit mit fatalen Folgen für die Betroffenen herausstellen, weil gerade bei Ermessensentscheidungen im Vorfeld bestehende Spielräume ausgelotet werden können, nach einer Entscheidung dagegen oft nur noch eine Überprüfung der Rechtmäßigkeit stattfindet.

Die aufenthaltsbeendende Verfügung wird in der Regel mit einer Abschiebungsandrohung und einer Ausreisefrist von sieben bis 30 Tagen verbunden (§ 59 Abs. 1 AufenthG). Ohne Ausreisefrist darf eine Person abgeschoben werden, wenn der auf Tatsachen gegründete Verdacht besteht, sie werde sich

---

[1] Ein belastender Eingriff ist eine nachteilige Veränderung der bisherigen Rechtsstellung der Betroffenen durch einen Verwaltungsakt.

der Abschiebung entziehen (§ 59 Abs. 1 Nr. 1 AufenthG). Der Verdacht kann sich vor allem darauf gründen, dass eine Person bereits untergetaucht war, ihren Pass vernichtet oder versteckt hatte oder die Behörden in sonstiger Weise über ihre Ausreiseabsicht getäuscht hatte. Ebenfalls verzichtbar ist die Fristsetzung, wenn eine erhebliche Gefahr für die Sicherheit und Ordnung von der Person ausgeht (§ 59 Abs. 1 Nr. 2 AufenthG); hierunter werden insbesondere drohende Straftaten oder terroristische Aktivitäten gefasst.

Zur Sicherung der Abschiebung kann eine Personen unter bestimmten Voraussetzungen auch in Abschiebungshaft (siehe → III 5) genommen werden oder, wenn die Ausreisefrist abgelaufen ist, für längstens vier Tage in Abschiebegewahrsam (§ 62b AufenthG).

Eine gesetzte Ausreisefrist kann von der Ausländerbehörde auch verlängert werden (§ 59 Abs. 1 Satz 4 AufenthG). Wenn eine Ausländerin grundsätzlich bereit ist, auszureisen, aber zur Regelung ihrer Angelegenheiten in Deutschland noch etwas Zeit benötigt, sollte dies nicht durch aussichtslose Rechtsmittel erreicht werden, sondern zunächst mit der Ausländerbehörde über eine Verlängerung der Ausreisefrist verhandelt werden.

Menschen, die durch Straftaten des Menschenhandels oder der Arbeitsausbeutung geschädigt wurden[1], erhalten eine Ausreisefrist von mindestens drei Monaten (§ 59 Abs. 7 AufenthG). Die Frist soll es den Betroffenen ermöglichen, eine Entscheidung zu treffen, ob sie sich in einem Verfahren gegen die Täter als Zeuginnen zur Verfügung stellen wollen.[2] Sie kann bei Pflichtverstößen nachträglich verkürzt werden.

Durch Umsetzung der Sanktionsrichtlinie[3] wurde die Verpflichtung eingefügt, Menschen, die ohne Papiere in Deutschland beschäftigt waren, darüber aufzuklären, dass sie ihre Arbeitgeber auf den ausstehenden Lohn verklagen können und ihnen dafür bestimmte Beweiserleichterungen (siehe → S. 209) zu Gute kommen (§ 59 Abs. 8 AufenthG).

Eine gesetzte Ausreisefrist wird im Pass oder auf einem gesonderten Papier durch den Stempel »Grenzübertrittsbescheinigung, gültig bis ...« erkennbar.

---

[1] Es reicht ein auf Tatsachen gegründeter Verdacht; nach Möglichkeit sind neben der Aussage der Geschädigten auch weitere Beweismittel wie Zeugenaussagen, Polizeiberichte und ärztliche oder psychologische Atteste zu sichern.
[2] Für dieses Verfahren würde dann die Aufenthaltserlaubnis nach § 25 Abs. 4a oder Abs. 4b AufenthG erteilt, siehe → S. 204 und → S. 208.
[3] Siehe Glossar → S. 371.

Mit dieser Bescheinigung darf nicht gearbeitet werden, es sei denn sie wird mit einer ausdrücklichen Erlaubnis verbunden. Der Pass ist bereits bei einer bestehenden Ausreisepflicht nach § 50 Abs. 5 AufenthG in Verwahrung zu nehmen, auch wenn die Ausreisefrist noch läuft und keine Anhaltspunkte dafür bestehen, dass der Pass vernichtet oder versteckt werden soll.[1]

Ausreisepflicht	Vollziehbarkeit	Durchsetzung
Kein Aufenthaltstitel oder Ausweisung	Unerlaubte Einreise oder Ablauf eines Aufenthaltstitels oder Ablauf einer gesetzten Frist evtl. nach Vollziehbarkeit einer Verfügung	Androhung der Abschiebung ⇩ Abschiebung

2 Fehlen eines Aufenthaltstitels oder eines sonstigen Aufenthaltsrechts

Die Ausreisepflicht entsteht für ausländische Staatsangehörige, wenn

- sie unerlaubt eingereist sind (§ 50 Abs. 1 AufenthG);

- sie die Frist für einen erlaubnisfreien Aufenthalt (Negativstaater) überschritten haben, ohne einen Aufenthaltstitel beantragt zu haben (§§ 50 Abs. 1, 81 Abs. 3 AufenthG);

- der Aufenthaltstitel (Visum oder Aufenthaltserlaubnis) abgelaufen ist, ohne dass eine Verlängerung oder die Erteilung eines anderen Aufenthaltstitel beantragt wurde (§§ 50 Abs. 1, 51 Abs. 1 Nr. 1, 81 Abs. 4 AufenthG);

- der Antrag auf Erteilung oder auf Verlängerung eines Aufenthaltstitels bestandskräftig abgelehnt wurde oder die Ablehnung sofort vollziehbar ist (§ 50 Abs. 1 AufenthG);

- die auflösende Bedingung, die mit einem Aufenthaltstitel verbunden wurde, eingetreten ist (§§ 50 Abs. 1, 51 Abs. 1 Nr. 2 AufenthG);

---

[1] OVG Mecklenburg-Vorpommern vom 16.6.2010 – 2 M 101/10; VG München vom 11.1.2012 – M 10 S 11.5857.

2 Fehlen eines Aufenthaltstitels oder eines sonstigen Aufenthaltsrechts

- ein Aufenthaltstitel zurückgenommen wurde (§§ 50 Abs. 1, 51 Abs. 1 Nr. 3 AufenthG);[1]
- ein Aufenthaltstitel widerrufen wurde (§§ 50 Abs. 1, 51 Abs. 1 Nr. 4 AufenthG);[2]
- ein Aufenthaltstitel durch dauerhafte Ausreise aus Deutschland erloschen ist (§§ 50 Abs. 1, 51 Abs. 1 Nr. 6 oder Nr. 7 AufenthG);
- eine Abschiebungsanordnung ergangen ist (§§ 51 Abs. 1 Nr. 5a, 58a AufenthG);
- nach Erteilung bestimmter humanitärer Aufenthaltstitel (§§ 22, 23 oder § 25 Abs. 3 bis 5 AufenthG) ein Asylantrag gestellt wurde (§§ 50 Abs. 1, 51 Abs. 1 Nr. 8 AufenthG).

Beispiel
Unerlaubte Einreise

Die russische Staatsangehörige Irina reist auf dem Luftweg mit dem Pass einer Freundin nach Deutschland ein. Der Pass enthält eine Niederlassungserlaubnis, erteilt von der Ausländerbehörde Augsburg. Der falsche Pass wird bei der Personenkontrolle am Frankfurter Flughafen nicht bemerkt.

Irina ist ab dem Moment der Einreise nach Deutschland vollziehbar ausreisepflichtig, da sie das Bundesgebiet ohne Pass und ohne das erforderliche Visum betreten hat. Sie kann nach § 62 Abs. 3 Nr. 1 AufenthG in Abschiebungshaft genommen werden.

Beispiel
Ablauf eines Aufenthaltstitels

Mustafa, tunesischer Staatsangehöriger, besucht seinen Sohn und dessen Familie in Hannover. Er ist mit einem Schengenvisum, gültig vom 1.7.2015 bis zum 30.9.2015 eingereist. Er verlässt Deutschland bis zum 30.9.2015 nicht und beantragt weder eine Verlängerung noch eine Aufenthaltserlaubnis.

Mustafa ist ab dem 1.10.2015 ausreisepflichtig. Die Ausreisepflicht ist auch vollziehbar, es sei denn, er stellt bei der Ausländerbehörde einen Antrag, ihm eine Ausreisefrist zu gewähren und ihm wird eine solche Frist gesetzt.

---

[1] Die Rücknahme eines Aufenthaltstitels – wie allgemein jedes Verwaltungsaktes – setzt voraus, dass dieser bereits bei Erteilung rechtswidrig war. Die Rechtswidrigkeit kann auf falschen oder unvollständigen Angaben der Antragsteller beruhen oder auf einem Fehler der Behörde, § 48 VwVfG.

[2] Der Widerruf eines rechtmäßigen Aufenthaltstitels setzt voraus, dass eine erteilte Auflage nicht (mehr) erfüllt wird, dass sich der Sachverhalt, der der Erteilung zu Grunde lag, nachträglich geändert hat oder dass eine Gefahr für die öffentliche Sicherheit und Ordnung besteht, § 49 Abs. 2 VwVfG.

Beispiel
Eintritt einer auflösenden Bedingung

John, Staatsangehöriger der USA, wurde am 3.2.2014 in Deutschland (siehe § 41 Abs. 1 AufenthV) eine Aufenthaltserlaubnis nach § 18 AufenthG erteilt, um eine Beschäftigung als Techniker bei dem Maschinenhersteller »Rotostahl« auszuüben. Die Aufenthaltserlaubnis wurde mit folgender Bedingung (§ 12 Abs. 2 AufenthG) versehen: »Erlischt mit Beendigung des Beschäftigungsverhältnisses bei der Firma Rotostahl«. Am 15.9.2014 geht die Firma in die Insolvenz, damit endet auch die Beschäftigung von John.

Die Aufenthaltserlaubnis erlischt, weil die auflösende Bedingung eingetreten ist. Um die Vollziehbarkeit der Ausreisepflicht zu hemmen, kann John zunächst eine Ausreisefrist beantragen, um seine Ausreise vorzubereiten und eventuelle Ansprüche gegenüber der Firma und gegenüber der AA (Insolvenzausfallgeld) geltend zu machen. Findet er in dieser Zeit eine neue Anstellung, kann er einen Antrag auf Erteilung einer neuen Aufenthaltserlaubnis stellen, weil er die Staatsangehörigkeit eines privilegierten Staates besitzt (siehe § 41 Abs. 1 AufenthV).

Beispiel
Nachträgliche Befristung einer Aufenthaltserlaubnis

Marie aus Kamerun hat am 10.8.2014 einen deutschen Staatsangehörigen in Yaoundé geheiratet. Am 20.5.2015 reiste sie – nach Absolvierung eines Deutschkurses beim Goethe-Institut – mit einem Visum zum Zweck der Familienzusammenführung nach Deutschland ein. Am 2.6.2015 wird ihr eine Aufenthaltserlaubnis, gültig bis zum 2.6.2016 erteilt. Bereits Anfang September 2015 geht ihr Ehemann eine Beziehung mit einer anderen Frau ein, verlässt die eheliche Wohnung und teilt der Ausländerbehörde mit, er habe sich endgültig von seiner Ehefrau getrennt. Die Ausländerbehörde erlässt nach einer schriftlichen Anhörung (§ 28 VwVfG) am 10.10.2015 eine Verfügung, nach der die Aufenthaltserlaubnis von Marie auf den 31.12.2015 befristet wird. Die Verfügung wird für sofort vollziehbar erklärt.[1] Gleichzeitig wird ihr die Abschiebung angedroht, wenn sie Deutschland nicht innerhalb der Frist verlassen sollte.

---

[1] Das heißt, der Aufenthalt kann beendet werden, auch wenn ein Widerspruch gegen die Verfügung eingelegt wird. Rechtsmittel gegen die Ablehnung der Erteilung oder Verlängerung einer Aufenthaltserlaubnis entfalten nach § 84 Abs. 1 AufenthG keine aufschiebende Wirkung. Das gilt aber nicht für die nachträgliche Befristung (siehe Marx, 2015, § 7 Rn. 21). Hier muss die sofortige Vollziehung also gesondert angeordnet werden und mit einem besonderen öffentlichen Interesse an der sofortigen Aufenthaltsbeendigung begründet werden, welches über das Interesse, das sich aus dem Fehlen einer Voraussetzung für die Aufenthaltserlaubnis ergibt, hinausgeht (BVerfG vom 12.9.1995 – 2 BvR 1179/95).

2 Fehlen eines Aufenthaltstitels oder eines sonstigen Aufenthaltsrechts 259

Marie erhielt die Aufenthaltserlaubnis nach § 28 AufenthG, weil die Voraussetzung nach § 27 AufenthG, das Führen einer ehelichen Lebensgemeinschaft in Deutschland, erfüllt wurde. Diese Voraussetzung wird jetzt nicht mehr erfüllt. Damit kann die Ausländerbehörde die Aufenthaltserlaubnis im Wege des Ermessens nachträglich befristen (§ 7 Abs. 2 AufenthG).[1] Unternimmt Marie nichts gegen die Verfügung, wird sie am 1.1.2016 vollziehbar ausreisepflichtig und kann ohne weitere Ankündigung zwangsweise abgeschoben werden.

Ihr stehen allerdings Rechtsmittel zur Verfügung. Sie kann Widerspruch gegen die Verfügung einlegen.[2] Dies würde die Vollziehbarkeit der Ausreisepflicht jedoch nicht hemmen, zusätzlich müsste beim Verwaltungsgericht ein Antrag auf Wiederherstellung der aufschiebenden Wirkung des Widerspruchs eingelegt werden. Der Erfolg der Rechtsmittel wird davon abhängen, ob ein Abschiebehindernis vorliegt (z. B. Schwangerschaft, weil das Kind die deutsche Staatsangehörigkeit besitzen wird) oder ob die Rückkehr ins Herkunftsland für Marie mit einer besonderen Härte verbunden wäre (z. B. Bedrohungen im familiären Kontext). Die Vertretung durch eine Rechtsanwältin ist in diesem Verfahren dringend anzuraten.

> Auch bei einem laufenden Rechtsschutzverfahren darf nicht vergessen werden, rechtzeitig den Antrag auf Verlängerung der Aufenthaltserlaubnis zu stellen. Es geht in dem Verfahren immer nur um die Überprüfung der nachträglichen Befristung. Läuft jedoch die ursprünglich erteilte Aufenthaltserlaubnis ab, ohne dass ein Verlängerungsantrag gestellt wird, so würde die Ausreisepflicht auch entstehen, wenn das Verfahren gewonnen wird.

Beispiel
Rücknahme eines Aufenthaltstitels

Lin, chinesische Staatsangehörige, kam ursprünglich 2006 als Studentin nach Deutschland. 2013 brach sie ihr Studium ab, nachdem sie schwanger geworden war. Die Vaterschaft wurde von dem deutschen Staatsangehörigen Swen anerkannt, der allerdings nach der Geburt keinen Kontakt mehr zu Mutter und Kind aufnahm. Lin wurde nach der Geburt des Kindes im August 2013 eine Aufenthaltser-

---

[1] Liegen bestimmte Voraussetzungen für eine Aufenthaltserlaubnis nur vorübergehend nicht vor, z. B. bei einer vorübergehenden Trennung der Ehegatten oder einem vorübergehenden Sozialleistungsbezug, wäre die nachträgliche Befristung der Aufenthaltserlaubnis unverhältnismäßig, siehe BVerwG vom 28.5.1991 – 1 C 20/89.
[2] In Bundesländern, in denen das Widerspruchsverfahren abgeschafft wurde, muss direkt eine Klage zum Verwaltungsgericht erhoben werden.

laubnis nach § 28 AufenthG zum Zweck der familiären Lebensgemeinschaft mit ihrem deutschen Kind erteilt. Die Vaterschaft wird von Swen nach § 1600 Abs. 1 Nr. 1 BGB wirksam angefochten. Es stellt sich heraus, dass Swen nicht der biologische Vater von Lins Kind ist. Es wird festgestellt, dass Lins Kind zu keinem Zeitpunkt über eine deutsche Staatsangehörigkeit verfügt hat. Daraufhin ergeht am 6.1.2016 nach einer schriftlichen Anhörung (§ 28 VwVfG) eine Verfügung an Lin, durch welche ihre Aufenthaltserlaubnis zurückgenommen wird. Die Rücknahme wird für sofort vollziehbar erklärt. Gleichzeitig wird ihr und ihrem Kind die Abschiebung nach China angedroht, wenn sie Deutschland nicht bis zum 31.1.2016 verlasse.

Mit Rücknahme der Aufenthaltserlaubnis werden Lin und ihr Kind sofort ausreisepflichtig. Vollziehbar wird die Ausreisepflicht allerdings erst ab dem 1.2.2016, sobald die Frist abgelaufen ist. Gegen die Verfügung stehen Lin Rechtsmittel zu, Widerspruch und Klage, der gerichtliche Antrag auf Wiederherstellung der aufschiebenden Wirkung des Widerspruchs oder der Klage. Nur wenn ganz besondere Umstände vorliegen, dürften die Rechtsmittel erfolgreich sein. Dies zu prüfen, sollte einem Rechtsanwalt übertragen werden.

Beispiel
Erlöschen des Aufenthaltstitels durch Ausreise

Die marokkanische Staatsangehörige Mariam kam 2006 mit zwölf Jahren nach Deutschland und verfügt über eine Niederlassungserlaubnis. 2012 heiratete sie Habib, ebenfalls Marokkaner und im Besitz einer Niederlassungserlaubnis. Anlässlich eines Verwandtenbesuchs in Marokko im Mai 2015 zwang Habib seine Frau Mariam, bei seiner Familie in Marokko zu bleiben und seinen Eltern den Haushalt zu führen. Ihr Reisepass wurde ihr abgenommen. Habib heiratete eine zweite Ehefrau und kehrte zunächst allein nach Deutschland zurück. Hier meldete er Mariam beim Einwohnermeldeamt ab.

Anfang 2016 gelingt es Mariam, ihren Pass an sich zu nehmen, sie verlässt die Familie, leiht sich Geld und kehrt auf dem Luftweg nach Deutschland zurück. Die Personenkontrollen auf dem Flughafen in Düsseldorf kann sie zunächst passieren. Als sie sich am 2.2.2016 bei ihren in Dortmund lebenden Eltern anmelden will, wird ihr erklärt, ihre Niederlassungserlaubnis sei erloschen, sie sei unerlaubt eingereist. Ihre Niederlassungserlaubnis wird ungültig gestempelt und ihr wird eine Grenzübertrittsbescheinigung, gültig bis zum 15.2.2016, ausgehändigt. Sollte sie sich nach Ablauf der Frist noch in Deutschland aufhalten, werde sie abgeschoben oder in Abschiebungshaft genommen.

Nach § 51 Abs. 1 Nr. 6 AufenthG erlischt ein Aufenthaltstitel, wenn die Betroffene »aus einem seiner Natur nach nicht vorübergehenden Grunde ausreist«. Durch die Abmeldung entstand für die deutschen Behörden der Eindruck, Mariam habe sich für eine endgültige Rückkehr nach Marokko entschieden. Der so gesetzte An-

2 Fehlen eines Aufenthaltstitels oder eines sonstigen Aufenthaltsrechts

schein reicht jedoch nicht aus, da Mariam Deutschland objektiv betrachtet nicht freiwillig dauerhaft verlassen hat.[1]

Allerdings wäre die Niederlassungserlaubnis nach § 51 Abs. 1 Nr. 7 AufenthG auch erloschen, wenn sie »ausgereist und nicht innerhalb von sechs Monaten oder einer von der Ausländerbehörde bestimmten längeren Frist wieder eingereist ist«.[2] Die Rechtsprechung ging überwiegend davon aus, dass es nach Ablauf von sechs Monaten in keiner Weise mehr auf die Gründe für die Ausreise und den Verbleib im Ausland ankommt, sondern der Aufenthaltstitel immer erlösche, wenn die Frist abgelaufen sei.[3] In der Rechtsliteratur wurde zum Teil darauf hingewiesen, dass bei einer erzwungenen Ausreise oder einer zwangsweisen Hinderung an der Rückkehr die Voraussetzungen nicht erfüllt seien, weil kein willensgesteuertes Verhalten des Betroffenen vorliegt.[4] Gesetzlich geregelt ist ein ungewollter Verbleib im Ausland nur für die Fälle der Zwangsverheiratung (§ 51 Abs. 4 Satz 2 AufenthG), nicht jedoch für andere Formen der Verhinderung der Rückreise durch äußeren Zwang. Nach der neueren Rechtsprechung des BVerwG[5] liegt in der staatlich erzwungenen Ausreise keine Ausreise der Betroffenen im Sinne von § 51 Abs. 1 Nr. 6 oder Nr. 7 AufenthG. Dies gilt jedoch nicht für eine von privaten Dritten erzwungene Ausreise wie im vorliegenden Fall. Für derartige Konstellationen sieht das BVerwG Abhilfemöglichkeiten durch eine erweiterte Auslegung der Fristverlängerung nach § 51 Abs. 4 AufenthG, durch eine Neuerteilung der Aufenthaltserlaubnis oder eine Rückkehrmöglichkeit nach § 37 AufenthG. Genauer erörtert wird dies vom BVerwG jedoch ausdrücklich nicht.

Mariam müsste hier eine Klage beim Verwaltungsgericht einreichen mit dem Antrag, festzustellen, dass ihre Niederlassungserlaubnis nicht erloschen ist. Zugleich müsste der Antrag darauf gerichtet sein, die Abschiebung auszusetzen, bis über die Frage der Gültigkeit der Niederlassungserlaubnis entschieden ist. Für ein solches Verfahren kann auf die Unterstützung durch eine Rechtsanwältin unter keinen Umständen verzichtet werden.

---

[1] Marx, 2015, § 7 Rn. 49.
[2] Diese Regelung gilt nicht für Ausländer mit einer Niederlassungserlaubnis, die sich bereits seit 15 Jahren rechtmäßig in Deutschland aufgehalten haben oder deren Ehegatten mit einer Niederlassungserlaubnis, wenn ihr Lebensunterhalt gesichert ist und keine Anhaltspunkte für politischen Extremismus vorliegen. Die Regelung gilt auch für Ehegatten und Lebenspartner von Deutschen mit Niederlassungserlaubnis, solange die eheliche Lebensgemeinschaft besteht (§ 51 Abs. 2 AufenthG). Auf anerkannte Asylberechtigte und Konventionsflüchtlinge findet die Regelung keine Anwendung (§ 51 Abs. 7 AufenthG). Für die Inhaber einer Erlaubnis zum Daueraufenthalt-EU gelten abweichende Regeln (§ 51 Abs. 9 AufenthG).
[3] VGH Baden-Württemberg vom 21.11.2001 – 11 S 1822/01; OVG Münster vom 15.8.2003 – 18 B 978/03.
[4] Frings, STREIT 2005, Beilage, XVI.
[5] BVerwG vom 17.1.2012 – 1 C 1/11.

3 Ausweisung

Die Ausweisung ergeht als Verwaltungsakt, auch Grundverwaltungsakt genannt, weil durch sie die Grundlage für die Vollstreckbarkeit der Ausreisepflicht gelegt wird. Die Ausweisung beinhaltet die Erklärung eines souveränen Staates, dass die Anwesenheit eines Ausländers auf ihrem Territorium unerwünscht ist. Die Wirkung der Ausweisung ist einschneidender als die Ablehnung eines Aufenthaltstitels, weil sie jeden Aufenthalt – gleich zu welchem Zweck – untersagt.

3.1 Wirkung der Ausweisung

Die Ausweisung entfaltet folgende Wirkungen:

- Der Aufenthaltstitel erlischt (§ 51 Abs. 1 Nr. 5 AufenthG).
- Die Befreiung vom Erfordernis eines Aufenthaltstitels erlischt (§ 51 Abs. 5 AufenthG).
- Die Ausreisepflicht entsteht (§ 50 Abs. 1 AufenthG).
- Es entsteht ein Einreise- und Aufenthaltsverbot (§ 11 Abs. 1 Satz 1 AufenthG).
- Ein neuer Aufenthaltstitel darf nicht vor Ablauf der gesetzten Frist und nicht vor einer Ausreise aus Deutschland oder aus dem Schengengebiet erteilt werden (§ 11 Abs. 1 AufenthG). Ausgenommen sind die Aufenthaltserlaubnis wegen eines Abschiebehindernis nach § 25 Abs. 5 AufenthG sowie die Aufenthaltserlaubnisse für anerkannte Asylberechtigte und Flüchtlinge nach § 25 Abs. 1 und Abs. 2 AufenthG, soweit die Ausweisung nicht aus schwerwiegenden Gründen der öffentlichen Sicherheit und Ordnung erfolgte.

Beispiel

Die brasilianische Staatsangehörige Lucia reist am 10.9.2015 nach Deutschland ein (keine Visumpflicht für Kurzaufenthalt) und beginnt am 15.9.2015 eine Tätigkeit als Kindermädchen bei einer deutschen Familie. Am 25.9.2015 wird sie vom Nachbarn ihrer Arbeitgeber bei der Ausländerbehörde angezeigt. Am 28.9.2015 erfolgt eine Überprüfung der Ausländerbehörde durch einen Hausbesuch. Noch vor Ort kündigt ihr der Beamte an, es sei beabsichtigt, sie auszuweisen und sie könne sich dazu äußern (Anhörung nach § 28 VwVfG). Von dieser Möglichkeit macht Lucia keinen Gebrauch. Am 5.10.2015 wird ihr eine Ausweisungsverfügung zugestellt mit der Aufforderung, Deutschland bis zum 15.10.2015 zu verlassen, andernfalls wird ihr die Abschiebung angedroht.

Mit diesem Bescheid erlischt für Lucia die Befreiung von dem Erfordernis eines Aufenthaltstitels, sie wird ausreisepflichtig. Ein Antrag auf Erteilung eines Aufenthaltstitels müsste zwingend abgewiesen werden. Das würde auch dann gelten, wenn sie etwa einen Deutschen[1] heiraten würde. Die Wirkung der Ausweisung könnte aber nach § 11 Abs. 4 AufenthG nachträglich aufgehoben werden.

Allerdings dürfte Lucia nach Ablauf der Ausreisefrist am 15.10.2015 noch nicht abgeschoben werden. Sie kann noch bis zum 5.11.2015 Widerspruch gegen den Bescheid einlegen, bis zu diesem Zeitpunkt ist der Bescheid noch nicht rechtskräftig und kann deshalb noch keine Grundlage für eine Vollstreckung bieten.

Da die Ausweisung einen besonders schweren Eingriff in die Persönlichkeitsrechte der Betroffenen darstellt, kommt dem nach Art. 19 Abs. 4 GG garantierten Rechtsschutz besondere Bedeutung zu. So hat der Widerspruch[2] und die Klage gegen die Ausweisungsverfügung aufschiebende Wirkung (§ 80 Abs. 1 VwGO). Schon mit der Zustellung des Ausweisungsbescheides endet allerdings eine bestehende Aufenthaltserlaubnis und eine neue darf nicht mehr erteilt werden. Die Betroffenen erhalten eine Fiktionsbescheinigung, mit der eine bestehende Erlaubnis zur Erwerbstätigkeit oder eine Beschäftigungserlaubnis weiter gilt (§ 84 Abs. 2 AufenthG). Der Widerspruch und ein anschließendes gerichtliches Verfahren hindern jedoch eine Beendigung des Aufenthalts durch Abschiebung.[3] Die Ausländerbehörde kann zwar die sofortige Vollziehbarkeit des Verwaltungsaktes anordnen, dies ist jedoch nur rechtmäßig, wenn an dieser Anordnung ein besonderes öffentliches Interesse besteht, welches nicht nur in dem Interesse besteht, den Ausländer des Landes zu verweisen, sondern durch eine ganz besondere Eilbedürftigkeit begründet werden muss.[4] Rechtsschutzverfahren gegen eine Ausweisungsverfügung können sachgerecht kaum ohne die Hilfe einer Rechtsanwältin betrieben werden.

3.2 Voraussetzungen der Ausweisung

Die Ausweisung war bislang als ein Stufensystem von zwingender Ausweisung, Ausweisung im Regelfall und Ausweisung nach Ermessen gere-

---

[1] Bei Eheschließung mit einem EU-Bürger oder mit einem Deutschen, der zuvor in einem anderen EU-Staat freizügigkeitsberechtigt war, steht ihr hingegen ein Aufenthaltsrecht zu. Als Familienangehöriger eines Unionsbürgers stünde ihr ein Aufenthaltsrecht zu, EuGH vom 25.7.2008 – C-127/08 »Metock u. a.«.
[2] In einigen Bundesländern wurde das Widerspruchsverfahren abgeschafft, dort ist unmittelbar Klage zu erheben.
[3] Mielitz, ZAR 2009, S. 264.
[4] BVerfG vom 10.5.2007 – 2 BvR 304/07.

gelt. Durch die Rechtsprechung des EGMR[1], des BVerfG[2] und des BVerwG[3] ließ sich dies nach dem Wortlaut des Gesetzes nicht mehr praktizieren, weil das Prinzip der Verhältnismäßigkeit gebietet, bei einem so schweren Eingriff in die Persönlichkeitsrechte eines Menschen stets die gesamten Umstände des Einzelfalls zu berücksichtigen und eine Rechtsfolge nicht schematisch nach festgelegten Voraussetzungen eintreten zu lassen.

Aus diesem Grund wurden die Voraussetzungen einer Ausweisung völlig neu gestaltet. Die Neuregelung tritt zum 1.1.2016 in Kraft (es kommt zu einer Regelungslücke, weil für die Ausweisung nur Umstände berücksichtigt werden können, die ab dem 1.1.2016 eintreten).[4]

Eine Ausweisung erfolgt als zwingende Rechtsfolge, wenn zwei Voraussetzungen erfüllt sind (§ 53 Abs. 1 AufenthG):
1. Es besteht eine Gefahr für die öffentliche Sicherheit und Ordnung oder sonstige erhebliche öffentliche Interessen.
2. Es besteht ein öffentliches Ausweisungsinteresse, welches das private Bleibeinteresse der betreffenden Person überwiegt.

3.2.1 Gefahr für die öffentliche Sicherheit und Ordnung oder sonstige erhebliche öffentliche Interessen

Gefahren für die öffentliche Sicherheit und Ordnung sind alle Gesetzesverstöße, Ordnungswidrigkeiten, die Unterstützung oder Förderung terroristischer oder staatsfeindlicher Bestrebungen, die Beeinträchtigung der Funktionsfähigkeit öffentlicher Einrichtungen, die Verletzung von Rechten von Privatpersonen und die Beeinträchtigung der Regeln des Gemeinwesens (problematisch, soweit hierzu keine gesetzlichen Regeln bestehen).

Die Gefahren für sonstige erhebliche öffentlichen Interessen können auch durch völlig legale Verhaltensweisen wie zum Beispiel durch die Inanspruchnahme von Sozialleistungen verursacht werden.

---

[1] EGMR vom 28.6.2007 – Nr. 31753/02 »Kaya ./. Deutschland«; EGMR vom 23.6.2008 – Nr. 1638/03 »Maslov«.
[2] BVerfG vom 10.5.2007 – 2 BvR 304/07 und vom 10.8.2007 – 2 BvR 535/06.
[3] BVerwG vom 15.11.2007 – 1 C 45.06.
[4] Neundorf/Brings, ZRP 2015, S. 145 ff.; Marx, ZAR 2015, S. 245 ff.

3.2.2 Die Abwägung öffentlicher Ausweisungsinteressen gegen private Bleibeinteressen

Die Abwägung öffentlicher gegen private Interessen ist die klassische Beschreibung der Ausübung von Ermessen. In der neuen Konstruktion der Ausweisung wird diese Abwägung jedoch zu einer Voraussetzung der Ausweisung (Verlagerung in den Tatbestand). Damit wird für die Ausländerbehörde kein Spielraum bei der Entscheidung eingeräumt, sondern die Abwägung muss zu einer definitiven Aussage gelangen, welche Waagschale schwerer wiegt und diese Entscheidung kann von den Verwaltungsgericht geprüft und auch durch eine eigene Wertung ersetzt werden. Der Vorteil besteht darin, dass das Gericht immer selber entscheiden kann, ob eine Ausweisungsentscheidung rechtmäßig ist oder nicht und die Bewertung nicht an die Behörde zurückreichen muss.

Der Begriff des Ausweisungsinteresses ersetzt den bisherigen Begriff des Ausweisungsgrundes.

Zunächst wird allgemein festgelegt, welche Kriterien bei der Abwägung berücksichtigt werden sollen (§ 53 Abs. 2 AufenthG):

- die Dauer des Aufenthalts,

- die Bindungen an Deutschland: persönliche, wirtschaftliche und sonstige,

- die Bindungen an den Herkunftsstaat bzw. einen anderen aufnahmebereiten Staat (Sprachkenntnisse, Verwandte, soziale oder wirtschaftliche Bezüge),

- die Folgen für die Familienangehörigen.

Die genannten Kriterien orientieren sich an der Rechtsprechung des EuGH zu den Rechten auf ein Familien- und Privatleben.[1] Die Ausweisung muss sich als Maßnahme erweisen, die in die privaten Rechte des Einzelnen nur soweit eingreift, als es notwendig und im Verhältnis zu den öffentlichen Interessen angemessen ist.[2]

Diese Auflistung verdeutlicht den Ausländerbehörden, dass sie in jeder Ausweisungsentscheidung auf diese Kriterien eingehen müssen.

Es folgt dann eine Gegenüberstellung der Ausweisungsinteressen mit besonderem Gewicht (§ 54 AufenthG) und der Bleibeinteressen mit besonderem Gewicht (§ 55 AufenthG).

---

[1] Gesetzesbegründung, BR-Drs. 642/14, S. 55 f.
[2] Marx, ZAR 2015, 245, 249.

Verdeutlich wird damit, das die Liste nicht alle Interessen umfasst, aber eine Gewichtung vornimmt, um die Waagschalen leichter vergleichen zu können. Liegt etwa kein Ausweisungsinteresse von besonderem Gewicht vor, anderseits aber ein Bleibeinteresse, welches schwer wiegt, so fällt die Abwägung in der Regel zugunsten des Bleibeinteresses aus. Wiegt dagegen das Ausweisungsinteresse nicht nur schwer, sondern besonders schwer, so wird es in der Regel ein Bleibeinteresse, welches zwar schwer, aber nicht besonders schwer wiegt, übertreffen und zur Ausweisung führen. Es bleiben aber stets nur Regelbewertungen, die sich noch einmal durch die Berücksichtigung der allgemeinen Kriterien verändern können.

Die öffentlichen Ausweisungsinteressen:

Schwere Ausweisungsinteressen verursacht, wer

1. zu mindestens einem Jahr Freiheitsstrafe verurteilt wurde;
2. zu mindestens einem Jahr Jugendstrafe, die nicht zur Bewährung ausgesetzt worden ist, verurteilt wurde;
3. in strafbarer Weise Betäubungsmittel anbaut, herstellt, mit ihnen Handel treibt, sie einführt, ausführt, veräußert, abgibt, sonst in den Verkehr bringt, erwirbt oder sich in sonstiger Weise verschafft (§ 29 Abs. 1 Satz 1 Nr. 1 BTMG) oder dieses versucht;
4. Heroin, Kokain oder ein vergleichbar gefährliches Betäubungsmittel verbraucht und nicht zu einer erforderlichen Behandlung bereit ist;
5. eine andere Person mit unzulässigen Mitteln davon abhält, am wirtschaftlichen, kulturellen oder gesellschaftlichen Leben in der Bundesrepublik Deutschland teilzuhaben;
6. eine andere Person zur Eingehung der Ehe nötigt oder dies versucht;
7. in einer Befragung der deutschen Auslandsvertretung oder der Ausländerbehörde frühere Aufenthalte in Deutschland oder anderen Staaten verheimlicht oder vorsätzlich falsche oder unvollständige Angaben über Verbindungen zum Terrorismus oder zu staatsfeindlichen Kräften macht (nur wenn über den Zweck und die Rechtsfolgen vorher belehrt wurde),
8. in einem Verwaltungsverfahren, das von Behörden eines Schengen-Staates durchgeführt wurde, im In- oder Ausland
    a) falsche oder unvollständige Angaben gemacht hat, um einen Aufenthaltsstatus, ein Reisedokument oder die Aussetzung der Abschiebung zu erlangen, oder
    b) nicht an behördlichen Maßnahmen mitwirkt, die der Durchführung des Ausländergesetzes oder des Schengener Durchführungsübereinkommens dienen (nur wenn eine Rechtsfolgenbelehrung erfolgte);

9. einen Verstoß gegen Rechtsvorschriften oder gerichtliche oder behördliche Entscheidungen oder Verfügungen begangen hat (vereinzelten oder geringfügige ausgenommen), oder
10. außerhalb des Bundesgebiets eine Handlung begangen hat, die im Bundesgebiet als vorsätzliche schwere Straftat anzusehen ist.

Besonders schwere Ausweisungsinteressen verursacht, wer

1. zu mehr als zwei Jahren Freiheits- oder Jugendstrafe verurteilt wurde oder gegen wen Sicherungsverwahrung angeordnet wurde;
2. Mitglied oder Unterstützer einer terroristischen Vereinigung oder die Vorbereitung einer schweren staatsgefährdende Gewalttat ist oder war (Ausnahme: tätige Reue);
3. Leiter oder Leiterin eines verbotenen verfassungswidrigen oder terroristischen Vereins ist oder war;
4. Gewalttätigkeiten aus politischen oder religiösen Motiven begangen hat, öffentlich zur Gewalt aufgerufen hat oder mit Gewalt droht;
5. zu Hass gegen Teile der Bevölkerung aufruft; insbesondere, wenn er auf ein Kind oder einen Jugendlichen gezielt und andauernd einwirkt, um Hass auf Angehörige bestimmter ethnischer Gruppen oder Religionen zu erzeugen oder zu verstärken oder öffentlich;
6. a) gegen Teile der Bevölkerung zu Willkürmaßnahmen aufstachelt,
   b) Teile der Bevölkerung böswillig verächtlich macht und dadurch die Menschenwürde anderer angreift, oder
   c) Verbrechen gegen den Frieden, gegen die Menschlichkeit, ein Kriegsverbrechen oder terroristische Taten von vergleichbarem Gewicht billigt oder dafür wirbt (Ausnahme: tätige Reue).

Die Bleibeinteressen:

Schwer wiegen die Bleibeinteressen, wenn:

1. der Betroffene minderjährig ist und eine Aufenthaltserlaubnis besitzt,
2. die Betroffene eine Aufenthaltserlaubnis besitzt und sich seit mindestens fünf Jahren im Bundesgebiet aufhält,
3. der Betroffene das Sorgerecht für einen ledigen Minderjährigen in Deutschland oder ein Umgangsrecht ausübt,
4. die Betroffene minderjährig ist und ihre Eltern oder ein sorgeberechtigter Elternteil sich rechtmäßig im Bundesgebiet aufhalten,
5. das Wohl eines Kindes zu berücksichtigen ist , oder
6. der Betroffene eine Aufenthaltserlaubnis als Opfer des Menschenhandels nach § 25 Absatz 4a Satz 1 AufenthG besitzt.

Besonders schwere Bleibeinteressen hat, wer:

1. eine Niederlassungserlaubnis besitzt und sich seit mindestens fünf Jahren rechtmäßig im Bundesgebiet aufgehalten hat,
2. eine Aufenthaltserlaubnis besitzt, im Bundesgebiet geboren oder als Minderjähriger eingereist ist und sich seit mindestens fünf Jahren rechtmäßig im Bundesgebiet aufgehalten hat,
3. eine Aufenthaltserlaubnis besitzt, sich seit mindestens fünf Jahren rechtmäßig im Bundesgebiet aufgehalten hat und mit einer Person, auf die die Voraussetzungen unter Nr. 1 oder Nr. 2 zutreffen, verheiratet oder verpartnert ist, soweit die Lebensgemeinschaft noch besteht,
4. mit einem deutschen Familienangehörigen (Ehegatte, Lebenspartnerin, minderjährige, ledige Kinder) in einer Familiengemeinschaft lebt,
5. über die Rechtstellung eines subsidiär Schutzberechtigten verfügt oder wer einen Asylantrag gestellt hat, über den nicht abschließend negativ beschieden wurde (es sei denn, die Abschiebung ist dennoch zulässig),
6. eine Aufenthaltserlaubnis als Resettlement-Flüchtling (§ 23 Abs. 4 AufenthG), als vorübergehend Aufgenommene nach EU-Beschluss (§ 24 AufenthG), als Opfer von Menschenhandel nach Verfahrensabschluss (§ 25 Abs. 4a Satz 3 AufenthG) oder als Familienangehöriger von Asylberechtigten, anerkannten Flüchtlingen, Resettlement-Flüchtlingen und vorübergehend Aufgenommenen nach EU-Beschluss (§ 29 Abs. 2 oder 4 AufenthG) besitzt.

3.3 Besonders geschützte Gruppen

Zusätzlich fallen einige Gruppen unter einen nochmals erweiterten Ausweisungsschutz:

- Asylberechtigte,
- Anerkannte Flüchtlinge mit einem von Deutschland ausgestellten Flüchtlingspass,
- Türkische Staatsangehörige, die über ein Aufenthaltsrecht nach dem ARB 1/80 verfügen (z.B. nach vier Jahren Beschäftigung, siehe → S. 327 ff.);
- Personen mit einer Erlaubnis zum Daueraufenthalt EU.

Eine Ausweisung darf bei ihnen nur verfügt werden, wenn
- von ihnen eine individuelle und konkrete Gefahr gegenwärtig ausgeht (Spezialprävention)
- eine schwerwiegende Gefahr für die öffentliche Sicherheit und Ordnung vorliegt, die die Grundinteressen der Gesellschaft berührt
- es zur Ausweisung keine Alternative gibt (unerlässlich).

Beispiel

Drei Freunde, Lukas, Simon und Faruk, Schüler der 12. Klasse, beschließen, kaum 18 Jahre alt geworden, eine Fahrradtour von Aachen nach Maastricht zu unternehmen. Hauptzweck des Unternehmens ist der Besuch eines holländischen Coffeeshops. Alle drei genießen den Ausflug und beschließen, sich auch zu Hause gelegentlich eine Freude zu gönnen. Niemand weiß so genau, was eigentlich erlaubt ist und was nicht, so kauft jeder von ihnen zehn Gramm Marihuana. Nun fallen die drei auf Fahrradtour an der Grenze auf und es werden Strafverfahren eingeleitet. Gegen alle drei werden Erziehungsmaßnahmen nach Jugendstrafrecht in Form von Arbeitsstunden verhängt. Faruk hat allerdings eine irakische Staatsangehörigkeit und besitzt trotz zwölfjährigen Aufenthalts erst seit einem Jahr eine Aufenthaltserlaubnis (§ 23 Abs. 1 AufenthG). Gegen ihn wird ein Ausweisungsverfahren eingeleitet.
Tatsächlich liegt ein schwer wiegendes Ausweisungsinteresse nach § 54 Abs. 2 Nr. 3 AufenthG vor, weil Faruk Betäubungsmittel in strafbarer Weise eingeführt hat. Demgegenüber steht ein schwerwiegendes Bleibeinteresse nach § 55 Abs. 2 Nr. 2 AufenthG, weil Faruk eine Aufenthaltserlaubnis besitzt und sich seit mehr als fünf Jahren in Deutschland aufhält.
Nun stehen sich Ausweisungsinteresse und Bleibeinteresse von gleichem Gewicht gegenüber; für die Frage, welches überwiegt, müssen also weitere Gesichtspunkte, insbesondere die gesetzlichen Kriterien des § 53 Abs. 2 AufenthG geprüft werden. So etwa, dass:
- es sich bei der Tat um eine jugendtypische Verfehlung handelt, lediglich eine kleine Menge weicher Drogen zum Eigenverbrauch eingeführt wurde; innerhalb der möglichen Verwirklichungen eines Ausweisungsinteresses nur gerade eben die Schwelle »schwer wiegend« überschreitet,
- Faruk bereits seit 12 Jahren in Deutschland lebt, hier eine Schulausbildung absolviert, die ihm voraussichtlich ein Hochschulstudium ermöglicht, vollständig sprachlich und sozial integriert ist (z. B. bislang noch keine Straftaten, soziales Engagement, gute Noten),
- er keine Bindungen in den Irak hat, er dort bis auf die frühe Kindheit nicht gelebt hat und ihn auch keine Besuche dort hin geführt haben, und er im Fall einer Rückkehr in den Irak angesichts der dortigen schwierigen Situation kaum Chancen für den Aufbau einer eigenen Existenz blieben,
- er bei seiner Familie lebt, auf die er trotz Volljährigkeit noch angewiesen ist und die ihrerseits insgesamt gut in Deutschland verwurzelt ist.

Bei der Betrachtung des Einzelfalls ergibt sich ein Gesamtbild eines vollständig in Deutschland verwurzelten »Inländers«, der sich lediglich an einem jugendtypischen »Unfug« beteiligt hat, wie dies bei der Mehrheit aller Jugendlichen vorkommt.
In diesem Fall wiegt das Bleibeinteresse eindeutig schwerer als das Abschiebeinteresse, obwohl sich aus der Gegenüberstellung von § 54 und 55 AufenthG zunächst eine Gleichgewichtung ergibt.

4 Abschiebung

Die Abschiebung muss in der Regel zunächst mit einer Frist zwischen sieben und 30 Tagen angedroht werden (§ 59 AufenthG). Diese Androhung wird überwiegend bereits mit dem Grundverwaltungsakt, der Ausweisungsverfügung, der Entscheidung über die Ablehnung der Erteilung oder Verlängerung einer Aufenthaltserlaubnis verbunden. Befindet sich eine vollziehbar ausreisepflichtige Person in Haft, wird die Abschiebung nicht förmlich angedroht, sie soll aber mindestens eine Woche vor dem Abschiebedatum angekündigt werden (§ 59 Abs. 5 i. V. m. § 58 Abs. 3 Nr. 1 AufenthG).

Wird der Aufenthalt einer vollziehbar ausreisepflichtigen Person geduldet, so kann sie ohne eine erneute Androhung oder Ankündigung abgeschoben werden, wenn die Duldung erloschen ist. Wer allerdings bereits länger als ein Jahr geduldet wurde, dem muss die Abschiebung mindestens einen Monat vorher angekündigt werden (§ 60a Abs. 5 AufenthG).

Sobald die Ausreisefrist abgelaufen ist, darf die Abschiebung nicht mehr angekündigt werden (§ 59 Abs. 1 Satz 8 AufenthG).

Bei der Durchführung der Abschiebung dürfen Zwangsmaßnahmen nur eingesetzt werden, falls sie erforderlich sind und mildere Mittel nicht zur Verfügung stehen (Art. 8 Abs. 4 Rückführungsrichtlinie).

Der Abschiebung können trotz vollziehbarer Ausreisepflicht Hindernisse entgegenstehen:

1. **Zielstaatsbezogene Abschiebehindernisse:**
   - Asylrecht wegen politischer Verfolgung (Art. 16a GG).
   - Abschiebehindernis wegen eines ernsthaften Schadens (subsidiärer Schutz, § 4 AsyVfG).
   - Abschiebehindernis wegen Verfolgung im Sinne der GFK (§ 60 Abs. 1 AufenthG).
   - Abschiebehindernis wegen sonstiger Gefahren (§ 60 Abs. 5, 7 AufenthG).

2. **Inlandsbezogene Vollstreckungshindernisse:**
   - Rechtliche Hindernisse (§ 60a Abs. 2 AufenthG).
   - Tatsächliche Hindernisse (§ 60a Abs. 2 AufenthG).

3. Spezielle Abschiebeverbote:

- Unbegleitete Minderjährige dürfen nicht abgeschoben werden, wenn nicht sichergestellt werden kann, dass im Aufnahmestaat ein Familienangehöriger, eine Person mit Sorgerecht für das Kind oder eine Aufnahmeeinrichtung zur Übernahme bereit ist (§ 58 Abs. 1a AufenthG).
- Die Eltern und minderjährigen Geschwister einer minderjährigen Person mit einer Aufenthaltserlaubnis nach § 25a Abs. 1 AufenthG dürfen in der Regel nicht abgeschoben werden (§ 60a Abs. 2b AufenthG).
- Die Abschiebung ist für eine Woche auszusetzen, wenn eine Person nach einem gescheiterten Abschiebe- oder Rückschiebeversuch von einem anderen Mitgliedsstaat der EU an Deutschland rücküberstellt wurde (§ 60a Abs. 2a AufenthG i.V.m. Art. 6 Rückführungsrichtlinie).

Auch ohne ein Abschiebehindernis bleibt die Aussetzung der Abschiebung aus dringenden humanitären oder persönlichen Gründen sowie aus Rücksicht auf erhebliche öffentliche Interessen (z.B. laufende Gerichtsverfahren) möglich.

Die zielstaatsbezogenen Abschiebehindernisse sind in der Regel in einem Asylverfahren vor dem BAMF zu prüfen (→ S. 155).

Inländische Vollstreckungshindernisse können zu jedem Zeitpunkt des Verfahrens geltend gemacht werden.

Im Abschiebungsverfahren wird bei den rechtlichen Hindernissen häufig eine unmittelbar bevorstehende Heirat oder die Geburt eines Kindes geltend gemacht.

Eine bevorstehende Heirat wird nur dann als aus Art. 6 Abs. 1 GG (Schutz von Ehe und Familie) abgeleitetes Abschiebehindernis gewertet, wenn bereits alle Vorbereitungen abgeschlossen sind und ein Eheschließungstermin festgelegt wurde.[1] Bedarf es noch einer Ausnahmegenehmigung durch das Oberlandesgericht (bei den meisten Eheschließungen ausländischer Staatsangehöriger erforderlich), so ist die Eheschließung noch nicht konkret absehbar und schützt daher nicht vor einer Abschiebung.[2]

Eine Schwangerschaft steht der Abschiebung entgegen, wenn das Kind voraussichtlich die deutsche Staatsangehörigkeit durch Geburt erwerben wird, entweder weil es einen deutschen Elternteil hat, oder weil ein Elternteil die

---

[1] BayVGH vom 11.3.2010 – 19 CE 10.364.
[2] OVG Niedersachsen vom 7.11.2006 – 7 ME 176/06; BayVGH vom 18.10.2012 – 10 CE 12.1470.

Niederlassungserlaubnis besitzt und sich seit acht Jahren rechtmäßig in Deutschland aufhält (siehe zur Staatsangehörigkeit → S. 346).[1]

Die Abschiebung begegnet auch dann Bedenken, wenn der andere Elternteil in Deutschland ein gefestigtes Aufenthaltsrecht hat und es ihm entweder nicht möglich (z. B. bei Asylberechtigten und anerkannten Flüchtlingen) oder nicht zumutbar ist, dem Kind ins Ausland zu folgen, um dort eine Familiengemeinschaft herzustellen. Dies gilt selbst dann, wenn nur eine vorübergehende Trennung zur Nachholung des Visumverfahrens erforderlich ist, das Kind aber noch sehr klein ist.[2]

Im Übrigen wird die Abschiebung bei Schwangerschaft ausgesetzt, wenn die Rückreise die Gesundheit von Mutter und Kind gefährden könnte, z. B. bei einer Risikoschwangerschaft oder in fortgeschrittenem Stadium. Ab dem siebten Monat der Schwangerschaft werden Frauen von den Fluggesellschaften nicht mehr befördert, weil die Gefahr einer Frühgeburt während des Fluges zu groß ist.

Nach der Geburt können Mütter für einen Zeitraum von sechs Monaten aus Rechtsgründen nicht abgeschoben werden. Für ein in Deutschland geborenes Kind muss ein Aufenthaltstitel spätestens sechs Monate nach der Geburt beantragt werden (§ 81 Abs. 2 AufenthG). Bis zu diesem Zeitpunkt hält sich das Kind also erlaubt in Deutschland auf. Es kann nicht abgeschoben werden. Die Abschiebung der Mutter ohne ihr Neugeborenes würde das Kindeswohl gefährden, es sei denn, die Mutter übernimmt keine Pflege und Betreuung für das Kind.

Bei den tatsächlichen Abschiebehindernissen sind vor allem fehlende Reisedokumente, ungeklärte Staatsangehörigkeit und fehlende Transportfähigkeit zu nennen.

Personen, die nicht über einen Nationalpass verfügen, können nur dann abgeschoben werden, wenn die Bundesrepublik oder die Europäische Union mit dem jeweiligen Herkunftsstaat ein Rückübernahmeabkommen geschlossen hat. Zwischenzeitlich ist dies mit vielen der Hauptherkunftsländer geschehen. Zu nennen sind hier: Albanien, Bosnien und Herzegowina, Mazedonien, Russland, Ukraine, Serbien, Syrien, Kosovo, Türkei.[3]

---

[1] OVG Berlin-Brandenburg vom 23.2.2012 – 2 S 94/11.
[2] BVerfG vom 9.1.2009 – 2 BvR 1064/08.
[3] Weitere Staaten finden sich unter: http://www.bmi.bund.de → Migration und Integration → Aufenthaltsrecht → Rückkehrpolitik.

Mit den Balkanstaaten wurde jetzt auch vereinbart, dass die Ausreisepapiere von deutschen Behörden ausgestellt werden dürfen.

Für den Abschiebeschutz aus gesundheitlichen Gründen reicht es nicht aus, dass ein Privatarzt »Reiseunfähigkeit« bescheinigt. Sehr viel enger wird der Begriff der »Transportfähigkeit« gefasst, der auch eine Abschiebung ermöglicht, wenn hierzu eine Begleitung oder besondere Vorrichtungen nötig sind. Dies wird in der Regel durch eine Amtsärztin oder auch durch einen von der Ausländerbehörde bestellten Arzt festgestellt. Gegen die letzte Variante bestehen allerdings erhebliche rechtliche und berufsrechtliche Bedenken, weil die Neutralität eines solchen Gutachtens nicht gewährleistet ist.

Von dem tatsächlichen Abschiebehindernis der »Transportunfähigkeit« zu trennen ist das zielstaatsbezogene Abschiebehindernis der Gefahr für Leib und Leben (§ 60 Abs. 7 AufenthG), wenn eine schwere Erkrankung im Herkunftsstaat nicht behandelbar ist oder die Behandlung für die Rückkehrer mangels finanzieller Mittel oder aus sonstigen Gründen nicht erreichbar ist. In diesen Fällen kann Rechtsschutz nur durch die Stellung eines Antrags auf Anerkennung als Flüchtling nach der GFK (§ 60 Abs. 1 AufenthG) oder auf Feststellung eines zielstaatsbezogenen Abschiebehindernisses (§ 60 Abs. 5 oder Abs. 7 AufenthG) erreicht werden. Für die Prüfung ist das BAMF zuständig oder zu beteiligen[1] (siehe im Einzelnen → S. 176).

Beispiele

Elena, moldawische Staatsangehörige, kam 2012 im Wege der Familienzusammenführung zu ihrem deutschen Ehemann nach Frankfurt. Er verließ sie im Jahre 2014 noch vor Ablauf von drei Jahren (siehe § 31 AufenthG). Elenas Aufenthaltserlaubnis war zunächst noch bis zum Juni 2015 gültig. Die Ehescheidung erfolgte im Mai 2015. Die Verlängerung der Aufenthaltserlaubnis wurde mit Bescheid vom 15.7.2015 abgelehnt, der Antrag auf Wiederherstellung der aufschiebenden Wirkung des ebenfalls eingelegten Widerspruchs am 18.9.2015 abgelehnt. Die Ausreisefrist läuft am 18.11.2015 ab.
Elena hatte in der Zwischenzeit einen neuen Freund russischer Staatsangehörigkeit mit Niederlassungserlaubnis und ausreichendem Erwerbseinkommen kennen gelernt. Beide wollen heiraten. Sie haben ihre Unterlagen bereits im Juni 2015 beim Standesamt eingereicht. Schwierigkeiten bereitet allerdings die Befreiung von dem Ehefähigkeitszeugnis (wird von Moldawien nicht ausgestellt), weil das deutsche Scheidungsurteil zunächst durch die moldawischen Behörden anerkannt werden muss, damit Elena in Deutschland die Voraussetzungen für eine erneute

---

[1] BVerwG vom 29. 10.2002, DVBl 2003, S. 463.

Eheschließung erfüllt. Soweit Elena informiert ist, muss mit einer Verfahrensdauer von bis zu sechs Monaten gerechnet werden. So kann die Standesbeamtin noch keinen Eheschließungstermin ansetzen.

Ein Antrag auf Fristverlängerung oder auf Aussetzung der Abschiebung (Duldung § 60a AufenthG) würde voraussichtlich abgelehnt, da die Eheschließung nicht so unmittelbar bevorsteht, dass Elena sich bereits auf den Schutz der Ehe nach Art. 6 Abs. 1 GG berufen kann. Sie müsste ausreisen und bei der deutschen Botschaft in Chisinau einen Antrag auf ein nationales Visum zum Zweck der Eheschließung stellen. Dieses Verfahren ist allerdings recht zeitaufwendig und kostspielig. Auch die oft propagierte Eheschließung in Dänemark kommt nicht in Betracht, wenn Elena nicht mehr über eine Aufenthaltserlaubnis in Deutschland verfügt.

Swetlana, ukrainische Staatsangehörige, geschieden, reiste 2013 zusammen mit ihrem achtjährigen Sohn mit einem Schengenvisum nach Deutschland. Nach Ablauf des Visums blieb sie in Deutschland und ernährte sich und ihren Sohn mit den Einnahmen aus verschiedenen Putzstellen. Seit Juni 2015 ist sie schwanger von einem unbekannten Kindesvater. Weil ausgeschlossen ist, dass sie die Entbindungskosten selbst tragen kann, entschließt sie sich im Januar 2016, sich bei der Ausländerbehörde zu melden. Swetlana ist vollziehbar ausreisepflichtig. Ihre fortgeschrittene Schwangerschaft stellt allerdings ein Abschiebehindernis dar. Zunächst dürfte eine Abschiebung tatsächlich daran scheitern, dass sie von keiner Fluggesellschaft mehr transportiert würde. Swetlana würde eine Duldung ausgestellt, ebenso ihrem Sohn, der nicht allein in die Ukraine abgeschoben werden kann, solange sein Vater (der vermutlich kein Sorgerecht hat) nicht aufnahmebereit ist. Nach der Geburt bleibt die Abschiebung sechs Monate ausgesetzt, weil das Neugeborene in dieser Zeit von dem Erfordernis eines Aufenthaltstitels befreit ist (§ 81 Abs. 2 Satz 2 AufenthG) und Swetlana und ihr Sohn nicht ohne dieses Kind abgeschoben werden könnten.

Während dieser Zeit erhalten Swetlana und ihre Kinder Leistungen nach dem AsylbLG, dies umfasst auch die Kosten der Geburt. Kindergeld oder sonstige Familienleistungen kann Swetlana aber nicht bekommen.

Wenn keine rechtlichen Möglichkeiten mehr bestehen, den Aufenthalt der Betroffenen in Deutschland zu sichern, sollte die freiwillige Ausreise, soweit sie mit den vorhandenen Reisedokumenten überhaupt möglich ist, dringend angeraten werden. Eine Abschiebung hat erhebliche Folgewirkungen für die Zukunft; sie führt zu einem Verbot der Wiedereinreise (§ 11 Abs. 1 AufenthG) und zu einer Verpflichtung, die Abschiebekosten zu erstatten. Selbst wenn die Frist für das Verbot der Wiedereinreise (in der Regel höchstens fünf Jahre) abgelaufen ist, wird die Erteilung eines Aufenthaltstitels davon abhängig gemacht, dass die Abschiebekosten vorher bezahlt werden.

Verfahrensablauf
Von der Ausweisung zur Abschiebung

1. Feststellung eines überwiegenden Ausweisungsinteresses

2. Anhörung zur beabsichtigten Ausweisung

3. Ausweisungsbescheid (Grundverwaltungsakt) Androhung der Abschiebung nach Rechtskraft der Ausweisung
   → **Rechtsmittel: Widerspruch**
   Soweit die sofortige Vollziehung ausdrücklich angeordnet ist: Antrag zum Verwaltungsgericht auf Wiederherstellung der aufschiebenden Wirkung

4. Widerspruchsbescheid
   → **Rechtsmittel: Klage zum Verwaltungsgericht**
   Bei Ablehnung Berufung und Revision, soweit zugelassen

5. Abweisende Gerichtsentscheidung: Rechtskraft der Ausweisung

6. Abschiebung nach Fristablauf
   → **Vorsorgliche Rechtsmittel: Eilantrag (§ 123 VwGO) auf Untersagung der Abschiebung, gestützt auf ein von der Ausweisung unabhängiges Abschiebeverbot**

Unterstützung kann bei IOM[1] eingeholt werden, die in den meisten Fällen die Kosten des Flugtickets übernimmt und auch ein kleines Handgeld für die Weiterreise zum Heimatort bezahlt.[2] Der Kontakt ist nicht unmittelbar möglich, Anfragen müssen über die Ausländerbehörden, Sozialämter und Rückkehrberatungen der Wohlfahrtsverbände gestellt werden.

Selbst wenn sich eine Person bereits in Abschiebungshaft befindet, kann in einigen Fällen noch eine freiwillige Ausreise organisiert werden. Liegt ein Flug-

---

[1] International Organisation for Migration, eine internationale zwischenstaatliche Organisation, der 120 Staaten angehören, in deren Auftrag IOM die Rückkehr und Reintegration von Flüchtlingen und Vertriebenen organisiert.
[2] Die Kosten werden im Rahmen des REAG-GARP-Programms im Auftrag des Bundes- und der Landesinnenministerien übernommen. Nähere Informationen finden sich unter: http://www.iom.int/germany

ticket vor, kann der Betroffene aus der Haft heraus zum Flughafen gebracht sowie aus der Abschiebungshaft entlassen werden und sodann freiwillig ausreisen.

Das Verfahren bei **Ablehnung eines Aufenthaltstitels** wird entsprechend durchgeführt, der Widerspruch hat hier allerdings keine aufschiebende Wirkung (§ 84 Abs. 1 AufenthG), sodass **stets ein Antrag auf Anordnung der aufschiebenden Wirkung beim Verwaltungsgericht** zu stellen ist (§ 80 Abs. 5 VwGO); andernfalls kann auch vor Rechtskraft der aufenthaltsbeendenden Verfügung abgeschoben werden.

5 Abschiebungshaft/Dublin-Haft/Ausreisegewahrsam

Die Abschiebungshaft hat in Deutschland eine lange Tradition. In vielen anderen Staaten Europas war die Freiheitsentziehung ohne Tatvorwurf bis vor wenigen Jahren noch unbekannt (Italien, Spanien). In anderen Staaten (Großbritannien) wurde sie weit gehend ohne gesetzliche Grundlage und erheblich willkürlicher als Untersuchungs- und Strafhaft praktiziert.

Nunmehr werden durch die »**Rückführungsrichtlinie**«[1] EU-einheitliche Verfahren und Standards für den Umgang mit Drittstaatenangehörigen festgelegt, die nicht über eine rechtmäßige Aufenthaltserlaubnis verfügen. Die Kritik zahlreicher Flüchtlings- und Menschenrechtsgruppen sowie kirchlicher Organisationen in Europa richtete sich vor allem gegen die Dauer der Abschiebungshaft von 18 Monaten, die fünfjährige Wiedereinreisesperre nach einer Abschiebung sowie gegen den unzureichenden Schutz für Minderjährige.

Auf der Grundlage der Rückführungsrichtlinie und der Dublin III-Verordnung wurden die Formen der Abschiebungshaft mit der Gesetzesänderung vom Juli 2015 erweitert.[2]
Neben die klassische Abschiebungshaft ist die Überstellungshaft zur Rückführung in einen anderen EU-Staat (§ 2 Abs. 15 AufenthG) und der Ausreisegewahrsam nach § 62 b AufenthG getreten.

---

[1] Siehe Glossar → S. 371.
[2] Kluth, ZAR 2015, S. 285 ff.

5.1 Abschiebungshaft

Aus der Rückführungsrichtlinie werden drei allgemeine Grundsätze ins AufenthG übernommen (§ 62 Abs. 1 AufenthG):

1. Abschiebungshaft gilt als letztes Mittel, wenn andere Mittel der Sicherung einer Aufenthaltsbeendigung und Abschiebung nicht verfügbar sind. Gefordert wird hier die ernsthafte Prüfung von anderen Überwachungsmittel. Die Umsetzung in die Praxis erscheint zweifelhaft.[1]

2. Die Dauer der Abschiebungshaft ist so kurz wie möglich zu halten (sie darf keinen Sanktionscharakter haben).

3. Minderjährige und Familien mit Minderjährigen dürfen in der Regel nicht inhaftiert werden; sollten besondere Ausnahmefälle eine Inhaftierung rechtfertigen, so ist das Kindeswohl angemessen zu berücksichtigen (nimmt Bezug auf Art. 3 der UN-Kinderkonvention).

Es gibt zwei Formen der Abschiebungshaft:

1. **Vorbereitungshaft** (§ 62 Abs. 2 AufenthG)
   Sie dient der Vorbereitung einer beabsichtigten und mit hoher Wahrscheinlichkeit rechtlich zulässigen Ausweisung, wenn eine sofortige Entscheidung nicht möglich ist. Diese Haft ist in der Praxis selten und wird daher hier nicht weiter behandelt.

2. **Sicherungshaft** (§ 62 Abs. 3 AufenthG)
   Sie dient der Sicherung der Abschiebung, wenn damit zu rechnen ist, dass sich ein vollziehbar ausreisepflichtiger Ausländer der Abschiebung entziehen wird.

Die Abschiebungshaft ist eine freiheitsentziehende Maßnahme und nur auf der Grundlage einer **richterlichen Anordnung** zulässig. Diese Anforderung ist im Grundgesetz in Art. 104 Abs. 2 Satz 1 festgelegt. Haft ist immer ein Eingriff in das Grundrecht auf Freiheit der Person (Art. 2 Abs. 2 GG), die Haftrichter sind verpflichtet, in jedem individuellen Einzelfall umfassend zu prüfen, ob alle Voraussetzungen vorliegen.[2] Grundlage ist immer die vollziehbare Ausreisepflicht; hängt diese von einem Ausweisungsbescheid, der Ablehnung einer Aufenthaltserlaubnis, der Beendigung eines Asylverfahrens ab, so muss der Bescheid dem Betroffenen auch ordnungsgemäß zugestellt worden sein.[3] Ob der Inhalt der aufenthaltsbeendenden Verfügung rechtmäßig ist, kann der Haftrichter aber nicht prüfen.

---

[1] Habbe, ZAR, 2011, 286, 287.
[2] BVerfG vom 9.2.2012 – 2 BvR 1064/10.
[3] BGH vom 18.5.2006 – 3 ZR 183/05.

Der Gesetzgeber hat in § 62 Abs. 2 AufenthG bestimmte Regelbeispiele gebildet, die zur Vermutung führen, der Betroffene werde sich der Abschiebung entziehen oder diese behindern:

- Nach einer **unerlaubten Einreise**, das heißt ohne ein Visum und ohne von der Visumpflicht befreit zu sein. Die Aufenthaltserlaubnis eines anderen EU-Staates berechtigt zur Einreise nach Deutschland, nicht aber die Aufenthaltsbescheinigung zur Durchführung eines Asylverfahrens.[1] Auch bei einer unerlaubten Einreise ist eine Frist zur freiwilligen Ausreise einzuräumen, es sei denn, die Abschiebung ist durch das Verhalten der Betroffenen gefährdet.[2]

- Bei einer **Abschiebungsanordnung** nach § 58a AufenthG.

- Wenn der Betroffene, nachdem er vollziehbar ausreisepflichtig geworden ist, seinen **Aufenthaltsort wechselt**, ohne dies den Behörden anzuzeigen. Als Anzeige genügt eine Um- oder Anmeldung bei den Meldebehörden, auch wenn der Ausländerbehörde keine direkte Mitteilung gemacht wurde.[3] Ist in dem Verfahren gegen die Ausländerbehörde eine Rechtsanwältin bestellt und diese in der Lage, den Betroffenen jederzeit zu erreichen, kann die fehlende Mitteilung nicht zur Haftanordnung führen.[4] Für die Haftanordnung ist auch erforderlich, dass der Aufenthaltswechsel erfolgte, um sich den Behörden zu entziehen.[5]

- **Nichterscheinen zu einem Abschiebungstermin** ohne wichtigen Grund.

- **Sonstige Verhaltensweisen, durch die eine Abschiebung verhindert werden soll.** Ausgenommen sind selbstverständlich rechtlich zulässige Schritte, also alle zulässigen Rechtsmittel gegen eine Verfügung.

- Neu aufgenommen wurde der Haftgrund des begründeten **Verdachts, eine Person werde sich der Abschiebung durch Flucht entziehen**. Die Anhaltspunkte für diesen Verdacht werden in den Begriffsbestimmungen detailliert in § 2 Abs. 14 AufenthG aufgelistet:
  – Bereits in der Vergangenheit erfolgte Entziehung vor einem behördlichen Zugriff durch nicht nur vorübergehendes Wechseln des Aufenthaltsortes, ohne der Behörde die neue Anschrift anzugeben (§ 2 Abs. 14 Nr. 1 AufenthG);

---

[1] OLG München vom 5.12.2006 – 34 Wx 140/06.
[2] EuGH vom 28.4.2011 – C-61/11 »El Dridi«.
[3] BVerfG vom 13.7.1994 – 2 BvL 12/93.
[4] OLG Köln vom 1.9.1997 – 16 Wx 237/97.
[5] BGH vom 15.9.2011 – V ZB 123/11.

5 Abschiebungshaft/Dublin-Haft/Ausreisegewahrsam

- Identitätstäuschung, insbesondere durch Unterdrückung oder Vernichtung von Identitäts- und Reisedokumenten (§ 2 Abs. 14 Nr. 2 AufenthG);
- keine Mitwirkung an Maßnahmen zur Identitätsfeststellung, wenn hieraus im Einzelfall darauf geschlossen werden kann, dass der Betroffene einer Abschiebung aktiv entgegenwirken will (§ 2 Abs. 14 Nr. 3 AufenthG);
- Zahlung erheblicher Geldbeträge an einen Dritten für dessen Schleusungshandlungen nach § 96 AufenthG, die unter Umständen darauf schließen lässt, dass der Ausreisepflichtige die Abschiebung verhindern will, damit die Aufwendungen nicht vergeblich waren (§ 2 Abs. 14 Nr. 4 AufenthG);
- eine ausdrückliche Erklärung des Ausländers, er wolle sich der Abschiebung entziehen (§ 2 Abs. 14 Nr. 5 AufenthG);
- sonstige konkrete Vorbereitungshandlungen, um sich der bevorstehenden Abschiebung zu entziehen, die nicht durch Anwendung unmittelbaren Zwangs überwunden werden können (§ 2 Abs. 14 Nr. 6 AufenthG).

Der vielleicht kritischste Haftgrund ist die Zahlung von Geld an Schleuser, weil es nach Deutschland kaum Fluchtwege gibt, die ganz ohne Hilfe und damit auch Geldzahlungen an Personen, die davon profitieren, möglich ist. So kann gegen Flüchtlinge sehr leicht ein Haftgrund konstruiert werden, auch wenn sie im Bundesgebiet ihren Mitwirkungs- und Meldepflichten nachkommen.

Die Abschiebungshaft darf für **maximal sechs Monate** angeordnet werden.

Steht allerdings bereits fest, dass die Abschiebung innerhalb von drei Monaten nicht durchgeführt werden kann und trifft den Betroffenen keine Schuld an den Schwierigkeiten, die mit der Abschiebung verbunden sind, darf keine Haft angeordnet werden.

Verhindert der Betroffene die Abschiebung durch sein eigenes Verhalten, z. B. indem er sich weigert, seine Identität preiszugeben, Anträge bei der Botschaft des Herkunftsstaates zu stellen oder mit Behörden im Herkunftsland in Kontakt zu treten, so kann die Haft um höchstens zwölf Monate auf **insgesamt bis zu 18 Monaten** verlängert werden.[1]

Stellt sich während der Haft heraus, dass die Abschiebung innerhalb des angeordneten Zeitraums nicht mehr möglich sein wird, so muss die Ausländerbehörde unverzüglich die Abschiebungshaft beenden.[2]

---

[1] OLG Schleswig-Holstein vom 19.7.2006 – 2 W 107/06.
[2] OLG Düsseldorf vom 3.8.2007 – 3 Wx 135/07.

Kann die Ausländerin glaubhaft machen (durch Beweismittel belegen), dass sie sich der Abschiebung nicht entziehen will, so darf auch keine Abschiebungshaft angeordnet werden (§ 62 Abs. 3 Satz 2 AufenthG).

Es reicht nicht, dass einer der Haftgründe formal vorliegt, stets muss zusätzlich geprüft werden, ob die Haft **verhältnismäßig** ist. Das bedeutet vor allem, sie muss erforderlich sein, um die Aufenthaltsbeendigung durchzusetzen und der Grundrechtseingriff darf im Einzelfall keine Auswirkungen haben, die nicht mehr in einem angemessenen Verhältnis zu dem öffentlichen Interesse an der Entfernung des Betroffenen aus Deutschland stehen. Wenn sich eine Person offensichtlich nicht der Abschiebung entziehen will, darf auch keine Haft angeordnet werden.[1]

In § 62a AufenthG findet sich jetzt in Umsetzung der Rückführungsrichtlinie die Verpflichtung, die Abschiebungshaft grundsätzlich in speziellen Hafteinrichtungen durchzuführen. Einige Bundesländer hatten sich allerdings auf die Ausnahmeklausel berufen, nach der eine getrennte Unterbringungen in allgemeinen Hafteinrichtung zulässig ist, solange noch keine speziellen Hafteinrichtungen bestehen. Eine solche Vorgehensweise erklärt der EuGH jedoch für unvereinbar mit der Rückführungsrichtlinie. Die Unterbringung in speziellen Einrichtung bildet ein Muss, von dem auch nicht abgewichen werden darf, wenn die Betroffenen einer anderen Unterbringung zustimmen. Ebenso wenig kann sich ein Bundesland darauf zurückziehen, derartige Einrichtungen seien in diesem Bundesland nicht vorhanden. Es müsse dann auf Einrichtungen zurückgegriffen werden, die in anderen Bundesländern verfügbar sind.[2]

Auch die Besuchszeiten sind so zu gestalten, dass die Familienangehörigen, Rechtsanwältinnen und Konsularbeamten einen weit gehend freien Zugang zu den Gefangenen erhalten. Es werden jedoch weiter Defizite bei der Umsetzung der Rückführungsrichtlinie bemängelt. So wird den Mitgliedern von Hilfs- und Unterstützungsorganisation der Besuch von Abschiebehäftlingen nur auf Antrag der Häftlinge gestattet (§ 62a Abs. 4 AufenthG), wobei aber nicht sichergestellt wird, dass Informationen über Beratungsangebote in der Haftanstalt öffentlich zugänglich sind.
Auch verpflichtet Art. 8 Abs. 6 der Richtlinie die Staaten zu einem wirksamen System der Überwachung der Rückführung (Monitoring), welches im Aufenthaltsgesetz keine Regelung gefunden hat.[3]

---

[1] BVerfG vom 13.7.1994 – 2 BvL 12/93.
[2] EuGH vom 17.7.2014 – C-473/13, – C-514/13 und – C-474/13 (Vorlage BGH und LG München I).
[3] Allenberg/Küblbeck, ZAR 2011, S. 304.

Sollten ausnahmsweise **Minderjährige** inhaftiert werden, so sind die Bedingungen entsprechend ihren Bedürfnissen zu gestalten. Sie müssen altersgerechte Freizeitangebote und bei längerer Dauer auch Zugang zu Bildung erhalten.[1]

Minderjährige sollten nach Art. 37b der UN-Kinderrechtskonvention[2] nur als letztes Mittel und nur solange dies unabweisbar erforderlich ist, in Haft gehalten werden. Dem widerspricht die derzeitige Praxis der Ausländerbehörden. Deutschland und Österreich sind die einzigen Staaten der EU, in denen Abschiebungshaft gegen Minderjährige verhängt wird.

In aller Regel erfolgt die Unterbringung in einer Jugendhilfeeinrichtung, gegebenenfalls auch mit einer erhöhten Betreuungs- und Überwachungsdichte ausreicht, um die Abschiebung zu sichern.[3]

5.2 Überstellungshaft nach der Dublin III-Verordnung

Die Dublin III-Verordnung (EU) Nr. 604/2013 ist ein unmittelbar in Deutschland – wie in allen anderen Mitgliedsstaaten – wirksames Gesetz. Art 28 Abs. 1 der Verordnung bestimmt zunächst, dass die Mitgliedsstaaten eine Person nicht allein deswegen in Haft nehmen dürfen, weil sie dem Dublin III-Verfahren unterliegt.

In Art. 28 Abs. 2 der Verordnung werden die Voraussetzungen genannt, unter denen eine Person in Abschiebungshaft zum Zweck der Überstellung in einen anderen EU-Staat genommen werden darf:

- nach einer Einzelfallprüfung,
- wenn eine erhebliche Fluchtgefahr besteht und
- die Haft verhältnismäßig ist und
- sich weniger einschneidende Maßnahmen nicht wirksam anwenden lassen.

Um die Kriterien für die erhebliche Fluchtgefahr zu konkretisieren, legt § 2 Abs. 15 AufenthG fest, dass die Kriterien für die Fluchtgefahr, die in § 2 Abs.14 AufenthG für die Abschiebungshaft bestimmt werden, für die Bestim-

---

[1] BGH vom 7.3.2012 – V ZB 41/12.
[2] Siehe Glossar → S. 378.
[3] OLG Frankfurt vom 15.5.2006 – 20 W 124/06; OLG Zweibrücken vom 9.3.2006 – 3 W 36/06; OLG München vom 28.4.2005 – 34 Wx 045/05; OLG Köln vom 11.9.2002 – 16 Wx 164/02; OLG Braunschweig vom 18.9.2003 – 6 W 26/03.

mung der Fluchtgefahr nach Art. 28 Abs. 2 Dublin III-Verordnung entsprechend anzuwenden sind.

Auch hier ergibt sich das Problem, dass die Zahlung von erheblichen Geldbeträgen an Schlepper zur »Fluchtnormalität« gehört und damit die Schwelle für eine Inhaftierung viel zu niedrig gelegt wird.

Zusätzlich führt die Begriffsbestimmung in § 2 Abs. 15 AufenthG noch ein weiteres Kriterium für die Fluchtgefahr in den sog. Dublin-Fällen ein. Wer einen anderen EU-Staat betreten hat und vor dem Abschluss des Prüfungsverfahrens auf internationale Schutzbestimmung wieder verlassen hat, kann schon dann in Haft genommen werden, wenn sich aus seinem Verhalten in Deutschland ergibt, dass er nicht die Absicht hat, in den anderen EU-Staat zurückzukehren. Damit wird jedoch fast jede Weiterwanderung, die nicht irgendwie »unbeabsichtigt« erfolgte, mit Inhaftierung sanktionierbar. Der Unterschied zu einer Inhaftnahme nur, weil eine Person dem Dublin-Verfahren unterliegt (nach Art. 28 Abs. 1 Verordnung untersagt), ist nicht mehr erkennbar.[1]

5.3 Ausreisegewahrsam

Als weitere Haftmöglichkeit wurde mit der Gesetzesänderung vom Juli 2015 in § 62b AufenthG ein Kurzzeitgewahrsam eingeführt. Ermöglich werden soll damit die Inhaftierung von Menschen, deren Abschiebetermin bereits feststeht. Die Haft darf **maximal vier Tage** dauern und nur verhängt werden, wenn zu erwarten ist, dass die Abschiebung in diesem Zeitraum durchgeführt werden kann.

Auch diesen Gewahrsam darf entsprechend der verfassungsrechtlich garantierten Rechte nach Art. 104 Abs. 2 GG nur ein Richter anordnen.

Voraussetzungen für die Haftanordnung sind:

- Die Ausreisefrist wurde deutlich überschritten;
- es gibt keinen sachlichen Grund für die fehlende freiwillige Ausreise;
- aus einem Verhalten der Betroffenen lässt sich schließen, dass sie durch Verweigerung der Mitwirkung oder Täuschung über die Identität versuchen wird, die Abschiebung zu verhindern;

---

[1] Zur Europarechtswidrigkeit: Beichel-Benedetti, NJW 2015, S. 2541.

- die Betroffene hat nicht auf andere Weise glaubhaft gemacht, dass sie sich der Abschiebung nicht entziehen wird (insbesondere Nachweise für eine geplante und unmittelbar bevorstehende freiwillige Ausreise);
- die Abschiebung ist vorbereitet, der Flug gebucht, etc., sodass sie tatsächlich innerhalb von vier Tagen durchgeführt werden kann.

In der Regel wird der Ausreisegewahrsam im Flughafenbereich geführt werden.

6 Rechtsschutz

Die **Ausländerbehörde** kann einen vollziehbar ausreisepflichtigen Ausländer in Gewahrsam nehmen. Voraussetzungen sind

1. eine unerlaubte Einreise,
2. der begründete Verdacht, sich der Abschiebung zu entziehen, und
3. eine besondere Dringlichkeit,

sodass eine richterliche Entscheidung nicht rechtzeitig eingeholt werden kann. Sie ist unverzüglich, spätestens mit Ablauf des folgenden Tages nachzuholen (Art. 104 Abs. 2 Satz 3 GG).

Die Abschiebungshaft wird von der Ausländerbehörde beim Amtsgericht beantragt. Der **Haftrichter** muss den Betroffenen vor der Entscheidung anhören. Besteht nach den Akten eine anwaltliche Vertretung, so ist die Rechtsanwältin zu informieren. Die Betroffenen haben in jedem Fall einen Anspruch darauf, einen Rechtsanwalt beizuziehen. Wenn zur Verständigung mit der Rechtsanwältin ein Dolmetscher erforderlich ist, werden die Kosten von der Gerichtskasse erstattet (Art. 6 Abs. 3e EMRK).[1]

Gegen die Haftanordnung kann (durch einen Rechtsanwalt) **Beschwerde beim Landgericht** eingelegt werden. Zu beachten ist aber, dass sich die Beschwerde nur darauf stützen kann, dass die Haftgründe nach §§ 62 Abs. 2, 2 Abs. 15, 62b AufenthG nicht gegeben seien. In der Haftsache kann von den ordentlichen Gerichten nicht geprüft werden, ob ein Verwaltungsakt der Ausländerbehörde oder des BAMF rechtmäßig ergangen ist, ob Abschiebehindernisse vorliegen oder aus sonstigen Gründen keine vollziehbare Ausreisepflicht

---

[1] OLG München vom 8.2.2006 – 5 St RR 109/05.

vorliegt. Diese Fragen müssen von den Verwaltungsgerichten geprüft werden. Der Antrag an das Verwaltungsgericht kann darauf gerichtet sein, die Ausländerbehörde zu verpflichten, die Aufhebung der Haftanordnung zu beantragen.

Sind Betroffene nicht anwaltlich vertreten und können eine Rechtsanwältin nicht rechtzeitig erreichen, so kann dieser **Antrag auch über den Geschäftsstellenbeamten** in der Haft gestellt werden und mit einem Antrag auf **Prozesskostenhilfe** und **Beiordnung eines Rechtsanwaltes** verbunden werden. Diesem Antrag wird nur stattgegeben, wenn das Verwaltungsgericht den Antrag als Erfolg versprechend ansieht oder vor einer Entscheidung schwierige rechtliche oder tatsächliche Fragen zu klären sind.

Kontrollfragen

1. Kann nach einer unerlaubten Einreise noch eine Ausreisefrist gesetzt werden?
2. Entsteht die Ausreisepflicht auch, wenn eine Aufenthaltserlaubnis noch nicht abgelaufen ist, aber eine auflösende Bedingung eingetreten ist?
3. Kann eine Aufenthaltserlaubnis zurückgenommen werden, wenn eine Voraussetzung für diese Genehmigung nachträglich entfallen ist?
4. Reicht es, gegen eine nachträgliche Befristung der Aufenthaltserlaubnis Widerspruch einzulegen, um die Ausreisepflicht bis zur Entscheidung auszusetzen?
5. Kann eine Ausländerin mit einer Niederlassungserlaubnis, die sechs Jahre in Deutschland gelebt hat, nach einem einjährigen Aufenthalt im Ausland ohne weiteres wieder nach Deutschland einreisen?
6. Wäre diese Situation anders zu bewerten, wenn die Ausländerin durch Familienangehörige mit Gewalt an der Rückkehr nach Deutschland gehindert wurde?
7. Besteht ein Unterschied zwischen Ausweisung und Abschiebung?
8. Kann eine Ausländerin abgeschoben werden, während ein Widerspruchsverfahren gegen eine Ausweisung läuft?
9. Führt eine rechtskräftige Ausweisung zum Erlöschen einer bestehenden Niederlassungserlaubnis?
10. Hindert eine Ausweisung die Erteilung einer neuen Aufenthaltserlaubnis auch dann, wenn durch die Ehe mit einem deutschen Staatsangehörigen ein Rechtsanspruch auf Erteilung einer Aufenthaltserlaubnis entstanden ist?
11. Liegt bei deiner Jugendstrafe von 18 Monaten ohne Bewährung ein besonders schwerwiegendes Ausweisungsinteresse vor?
12. Theo, 20 Jahre alt, lebt mit einer Niederlassungserlaubnis in Deutschland. Kann er sich auf ein besonders schwer wiegendes Bleibeinteresse berufen?
13. Dürfen in Deutschland anerkannte Flüchtlinge ausgewiesen werden, um andere Ausländer abzuschrecken?
14. Wäre die Ausweisung eines kroatischen Staatsangehörigen wegen der Einfuhr von sechs Gramm Haschisch aus den Niederlanden rechtmäßig, wenn er in Deutschland mit einem leiblichen deutschen Kind zusammenlebt?
15. Ist das Verlöbnis mit einer bleibeberechtigten Ausländerin ein Abschiebehindernis?
16. Muss die Ausländerbehörde bei einer Entscheidung über die Ausweisung auch die Situation der unbeteiligten Familienangehörigen berücksichtigen?

17. Muss ein Gericht bei seiner Entscheidung auch Umstände berücksichtigen, die erst nach dem Erlass der Ausweisungsverfügung eingetreten sind?
18. Kann eine Ausländerin, die als Flüchtling nach der GFK anerkannt wurde, allein wegen des Bezugs von Sozialhilfe ausgewiesen werden?
19. Ist es möglich, dass ein Ausländer mit einer Duldung abgeschoben wird, obwohl die Duldungsbescheinigung noch nicht abgelaufen ist?
20. Kann ein Abschiebehindernis noch geltend gemacht werden, wenn die Abschiebung bereits eingeleitet worden ist (Festnahme in der Wohnung, Transport zum Flughafen)?
21. Kann eine Mutter mit einem drei Monate alten Säugling abgeschoben werden?
22. Ist es möglich, eine Ausländerin abzuschieben, die nicht über einen Pass verfügt?
23. Sind mit einer Abschiebung Rechtsnachteile auch für die Zukunft verbunden?
24. Kann die Ausländerbehörde entscheiden, dass ein Ausländer in Abschiebungshaft genommen wird?
25. Kann ein Ausländer, der unerlaubt eingereist war, in Abschiebungshaft genommen werden, obwohl er noch nicht zur Ausreise aufgefordert wurde?
26. Muss eine Ausländerin unter bestimmten Umständen aus der Haft entlassen werden, obwohl ihre Abschiebung durchgeführt werden soll?
27. Kann gegen eine richterliche Haftanordnung ein Rechtsmittel eingelegt werden?
28. Darf der Ausreisegewahrsam für die Dauer von drei Tagen vom Gericht angeordnet werden?

IV Unionsbürger

1 **Einführung** 288
2 **Das Freizügkeitsrecht** 288
   2.1 Arbeitnehmerfreizügigkeit (einschließlich Arbeitsuchende) 290
   2.2 Dienstleistungsfreiheit 291
   2.3 Niederlassungsfreiheit 293
   2.4 Freizügigkeit bei Arbeitslosigkeit oder Erwerbsminderung 293
   2.5 Verbleibeberechtigte 293
   2.6 Eigenständiges Aufenthaltsrecht der Kinder von (ehemaligen) Arbeitnehmern 294
   2.7 Allgemeines Freizügigkeitsrecht 294
   2.8 Meldepflicht und Nachweis des Aufenthaltsrechts 296
3 **Familienzusammenführung** 297
   3.1 Das Recht auf Familienleben 297
   3.2 Familienangehörige ohne Staatsangehörigkeit eines EU-Mitgliedsstaates 299
   3.3 Eigenständiges Aufenthaltsrecht von drittstaatsangehörigen Familienangehörigen 302
4 **Feststellung des Verlust des Rechts auf Einreise und Aufenthalt (§ 5 Abs. 5 FreizügG/EU)** 302
5 **Daueraufenthaltsrecht** 304
6 **Ausweisung (Art. 27 ff. Unionsbürgerrichtlinie und § 6 FreizügG/EU)** 306
7 **Ausreisepflicht und Wiedereinreisesperre (§ 7 FreizügG/EU)** 309
8 **Besonderheiten bei EU-Bürgern aus zuletzt beigetretenen Staaten** 309
9 **Sozialleistungen** 310
   9.1 Erwerbstätige Unionsbürger 310
   9.2 Arbeitsuchende Unionsbürger 311
   9.3 Nicht Erwerbstätige 312
Prüfungsschemata 315
Kontrollfragen 319

IV Unionsbürger

1 Einführung

Ein erheblicher Teil der in Deutschland lebenden Ausländer sind EU-Bürger. Auf Grundlage des europarechtlichen Verbots der Diskriminierung aufgrund der Staatsangehörigkeit (Art. 18 AEUV) sind EU-Bürger Deutschen in fast allen Lebensbereichen gleichgestellt. Sie genießen daher eine privilegierte Stellung, viele Regeln des Ausländerrechts gelten für sie nicht.

Kenntnisse über die Rechtsstellung von EU-Bürgerinnen scheinen wegen ihrer ausländerrechtlichen Privilegierung für die soziale Arbeit weniger von Bedeutung zu sein als beispielsweise Kenntnisse im Flüchtlingsrecht. Die Praxis zeigt aber, dass mangelndes Wissen über diese Sonderstellung immer wieder zu falschen Entscheidungen führt. Sozialarbeiter benötigen deshalb Grundkenntnisse dieses Rechtsbereichs, um Betroffene adäquat unterstützen und gegebenenfalls die Einleitung rechtlicher Schritte oder die Einschaltung eines Anwalts empfehlen zu können.

2 Das Freizügigkeitsrecht

Unionsbürger genießen innerhalb der EU Freizügigkeit. Anders als andere Ausländer können sie frei in jeden Staat der EU einreisen und sich dort aufhalten, solange es nicht aus Gründen der Sicherheit und Ordnung explizit untersagt ist (zur Aufenthaltsbeendigung → S. 302 ff., → S. 306 ff.). Grundlage der Freizügigkeitsrechte sind die im Folgenden dargestellten so genannten Grundfreiheiten für Arbeitnehmer und Selbstständige sowie die Unionsbürgerschaft als »grundsätzlicher Status der Staatsangehörigen der Mitgliedstaaten«.[1]

Das Freizügigkeitsrecht von Unionsbürgern ergibt sich damit unmittelbar aus dem AEUV und wurde durch Verordnungen (VO) und Richtlinien (RL), zuletzt die Unionsbürgerrichtlinie,[2] sowie durch die Rechtsprechung des EuGH konkretisiert. Diese europäischen Vorgaben wurden mit dem Gesetz über die allgemeine Freizügigkeit von Unionsbürgern (FreizügG/EU) in deutsches Recht umgesetzt. Das Gesetz steht wegen des Anwendungsvorrangs des EU-Rechts (→ S. 19) bei Widersprüchen hinter diesem zurück.

---

[1] Vgl. Unionsbürgerrichtlinie, Erwägungsgrund 3.
[2] Siehe Glossar → S. 372.

> Für Rechtsanwenderinnen genügt es nicht, das FreizügG/EU zu kennen. Wegen des Anwendungsvorranges müssen auch einschlägige Rechtsnormen der EU und die Rechtsprechung des EuGH herangezogen werden.

Staatsangehörige von anderen EU-Mitgliedsstaaten sind zwar Ausländer, unterliegen aber in der Regel nicht dem AufenthG (vgl. § 1 Abs. 2 Nr. 1 AufenthG), sondern dem FreizügG/EU (vgl. § 1 FreizügG/EU).

Das AufenthG ist nur anwendbar, wenn dies in § 11 FreizügG/EU vorgesehen ist. Das gilt z. B., wenn das AufenthG eine günstigere Regelung enthält als das FreizügG/EU. Dieses Meistbegünstigungsgebot (Rosinenprinzip) gilt nicht nur mit Blick auf das AufenthG. Bei freizügigkeitsberechtigten EU-Bürgern ist generell die für sie günstigere Regelung anzuwenden.

Das FreizügG/EU findet auch Anwendung auf Ausländer, die nach dem Abkommen über den Europäischen Wirtschaftsraum (EWR-Abk)[1] freizügigkeitsberechtigt sind (vgl. § 12 FreizügG/EU, Art. 28, 31, 36 EWR-Abk). Das EWR-Abk stellt die Arbeitnehmer-, Niederlassungs- und Dienstleistungsfreiheit zwischen den EU-Staaten und Island, Liechtenstein und Norwegen her (Art. 28 ff. EWR-Abk).

Freizügigkeit besteht weiter für Schweizer auf Grundlage des am 1.6.2002 in Kraft getretenen Abkommens zwischen der EU und der Schweiz über die Freizügigkeit von Personen.[2] 2014 stimmte bei einer Volksabstimmung in der Schweiz die Mehrheit für eine Begrenzung der Einwanderung. Eine Umsetzung dieser Volksabstimmung ist unter Beibehaltung des Abkommens nicht möglich. Die weitere Entwicklung bleibt abzuwarten.

---

[1] Abkommen über den europäischen Wirtschaftsraum vom 2.5.1992, BGBl. vom 16.4.1993 II, S. 266 ff.
[2] Art. 13 Anhang I Freizügigkeitsabkommen EG/Schweiz, Abkommen zwischen der Europäischen Gemeinschaft und ihren Mitgliedsstaaten einerseits und der Schweizerischen Eidgenossenschaft andererseits über die Freizügigkeit vom 21.6.1999, BGBl. II vom 7.9.2001, S. 811 ff.

2.1 Arbeitnehmerfreizügigkeit (einschließlich Arbeitsuchende)

Die Freizügigkeit der Arbeitnehmer (Art. 45 ff. AEUV) umfasst die Abschaffung jeder auf der Staatsangehörigkeit beruhenden unterschiedlichen Behandlung von EU-Bürgern in Bezug auf Beschäftigung, Entlohnung und sonstige Arbeitsbedingungen. Jeder EU-Bürger hat das Recht, sich auf alle Stellen zu bewerben, kann sich zum Zweck der Bewerbung im Hoheitsgebiet aller Mitgliedsstaaten frei bewegen und hat für die Dauer der Arbeitstätigkeit ein Aufenthaltsrecht (vgl. § 2 Abs. 1 FreizügG/EU). Die Freizügigkeit der Arbeitnehmerinnen darf nur in sehr engen Grenzen zum Schutz wichtiger Rechtsgüter wie der öffentlichen Sicherheit oder Gesundheit eingeschränkt werden. Zulässig sind Beschränkungen nur, wenn sie an ein Verhalten anknüpfen, das auch bei eigenen Staatsbürgern unterbunden würde.

Für die zuletzt beigetretenen Mitgliedsstaaten bestanden Beschränkungen bei der Arbeitnehmerfreizügigkeit. Für Rumänien und Bulgarien endeten diese am 31.12.2013 und für Kroatien zum 30.6.2015.

Wesentliches Merkmal eines Arbeitsverhältnisses ist, dass jemand während einer bestimmten Zeit für einen anderen nach dessen Weisung Leistungen erbringt, für die er als Gegenleistung eine Vergütung erhält. Der Arbeitnehmerbegriff ist nach der Rechtsprechung des EuGH weit auszulegen. Arbeitnehmer ist demnach jeder, der eine tatsächliche und echte Tätigkeit ausübt. Lediglich Tätigkeiten, die einen so geringen Umfang haben, dass sie sich als völlig untergeordnet und unwesentlich darstellen, bleiben außer Betracht. Nach den Vorgaben der BA soll eine völlig untergeordnete Tätigkeit dann vorliegen, wenn der zeitlicher Umfang einer Beschäftigung nur drei Stunden in der Woche beträgt. Bei mehr als acht Stunden pro Woche ist die Arbeitnehmereigenschaft zu bejahen.[1] Nach der Rechtsprechung des EuGH genügt auch eine geringfügige Beschäftigung von 5,5 Stunden und einem Gehalt von 100 Euro für die Begründung des Arbeitnehmerstatus, auch wenn dann ergänzende Sozialleistungen in Anspruch genommen werden müssen.[2]

Bei geringer Arbeitszeit muss immer eine Gesamtschau des Arbeitsverhältnisses erfolgen, wobei insbesondere das Bestehen von Urlaubsansprüchen und Lohnfortzahlung im Krankheitsfall, die Anwendung von Tarifverträgen sowie

---

[1] BA, Fachliche Hinweise zu § 7 SGB II (Stand 20.12.2013), Randziffer (7.5b).
[2] EuGH vom 4.6.2009 – C-22/08 »Vatsouras/Koupatantze«; EuGH vom 4.2.2010 – C-14/09 »Genc«; BSG vom 19.10.2010 – B 14 AS 23/10 R; BVerwG vom 19.4.2012 – 1 C 10.11.

der langjährige Bestand des Arbeitsverhältnisses auf eine Arbeitnehmereigenschaft hindeuten kann.

Mit Blick auf die öffentliche Verwaltung ist die Arbeitnehmerfreizügigkeit beschränkt. Der Zugang zu Tätigkeiten mit hoheitlichen Befugnissen oder zur Wahrung allgemeiner Belange des Staates darf EU-Bürgern verwehrt werden (Art. 45 Abs. 4 AEUV).

Auch wer erst eine Arbeit sucht, kann sich auf die Arbeitnehmerfreizügigkeit berufen. Das Recht besteht, solange ernsthafte Chancen bestehen, eine Arbeit zu finden. Nach der Rechtsprechung des EuGH besteht es mindestens für sechs Monate. Danach darf ein Nachweis verlangt werden, dass weiterhin und mit begründeter Aussicht auf Erfolg Arbeit gesucht wird.[1] § 2 Abs. 2 Nr. 1a FreizügG legt seit Dezember 2014 fest, dass das Aufenthaltsrecht von EU-Bürgerinnen zur Arbeitsuche auf sechs Monate begrenzt ist, sofern sie nicht nachweisen können, dass sie weiterhin Arbeit suchen und begründete Aussicht haben, eingestellt zu werden.

2.2 Dienstleistungsfreiheit

Die Dienstleistungsfreiheit (Art. 56 AEUV) erlaubt es jedem EU-Bürger in allen Mitgliedsstaaten, gewerbliche, kaufmännische, handwerkliche oder freiberufliche Leistungen zu erbringen und sich zu diesem Zweck frei zu bewegen und aufzuhalten. Dafür muss der Dienstleister keine Niederlassung im jeweiligen Land haben. Es dürfen nicht alle Voraussetzungen wie bei einem niedergelassenen Anbieter verlangt werden. Insbesondere dürfen an die Qualifikation keine Anforderungen gestellt werden, die zum Bedarf des Dienstleistungsempfängers außer Verhältnis stehen. Deshalb darf beispielsweise in Deutschland von einem Handwerker kein Meisterbrief verlangt werden. Es genügt eine sechsjährige entsprechende Tätigkeit.[2] Die grenzüberschreitende Dienstleistung kann deshalb oft preisgünstiger erbracht werden. Es gibt aber auch wettbewerbsverzerrende Hürden, die meist mit Sicherheitsstandards begründet werden wie bestimmte Versicherungspflichten in Frankreich, die von ausländischen Anbietern kaum erfüllt werden können.

---

[1] EuGH vom 26.2.1991 – C-292/89 »Antonissen«.
[2] Seit den 1970er-Jahren wurden berufsrechtliche Schranken abgebaut und die meisten Tätigkeitsbereiche liberalisiert, vgl. Oppermann, 2005, S. 546 ff.

Im Dezember 2006 wurde die Dienstleistungsrichtlinie (RL 2006/123/EG)[1] verabschiedet, die bis zum 28.12.2009 umzusetzen war. Sie soll weiter zum Abbau der Hürden beitragen. Gleichzeitig soll Lohn- und Sozialdumping sowie ein Aufweichen der Sicherheits- und Umweltstandards verhindert werden. Es blieb daher zulässig, aus Gründen der öffentlichen Ordnung oder Sicherheit sowie aus Gründen des Umwelt- und Gesundheitsschutzes bestimmte Anforderungen an den Dienstleister zu stellen. Diese Anforderungen dürfen nicht diskriminieren und müssen verhältnismäßig sein.

Die Dienstleistungsfreiheit gilt aktiv und passiv: Nicht nur wer eine Dienstleistung erbringt, sondern auch wer eine Dienstleistung in Anspruch nehmen will (z. B. als Tourist oder im medizinischen Bereich), kann sich auf die Dienstleistungsfreiheit berufen.

Die Dienstleistungsfreiheit umfasst auch die Freiheit, zur Erbringung der Leistung eigene Arbeitnehmer einzusetzen. Die Beschäftigten können nicht nur Staatsangehörige eines EU-Mitgliedsstaates sein, sondern auch Drittstaatler. Diese müssen lediglich in dem Land, in dem der Dienstleistungserbringer seinen Sitz hat, eine gültige Aufenthalts- und Arbeitserlaubnis haben und bei dem Dienstleistungserbringer regulär angestellt sein. Diese Personen können sich nicht auf die Arbeitnehmerfreizügigkeit berufen, da ihr eigentliches Beschäftigungsverhältnis nicht in Deutschland liegt, sondern in dem Land, in dem der Arbeitgeber seinen Sitz hat.

Für entsandte Arbeitnehmer gelten weit gehend die sozial- und arbeitsrechtlichen Maßstäbe des Herkunftslandes. Allerdings müssen gemäß § 7 AEntG[2] bestimmte Mindeststandards immer gewahrt werden: Das betrifft die Höchstarbeits- und Mindestruhezeiten, den Anspruch auf bezahlten Mindestjahresurlaub und Mindestlohnsätze (gilt für branchenspezifische und den allgemeinen Mindestlohn) sowie Sicherheit, Gesundheitsschutz und Hygiene am Arbeitsplatz.

Um die Dienstleistungsfreiheit in Anspruch nehmen zu können, darf die Tätigkeit oder die Entsendung von Arbeitnehmern nicht auf Dauer angelegt sein. Wer dauerhaft in einem anderen EU-Staat tätig werden will, muss sich dort niederlassen und unterliegt der Niederlassungsfreiheit.

---

[1] Richtlinie 2006/123/EG des europäischen Parlamentes und des Rates vom 12.12.2006 über Dienstleistungen im Binnenmarkt.
[2] Gesetz über zwingende Arbeitsbedingungen bei grenzüberschreitenden Dienstleistungen (Arbeitnehmer-Entsendegesetz – AEntG) vom 26.2.1996 (BGBl. I S. 227), zuletzt geändert durch Gesetz vom 21.12.2007 (BGBl. I S. 3140).

2.3 Niederlassungsfreiheit

Die Niederlassungsfreiheit (Art. 49 AEUV) gibt EU-Bürgern das Recht, in allen Mitgliedsstaaten eine selbstständige Erwerbstätigkeit aufzunehmen und auszuüben sowie Unternehmen zu gründen und zu leiten. Die Niederlassungsfreiheit umfasst auch Freiberuflerinnen.

Die selbstständige Erwerbstätigkeit muss auf die Erzielung eines Einkommens gerichtet sein. Es darf aber nicht verlangt werden, dass das Einkommen reicht, um den Lebensunterhalt zu sichern. Es können sich also auch Kleingewerbetreibende auf die Niederlassungsfreiheit berufen.

Die Niederlassungsfreiheit schützt den Niedergelassenen vor Diskriminierung. Er muss die Vorschriften des Mitgliedsstaates, in welchem er niedergelassen ist, beachten. Er darf bei der Begründung und Ausübung seiner Erwerbstätigkeit aber nicht schlechter gestellt werden als die Staatsangehörigen des Mitgliedsstaats, in welchem er sich niederlassen will.

2.4 Freizügigkeit bei Arbeitslosigkeit oder Erwerbsminderung

Die Freizügigkeitsrechte von Beschäftigten und selbstständig Erwerbstätigen bleiben auch bei vorübergehender Erwerbsunfähigkeit wegen Krankheit oder Unfall erhalten (vgl. § 2 Abs. 3 Nr. 1 FreizügG/EU). Das Gleiche gilt für Frauen im Spätstadium einer Schwangerschaft und nach der Geburt des Kindes, sofern sie nach der Geburt innerhalb einer Frist von drei Monaten wieder erwerbstätig werden.[1]

Bei unfreiwilliger Arbeitslosigkeit und Arbeitslosmeldung bei der AA oder dem Jobcenter bleibt der Status des Arbeitnehmers oder von Selbstständigen für weitere sechs Monate erhalten (§ 5 Abs. 3 Satz 2 FreizügG/EU). Nach mindestens einjähriger Tätigkeit bleibt der Status bei unfreiwilliger Arbeitslosigkeit unbefristet erhalten (vgl. § 2 Abs. 3 Nr. 2 FreizügG/EU).

2.5 Verbleibeberechtigte

Bei altersbedingtem Ausscheiden aus dem Erwerbsleben geht das Freizügigkeitsrecht nicht verloren. Dieser Personenkreis kann in dem Land der letzten Tätigkeit bleiben. Diese so genannten Verbleibeberechtigten müssen

---

[1] EuGH vom 19.6.2014 – C-507/12.

sich mindestens drei Jahre in Deutschland aufgehalten haben und mindestens während der letzten zwölf Monate dort erwerbstätig gewesen sein, bevor sie in den Ruhestand gegangen sind. Sie erhalten dann schon vor Ablauf der Fünfjahresfrist das Daueraufenthaltsrecht (vgl. § 4a Abs. 2 Nr. 1 FreizügG/EU).

2.6 Eigenständiges Aufenthaltsrecht der Kinder von (ehemaligen) Arbeitnehmern

Die Kinder von EU-Bürgerinnen, die einer Beschäftigung nachgehen oder nachgegangen sind, haben gem. Art. 10 VO 492/2011[1] das Recht, unter den gleichen Bedingungen wie die Staatsangehörigen dieses Mitgliedsstaats, in dem sie sich aufhalten, am allgemeinen Unterricht sowie an der Berufsausbildung teilzunehmen. Nach der Rechtsprechung des EuGH leitet sich daraus ein Aufenthaltsrecht ab. Dieses Recht umfasst den sorgeberechtigten Elternteil unabhängig von dessen Erwerbstätigkeit und der Lebensunterhaltssicherung. Das abgeleitete Aufenthaltsrecht des Elternteils endet allerdings mit der Volljährigkeit des Kindes, sofern es nicht weiter der elterlichen Fürsorge bedarf.[2]

2.7 Allgemeines Freizügigkeitsrecht

1992 wurde mit dem Vertrag von Maastricht die Unionsbürgerschaft eingeführt. Lange war umstritten, ob die Unionsbürgerschaft ein Recht auf Einreise und Aufenthalt beinhaltet. Der EuGH hatte dies in den letzten 15 Jahren immer wieder bejaht und im Kontext des Diskriminierungsverbotes auch weit ausgelegt. Art. 20 Abs. 2 Nr. a und Art. 21 AEUV schreiben nun ein allgemeines, zeitlich unbefristetes, unmittelbar anwendbares subjektives Freizügigkeitsrecht explizit fest. Auch Art. 45 der Charta der Grundrechte[3] formuliert das Recht auf Freizügigkeit und Aufenthaltsfreiheit als Bürgerrecht. Dieses Recht besteht un-

---

[1] VO 492/2011 vom 5.4.2011 über die Freizügigkeit der Arbeitnehmer innerhalb der Union, ABl. EU 27.5.2011, L 141, S. 1 ff.

[2] EuGH vom 23.2.2010 – C-310/08; EuGH vom 23.2.2010 – C-480/08 »Teixeira«; EuGH vom 8.5.2013 – C-529/11 »Alarape und Tijani«. Die Entscheidungen beziehen sich zwar auf die VO 1612/68, sind aber auf die VO 492/2011 übertragbar.

[3] Die Charta der Grundrechte der Europäischen Union vom 14.12.2007 ist durch den Vertrag von Lissabon in den EU-Vertrag einbezogen worden. Die Union verpflichtet sich, die dort niedergelegten Rechte anzuerkennen. Weiter wird ausdrücklich festgestellt, dass die Charta die gleiche Rechtverbindlichkeit hat wie der EU-Vertrag und der AEUV (Art. 6 Abs. 1 EU-Vertrag).

abhängig von einer wirtschaftlichen Betätigung. Es darf nur unter Einhaltung der einschlägigen gemeinschaftsrechtlichen Grenzen und im Einklang mit den allgemeinen Grundsätzen des Gemeinschaftsrechts, insbesondere dem Grundsatz der Verhältnismäßigkeit, eingeschränkt werden.

Das Freizügigkeitsrecht gibt auch Schülern und Studenten die Möglichkeit, sich in einem anderen EU-Staat aufzuhalten. Sie haben dabei einen gleichberechtigten Zugang zu einer Berufsausbildung.

Das Freizügigkeitsrecht der Unionsbürgerinnen gilt gem. Art. 21 AEUV »vorbehaltlich der in den Verträgen und in den Durchführungsvorschriften vorgesehenen Beschränkungen und Bedingungen«. Bei EU-Bürgern, die sich auf die Grundfreiheiten berufen, sind nur Beschränkungen aus Gründen der Sicherheit und Ordnung erlaubt. Für das allgemeine Freizügigkeitsrecht sind auch andere Bedingungen zulässig. Die Unionsbürgerrichtlinie sieht vor, dass das Aufenthaltsrecht in den ersten drei Monaten bedingungslos besteht (Art. 6). Danach müssen ausreichende Existenzmittel und Krankenversicherungsschutz gegeben sein (Art. 7 Abs. 1 Buchst. b Unionsbürgerrichtlinie). Allerdings führt nach der Rechtsprechung des EuGH nicht schon das Fehlen dieser Mittel zum Verlust des Aufenthaltsrechts, sondern erst eine unverhältnismäßige Inanspruchnahme von Sozialleistungen.[1] Ausreisepflichtig sind EU-Bürgerinnen ohne Freizügigkeitsrecht erst, wenn die Ausländerbehörde die Feststellung über den Verlust des Aufenthaltsrechts getroffen hat (→ S. 302 ff.).

Sofern ein Verlust der Freizügigkeit nicht förmlich festgestellt ist und ein EU-Bürger sein Freizügigkeitsrecht nicht aus Gründen der Sicherheit und Ordnung verloren hat, ist der Aufenthalt legal (FreizügG/EU).

Der Unterschied zwischen den Grundfreiheiten und dem Freizügigkeitsrecht der Unionsbürgerschaft liegt also weniger im Recht auf Einreise und Aufenthalt, das allen EU-Bürgern zusteht, sondern vor allem in den abgeleiteten, insbesondere den sozialen Rechten (→ S. 310).

Beispiele

Die französische Staatsangehörige Françoise reist am 1.1.1985 nach Deutschland ein und nimmt eine Tätigkeit als Altenpflegerin auf. In den 1990er-Jahren hat sie zunehmend gesundheitliche Probleme. Nach einem Bandscheibenvorfall im Jahr 1995 kann sie zunächst nicht mehr in ihrem Beruf arbeiten. 1996 beginnt

---

[1] EuGH vom 19.9.2013 – C-140/12 »Brey«, Rn. 64 ff.

sie, als Pflegehilfskraft in Teilzeit zu arbeiten. Nachdem sie 2000 betriebsbedingt entlassen wird, bezieht sie zunächst Arbeitslosengeld, dann Arbeitslosenhilfe und seit 2005 Leistungen nach dem SGB II. Ihren Status als freizügigkeitsberechtigte Arbeitnehmerin hat sie auch durch die mehrmalige unfreiwillige Unterbrechung der Berufstätigkeit nicht verloren; sie verfügt über ein bedingungsloses Daueraufenthaltsrecht (§ 4a Abs. 1 FreizügG/EU).

Die ungarische Staatsangehörige Ilona macht Urlaub in Deutschland. Dabei lernt sie einen Mann kennen, der in Hamburg einen Nachtclub betreibt und zieht zu ihm. Schon nach wenigen Wochen ist die Beziehung beendet. Da ihr Hamburg gefällt und sie Gefallen am Lebensstil ihres Exfreunds gefunden hat, beschließt sie, in Hamburg zu bleiben und selbstständig als Prostituierte tätig zu werden. Bei der Anmeldung wird von ihr verlangt, dass sie einen Nachweis über die Sicherung des Lebensunterhalts erbringt. Sie macht erfolgreich geltend, dass sie ihr Gewerbe angemeldet hat und auch die Tätigkeit einer Prostituierten auf ein Erwerbseinkommen gerichtet ist und die Niederlassungsfreiheit begründen kann.[1]

Herbert und Renate, beide deutsche Staatsangehörige, sind als Lehrer an einem Gymnasium tätig. 2009 gehen beide in Pension und beschließen, den Lebensabend in Italien zu verbringen. Nachdem sie ein adäquates Haus in der Toskana gefunden haben, siedeln sie 2010 über. Für die Anmeldung in Italien benötigen sie neben den üblichen Formalien nur den Nachweis, dass sie krankenversichert sind und ihr Einkommen für den Lebensunterhalt ausreicht.

2.8 Meldepflicht und Nachweis des Aufenthaltsrechts

Einreise und Aufenthalt von Unionsbürgern dürfen nur von einigen wenigen formalen Voraussetzungen abhängig gemacht werden. Beim Grenzübertritt muss ein Pass oder Passersatz (Personalausweis) mitgeführt werden, im Inland muss er bei entsprechender Aufforderung vorgelegt werden können (§ 8 FreizügG/EU). Wie bei Deutschen auch kann ein Verstoß gegen die Ausweispflicht mit einem Bußgeld geahndet werden (§ 10 FreizügG/EU). Nach drei Monaten Aufenthalt müssen sich EU-Bürgerinnen in Deutschland anmelden (vgl. Art. 5 Abs. 5 Unionsbürgerrichtlinie; § 1 Abs. 5 Satz 1 FreizügG/EU), um nicht gegen die Meldepflicht zu verstoßen und damit eine Ordnungswidrigkeit gemäß § 36 Meldegesetz zu begehen.

EU-Bürger benötigen keine Aufenthaltserlaubnis. Bis 29.1.2013 wurde ihnen von Amts wegen eine Bescheinigung über das Aufenthaltsrecht ausgestellt. Die-

---

[1] EuGH vom 20.11.2001 – C-268/99 – »Jany u. a.«.

se Bescheinigung wurde durch das Gesetz zur Änderung des Freizügigkeitsgesetzes/EU und weiterer aufenthaltsrechtlicher Vorschriften[1] ersatzlos gestrichen. Drittstaatsangehörige Familienmitglieder erhalten zum Nachweis des Aufenthaltsrechts (weiter) eine Aufenthaltskarte (zur Aufenthaltskarte → S. 300 f.). Bei EU-Bürgerinnen ist vom Bestehen des Freizügigkeitsrechts auszugehen (AVwV FreizügG/EU Rn. 5.3.1.1.1). Eine Überprüfung durch die Ausländerbehörde ist nur zulässig, wenn es begründete Zweifel am Bestehen dieses Rechts gibt (AVwV FreizügG/EU Rn. 5.4).
Ist das Bestehen des Freizügigkeitsrechts Voraussetzung eines Anspruchs, z.b. nach dem SGB II, diente bislang die Bescheinigung als ausreichender Nachweis. Nun müssen die zuständigen Behörden, z.b. die Jobcenter, selbst das Bestehen des Aufenthaltsrechts prüfen. Für die aufenthaltsrechtlich relevante Feststellung, dass die Voraussetzungen des Freizügigkeitsrechts nicht (mehr) vorliegen, ist aber allein die Ausländerbehörde zuständig (zur Verlustfeststellung → S. 302 ff.). Zu Prüfung des Freizügigkeitsrechts dürfen nur die in § 5a FreizügG/EU bzw. in der Unionsbürgerrichtlinie aufgezählten Dokumente verlangt werden:
- Pass oder Personalausweis;
- Beschäftigungsbescheinigung oder Nachweis der Selbstständigkeit;
- bei nicht Erwerbstätigen: Nachweis ausreichender Existenzmittel einschließlich Krankenversicherungsschutz;
- bei Studenten: Immatrikulationsbescheinigung und Nachweis ausreichenden Krankenversicherungsschutzes und eine Erklärung über ausreichende Existenzmittel.

Diese Aufzählung ist abschließend. Andere Unterlagen oder Nachweise dürfen nicht verlangt werden. Insbesondere darf von arbeitsuchenden EU-Bürgerinnen nicht der Nachweis ausreichender Existenzmittel einschließlich Krankenversicherungsschutz verlangt werden, da sie sich auf die Arbeitnehmerfreizügigkeit und nicht auf das Freizügigkeitsrecht der Nichterwerbstätigen berufen. Es darf allerdings verlangt werden, dass die Arbeitsuche glaubhaft gemacht wird.

3 Familienzusammenführung

3.1 Das Recht auf Familienleben

Der sehr weit gefasste europarechtliche Anspruch auf Familienzusammenführung ist ein abgeleitetes Recht. Der AEUV kennt kein originäres Recht auf Familienzusammenführung. Es dient vielmehr dazu, dem stammbe-

---

[1] BGBl. I 2013, Nr. 3, S. 86.

rechtigten Unionsbürger die Wahrnehmung seines Freizügigkeitsrechts zu ermöglichen. Unionsbürger sollen an der Wahrnehmung der Freizügigkeitsrechte nicht dadurch gehindert werden, dass sie wegen Beeinträchtigung ihres Familienlebens davon Abstand nehmen, in einen anderen EU-Staat überzusiedeln oder dort wohnen zu bleiben.[1] In der Unionsbürgerrichtlinie heißt es entsprechend, dass das Freizügigkeitsrecht den Familienangehörigen ungeachtet ihrer Staatsangehörigkeit gewährt wird, um dem Unionsbürger die Wahrnehmung der Freizügigkeit in Freiheit und Würde zu ermöglichen.[2] Das Recht auf Familienzusammenführung haben alle Unionsbürgerinnen, auch solche, die nicht erwerbstätig sind (§ 3 und § 4 FreizügG/EU).

Da die europarechtliche Familienzusammenführung der Verwirklichung der Freizügigkeit dient, dürfen die Mitgliedsstaaten keine eigenen Regeln treffen, die das familiäre Zusammenleben beeinträchtigen oder gar verhindern.

Der europarechtliche Familienbegriff ist weiter als der des deutschen Ausländerrechts; er umfasst Abkömmlinge (einschließlich Stiefkinder) bis zum 21. Geburtstag und alle Verwandten in gerade auf- und absteigender Linie, denen Unterhalt gewährt wird – also auch Enkel, ältere Kinder oder die Eltern (§ 3 Abs. 2 FreizügG/ EU). Bei Studenten ist das Recht auf Familienzusammenführung auf die Kernfamilie beschränkt (§ 4 Satz 3 FreizügG/EU).

Obwohl der Zweck der Familienzusammenführung die Herstellung oder Aufrechterhaltung des Familienlebens ist, muss – anders als im AufenthG – keine dauernde familiäre Lebensgemeinschaft bestehen. Auch Getrenntleben hindert das Freizügigkeitsrecht nicht. Ein Wohnraumerfordernis besteht nicht.

> Nicht erwerbstätige Kinder oder Ehegatten mit einer Staatsangehörigkeit eines Mitgliedsstaates sind nicht als nicht erwerbstätige Unionsbürger zu behandeln, sondern wie der Stammberechtigte. Sofern sie ihr Recht von einem erwerbstätigen Unionsbürger ableiten, sind ausreichende Existenzmittel nicht Voraussetzung für das Aufenthaltsrecht, sondern nur das Bestehen der familiären Beziehung zum Stammberechtigten.

Gegen die Versagung der Ausstellung der Aufenthaltsbescheinigung kann mit Widerspruch und Verpflichtungsklage vorgegangen werden.

---

[1] EuGH vom 25.7.2008 – C-127/08 »Metock u. a.«.
[2] Unionsbürgerrichtlinie, Erwägungsgrund 5.

Beispiel

Vittorio, wie seine Eltern italienischer Staatsangehöriger, kommt als Zehnjähriger mit seinen Eltern und Geschwistern nach Deutschland. Der Vater arbeitet Vollzeit bei einem Autozulieferer, die Mutter hat einen 400-Euro-Job in einer Bäckerei. Vittorio hat Probleme in der Schule, sodass er nach Italien zurückkehrt, um dort die Hochschulreife zu erlangen. Als 19-Jähriger kommt er nach Abschluss der Schule für ein Jahr zu seinen Eltern zurück. Er will zwar in Italien Psychologie studieren, möchte aber vorher seine Deutschkenntnisse auffrischen. Für seinen Unterhalt kann er nicht selbst und auch seine Eltern nicht aufkommen. Er ist freizügigkeitsberechtigt, da er als Kind eines Arbeitnehmers auch mit 19 Jahren noch einen Anspruch auf Familienzusammenführung geltend machen kann, ohne dass es auf eine Unterhaltssicherung ankommt.

3.2 Familienangehörige ohne Staatsangehörigkeit eines EU-Mitgliedsstaates

An drittstaatsangehörige Familienangehörige dürfen keine über die europarechtlichen Vorgaben hinausgehenden Anforderungen gestellt werden. So darf beispielsweise nicht verlangt werden, dass eine Ehe schon vor der Übersiedelung in einem anderen Mitgliedsstaat bestand. Ebenso wenig kann verlangt werden, dass sich der Partner vor der Eheschließung oder vor der Übersiedlung legal auf EU-Gebiet befunden hat. Die abgeleitete Freizügigkeit ist unabhängig davon, ob der Ehepartner den Unionsbürger bei der Übersiedlung begleitet oder später nachzieht. Ort und Zeitpunkt der Eheschließung sind irrelevant.

Ebenso spielt es keine Rolle, unter welchen Umständen der Ehepartner eingewandert ist oder ob er sich vor der Ehe legal oder illegal in einem EU-Staat aufgehalten hat. Es kommt allein auf das Bestehen der Ehe und des Freizügigkeitsrecht des Partners mit Unionsbürgerschaft an. Insoweit »heilt« die Verehelichung mit einem EU-Bürger sogar einen illegalen Aufenthalt. Weiter dürfen von drittstaatsangehörigen Ehegatten eines EU-Bürgers bei der Einreise keine Kenntnisse der deutschen Sprache verlangt werden.[1]

Es ist zulässig, von drittstaatsangehörigen Familienmitgliedern für die Einreise ein Visum zu verlangen (Art. 5 Abs. 2 Unionsbürgerrichtlinie; vgl. § 2 Abs. 4 Satz 2 FreizügG/EU), sofern sie nicht im Besitz einer gültigen Aufenthaltskarte sind, die in einem EU-Mitgliedsstaat ausgestellt wurde. Fehlt das

---

[1] EuGH vom 25.7.2008 – C-127/08 »Metock u. a.«

Visum bei der Einreise, so muss dem Angehörigen die Möglichkeit gegeben werden, auf andere Weise das Bestehen der Freizügigkeitsvoraussetzungen zu belegen, z. B. durch Nachweis des Bestehens der familiären Beziehung (Art. 5 Abs. 4 Unionsbürgerrichtlinie). Nur wenn auch das nicht möglich ist, kann an der Grenze eine Zurückweisung erfolgen, sonst ist das erforderliche Visum auszustellen.

Die Einreise ohne Visum führt nach der Rechtsprechung des Europäischen Gerichtshofs nicht dazu, dass der Aufenthalt illegal ist und das Visumverfahren im Herkunftsland nachgeholt werden muss. Im Fall einer illegalen Einreise darf das Aufenthaltsrecht nicht verweigert oder Maßnahmen zur Aufenthaltsbeendigung getroffen werden. Es genügt in diesen Fällen, wenn die Betroffenen ihre Identität und die Ehe nachweisen können und keine Gefahr für die öffentliche Ordnung, Sicherheit oder Gesundheit besteht.[1] Befinden sie sich bereits im Land, besteht ein Aufenthaltsrecht und der Verstoß gegen die nationalen Einreisevorschriften darf lediglich durch Sanktionen geahndet werden, die die Freizügigkeit nicht einschränken. Erlaubt sind etwa Geldbußen, sofern sie verhältnismäßig sind.[2] In Deutschland wird mit Bußgeld bestraft, wer

- sich der Kontrolle beim Grenzübertritt entzieht (§ 11 Abs. 2 FreizügG/EU i.V.m. § 98 Abs. 2 Nr. AufenthG: bis zu 5.000 €) oder

- über die grüne Grenze einreist (§ 11 Abs. 2 FreizügG/EU i. V. m. § 98 Abs. 3 Nr. 3 AufenthG: bis zu 3.000 €) oder

- gegen die Passpflicht verstößt (§ 10 FreizügG/EU: bis zu 2.500 €).

Ein Verstoß gegen die Visumvorschriften bleibt also praktisch folgenlos, wenn er nicht mit illegalem Grenzübertritt verbunden ist.

Drittstaatsangehörige Familienmitglieder haben einen unbeschränkten Arbeitsmarktzugang.

Da bei den Angehörigen die Vermutung des Freizügigkeitsrechts nicht auf Grund der Staatsangehörigkeit greift, erhalten sie zum Nachweis eine Aufenthaltskarte (§ 5 Abs. 1 FreizügG). Diese Karte hat einen rein deklaratorischen Charakter. Trotz der anderen Bezeichnung hat diese Karte keine andere Rechtsnatur als früher die Bescheinigung; auch sie bestätigt »nur« ein europarechtlich gegebenes Recht.

---

[1] EuGH vom 25.7.2002 – C-459/99 »MRAX (Mouvement contre le racisme, l'antisémitisme et la xenophobie)«
[2] EuGH vom 25.7.2008 – C-127/08 »Metock u. a.«, Rn. 97.

Es kann die Vorlage folgender, abschließend aufgezählter Dokumente verlangt werden (vgl. § 5a Abs. 2 FreizügG/EU):
- Pass oder Personalausweis
- Bescheinigung über das Bestehen der familiären Beziehungen
- bei Verwandten in ab- und aufsteigender Linie: urkundlicher Nachweis
- bei Lebenspartnern: Nachweis über die Lebenspartnerschaft
- bei Angehörigen von nicht erwerbstätigen Unionsbürger/innen: Nachweis über ausreichenden Krankenversicherungsschutz und ausreichende Existenzmittel (§ 4 FreizügG/EU).

Die Aufenthaltskarte ist innerhalb von sechs Monaten nach einer Anmeldung (wenn die erforderlichen Angaben gemacht worden sind) von Amts wegen auszustellen. Für die Zwischenzeit wird eine Bescheinigung darüber ausgestellt, dass die erforderlichen Angaben gemacht wurden (§ 5 Abs. 1 Satz 2 FreizügG).

Beispiele

Tobias, deutscher Staatsangehöriger, lebt und arbeitet seit 2000 in England. Seit einiger Zeit plant er seine Rückkehr nach Deutschland, einen Arbeitsvertrag hat er bereits unterschrieben. Kurz vor der Übersiedlung verliebt er sich in die Russin Swetlana, die sich für einen Sprachurlaub in England aufhält. Um eine Trennung zu vermeiden, heiraten sie. Bei der Anmeldung von Swetlana wird ihnen von der Ausländerbehörde mitgeteilt, die Voraussetzungen des Ehegattennachzugs zu einem Deutschen seien nicht erfüllt, da Swetlana kein Deutsch spreche. Das Paar verweist auf die Rechtsprechung des EuGH. Demnach kann sich auch ein in sein Heimatland zurückkehrender EU-Bürger auf die Freizügigkeitsrechte berufen.[1] Daraufhin erhält Swetlana eine Aufenthaltskarte.

George, ursprünglich kongolesischer Staatsangehöriger, wurde 2000 in Frankreich eingebürgert. Seit 2002 lebt und arbeitet er in Deutschland. Bei einem Besuch in der alten Heimat lernte er Françoise kennen, 2012 heiraten beide. Françoise ist kongolesische Staatsangehörige. 2012 reist sie ohne Visum nach Deutschland. Bei ihrer Ankunft am Frankfurter Flughafen wird ihr der Zutritt verweigert, da sie vor der Einreise ein Visum hätte beantragen müssen. Da sie nachweisen kann, mit einem freizügigkeitsberechtigten, in Deutschland ansässigen EU-Bürger verheiratet zu sein, wird ihr die Einreise schließlich gestattet.

---

[1] EuGH, Mitteilung vom 23.9.2003 – 76/03; EuGH vom 11.12.2007 – C-291/05; BVerwG vom 16.11.2010 – 1 C 17.09.

3.3 Eigenständiges Aufenthaltsrecht von drittstaatsangehörigen Familienangehörigen

Ein eigenständiges Aufenthaltsrecht erhalten Familienangehörige, die selbst keine EU-Bürger sind, wenn sie erwerbstätig sind und sich vor dem Tod des Unionsbürgers mindestens ein Jahr als seine Angehörigen im Bundesgebiet aufgehalten haben (§ 3 Abs. 3 FreizügG/EU). Unabhängig von einer Erwerbstätigkeit erhalten Kinder sowie der sorgeberechtigte Elternteil dieses Recht bei Tod oder Wegzug des Unionsbürgers bis zum Abschluss einer Ausbildung des Kindes (§ 3 Abs. 4 FreizügG/EU). Der Ehegatte behält bei Tod des Unionsbürgers oder Scheidung das Aufenthaltsrecht, wenn die Ehe seit drei Jahren und davon mindestens ein Jahr im Bundesgebiet bestand (§ 3 Abs. 5 FreizügG/EU).

Im ersten und dritten Fall finden für den weiteren Aufenthalt nicht die Regelungen des FreizügG/EU, sondern des AufenthG Anwendung. Auswirkungen hat dies für den Nachzug von Familienangehörigen, den Verlust des Aufenthaltsrechts und die Ausreisepflicht.

Die Regelungen in § 3 Abs. 3 bis 5 FreizügG/EU stellen Familienangehörige von Unionsbürgern in Teilen schlechter als Familienangehörige von Drittstaatsangehörigen (vgl. §§ 31 34, 35 AufenthG). Das widerspricht der privilegierten Stellung von Unionsbürgern, die auch die Familienangehörigen umfasst. Es muss also jeweils ein Abgleich mit den Regelungen des AufenthG erfolgen und das AufenthG angewendet werden, soweit es eine günstigere Rechtsstellung vermittelt (Meistbegünstigungsgebot: § 11 Abs. 1 Satz 3 FreizügG/EU).

4 Feststellung des Verlustes des Rechts auf Einreise und Aufenthalt (§ 5 Abs. 5 FreizügG/EU)

Wenn die Voraussetzungen des Freizügigkeitsrechts bei Unionsbürgerinnen oder ihren drittstaatsangehörigen Familienangehörigen nicht mehr vorliegen, kann die Ausländerbehörde gemäß § 5 Abs. 4 FreizügG/EU den Verlust des Aufenthaltsrechtes feststellen und die Aufenthaltskarte widerrufen. Ein besonderer Grund für diese Feststellung ist gegeben, wenn über die Voraussetzungen des Freizügigkeitsrechts beispielsweise durch Urkundenfälschung getäuscht wurde. Das gleiche gilt bei einer Täuschung durch das Eingehen einer Scheinehe (§ 2 Abs. 7 FreizügG).

Die Feststellung des Verlusts des Rechts auf Einreise und Aufenthalt ist nur unter Wahrung des Grundsatzes der Verhältnismäßigkeit zulässig. Abgrenzungsprobleme gibt es vor allem beim allgemeinen Freizügigkeitsrecht, das von ausreichenden Existenzmitteln abhängt. Fehlen diese, führt dies nicht automatisch zum Verlust des Aufenthaltsrechts. Es muss vielmehr geprüft werden, ob eine Beschränkung des Freizügigkeitsrechts im konkreten Einzelfall verhältnismäßig ist.[1]

Bislang gingen Wissenschaft und Lehre in Deutschland mehrheitlich davon aus, dass das Freizügigkeitsrecht als gegeben anzusehen ist, solange keine Feststellung über den Verlust getroffen worden ist.[2] Nach der neuesten EuGH-Rechtsprechung fehlt das Freizügigkeitsrecht aber schon dann, wenn die Voraussetzungen nicht vorliegen[3] – es bedarf dazu keiner Verlustfeststellung der Ausländerbehörde. Anders als im allgemeinen Ausländerrecht, wo das Entfallen des Aufenthaltsrechts unmittelbar zur Ausreisepflicht führt (§ 50 AufenthG), entsteht wegen § 7 Abs. 1 FreizügG aber die Ausreisepflicht (zur Ausreisepflicht → S. 309) von EU-Bürgerinnen ohne Freizügigkeitsrecht erst, wenn die Ausländerbehörde die Feststellung über den Verlust des Aufenthaltsrechts getroffen hat.

> Solange die Ausländerbehörde nicht förmlich das Fehlen bzw. Wegfallen des Freizügigkeitsrechts festgestellt hat, besteht wegen § 7 Abs. 1 FreizügG keine Ausreisepflicht und es gilt die »Vermutung des legalen Aufenthalts«[4].

Sprachlich ist an § 5 Abs. 5 FreizügG/EU problematisch, dass es dort heißt, die Aufenthaltskarte sei zu widerrufen. Sie hat aber nur deklaratorische Wirkung. Sie ist einzuziehen, damit kein unrichtiger Rechtsschein über das Bestehen eines Aufenthaltsrechts erweckt wird.

Die Feststellung über den Verlust des Aufenthaltsrechts ist ein Verwaltungsakt, der mit Widerspruch und Klage angefochten werden kann.

---

[1] Wollenschläger, Ferdinand, Sozialleistungen für Unionsbürger, NVwZ 24/2014, S. 1629.
[2] So auch in den vorangegangenen Auflagen dieses Buchs. Weiter: Janda, Constanze, Ungleichbehandlung im Grundsicherungsrecht, InfAuslR 3/2015, S. 110; Derksen, Roland, Wissenschaftlicher Dienst des Deutschen Bundestags, Infobrief PE 6 – 3010 – 096/14, S. 25.
[3] EuGH 11.11.2014 – C-333/13 »Dano«, Rn. 80 f.
[4] Schreiber, Frank, Die Bedeutung des Aufenthaltsrechts für die sozialrechtliche Gleichbehandlung von Unionsbürgerinnen und Unionsbürgern, ZAR 2/2015, S. 49.

Ist festgestellt, dass das Freizügigkeitsrecht nicht (mehr) besteht, muss geprüft werden, ob eine Aufenthaltserlaubnis nach AufenthG erteilt werden muss oder kann. Das kann insbesondere der Fall sein, weil eine Notlage besteht und deshalb ein humanitärer Aufenthaltstitel in Betracht kommt.

Die Feststellung über das Fehlen des Freizügigkeitsrechts gilt, solange sich die Situation nicht ändert. Reisen Betroffene beispielsweise freiwillig aus, können sie sich nach einer erneuten Einreise wieder auf das voraussetzungslose Freizügigkeitsrecht berufen.

5 Daueraufenthaltsrecht

Unionsbürgerinnen und ihre drittstaatsangehörigen Familienangehörigen, die sich fünf Jahre rechtmäßig in Deutschland aufgehalten haben, erhalten ein dauerndes Bleiberecht, das sich von den Voraussetzungen der Freizügigkeitsberechtigung löst (§ 4a Abs. 1 FreizügG/EU). Das heißt, nach diesem Zeitpunkt schadet es nicht mehr, wenn etwa die Arbeitnehmereigenschaft verloren geht oder der Unterhalt nicht aus eigenen Mitteln gesichert ist.

Das Daueraufenthaltsrecht beruht nicht unmittelbar auf dem Freizügigkeitsrecht der Unionsbürgerinnen, sondern wurde mit der Unionsbürgerrichtlinie eingeführt. Wurde es einmal erworben, ist es keinen weiteren Bedingungen mehr unterworfen. Entsprechend ist der Erwerb dieses Rechtes engeren Voraussetzungen unterworfen als das Aufenthaltsrecht als solches. Erforderlich ist, dass der Aufenthalt während des 5-jährigen Aufenthalts im Einklang mit der Richtlinie gestanden haben muss. Es genügt nicht, wenn das Aufenthaltsrecht allein nach nationalem Recht rechtmäßig war. Mit Blick auf die zuletzt beigetretenen Staaten zählen auch Zeiten vor dem Beitritt, sofern die heutige EU-Bürgerin während des Aufenthalts die Freizügigkeitsvoraussetzungen erfüllt hätte.[1]

Bei Grenzgängern, Erwerbsgeminderten und Verbleibeberechtigten tritt dieses Recht schon nach kürzerer Frist ein:

- Bei Verbleibeberechtigten, das heißt Personen, die altersbedingt aus dem Erwerbsleben ausscheiden, wenn sie sich mindestens drei Jahre im Bundesgebiet aufgehalten haben und dort mindestens die letzten zwölf Monate erwerbstätig waren (§ 4a Abs. 2 Nr. 1 FreizügG/EU).

---

[1] EuGH vom 21.12.2011 – C-424/10 und C-425/10 »Ziolkowski u.a.«

- Erwerbsgeminderte erhalten das Recht sofort, wenn sie einen Rentenanspruch gegen einen Leistungsträger in Deutschland haben oder nach mindestens zwei Jahren Aufenthalt (§ 4a Abs. 2 Nr. 2 FreizügG/EU).

- Wer seit mindestens drei Jahren in Deutschland erwerbstätig war, anschließend in einem anderen EU-Staat erwerbstätig ist und seinen Wohnsitz in Deutschland beibehält, hat ebenfalls das Daueraufenthaltsrecht (§ 4a Abs. 2 Nr. 3 FreizügG/EU).

Bei Abwesenheit von über zwei Jahren geht das Daueraufenthaltsrecht wieder verloren (§ 4a Abs. 7 FreizügG/EU).

Solange die Freizügigkeitsvoraussetzungen weiter vorliegen, spielt das Daueraufenthaltsrecht kaum eine Rolle, da sich das Aufenthaltsrecht unmittelbar aus dem AEUV ableiten lässt. Wichtig ist es aber, wenn die Freizügigkeitsvoraussetzungen entfallen sind. Da Unionsbürgerinnen, ihre Familienangehörigen und Lebenspartnerinnen nach Erwerb des Daueraufenthaltsrechts das Recht auf Einreise und Aufenthalt unabhängig vom weiteren Vorliegen der Freizügigkeitsvoraussetzungen haben, darf ein Verlust des Rechts auf Einreise und Aufenthalt nicht mehr gemäß § 5 Abs. 5 FreizügG/EU festgestellt werden. Es ist nur noch eine Ausweisung gemäß § 6 FreizügG/EU möglich (→ S. 306).

Weiter bringt das Daueraufenthaltsrecht Vorteile beim Zugang zu sozialen Leistungen (→ S. 311).

Eine Bescheinigung über das Daueraufenthaltsrecht wird auf Antrag ausgestellt (§ 5 Abs. 5 FreizügG/EU).

Beispiele

Hans zieht 1999 mit seinen Eltern von Amsterdam nach Aachen. Er hat wie seine Eltern die niederländische Staatsangehörigkeit. 2003 beginnt er eine Ausbildung zum Industriekaufmann, die er 2004, kaum volljährig geworden, »schmeißt«. Er zieht aus und lebt von Gelegenheitsjobs. Schließlich gerät er in die falschen Kreise. 2010 wird er wegen Drogenbesitzes zu zwei Jahren Haft ohne Bewährung verurteilt. Als er 2012 entlassen wird, beantragt er Arbeitslosengeld II. Er kann trotz Strafhaft und Sozialleistungsbezugs in Deutschland bleiben, weil er vor der Haft länger als fünf Jahre rechtmäßig zunächst als Angehöriger eines Arbeitnehmers, dann als Arbeitnehmer im Bundesgebiet gelebt hat. Die Frage, ob die Haft der Arbeitnehmereigenschaft geschadet hat, kann folglich offen bleiben, da nach fünf Jahren das Wegfallen der Freizügigkeitsvoraussetzung nicht mehr schadet.

Ilona, kroatische Staatsangehörige, kommt im Jahr 2000 im Weg des Ehegattennachzugs zu ihrem in Deutschland selbstständig erwerbstätigen, kroatischen

Mann. 2014 trennt sie sich von ihrem Mann und muss Leistungen nach dem SGB II beantragen. Als das Jobcenter diese verweigert und die Ausländerbehörde mit Aufenthaltsbeendigung droht, macht sie mit Erfolg geltend, dass ihr das Daueraufenthaltsrecht nach § 4a FreizügG/EU zustehe und sie deshalb Sozialleistungen beanspruchen könne, ohne dass ihr Aufenthaltsrecht verloren gehe. Sie hat sich länger als fünf Jahre rechtmäßig in Deutschland aufgehalten. Dazu zählt auch die Zeit, die sie als Ehefrau eines kroatischen Selbstständigen vor dem Beitritt Kroatiens legal in Deutschland verbracht hat.

6 Ausweisung
(Art. 27 ff. Unionsbürgerrichtlinie und § 6 FreizügG/EU)

Abgesehen vom Verlust der Freizügigkeitsberechtigung wegen Wegfalls der Voraussetzungen in den ersten fünf Jahren des Aufenthalts kann das Recht auf Einreise und Aufenthalt sowohl des freizügigkeitberechtigten EU-Bürgers wie auch der (drittstaatsangehörigen) Familienangehörigen nur aus Gründen der öffentlichen Ordnung, Sicherheit oder Gesundheit beschränkt werden (§ 6 Abs. 1 FreizügG/EU).

> EU-Bürger und ihre Angehörigen dürfen nur wegen ihres persönlichen Verhaltens und nicht aus Gründen der Generalprävention ausgewiesen werden. Das System des AufenthG (→ S. 264 ff.) gilt für sie deshalb nicht.

Bei der Entscheidung über die Ausweisung ist darauf abzustellen, ob das persönliche Verhalten erkennen lässt, dass von dem Freizügigkeitsberechtigten eine gegenwärtige, tatsächliche und hinreichend konkrete Gefahr für die genannten Rechtsgüter ausgeht (§ 6 Abs. 2 FreizügG/EU). Abzustellen ist hierbei auf den Zeitpunkt der letzten Entscheidung: Werden gegen eine Ausweisungsverfügung Rechtsmittel eingelegt, so müssen die Behörden und Gerichte die Bewertung also jeweils neu für die aktuelle Situation vornehmen.

Wirtschaftliche Zwecke können nie Grundlage für Entscheidung oder Maßnahmen ein, die den Verlust des Freizügigkeitsrechtes durch Ausweisung betreffen (§ 6 Abs. 6 FreizügG/EU). Auch kleinere Verstöße gegen Ordnungsrecht reichen regelmäßig nicht (z. B. Verstoß gegen Ausweis- und Meldepflichten, gelegentliche Schwarzarbeit).

Eine Gefahr für die öffentliche Gesundheit kann nur bei Krankheiten mit epidemischem Potenzial gegeben sein. Eine freizügigkeitsbegrenzende Maßnah-

6 Ausweisung (Art. 27 ff. Unionsbürgerrichtlinie und § 6 FreizügG/EU)

me erlauben derartige Krankheiten nur, wenn Maßnahmen zum Schutz der Bevölkerung getroffen werden. Tritt die Krankheit erst nach dreimonatigem Aufenthalt auf, rechtfertigt sie keinen Verlust des Aufenthaltrechts (Art. 29 Unionsbürgerrichtlinie).

Eine Störung der öffentlichen Ordnung liegt in jedem Gesetzesverstoß. Die öffentliche Sicherheit ist nach der Rechtsprechung des EuGH die innere oder äußere Sicherheit des Staates.[1]

Für die Annahme einer hinreichenden Gefahr für die öffentlichen Ordnung und Sicherheit genügt eine strafrechtliche Verurteilung nicht. Sie kann lediglich ein Hinweis sein. Es müssen alle Umstände des Einzelfalls zum Zeitpunkt der letzten Entscheidung beachtet werden. Zu berücksichtigen sind u. a. Art und Schwere der Tat, die Zeit, die seit Begehung der Tat vergangen ist, Dauer des Aufenthalts in Deutschland, Gesundheitszustand, familiäre und wirtschaftliche Situation und die Bindung ans Herkunftsland (§ 6 Abs. 3 FreizügG/EU).

Nach Erwerb des Daueraufenthaltsrechtes kann der Aufenthalt nur noch aus schwer wiegenden Gründen der öffentlichen Ordnung, Sicherheit oder Gesundheit beendet werden (§ 6 Abs. 4 FreizügG/EU).

Nach zehnjährigem Aufenthalt oder bei Minderjährigen darf nur aus zwingenden Gründen der öffentlichen Sicherheit ausgewiesen werden. Zwingende Gründe können gemäß § 6 Abs. 5 FreizügG/EU nur bei besonders schweren Straftaten (Verurteilung zu mindestens fünf Jahren Haft), Sicherungsverwahrung, Beeinträchtigung der inneren oder äußeren Sicherheit Deutschlands oder terroristischer Gefahr gegeben sein. Nach der Rechtsprechung des EuGH sind Straftaten, wie sie in Art. 83 Abs. 1 Unterabs. 2 AEUV als besonders schwere Beeinträchtigung grundlegender gesellschaftlicher Interessen angeführt werden, solche, die unter den Begriff der zwingenden Gründe der öffentlichen Sicherheit fallen. Dazu gehört beispielsweise die dem bandenmäßigen Handel mit Betäubungsmitteln verbundene Kriminalität oder sexuelle Ausbeutung von Kindern und Frauen.[2]

Vor einer Entscheidung soll der Betroffene gehört werden. Die Mitteilung über den Verlust des Rechts auf Einreise und Aufenthalt muss in einem schriftlichen Bescheid erfolgen (§ 6 Abs. 8 FreizügG/EU). Die Gründe, die zum Verlust des Freizügigkeitsrechts führen, sind genau und umfassend mitzuteilen, sofern nicht staatliche Sicherheitsinteressen dem entgegenstehen. Die Mitteilung ist mit einer Rechtsbehelfsbelehrung zu versehen (Art. 30 Unionsbürgerrichtlinie).

---

[1] EuGH vom 23.11.2010 – C-145/09, Rn. 43 m.w.N.
[2] EuGH vom 22.5.2012 – C-348/09.

Die Feststellung über den Verlust des Aufenthaltsrechts ist ein Verwaltungsakt, der mit Widerspruch und Klage angefochten werden kann. Bis zum 30.6.2006 galt, dass ein Widerspruchverfahren immer vorzusehen war. Wurde ohne Widerspruchverfahren ausgewiesen, war die Ausweisung wegen eines Verfahrensfehlers unheilbar rechtswidrig; davon konnte nur in dringenden Fällen abgewichen werden (Art. 9 Abs. 1 RL 64/221/EWG).[1] Die mittlerweile geltende Unionsbürgerrichtlinie fordert kein Widerspruchverfahren mehr. Ein Verstoß gegen das Vier-Augen-Prinzip führt nur noch bei nicht abgeschlossenen Altfällen zur Unwirksamkeit einer Ausweisungsverfügung.[2]

Beispiele

Der Schwede Sven lebt seit vier Jahren in Deutschland. Er ist mehrfach wegen Drogendelikten aufgefallen. Sein Führerschein wurde ihm wegen Alkohol am Steuer entzogen. Schließlich wird er wegen Drogenhandels rechtskräftig zu einer Freiheitsstrafe von drei Jahren verurteilt. Familiäre Kontakte hat er in Deutschland keine. Er ist drogenabhängig und hat eine schlechte Sozialprognose. Da Sven EU-Bürger ist, kann er nicht im Weg der Ist-Ausweisung ausgewiesen werden, obwohl die Voraussetzungen vorlägen. Es muss vielmehr geprüft werden, ob er eine gegenwärtige Gefahr darstellt. Dafür reicht die Verurteilung allein nicht. Da Sven aber drogenabhängig ist und eine schlechte Sozialprognose hat, besteht Wiederholungsgefahr und damit eine Gefahr für die öffentliche Ordnung. Da er auch keine Familienangehörigen in Deutschland hat, kann er ausgewiesen werden.

Die 17-jährige Spanierin Juanita lebt mit ihren Eltern seit vier Jahren in Bad Homburg. Obwohl beide Eltern arbeiten, ist das Geld knapp. Juanita kann den Verlockungen im reichen Bad Homburg nicht widerstehen und wird mehrfach beim Klauen erwischt. Zuletzt geht sie dazu über, sich Geld und Wertgegenstände durch bewaffnete Raubüberfälle zu verschaffen. Sie wird schließlich zu einer Jugendstrafe von drei Jahren und drei Monaten verurteilt. Eine Ausweisung von Juanita ist nicht zulässig. Als Minderjährige genießt sie besonderen Ausweisungsschutz. Voraussetzung wäre, dass gegen ihren Verbleib in Deutschland zwingende Gründe der öffentlichen Ordnung oder Sicherheit sprechen, wie etwa bei Terrorgefahr oder organisierte Kriminalität. Ihre Verurteilung wegen bewaffneter Raubüberfälle reicht dafür unabhängig von einer Wiederholungsgefahr nicht aus.

---

[1] Richtlinie 64/221/EWG des Rates vom 25.2.1964 zur Koordinierung der Sondervorschriften für die Einreise und den Aufenthalt von Ausländern, soweit sie aus Gründen der öffentlichen Ordnung, Sicherheit oder Gesundheit gerechtfertigt sind.

[2] Renner/Bergmann/Dienelt, 2013, § 6 FreizügG/EU Rn. 94 ff.

7 Ausreisepflicht und Wiedereinreisesperre (§ 7 FreizügG/EU)

Hat die Ausländerbehörde unanfechtbar festgestellt, dass das Recht auf Einreise und Aufenthalt nicht (mehr) besteht, sind Unionsbürger ausreisepflichtig (§ 7 FreizügG/EU). Für die Ausreise soll eine Frist gesetzt und die Abschiebung angedroht werden. Außer in dringenden Fällen muss die Frist einen Monat, sonst mindestens 15 Tage betragen (§ 7 Abs. 1 FreizügG/EU). Auf die Abschiebung findet das AufenthG Anwendung (§ 11 Abs. 2 FreizügG/EU).

Sofern Unionsbürger ihr Freizügigkeitsrecht durch Ausweisung verloren haben, wird eine Wiedereinreisesperre verhängt. Diese ist auf höchstens fünf Jahre zu befristen. Die Frist beginnt mit der Ausreise. Nach angemessener Frist und spätestens nach drei Jahren kann ein Antrag auf Aufhebung der Einreisesperre gestellt werden. Dieser Antrag ist innerhalb von sechs Monaten zu bescheiden (§ 7 Abs. 2 FreizügG/EU).

Wird gemäß § 2 Abs. 7 FreizügG festgestellt, dass das Freizügigkeitsrecht nicht besteht (→ S. 302 ff.), kann eine Einreise- und Aufenthaltssperre verhängt werden (§ 7 Abs. 2 Satz 2 FreizügG). In den anderen Fällen, in denen diese Feststellung getroffen wird, ist die Sperre nicht zulässig.

8 Besonderheiten bei EU-Bürgern aus zuletzt beigetretenen Staaten

Die Länder Estland, Lettland, Litauen, Malta, Polen, Slowenien, die Slowakische und die Tschechische Republik, Ungarn sowie Zypern wurden mit ihrem Beitritt zum 1.5.2004 vollwertige Mitglieder der EU. Das Gleiche galt seit dem Beitritt zum 1.1.2007 für Rumänien und Bulgarien und seit 1.7.2013 für Kroatien. Allerdings konnte für Staatsangehörige dieser Staaten – abgesehen von Zypern und Malta – die Arbeitnehmer- und in Teilen auch die Dienstleistungsfreiheit befristet begrenzt werden.[1] Seit 1.7.2015 gibt es keinerlei Beschränkungen mehr.

---

[1] Vertrag über den Beitritt der Tschechischen Republik, Estlands, Zyperns, Lettlands, Litauens, Ungarns, Maltas, Polens, Sloweniens, der Slowakischen Republik zur Europäischen Union, ABl.-EU L 236 vom 23.9.2003; Vertrag über den Beitritt der Republik Bulgarien und Rumäniens zur Europäischen Union, BGBl. II vom 7.12.2006; Vertrag über den Beitritt der Republik Kroatien zur Europäischen Union, ABl.-EU L 112 vom 24.4.2012.

9 Sozialleistungen

Unionsbürger können sich auf das Diskriminierungsverbot des Art. 18 AEUV berufen. Demnach muss ihnen im Anwendungsbereich des Gemeinschaftsrechts die gleiche Behandlung zuteil werden wie den Staatsangehörigen des Mitgliedsstaats, in dem sie sich aufhalten.

Darüber hinaus enthält der Vertrag weitere spezielle Diskriminierungsverbote, die insbesondere auf den gleichberechtigten Zugang zu Erwerbstätigkeit und die Gleichstellung der Geschlechter zielen. So beinhaltet die Arbeitnehmerfreizügigkeit und auch die Unionsbürgerrichtlinie ein Diskriminierungsverbot. Dieses Recht auf Gleichbehandlung erstreckt sich jeweils auch auf die Familienangehörigen. Beim Zugang zu sozialen Leistungen hat es allerdings Grenzen, wie im Folgenden zu sehen sein wird.

9.1 Erwerbstätige Unionsbürger

Auf eine strikte Gleichstellung bei allen sozialen und steuerlichen Vergünstigungen können sich Arbeitnehmerinnen und selbstständig Erwerbstätige berufen. Sie sind Deutschen umfassend gleichgestellt und werden daher in vielen Leistungsgesetzen nicht eigens erwähnt. Diese besondere Stellung spiegelt sich beispielsweise im Wortlaut von § 7 Abs. 1 Satz 2 Nr. 1 SGB II. Dort heißt es, dass Ausländer, die nicht als Arbeitnehmer oder Selbstständige freizügigkeitsberechtigt sind, in den ersten drei Monaten des Aufenthalts keine Leistungen erhalten.

Der Umkehrschluss verdeutlicht, dass Arbeitnehmer oder selbstständige EU-Bürger vom ersten Tag an Leistungen nach SGB II in Anspruch nehmen können. Das gilt auch für ihre freizügigkeitsberechtigten Angehörigen.

Die Erbringer von Dienstleistungen (z. B. entsandte Arbeitnehmer oder Selbstständige mit Sitz in einem anderen EU-Staat) sind zwar auch erwerbstätig, haben aber in der Regel keinen Anspruch auf soziale Leistungen. Es fehlt an einem dauernden Aufenthalt als Grundvoraussetzung fast aller Leistungsansprüche. Nothilfe nach SGB XII ist auch ihnen zu gewähren.

9.2 Arbeitsuchende Unionsbürger

Die Arbeitnehmerfreizügigkeit umfasst auch die Arbeitsuche (Art. 45 Abs. 2 AEUV). EU-Bürger, die sich allein zum Zweck der Arbeitsuche in Deutschland aufhalten, sollen aber keine Leistungen zum Lebensbedarf erhalten (vgl. § 7 Abs. 1 Satz 2 Nr. 2 SGB II, § 23 Abs. 4 SGB XII). Diese Regelung ist aus verschiedenen Gründen sehr umstritten.

Die Regelung gilt nur für arbeitsuchende EU-Bürger, die sich allein zum Zweck der Arbeitsuche in Deutschland aufhalten. Ein zuvor bereits in Deutschland erwerbstätiger, arbeitsuchender EU-Bürger oder ein EU-Bürger, der sich zum Zweck der Familienzusammenführung in Deutschland aufhält, fällt beispielsweise nicht unter die Regelung. Zu beachten ist zunächst, dass die Regelungen sich ausschließlich auf EU-Bürgerinnen beziehen, die ihr Freizügigkeitsrecht aus der Arbeitsuche ableiten. Haben sie zuvor in Deutschland gearbeitet und den Erwerbstätigenstatus (noch) nicht verloren (→ S. 293 f.), sind sie nicht betroffen. Das gleiche gilt für Familienangehörige von EU-Bürgern mit Erwerbstätigenstatus. Einen Leistungsanspruch haben beispielsweise auch schwangere Frauen, die planen, nach der Niederkunft mit dem Kind und dem in Deutschland mit einem dauerhaften Aufenthaltsrecht ansässigen Partner (und Vater des Kindes) zusammen zu leben.[1] Wer sich also aus anderen Gründen als der Arbeitsuche rechtmäßig in Deutschland aufhält, hat einen Leistungsanspruch – auch wenn er arbeitsuchend ist.

Nach der Rechtsprechung des EuGH haben EU-Bürgerinnen, die ihr Freizügigkeitsrecht allein aus der Arbeitsuche ableiten, keinen Anspruch auf die gleichen sozialen und steuerlichen Vergünstigungen wie die inländischen Arbeitsuchenden.[2] Dient eine Leistung der Integration in den Arbeitsmarkt, gilt aber das Gleichstellungsgebot, wenn bereits eine tatsächliche Verbindung zum Arbeitsmarkt aufgebaut wurde. Für diese Verbindung reicht auch eine gewisse Zeit der Arbeitsuche.[3]

Es war lange Zeit umstritten, ob das SGB II zu solchen arbeitsmarktspezifischen Leistungen gehört. Umstritten war auch, ob ein Ausschluss arbeitsuchender EU-Bürgerinnen aus dem SGB II gegen das Diskriminierungsverbot der VO 883/2004 verstößt, die Gleichstellung beim Zugang zu sozialen Leistungen fordert (vgl. Art. 4 VO 884/2004), oder ob die Ausnahmeregelung der

---

[1] BSG vom 30.1.2013 Az. B 4 AS 54/12 R.
[2] EuGH vom 23.3.2004 – C-138/02 »Collins«.
[3] EuGH vom 23.3.2004 – C-138/02 »Collins«; EuGH vom 4.6.2009 – C-22/08 und C-23/08 – »Vatsouras/Koupatantze«.

Unionsbürgerrichtlinie gilt, wonach ein Ausschluss von Sozialhilfe erlaubt ist (Art. 24 Abs. 2). Diese Fragen hat Ende 2013 das BSG dem EuGH zur Entscheidung vorgelegt,[1] der am 15.9.2015 entschieden hat.[2] Demnach ist die VO 883/2004 zwar anwendbar. Die Ausnahmeregelung der Unionsbürgerrichtlinie gilt aber ebenfalls, da es sich beim SGB II nach Auffassung des EuGH um Sozialhilfe handelt. Ein dauerhafter Ausschluss von EU-Bürgern, die ihr Aufenthaltsrecht allein aus der Arbeitsuche ableiten, sei auch nicht unverhältnismäßig. Schließlich verlieren EU-Bürger, die kurzzeitig erwerbstätig waren, den Erwerbstätigenstatus für ein halbes Jahr nicht und sind in dieser Zeit anspruchsberechtigt. Wenn sie danach wieder in das Freizügigkeitsrecht zur Arbeitsuche »zurückfallen«, sind sie auch bei Bedürftigkeit aufenthaltsberechtigt, es besteht aber kein Leistungsanspruch.

Nachdem der EuGH hier klar entschieden hat, wird künftig vermehrt die Frage eine Rolle spielen, ob der Leistungsausschluss gegen das GG verstößt. Art. 1 Abs. 1 GG in Verbindung mit Art. 20 Abs. 1 GG gewähren ein Grundrecht auf die Gewährleistung eines menschenwürdigen Existenzminimums,[3] das unabhängig ist von migrationspolitischen Erwägungen.[4] Es stellt sich also die Frage, ob bedürftigen EU-Bürgerinnen mit Aufenthaltsrecht der Zugang zu existenzsichernden Leistungen verwehrt werden darf.

9.3 Nicht Erwerbstätige

Unter dem Einfluss der Rechtsprechung des EuGH können sich seit der Einführung der Unionsbürgerschaft auch nicht erwerbstätige EU-Bürger auf das Gleichstellungsgebot des Art. 18 AEUV berufen. Sie haben demnach grundsätzlich gleichberechtigt Zugang zu sozialen Leistungen, solange sie sich in einem anderen Mitgliedsstaat aufhalten. Es bleibt den Mitgliedsstaaten aber überlassen, bestimmte Leistungen an eine Integration in den Arbeitsmarkt oder eine tatsächliche Bindung an den Mitgliedsstaat zu knüpfen, um den so genannten Sozialtourismus zu unterbinden.[5]

Die Unionsbürgerrichtlinie differenziert beim Zugang zu sozialen Leistungen zwischen erwerbstätigen und nicht erwerbstätigen Unionsbürgern. Der auf-

---

[1] Az.: B 4 AS 9/13 R.
[2] EuGH vom 15.9.2015 – C-67/14 »Alimanovic«.
[3] BVerfG vom 9.2.2010 – 1 BvL 1/09, – 1 BvL 3/09, – 1 BvL 4/09.
[4] BVerfG vom 18.7.2012 – 1 BvL 10/10, – 1 BvL 2/11.
[5] EuGH vom 20.9.2001 – C-184/99 »Grzelczyk«; EuGH vom 7.9 2004 – C-456/02 »Trojani«; EuGH vom 4.6.2009 – C-22/08 und – C-23/08 »Vatsouras/Koupatantze«.

nehmende Mitgliedsstaat ist demnach nur verpflichtet, abhängig oder selbstständig Erwerbstätigen und Verbleibeberechtigten sowie ihren Familienmitgliedern das Recht auf Sozialhilfe[1] zu gewähren (Art. 24 RL 2004/38/EG).

Die VO 884/2004 fordert Gleichbehandlung auch für EU-Bürgerinnen, die sich als nicht Erwerbstätige auf das allgemeine Freizügigkeitsrecht berufen. Ende 2014 hat der EuGH entschieden, dass sich EU-Bürger, die das Freizügigkeitsrecht verlieren, weil sie nicht über eine ausreichende Existenzsicherung verfügen, nicht auf das Gleichbehandlungsgebot der VO berufen können.[2] Dieser Personenkreis dürfte aus dem SGB II und XII ausgeschlossen werden. Geht man vom Wortlaut der einschlägigen Regelungen aus, ist das aber derzeit nicht der Fall. Sowohl § 7 Abs. 1 Satz 2 Nr. 2 SGB II als auch § 23 Abs. 3 Satz 1 2. Alt. SGB XII schließen Ausländer(innen) aus, deren Aufenthaltsrecht sich aus der Arbeitsuche ergibt. Genau das ist aber bei EU-Bürgern ohne Aufenthaltsrecht nicht der Fall. Von Teilen der Rechtsprechung wird zwar argumentiert, dass die Anspruchsausschlüsse »erst Recht« auf wirtschaftlich nicht aktive EU-Bürger(innen) anzuwenden seien.[3] Da der Gesetzgeber trotz Kenntnis der Problematik SGB II und SGB XII nicht geändert hat, kann aber bei der Auslegung nicht auf einen anderslautenden Willen des Gesetzgebers verwiesen werden. Am klaren Wortlaut der Norm führt kein Weg vorbei. Das BSG hat die Frage noch nicht entschieden, von den Landessozialgerichten wird sie unterschiedlich beurteilt.

Mit Erwerb des Daueraufenthaltrechts können auch nicht erwerbstätige EU-Bürger alle sozialen Leistungen in vollem Umfang und ohne Risiko für das Aufenthaltsrecht beanspruchen.

Sofern EU-Bürger im Einzelfall keinen Anspruch auf Sozialleistungen haben, muss geprüft werden, ob ihnen wegen einer Notlage nach Ermessen Leistungen zu gewähren sind (§ 23 Abs. 1 Satz 3 SGB XII). Diese Leistungen sind auf das unabdingbar Notwendige beschränkt.

Bei nicht erwerbstätigen Unionsbürgern muss immer im Einzelfall geprüft werden, welche sozialen Leistungen sie beanspruchen können.

---

[1] Hier wird die Terminologie der Unionsbürgerrichtlinie übernommen, die von Sozialhilfe spricht und nicht – wie das deutsche Sozialrecht – zwischen Leistungen nach SGB II oder SGB XII unterscheidet.
[2] EuGH vom 11.11.2014 – C-333/13 »Dano«.
[3] Siehe Nachweise in LSG NRW vom 10.10.2013 – L 19 AS 129/13, Rn. 60.

Beispiele

Die spanische Staatsangehörige Vera siedelt nach Deutschland über, um mit ihrem Freund zusammenzuleben. Sie arbeitet als geringfügig beschäftigte Verkäuferin zehn Stunden pro Woche. Als sie sich von ihrem Freund trennt, reicht das Einkommen nicht mehr, um davon zu leben. Sie beantragt und erhält als Aufstockerin[1] Leistungen nach SGB II.

Der Italiener Giorgo arbeitet seit 1.1.2003 in Stuttgart als Koch. 2013 geht das Lokal, in dem er zuletzt gearbeitet hat, in Insolvenz. Danach ist er arbeitslos, seit 2014 bezieht er Hartz IV. Anfang 2015 versucht die Ausländerbehörde deshalb, seinen Aufenthalt zu beenden. Giorgo beruft sich aber mit Erfolg darauf, dass er bereits ein Daueraufenthaltsrecht (nach fünf Jahren) erworben hat und sein Aufenthalt nicht mehr wegen Bedürftigkeit beendet werden kann (§ 6 FreizügG/EU).

---

[1] Auch nur geringfügig Beschäftigte sind europarechtlich Arbeitnehmer. Im Rahmen des SGB II sind sie deshalb nicht als Arbeitsuchende mit Zuverdienst, sondern als Arbeitnehmer mit Aufstockungsbedarf zu behandeln.

Prüfungsschemata

A Einreise von EU-Bürgern

■ **Voraussetzungen** (Art. 5 Unionsbürgerrichtlinie)

1. Keine Ausweisung mit Wiedereinreisesperre
2. Benötigt wird ein Pass oder Personalausweis

■ **Rechtsfolge**

Es besteht ein europarechtlich begründetes Einreiserecht

B Einreise von drittstaatsangehörigen Familienangehörigen
(Art. 5 Unionsbürgerrichtlinie)

■ **Voraussetzungen**

1. Freizügigkeitsberechtigung des EU-Bürgers
2. Familiäre Beziehung (Art. 2. Abs. 2 Unionsbürgerrichtlinie)
   a) Ehegatten
   b) Lebenspartner
   c) Kinder und andere Verwandte in absteigender Linie (z.B. Enkel)
      – bis zum 21. Geburtstag oder
      – denen Unterhalt gewährt wird (gilt nicht bei studierenden EU-Bürgern)
   d) Eltern und andere Verwandte in aufsteigender Linie, denen Unterhalt gewährt wird (gilt nicht bei studierenden EU-Bürgern)
3. Keine Ausweisung mit Wiedereinreisesperre
4. Benötigt wird ein Pass oder Personalausweis
5. Visum?
   – Ein Visum kann verlangt werden, wenn die Einreise aus einem Drittstaat erfolgt und für Staatsangehörige des Herkunftsstaates nach der EU-Visaverordnung oder nach deutschem Recht (§ 6 AufenthG; AufenthV) Visumpflicht vorgesehen ist
   – Kein Visum, wenn der Angehörige eine gültige Aufenthaltskarte (auch eines anderen EU-Staates) besitzt
   – Fehlt das Visum oder die Karte, muss, bevor eine Zurückweisung erfolgen kann, dem Ausländer die Möglichkeit gegeben werden, auf andere Weise das Bestehen der Freizügigkeitsvoraussetzungen zu belegen, z. B. durch Nachweis über das Bestehen der familiären Beziehung

■ **Rechtsfolge**

Es besteht ein europarechtlich begründetes Einreiserecht

C Kurzaufenthalt bis zu drei Monaten von EU-Bürgern
(Art. 6 Unionsbürgerrichtlinie)

■ **Voraussetzungen**

1. Sofern keine Ausweisung mit Wiedereinreisesperre erfolgt ist, ist der Kurzaufenthalt immer erlaubt
2. Benötigt wird ein Pass oder Personalausweis

■ **Rechtsfolge**

Es besteht ein europarechtlich begründetes Aufenthaltsrecht

D Kurzaufenthalt bis zu drei Monaten von drittstaatsangehörigen Familienangehörigen
(Art. 6 Unionsbürgerrichtlinie)

■ **Voraussetzungen**

1. Freizügigkeitsberechtigung des EU-Bürgers
2. Familiäre Beziehung → B Voraussetzungen 2.
3. Benötigt wird ein Pass oder Passersatz
4. Visum?
   - Ein Visum kann verlangt werden, wenn die Einreise aus einem Drittstaat erfolgt und für Staatsangehörige des Herkunftsstaates nach EU-Visaverordnung oder nach deutschem Recht (§ 6 AufenthG; AufenthV) Visumpflicht vorgesehen ist
   - Kein Visum, wenn der Angehörige eine gültige Aufenthaltskarte besitzt
   - Fehlt das Visum oder die Karte, muss dem Ausländer die Möglichkeit gegeben werden, auf andere Weise das Bestehen der Freizügigkeitsvoraussetzungen zu belegen, z. B. durch Nachweis über das Bestehen der familiären Beziehung

■ **Rechtsfolge**

Es besteht ein europarechtlich begründetes Aufenthaltsrecht

E   Längere Aufenthalte von EU-Bürgern (Art. 7 Unionsbürgerrichtlinie)

■ **Voraussetzungen**

1. Sofern keine Ausweisung mit Wiedereinreisesperre erfolgt ist, ist ein längerer Aufenthalt erlaubt

2. Wenn die Freizügigkeitsvoraussetzungen vorliegen
   - Erwerbstätig
     Arbeitnehmer, einschließlich
     - verbleibeberechtigt
     - arbeitsuchend eingereist
     - vorübergehend erwerbsunfähig
     Selbstständig mit Niederlassung in Deutschland, einschließlich
     - verbleibeberechtigt
     - vorübergehend erwerbsunfähig
     Arbeitslos gemeldet oder faktisch arbeitsuchend
     Selbstständig ohne Niederlassung in Deutschland
     Entsandte Arbeitnehmer
   - Nicht erwerbstätig
     - Student
     - Sonstiges

3. Benötigt wird ein Pass oder Personalausweis sowie

   - Erwerbstätig
     - Nachweis über die Erwerbstätigkeit
     - Bei Entsandten: Anstellung und Sozialversicherung im Unternehmen mit Sitz in einem EU-Staat
   - Nicht erwerbstätig
     Glaubhaftmachung von ausreichenden Existenzmitteln und Krankenversicherungsschutz

■ **Rechtsfolge**

Es besteht ein europarechtlich begründetes Aufenthaltsrecht

F Längere Aufenthalte von drittstaatsangehörigen Familienangehörigen (Art. 7 Unionsbürgerrichtlinie)

- **Voraussetzungen**

  1. Pass oder Passersatz
  2. Freizügigkeitsberechtigung des EU-Bürgers
  3. Nachweis über das Bestehen der familiären Beziehung (→ B Voraussetzungen 2.)
  4. Ist die Einreise rechtswidrig nicht mit Visum erfolgt, schadet das dem Aufenthaltsrecht nicht

- **Rechtsfolge**

  Es besteht ein europarechtlich begründetes Aufenthaltsrecht

G Ausweisung (§ 6 FreizügG/EU)

1. Freizügigkeitsberechtigung? (§ 2, § 5 Abs. 5 FreizügG/EU)
   a) Wenn nein: AufenthG
   b) Wenn ja:
2. Aufenthalt bis zu fünf Jahre
   a) Ausweisung nach Ermessen möglich, wenn tatsächliche, hinreichend schwere, gegenwärtige Gefahr (insbesondere Wiederholungsgefahr) für öffentlichen Ordnung, Sicherheit oder Gesundheit im Zeitpunkt der Entscheidung
      - Verurteilung wegen Straftat reicht für sich allein genommen nicht
      - Nicht allein wegen wirtschaftlicher Erwägungen (z.B. Sozialleistungsbezug)
   b) Abwägung der Ermessengründe, insbesondere:
      - Dauer des Aufenthalts
      - Alter
      - Gesundheitszustand
      - familiäre Lage
      - wirtschaftliche Lage
      - soziale und kulturelle Integration
      - Ausmaß der Bindung an Herkunftsstaat
3. Aufenthalt fünf bis zu zehn Jahre
   Wie oben, aber nur bei schwer wiegenden Gründen der öffentlichen Ordnung, Sicherheit oder Gesundheit
4. Aufenthalte mehr als zehn Jahre
   Wie oben, aber nur bei zwingenden Gründen der öffentlichen Sicherheit
5. Minderjährig
   Wie oben, aber nur bei zwingenden Gründen der öffentlichen Sicherheit

Kontrollfragen

1. Benötigt ein EU-Bürger für die Einreise nach Deutschland ein Visum?
2. Benötigt ein EU-Bürger für einen kurzen Aufenthalt in Deutschland eine Aufenthaltserlaubnis?
3. Benötigt ein EU-Bürger für einen längeren Aufenthalt in Deutschland eine Aufenthaltserlaubnis?
4. Darf von einem drittstaatsangehörigen Familienangehörigen eines EU-Bürgers für die Einreise nach Deutschland ein Visum verlangt werden?
5. Benötigt ein drittstaatsangehöriger Familienangehöriger eines EU-Bürgers für den Aufenthalt in Deutschland eine Aufenthaltserlaubnis?
6. Benötigt ein EU-Bürger für eine unselbstständige Tätigkeit eine Arbeitserlaubnis?
7. Benötigt ein EU-Bürger für eine selbstständige Tätigkeit eine Arbeitserlaubnis?
8. Benötigt ein drittstaatsangehöriger Familienangehöriger eines EU-Bürgers für eine Erwerbstätigkeit eine Arbeitserlaubnis?
9. Hat ein EU-Bürger Anspruch auf Leistungen nach dem SGB II oder dem SGB XII, wenn er
    a) zum Zweck der Arbeitsuche einreist?
    b) in Teilzeit mit geringem Einkommen beschäftigt ist?
    c) als Verbleibeberechtigter nur eine geringe Rente bezieht?
10. Kommt es beim Anspruch auf Sozialleistungen eines EU-Bürgers, der sich länger als fünf Jahre rechtmäßig in Deutschland aufgehalten hat, auf den Grund seines Aufenthalts an?
11. Kann ein EU-Bürger nach den Grundsätzen des AufenthG ausgewiesen werden?
12. Kann ein EU-Bürger nur wegen Sozialleistungsbezugs ausgewiesen werden?

V Türkische Staatsangehörige

1 Einführung 320
2 Bedeutung des Assoziierungsrechts 321
3 Geltung des AufenthG 322
4 Sonderregelungen für Arbeitnehmer 322
5 Familienangehörige 326
6 Deklaratorische Aufenthaltserlaubnis 328
7 Stand-Still-Klauseln 329
  7.1 Visumpflicht für Touristen und andere Kurzaufenthalte 330
  7.2 Ehegattennachzug 330
  7.3 Verlängerung der Aufenthaltserlaubnis 331
8 Verlust der Rechtsstellung 332
9 Besonderheiten bei der Ausweisung 334
10 Sozialleistungen 336
Prüfungsschemata 338
Kontrollfragen 341

1 Einführung

Türkische Staatsangehörige wanderten seit den 1950er-Jahren hauptsächlich als Arbeitsmigranten nach Deutschland zu. Kaum im öffentlichen Bewusstsein ist aber, dass auch viele Flüchtlinge nach Deutschland kamen, sei es infolge der diversen Militärputsche, sei es wegen der Unterdrückung von Kurden oder religiösen Minderheiten. Weiter kamen und kommen viele Staatsangehörige der Türkei im Wege der Familienzusammenführung nach Deutschland.

Staatsangehörige der Türkei stellten 2014 mit 18 % die größte Einzelgruppe der Ausländer mit Wohnsitz in Deutschland. In der öffentlichen Wahrnehmung werden türkischstämmige Migranten oft sogar als die Mehrheit der Migranten insgesamt wahrgenommen. Viele sowohl juristische, tatsächliche, aber auch imaginäre Problemlagen werden an ihnen festgemacht, etwa die Verhinderung von Zwangsehen oder Fragen der Jugendkriminalität als allgemeines »Ausländerproblem«. Wie die Übersiedlungsgründe sind auch die Lebensumstände von türkischen Staatsangehörigen tatsächlich aber höchst unterschiedlich.

Kenntnisse über die Rechtspositionen von Ausländerinnen mit türkischer Staatsanghörigkeit sind für Beschäftigte in der sozialen Arbeit schon allein wegen der Größe dieser Gruppe unerlässlich. Das allgemeine Basiswissen reicht dafür nicht aus, da türkische Staatsangehörige auf Grundlage des Assoziierungsabkommens Türkei/EWG vom 12.9.1963 eine europarechtliche Sonderstellung genießen.

2 Bedeutung des Assoziierungsrechts

Assoziierungs- und Europaabkommen sind ein Mittel, mit dem die EU ihre Beziehungen zu Drittstaaten gestaltet. Rechtsgrundlage ist Art. 217 AEUV. Sie sind je nach Bedarf ausgestaltet, dienen meist der Herstellung privilegierter Wirtschaftsbeziehungen und sollen politische, wirtschaftliche und gesellschaftliche Transformationsprozesse unterstützen. Sie können zur Vorbereitung einer Mitgliedschaft oder als Kompensation für eine Nichtmitgliedschaft dienen.

Es gibt so genannte Entwicklungsassoziationen mit Staaten des nördlichen Afrika, der Karibik und aus dem pazifischen Raum. Die Übergänge dieser Abkommen zu Freihandelsabkommen wie etwa mit den Maghrebstaaten sind fließend.

Mit den Ländern des westlichen Balkans wurden seit 2003 Abkommen zur Stabilisierung und Assoziierung geschlossen. Die ehemalige jugoslawische Republik Mazedonien hat seit Dezember 2005[1] Beitrittskandidatenstatus. Kroatien hatte ihn seit dem 3.10.2005 und wurde zum 1.7.2013 Mitglied der EU.

Zur Vorbereitung der Aufnahme der Türkei in die (damals noch) EWG wurde am 12.9.1963 ein Assoziierungsabkommen zwischen der EWG und der Türkei geschlossen. 1970 wurde in einem Zusatzprotokoll (ZP) die schrittweise Herstellung der Freizügigkeit bis 1986 vereinbart, die jedoch aus wirtschaftlichen und sozialen Gründen nicht verwirklicht wurde. Zwischen 1976 und 1980 legte der Assoziationsrat EWG/Türkei Regeln für die Beschäftigung und die Freizügigkeit sowie die soziale Sicherung der Arbeitnehmer fest.

Auf Grundlage des Assoziierungsabkommens Türkei/EWG vom 12.9.1963, des ZP und der Assoziationsratsbeschlüsse ARB 1/80 und ARB 3/80 hat der EuGH durch seine reichhaltige Judikatur die Rechte von Arbeitnehmerinnen mit türkischer Staatsangehörigkeit und ihren Familienangehörigen seit Mitte der 1980er-Jahre immer weiter gestärkt. Zusammenfassend wird dieses Recht als Assoziierungsrecht oder Assoziationsrecht bezeichnet.

---

[1] Montenegro seit 2010, Serbien seit 2012 und Albanien seit 2014.

Mittlerweile genießen Arbeitnehmer mit türkischer Staatsangehörigkeit und ihre Familienangehörigen in Bezug auf Aufenthaltsstatus, Erwerbstätigkeit und sozialrechtliche Stellung unter bestimmten Voraussetzungen einen Status, der sie weit gehend mit EU-Bürgern gleichstellt.[1]

> Die Rechtsprechung des EuGH zum Assoziierungsrecht fällt unter den europarechtlichen Anwendungsvorrang. Sie ist deshalb auch in Deutschland bindend und geht deutschem Recht vor.

3 Geltung des AufenthG

Der Zugang nach Deutschland und in den deutschen Arbeitsmarkt unterliegt weit gehend dem nationalen Recht. Das Assoziierungsabkommen greift hier nicht. Türkische Staatsangehörige können demnach nach den Regeln des AufenthG als Arbeitnehmerinnen oder aus anderem Grund nach Deutschland einwandern – etwa als Flüchtling (→ S. 153 ff.) oder im Weg der Familienzusammenführung (→ S. 87 ff.). Auch für den Zugang zum Arbeitsmarkt gelten zunächst die einschlägigen Regelungen (→ S. 71 ff.). Zu beachten ist aber schon beim Zugang zu Deutschland das Verschlechterungsverbot des Assoziationsrechts. Demnach dürfen die Regeln beim Zugang nach Deutschland und für den Aufenthalt seit Abschluss des ZP und der Assoziationsratsbeschlüsse nicht verschärft werden (unten → S. 329).

Wenn türkische Staatsangehörige Zugang zum deutschen Arbeitsmarkt gefunden haben, erwachsen ihnen daraus europarechtlich begründete Rechte, die ihren ausländerrechtlichen Status schrittweise festigen.

4 Sonderregelungen für Arbeitnehmer

Die europarechtliche Sonderstellung für Arbeitnehmer setzt voraus, dass der türkische Staatsangehörige ein regulärer Teil des Arbeitsmarktes geworden ist. Die Frage, ob dies der Fall ist, orientiert sich am europarechtlichen Arbeitnehmerbegriff (→ S. 290). Als »Arbeitnehmer« wird qualifiziert,

---

[1] Näheres: AAH-ARB 1/80; Renner/Bergmann/Dienelt, 2013, § 4 AufenthG Rn. 123 ff und Dritter Teil, ARB 1/80.

wer nach den Weisungen einer anderen Person tatsächliche und echte Leistungen von wirtschaftlichem Wert erbringt, für die als Gegenleistung eine Vergütung gezahlt wird. Teil des regulären Arbeitsmarktes wird, wer rechtmäßig eingereist und ebenso rechtmäßig auf den Arbeitsmarkt gelangt ist. Weiter muss es sich um eine »ordnungsgemäße Beschäftigung«, das heißt eine gesicherte und nicht nur vorläufige Position am Arbeitsmarkt handeln. Dafür ist laut EuGH ein unbestrittenes (nicht ein unbefristetes) Aufenthaltsrecht Voraussetzung; es reicht also weder eine Duldung noch ein Asylverfahren noch ein Antrag auf einen Aufenthaltstitel, der später abgelehnt wird. Auch wenn ein formal bestehendes Aufenthaltsrecht durch Täuschung erlangt wurde, liegt keine ordnungsgemäße Beschäftigung vor.

Zur Erfüllung der Kriterien ist es ist nicht notwendig, eine Aufenthaltserlaubnis zum Zweck der Beschäftigung zu haben. Auch eine Befristung der Aufenthalts- und der Arbeitserlaubnis schadet nicht. So können nach der Rechtsprechung des EuGH beispielsweise auch türkische Staatsangehörige, die als Aupair oder als Student eingereist sind, die Arbeitnehmereigenschaft haben.[1] Auch wer in Deutschland als Au-pair[2] eingesetzt war oder als Studentin[3] einer Beschäftigung nachgegangen ist, kann die Arbeitnehmereigenschaft erwerben und hieraus gegebenenfalls Aufenthaltsrechte ableiten. Ob dies der Fall ist, muss im Einzelfall geprüft werden.

Die Sonderrolle türkischer Arbeitnehmer ergibt sich aus ihrem sich verfestigenden Recht, einer Beschäftigung nachzugehen. Das Recht auf Fortsetzung der Beschäftigung enthält implizit auch das Recht zum Aufenthalt, da es ohne Aufenthaltsrecht nicht verwirklicht werden kann.[4] ARB 1/80 sieht für die Verfestigung des Status drei Schwellen vor:

- Türkische Staatsangehörige, die ein Jahr lang bei dem gleichen Arbeitgeber ordnungsgemäß beschäftigt waren, haben gemäß Art. 6 Abs. 1 Spiegelstrich 1 ARB 1/80 Anspruch auf Erneuerung der Arbeitserlaubnis beim gleichen Arbeitgeber. Erfolgt vor Ablauf der Frist ein Arbeitgeberwechsel, läuft die Frist neu. Das gilt bis zum Ablauf der Frist auch bei unverschuldeter Arbeitslosigkeit. Mit dem Anspruch auf Verlängerung der Arbeitserlaubnis einher geht der Anspruch auf Verlängerung des Aufenthalts.

---

[1] EuGH vom 24.1.2008 – C-294/06 »Payir u.a.«, InfAuslR 2008, S. 149 ff.
[2] Arbeits- und Aufenthaltserlaubnis für Au-pair-Kräfte werden gemäß § 12 BeschV für ein Jahr erteilt. Die anspruchsauslösende Beschäftigung von einem Jahr beim gleichen Arbeitgeber ist also möglich.
[3] Renner/Bergmann/Dienelt, 2013, Art. 6 ARB 1/80 Rn. 22+43.
[4] EuGH vom 20.9.1990 – C-192/89 »Sevince«, InfAuslR 1991, S. 2 ff.

- Nach drei Jahren besteht gemäß Art. 6 Abs. 1 Spiegelstrich 2 ARB 1/80 Anspruch auf eine Arbeitserlaubnis für den gleichen Beruf, auch bei Arbeitgeberwechsel. Erfolgt vor Ablauf der Frist ein Berufswechsel, läuft die Frist neu. Zeiten unverschuldeter Arbeitslosigkeit führen nicht mehr zum Verlust des erreichten Beschäftigungsanspruchs, werden aber bei der Fristberechnung nicht mitgezählt (vgl. Art. 6 Abs. 2 ARB 1/80).

- Nach vier Jahren ordnungsgemäßer Beschäftigung besteht gemäß Art. 6 Abs. 1 Spiegelstrich 3 ARB 1/80 freier Zugang zum Arbeitsmarkt. Dies beinhaltet auch das Recht zu kündigen und ein Aufenthaltsrecht für einen angemessenen Zeitraum (sechs Monate) zur Arbeitsplatzsuche (Art. 6 Abs. 1 ARB 1/80). Für den Nachweis der Arbeitsuche ist die Registrierung bei der AA wichtig.

Es kann auch schon vor Erfüllung der genannten Voraussetzungen zu einem assoziationsrechtlichen Aufenthaltsrecht kommen, und zwar im Fall einer »überschießenden« Arbeitserlaubnis. Gilt die Arbeitserlaubnis über den Zeitraum hinaus, für den eine Aufenthaltserlaubnis erteilt wurde, kann sich der Besitzer dieser Arbeitserlaubnis auf das Diskriminierungsverbot des Art. 10 Abs. 1 ARB 1/80 berufen. Das heißt, türkische Staatsangehörige, denen ordnungsgemäß erlaubt ist, in Deutschland für eine bestimmte Zeit eine Beschäftigung auszuüben, muss es möglich sein, die Rechte aus dieser Erlaubnis auszuüben. Da eine Beschäftigung in Deutschland ohne ein Aufenthaltsrecht nicht möglich ist, besteht dann ein solches.[1]

Art. 6 Abs. 2 ARB 1/80 regelt, welche Fehlzeiten und Unterbrechungen der Beschäftigung dem Erwerb der Rechtsstellung aus Art. 6 Abs. 1 ARB 1/80 nicht schaden. Demnach werden Abwesenheitszeiten wegen Mutterschaft, Arbeitsunfalls oder kurzer Krankheit als Zeiten ordnungsgemäßer Beschäftigung gerechnet.

Zeiten längerer Krankheit und von unverschuldeter, von der AA festgestellter Arbeitslosigkeit zählen gemäß Art. 6 Abs. 2 Satz 2 ARB 1/80 nicht als Beschäftigungszeiten. Sie führen aber auch nicht zum Rechtsverlust. Das heißt, diese Zeiten führen nur zu einer Pause: Bei erneuter Aufnahme einer Beschäftigung muss sich der Arbeitnehmer nicht so behandeln lassen, als ob er erstmals einer Beschäftigung nachgeht, sondern er knüpft an die bereits erworbenen Rechte an.

---

[1] OVG Hamburg vom 29.5.2008 – 4 BF 232/07, im Anschluss an EuGH vom 2.3.1999, – C-416/96 »El-Yassini«; EuGH vom 14.12.2006 – C-97/05 »Gattoussi«.

Türkische Arbeitnehmerinnen, die die Voraussetzungen des Art. 6 Abs. 1 ARB 1/80 erfüllen, können sich unmittelbar auf diese Bestimmungen berufen. Neben der Verlängerung der Arbeitserlaubnis können sie die Verlängerung der Aufenthaltserlaubnis verlangen, da das Aufenthaltsrecht für den Zugang zur Ausübung einer Tätigkeit im Lohn- oder Gehaltsverhältnis unbedingt erforderlich ist.[1]

Das Aufenthaltsrecht, das türkischen Arbeitnehmern aus dem Assoziationsrecht erwächst, ist europarechtlicher Natur. Das heißt, dieser Personenkreis benötigt für einen legalen Aufenthalt in Deutschland keine Aufenthaltsgenehmigung nach dem AufenthG. Das AufenthG berücksichtigt diese besondere Rechtsstellung in § 4 Abs. 1 und 5. Dort ist festgehalten, dass Ausländer, die auf Grundlage der Assoziation zwischen der EU und der Türkei ein Aufenthaltsrecht haben, keinen konstitutiven Aufenthaltstitel benötigen. Türkische Arbeitnehmerinnen sind allerdings verpflichtet, ihr Aufenthaltsrecht durch eine deklaratorische Aufenthaltserlaubnis nachzuweisen (→ S. 322 und → S. 328).

Beispiele

Der türkische Staatsangehörige Ali hat in Istanbul eine Ausbildung als Koch gemacht und möchte nun in einem Spezialitätenrestaurant in Frankfurt arbeiten.[2] Er hat ein sehr gutes Angebot vorliegen. Die Bundesagentur für Arbeit verweigert aber die Zustimmung, da in Deutschland genügend qualifizierte Köche zur Verfügung stehen. Dank der Bemühungen des Restaurantbesitzers gelingt es wegen der besonderen Kenntnisse Alis doch noch, die Zustimmung zu bekommen. Die Aufenthaltserlaubnis wird allerdings nur für elf Monate erteilt. Auf seine Frage nach dem »Warum« erfährt Ali, dass damit auf rechtlich korrekte Weise verhindert werden soll, dass er in die Rechte des ARB 1/80 hineinwächst.

Leyla, türkische Staatsangehörige, beginnt zum 1.4.2011 eine Tätigkeit als Sozialarbeiterin bei der AWO in Frankfurt.[3] Nachdem sie dort drei Jahre tätig war, möchte sie eine etwas stressfreiere Tätigkeit. Sie erhält das Angebot, zum 1.5.2014 als teilzeitbeschäftigte Sozialarbeiterin beim Diakonischen Werk in Peine zu arbeiten. Da Leyla drei Jahre ordnungsgemäß bei der AWO beschäftigt war, kann sie gemäß Art. 6 Abs. 1 Spiegelstrich 2 ARB 1/80 den Arbeitgeber wechseln und beim Diakonischen Werk beginnen.
Semra, türkische Staatsangehörige, ist 2002 mit 18 Jahren als Asylbewerberin nach Deutschland gekommen. Nach Ablehnung ihres Antrags wurde sie geduldet.

---

[1] EuGH vom 16.12.1992 – C-237/91 »Kus«, Slg 1992 I-06781.
[2] Grundsätzlich kann hierfür eine Aufenthaltserlaubnis nach § 18 AufenthG i.V.m. § 11 BeschV erteilt werden.
[3] Hierfür kann eine Aufenthaltserlaubnis nach § 18 AufenthG i.V.m. § 2 Abs. 3 BeschV erteilt werden.

Nachdem sie im Herbst 2008 eine Ausbildung zur Arzthelferin aufnehmen konnte, erhielt sie Anfang 2009 eine Aufenthaltserlaubnis nach § 25 Abs. 4 Satz 1 AufenthG zur Fortsetzung und Beendigung ihrer Ausbildung. Nach ihrer Abschlussprüfung im Herbst 2011 wurde sie von ihrer Ausbildungsstelle übernommen. Nunmehr konnte ihr Aufenthalt nicht mehr beendet werden. Sie erhielt eine Aufenthaltserlaubnis nach § 18 AufenthG zum Zwecke der Beschäftigung. Sie würde nun gern den Beruf wechseln und noch eine andere Ausbildung aufnehmen. Anfang 2013 wird sie vier Jahre im selben Beruf beschäftigt sein; dann hat sie einen freien Zugang zum Arbeitsmarkt erlangt. Wenn sie kündigt, bleiben ihr sechs Monate Zeit, sich eine neue Ausbildungsstelle zu suchen, ohne dass ihr Aufenthaltsrecht gefährdet würde.

5 Familienangehörige

Die Annäherung der Rechtsstellung von Arbeitnehmern mit türkischer Staatsangehörigkeit an die von EU-Bürgern gilt nicht für das Recht auf Familienzusammenführung. Das Assoziierungsrecht sieht beim Zugang nach Deutschland für die Angehörigen von türkischen Arbeitnehmern keine Sonderrechte vor wie für die Angehörigen von EU-Bürgern im Rahmen der Arbeitnehmerfreizügigkeit. Das Recht auf Familienzusammenführung richtet sich wie bei anderen Drittstaatlern auch nach dem AufenthG (→ S. 87 ff.). Es gilt allerdings die Stand-Still-Klausel nach Art. 13 ARB 1/80 (→ S. 329).

Befinden sich die Angehörigen rechtmäßig im Land, erwachsen aus ARB 1/80 weiter gehende Rechte:

- Gemäß Art. 7 Satz 1 Spiegelstrich 1 ARB 1/80 erhalten sie spätestens nach drei Jahren rechtmäßigen Aufenthalts einen nachrangigen Arbeitsmarktzugang.

- Gemäß Art. 7 Satz 1 Spiegelstrich 2 ARB 1/80 steht nach fünf Jahren rechtmäßigen Aufenthalts der Zugang zum Arbeitsmarkt ganz frei.

- Kinder von türkischen Arbeitnehmern haben ohne Frist unbeschränkten Zugang zum Arbeitsmarkt, wenn sie in Deutschland eine Berufsausbildung abgeschlossen haben und ein Elternteil für mindestens drei Jahren in Deutschland ordnungsgemäß beschäftigt war. Auf das Alter der Kinder kommt es nicht an, sie können auch volljährig sein.

Voraussetzung ist in den ersten zwei Fällen, dass die Stammberechtigte im Zeitpunkt des Zuzugs dem regulären Arbeitsmarkt angehört. Das ist auch der Fall, wenn die Stammberechtigte arbeitslos gemeldet ist. Weiter muss die familiäre Einheit jeweils für den gesamten in Art. 7 ARB 1/80 genannten Zeitraum bestanden haben.

Besonders privilegiert sind Kinder von türkischen Arbeitnehmern, wenn sie in Deutschland eine Ausbildung abschließen. Sie haben nach Art. 7 Satz 2 ARB 1/80 ein assoziationsrechtliches Daueraufenthaltsrecht, wenn ein Elternteil drei Jahre in Deutschland einer Beschäftigung nachgegangen ist, auch wenn das Kind erst zu einem späteren Zeitpunkt ohne die Eltern einreist.[1]

Aus dem Anspruch auf Arbeitsmarktzugang ergibt sich auch für die Familienangehörigen das assoziationsrechtliche Aufenthaltsrecht.

Hat die Stammberechtigte bereits einen unbeschränkten Zugang zum Arbeitsmarkt, steht dem Familienangehörigen nach § 29 Abs. 5 Nr. 1 AufenthG ebenfalls ein unbeschränkter Arbeitsmarktzugang zu. Das Gleiche gilt, wenn die Ehe seit mindestens zwei Jahren in Deutschland bestand (§ 29 Abs. 5 Nr. 3 AufenthG). Zu einem »vorzeitigen« assoziationsrechtlichen Aufenthaltsrecht nach Art. 7 ARB 1/80 führt dies nicht.

Bei Aufnahme einer Tätigkeit entstehen die Rechte nach Art. 6 ARB 1/80, das heißt bereits nach einem Jahr ein unmittelbar aus Art. 6 ARB 1/80 abzuleitendes Aufenthaltsrecht.[2]

Wer Familienangehöriger ist, ist europarechtlich auszulegen (→ S. 297 ff.). Der Familiennachzug selbst richtet sich zwar nach dem engen Familienbegriff des AufenthG; sobald aber ein Aufenthaltsrecht besteht, können beispielsweise auch ältere Kinder oder Enkel eines türkischen Arbeitnehmers Aufenthaltsrechte aus Art. 7 ARB 1/80 ableiten.

Beispiel

Alisa, türkische Staatsangehörige, ist 2002 im Alter von 14 Jahren zu ihren Eltern nach Deutschland nachgezogen. Der Vater hat viele Jahre bei Ford-Köln gearbeitet. Seit 2007 ist er Frührentner. Nach Abschluss der Schule im Jahr 2006 hat Alisa keinen Ausbildungsplatz gefunden und ist auch nicht erwerbstätig. Seit der Verrentung ihres Vaters bezieht sie SGB II-Leistungen. Ihr Aufenthalt kann jedoch nicht wegen des Leistungsbezugs beendet werden, weil sie einen freien Zugang zum Arbeitsmarkt hat (nach fünf Jahren) und daraus auch ein Aufenthaltsrecht ableiten kann.

Dem Wortlaut nach bezieht sich Art. 7 ARB 1/80 nur auf nachziehende Angehörige. Er gilt aber auch für in Deutschland geborene Kinder und Ehepartner, die sich schon vorher in Deutschland befanden. Für sie ist die Frist des Ar-

---

[1] EuGH vom 21.1.2010 – C-462/08 »Bekleyen«.
[2] Art. 6 und Art. 7 ARB 1/80 sind kumulativ anwendbar.

beitsmarktzugangs zwar meist irrelevant; wichtig ist dies aber für das abgeleitete Aufenthaltsrecht. Dieses einmal erworbene Recht geht nicht mehr dadurch verloren, dass der türkische Arbeitnehmer aus dem Erwerbsleben ausgeschieden ist; auch wenn ein Kind volljährig geworden ist und keinen Unterhalt mehr von den Eltern bezieht, besteht das Recht fort. Für das Aufenthaltsrecht ist es auch unschädlich, wenn die Kinder keiner Arbeit nachgehen und sich auch nicht darum bemühen.[1] Ebenfalls unschädlich ist eine Verehelichung des volljährig gewordenen Kindes.[2]

Beispiele

Die türkische Staatsangehörige Göksen lebt seit fünf Jahren mit ihrem türkischen Ehemann Kemal in Duisburg, wo Kemal in einem Lokal arbeitet. Göksen möchte nun ebenfalls eine Arbeit aufnehmen. Auf Nachfrage erfährt sie, dass sie nach Art. 7 ARB 1/80 freien Zugang zum Arbeitsmarkt hat, weil sie sich bereits fünf Jahre rechtmäßig als Ehefrau eines türkischen Arbeitnehmers in Deutschland aufgehalten hat.

Die türkische Staatsangehörige Ayse zieht im März 2010 zu ihrem türkischen Ehemann nach Köln und beginnt eine Teilzeittätigkeit in einem Kaufhaus. Da sich die Eheleute auseinandergelebt haben, trennen sie sich im Januar 2012. Ayse beantragt daraufhin eine eigenständige Aufenthaltserlaubnis. Die wird ihr mit dem Hinweis verweigert, sie erfülle nicht die Voraussetzungen, da die Ehe nicht seit drei Jahren in Deutschland bestanden habe (vgl. § 31 AufenthG). Ayse kann darauf aber geltend machen, dass ihr ein Aufenthaltsrecht aus Art. 6 ARB 1/80 zusteht: Da sie seit über einem Jahr bei demselben Arbeitgeber beschäftigt ist, hat sie Anspruch auf die Erlaubnis, diese Arbeit fortsetzen zu dürfen und damit auch ein Aufenthaltsrecht.

6 Deklaratorische Aufenthaltserlaubnis

Leitet ein türkischer Arbeitnehmer oder ein Angehöriger sein Aufenthaltsrecht aus dem Assoziationsrecht ab, so besteht das Aufenthaltsrecht unmittelbar; auch ohne den Besitz eines Aufenthaltstitels ist der Aufenthalt rechtmäßig. Allerdings verstößt es gegen Meldepflichten, keinen Aufenthaltstitel zu beantragen oder ihn nicht zu verlängern (§ 4 Abs. 5 AufenthG). Ein Verstoß wird mit einer Geldbuße von bis zu 3.000 € geahndet (§ 98 Abs. 2 Nr. 1 und Abs. 5 AufenthG).

---

[1] Renner/Bergmann/Dienelt, 2013, Art. 7 ARB 1/80 Rn. 7.
[2] EuGH vom 16.6.2011 – C 484/07 »Pehlivan«.

Die Aufenthaltserlaubnis muss das assoziationsrechtliche Aufenthaltsrecht erkennen lassen. Sofern sich aus dem Beschäftigungsverhältnis oder Art. 6 und 7 ARB 1/80 nicht anderes ergibt, wird sie für drei Jahre ausgestellt oder verlängert.[1] Sofern das Daueraufenthaltsrecht bereits besteht, aber die Voraussetzungen für eine Niederlassungserlaubnis nicht vorliegen, ist die Aufenthaltserlaubnis auf fünf Jahre auszustellen.[2] Das unbefristete Aufenthaltsrecht nach dem Assoziationsrecht führt nicht zu einem Anspruch auf eine Niederlassungserlaubnis. Um diese zu erhalten, müssen auch bei assoziationsrechtlich Aufenthaltsberechtigten alle spezifischen Voraussetzungen wie etwa ausreichende Kenntnisse der deutschen Sprache gegeben sein.[3]

> Sofern bei Antragstellung die Voraussetzungen für die Erteilung einer Niederlassungserlaubnis vorliegen, sollen Antragstellerinnen darauf hingewiesen werden (AVwV AufenthG Rn. 4.5.3.). Dies zu nutzen, ist den Betroffenen zu empfehlen, um den Aufenthalt auch bei einem Verlust des assoziationsrechtlichen Aufenthaltsrechts zu sichern, etwa mit Beginn der Rente (→ S. 331 f.).

7 Stand-Still-Klauseln

Art. 7 ARB 2/76, Art. 13 ARB 1/80 und Art. 41 ZP verhindern, dass die Rechte von türkischen Staatsangehörigen aus dem Assoziierungsabkommen, dem ZP und den Assoziationsratsbeschlüsse nachträglich durch nationale Gesetzgebung geschmälert werden. Art. 7 ARB 2/76 schützt Arbeitnehmerinnen, Art. 13 ARB 1/80 ihre Angehörigen und Art. 41 ZP Selbständige sowie Dienstleistungserbringer und -empfänger vor einer Verschlechterung der sie betreffenden Rechtslage nach 1976 (Arbeitnehmer), 1980 (Arbeitnehmer und Familienangehörige) bzw. 1970 (Selbständige). Das Assoziationsrecht privilegiert türkische Staatsangehörige und ihre Familienangehörigen, die bereits ein Aufenthaltsrecht haben. Die Stand-Still-Klauseln erfassen aber auch die »Voraussetzungen für die erstmalige Aufnahme türkischer Staatsangehöriger im Hoheitsgebiet eines Mitgliedsstaats«.[4] Unzulässig ist es auch, einmal vorgenommene Erleichterungen wieder zu verschlechtern.[5]

---

[1] AVwV AufenthG Rn. 4.5.3.
[2] BVerwG vom 22.5.2012 – 1 C 6.11.
[3] BVerwG vom 28.4.2015 – 1 C 21.14.
[4] EuGH vom 29.4.2010 – C-92/07, Rn. 49.
[5] EuGH vom 9.12.2010 – C-300/09 »Toprak« und – C-301/09 »Oguz«.

7.1 Visumpflicht für Touristen und andere Kurzaufenthalte

Auf Grund von Art. 41 ZP sind alle Verschärfungen im Dienstleistungsverkehr mit der Türkei unanwendbar. Erfasst von diesem Verschlechterungsverbot ist auch das Visumrecht. Zur Erbringung von Dienstleistungen im Auftrag Dritter dürfen Staatsangehörige der Türkei deshalb visumfrei für zwei Monate, im Übrigen für drei Monate einreisen.[1]

Die Dienstleistungsfreiheit schließt nach der Rechtsprechung des EuGH zu den Grundfreiheiten die Freizügigkeit von Dienstleistungsempfängern ein (→ S. 291 f.). Das würde bedeuten, dass etwa Touristen, die einreisen, um in Deutschland die entsprechenden Dienstleistungen in Empfang zu nehmen, dies visumfrei tun könnten. Der EuGH hat aber, nachdem diese Frage lange strittig war, im Sommer 2013 entschieden[2], dass Art. 41 ZP nicht die Freiheit türkischer Staatsangehöriger umfasst, sich als Dienstleistungsempfänger in einen EU-Mitgliedsstaat zu begeben, um dort eine Dienstleistung in Anspruch zu nehmen. Von Besucherinnen und Touristen darf also weiter ein Visum gefordert werden.

7.2 Ehegattennachzug

Auch beim Ehegattennachzug haben die Stand-Still-Klauseln Auswirkungen. Art. 13 ARB 1/80 verbietet eine Verschlechterung der Rechtslage von türkischen Arbeitnehmerinnen und ihren Familienangehörigen. 2010 hat der EuGH entschieden, dass es gegen das Verschlechterungsverbot verstößt, eine einmal vorgenommene Absenkung der Frist für den Erwerb eines eigenständigen Aufenthaltsrechts von Ehegatten zurückzunehmen.[3] Die Heraufsetzung der Ehebestandszeit in § 31 AufenthG im Juni 2011 von zwei auf drei Jahre ist damit ebenfalls europarechtswidrig und auf die Ehegatten von türkischen Arbeitnehmerinnen nicht anzuwenden.

Auch die Pflicht gem. § 30 Abs. 1 Nr. 2 AufenthG, Kenntnisse der deutschen Sprache vor der Einreise nachzuweisen, ist umstritten. Die Stand-Still-Klauseln erfassen nach der neueren Rechtsprechung des EuGH auch die Voraussetzungen für die erstmalige Einreise von türkischen Staatsangehörigen und ihren Familienangehörigen. Da es das Spracherfordernis 1980 noch nicht gab, stellt es eine nachträgliche Verschärfung dar. Im Juli 2015 hat der EuGH entspre-

---

[1] EuGH vom 19.2.2009 – C-228/06 »Soysal«.
[2] EuGH vom 24.9.2013 – C-221/11 »Demirkan«.
[3] EuGH vom 9.12.2010 – C-300/09 »Toprak« und – C-301/09 »Oguz«.

chend festgestellt, dass das Spracherfordernis beim Ehegattennachzug zu türkischen Arbeitnehmerinnen gegen EU-Recht verstößt. Teilweise wird diese Entscheidung dahingehend interpretiert, dass der EuGH nur eine Härtefallklausel gefordert habe. Ein Blick in die Entscheidung macht aber deutlich, dass der EuGH das Spracherfordernis als solches für europarechtwidrig erklärt.[1] Diese Entscheidung wurde von der Bundesregierung dahingehend interpretiert, dass es genüge, eine Härtefallklausel einzuführen. Das ist mit Wirkung zum 1.7.2015 geschehen (zur Härtefallklausel → S. 93).[2] Für diese Interpretation des Urteils wird auf die Entscheidungsgründe verwiesen. Dort stellt der EuGH fest, dass die Einführung des Spracherfordernisses möglicherweise durch zwingende Gründe des Allgemeininteresses gerechtfertigt werden könnte. Ob dies so ist, lässt der EuGH offen, da die Regelung in der geltenden Fassung unverhältnismäßig und somit auf jeden Fall europarechtwidrig ist. Im Tenor der Entscheidung heißt es entsprechend eindeutig, dass die Regelung in § 30 Abs. 1 Nr. 2 AufenthG gegen die Stillhalteklausel verstößt. Betroffene können sich insoweit trotz der neuen Härtefallklausel auf die Entscheidung berufen. Es ist zu erwarten, dass es zu weiteren Rechtsstreitigkeiten in dieser Frage kommt.

7.3 Verlängerung der Aufenthaltserlaubnis

Seit Juni 2011 wird eine Aufenthaltserlaubnis jeweils um höchstens ein Jahr verlängert, solange der Pflicht zur Teilnahme an einem Integrationskurs nicht erfolgreich entsprochen wurde (vgl. § 8 Abs. 3 Satz 6 AufenthG). Türkische Arbeitnehmer sind davon nicht betroffen, da sie ein assoziationsrechtliches Aufenthaltsrecht haben und die Aufenthaltserlaubnis dies erkennbar machen muss (→ S. 328).

Die Verlängerung der Aufenthaltserlaubnis der Familienangehörigen erfolgt nach dem AufenthG, solange noch kein assoziationsrechtliches Aufenthaltsrecht nach Art. 7 ARB 1/80 erworben wurde (→ S. 326). Die oben beschriebene Neuregelung der Verlängerung eines Aufenthaltstitels stellt für sie eine Verschlechterung im Vergleich zur Rechtslage von 1980 dar. Nach der damals gültigen Regelung, war die Aufenthaltserlaubnis jeweils um zwei Jahre zu verlängern, wenn sie sonstigen Voraussetzungen vorlagen.[3] Bei konsequenter Umsetzung der Eu-

---

[1] EuGH vom 10.7.2014 – C-153/14.
[2] Gesetz zur Neubestimmung des Bleiberechts und der Aufenthaltsbeendigung, BGBl. I 2015, Nr. 32, S. 1386.
[3] Allgemeine Verwaltungsvorschrift zur Ausführung des Ausländergesetzes vom 7.7.1967 zu § 7 AuslG Nr. 4 (in der Fassung vom 1.10.1978).

GH-Rechtsprechung ist § 8 Abs. 3 Satz 6 AufenthG deshalb auf die Angehörigen von türkischen Arbeitnehmerinnen nicht anwendbar. Auch hier vertreten die Bundesregierung und der für die Verwaltung zuständige Innenminister eine andere Auffassung, so dass es wohl erst einer höchstrichterlichen Entscheidung bedarf.

8 Verlust der Rechtsstellung

Zeiten selbst verschuldeter Arbeitslosigkeit führen zum Verlust der Rechte nach Art. 6 Abs. 1 ARB 1/80. Zeiten der Beschäftigungslosigkeit, die nicht in Art. 6 Abs. 2 ARB 1/80 genannt werden, bewirken trotzdem nicht unbedingt den Verlust der Rechtsstellung:

- Die Rechte aus Art. 6 Abs. 1 Spiegelstrich 1 ARB 1/80 gehen auch durch Untersuchungshaft und/oder eine Strafaussetzung zur Bewährung nicht verloren, sofern innerhalb eines angemessenen Zeitraums eine neue Beschäftigung gefunden wird.
- Das Gleiche gilt bei Art. 6 Abs. 1 Spiegelstrich 3 ARB 1/80 trotz Inhaftierung.[1]

Ob der Wechsel zu einer selbstständigen Tätigkeit zum Verlust der Rechtsstellung aus Art. 6 ARB 1/80 führt, ist strittig. Da bei einer ausländerrechtlich erlaubten Aufnahme einer solchen Tätigkeit der Bezug zum Arbeitsmarkt nicht verloren geht, spricht vieles dafür, dass dies nicht der Fall ist.[2]

Nach dem endgültigen Verlassen des deutschen Arbeitsmarktes, etwa weil das Rentenalter erreicht wurde, endet der Arbeitnehmerstatus und die Rechte aus Art. 6 ARB 1/80 gehen verloren.

Das Aufenthaltsrecht der Familienangehörigen aus Art. 7 ARB 1/80 geht neben der Ausweisung nur bei längerer Ausreise verloren.[3] Wann der Verbleib im Ausland zum Verlust der erworbenen Rechtspositionen in Deutschland führt, richtet sich auch für türkische Staatsangehörige nach den Regelungen in § 51 AufenthG (→ S. 256).

---

[1] Renner/Bergmann/Dienelt, 2013, Art. 6 ARB 1/80 Rn. 68 ff.
[2] Hailbronner, 2006, S. 280 f.
[3] EuGH vom 4.10.2007 – C-349/06 »Polat«; Karger, 2008, S. 229.

8 Verlust der Rechtsstellung

> Zu beachten ist, dass die Rechtstellung von Familienangehörigen nicht erlischt, wenn die längere Abwesenheit vom Bundesgebiet nicht freiwillig ist wie etwa in Fällen einer Zwangsverheiratung (AVwV AufenthG Rn. 51.1.6.4.4) oder einer rechtswidrigen Ausweisung (OVG Berlin-Brandenburg vom 11.5.2010 – OVG 12 B 26.09).

Auf die Rechtsstellung nach Art. 6 und nach Art. 7 ARB 1/80 hat es keine Auswirkung, wenn gegen die Pflicht, an einem Integrationskurs teilzunehmen, verstoßen wurde. Weder darf dieser Umstand herangezogen werden, den Aufenthaltstitel nicht zu verlängern, noch als Grund, den Aufenthalt zu beenden.[1]

Beispiele

Der türkische Staatsangehörige Davut lebt seit 1999 in Wolfsburg. Nachdem er fünf Jahre bei VW beschäftigt war, muss er diese Tätigkeit wegen einer Rückenerkrankung aufgeben. Seither arbeitet er an einer Tankstelle. Sein verringertes Einkommen bessert er durch Diebstähle auf. 2012 sitzt er für ein halbes Jahr in Untersuchungshaft, wird aber nicht verurteilt. Es gelingt ihm, eine neue Anstellung als Nachtportier in einem Parkhaus zu finden. Er kann diese Tätigkeit ohne Zustimmung der AA antreten, da er den durch die Arbeit vor der Haft erworbenen freien Zugang zum Arbeitsmarkt durch die Untersuchungshaft nicht verloren hat.

Der türkische Staatsangehörige Ömer und seine türkische Frau Fatima sind seit fünf Jahren in Rente. Sie verbringen regelmäßig mindestens das halbe Jahr in der Türkei, um dort ihren Lebensabend zu genießen. Sie melden sich dabei nicht ab, weil sie gehört haben, dass dann ihr Aufenthaltsrecht verloren gehe. Bei einer Beratungsstelle erfahren sie, dass sie ihre Rechtsstellung als türkische Arbeitnehmer mit dem Renteneintritt verloren haben. Wenn sie aber eine Niederlassungserlaubnis haben, können sie auch für längere Zeit ausreisen, ohne dass ihr Aufenthaltsrecht erlischt (§ 51 Abs. 2 AufenthG). Sie sollten sich bei der Ausländerbehörde am Wohnort darüber eine Bescheinigung ausstellen lassen.[2]

---

[1] AVwV AufenthG Rn. 44a.3.3.
[2] Die Regelung in § 113 Abs. 3 SGB VI, wonach Rentenleistungen an Ausländer im Ausland nur zu 70% erbracht werden, ist wegen Art. 6 ARB 3/80 nicht anwendbar. Vgl.: Frings, 2008, S. 310.

9 Besonderheiten bei der Ausweisung

Ist ein assoziationsrechtliches Aufenthaltsrecht zum Zeitpunkt aufenthaltsbeendender Maßnahmen gegeben, kann eine Ausweisung gemäß Art. 14 ARB 1/80 nur aus Gründen der öffentlichen Ordnung, Sicherheit und Gesundheit erfolgen. Das gilt nicht nur für Arbeitnehmer, sondern für alle nach ARB 1/80 Privilegierten.

Bei der Auslegung von Art. 14 ARB 1/80 hat sich der EuGH lange an den Regeln zur Ausweisung von EU-Bürgern orientiert. Die bei der Ausweisung von EU-Bürgerinnen geltenden Grundsätze waren so weit wie möglich auf das Assoziationsrecht zu übertragen.

Mit der Unionsbürgerrichtlinie von 2004 wurde der Schutz der Unionsbürgerinnen vor Ausweisung konkretisiert (→ S. 306 ff.). Seit dem Ablauf der Umsetzungsfrist 2006 war umstritten, ob diese Regelungen und insbesondere der erhöhte Ausweisungsschutz nach 5- bzw. 10-jährigem Aufenthalt auf Staatsangehörige der Türkei anwendbar sind. Ende 2011 hat der EuGH entschieden, dass dies nicht der Fall ist.[1]

Der EuGH orientiert sich nun nicht mehr am Ausweisungsschutz für EU-Bürger, sondern an der Daueraufenthaltsrichtlinie[2]. Inhaltlich ändert sich dadurch wenig: Generalpräventive Gründe für eine Ausweisung sind demnach unzulässig, das Ausweisungsrecht des AufenthG ist nur anwendbar, soweit es dem Assoziationsrecht entspricht. Eine Ausweisung allein aufgrund einer rechtskräftigen Verurteilung wegen einer Straftat ist unzulässig. Sie kann nur auf persönliches Verhalten gestützt werden, das eine tatsächliche, hinreichend schwere gegenwärtige Gefahr für die öffentliche Ordnung, Sicherheit oder Gesundheit darstellt. Es ist immer eine einzelfallbezogene Prüfung mit einer Gefahrenprognose durchzuführen. Zu berücksichtigen sind u. a. Art und Schwere der Tat, die Zeit, die seit Begehung der Tat vergangen ist, die Dauer des Aufenthalts in Deutschland, der Gesundheitszustand, die familiäre und wirtschaftliche Situation und die Bindung ans Herkunftsland. Werden gegen eine Ausweisungsverfügung Rechtsmittel eingelegt, haben die Behörden und Gerichte die Bewertung jeweils neu für die aktuelle Situation – die sich seit dem Erlass der ursprünglichen Verfügung geändert haben kann – vorzunehmen.[3]

---

[1] EuGH vom 8.12.2011 – C-371/08 »Ziebell«.
[2] Siehe Glossar → S. 368.
[3] EuGH vom 8.12.2011 – C-371/08 »Ziebell«, Rn. 79 ff.

9 Besonderheiten bei der Ausweisung 335

Eine Ausweisung darf nicht auf wirtschaftlichen Überlegungen beruhen, Sozialhilfebedürftigkeit ist daher kein Ausweisungsinteresse.[1]

Das neue Ausweisungsrecht, das ab 1.1.2016 gelten wird, berücksichtigt die besondere Rechtsstellung von assoziationsrechtlich Privilegierten im dann geltenden § 53 Abs. 3 AufenthG (→ S. 268).[2] Bei der Anwendung der Neuregelung wird darauf zu achten sein, dass die europarechtlichen Vorgaben in vollem Umfang in Anwendung bleiben.

Mit Blick auf die Verfahrensgarantien ist offen, ob die vor 2006 gültigen Verfahrensgarantien weiter gelten.[3] Dafür spricht das Verschlechterungsverbot, wonach die Rahmenbedingungen nicht (wieder) verschlechtert werden dürfen (→ S. 329). Dagegen spricht, dass Art. 59 ZP eine Besserstellung von türkischen Staatsangehörigen im Vergleich zu EU-Bürgerinnen verbietet.[4] Da mit der Unionsbürgerrichtlinie für diese das 4-Augen-Prinzip abgeschafft wurde, spricht das Besserstellungsverbot dafür, dass es für türkische Staatsangehörige ebenfalls nicht mehr gilt.[5]

Beispiele

Kader wurde vor 24 Jahren als Tochter eines türkischen Arbeitnehmers in Frankfurt geboren. Nachdem sie mit 18 die Schule abgebrochen hat, ist sie mehrfach wegen kleinerer Delikte aufgefallen. 2011 sitzt sie wegen Drogendelikten für fünf Monate in Untersuchungshaft und wird zu einer Bewährungsstrafe verurteilt. 2014 wird sie schließlich wegen Drogenhandels rechtskräftig zu einer Freiheitsstrafe von drei Jahren ohne Bewährung verurteilt. Nach Verbüßen der Haft will die Ausländerbehörde sie ausweisen. Da Kader assoziationsrechtlich privilegiert ist, genügt die Haftstrafe nicht für eine Ausweisung. Es muss vielmehr in einer einzelfallbezogenen Prüfung festgestellt werden, ob von ihr eine ausreichend große Gefahr für die öffentliche Ordnung oder Sicherheit ausgeht.

Nadir, türkischer Staatsangehöriger, kommt im Januar 2007 im Wege der Familienzusammenführung nach Berlin. Er nimmt sofort eine Arbeit auf, die er bis 2012 fortführt. Im März 2008 trennt er sich von seiner Frau, kann aber als türkischer Ar-

---

[1] EuGH vom 8.12.2011 – C-371/08 »Ziebell«, Rn. 80.
[2] Gesetz zur Neubestimmung des Bleiberechts und der Aufenthaltsbeendigung Art. 1 Nr. 29, BGBl. I 2015, Nr. 32, S. 1392 ff.
[3] Renner/Bergmann/Dienelt, 2013, Art. 14 ARB 1/80 Rn. 65 ff.
[4] EuGH vom 19.2.2009 – C-228/06 »Soysal«, Rn. 61; EuGH vom 17.9.2009 – C-242/06 »Sahin«, Rn. 67.
[5] Gleiches Ergebnis mit anderer Begründung: VGH Baden-Württemberg vom 10.2.2012 – 11 S 1361/11.

beitnehmer unproblematisch in Berlin bleiben. Ende 2015 wird er wegen Betrugs und Hehlerei zu einer Haftstrafe von dreieinhalb Jahren verurteilt. Die Ausländerbehörde möchte ihn deshalb gerne ausweisen. Als er sich auf seinen Ausweisungsschutz als assoziationsrechtlich Privilegierter beruft, stellt sich heraus, dass die Ehe, die ihm den Zuzug nach Deutschland und die Aufnahme einer Arbeit erst ermöglicht hat, eine Scheinehe war. Eine assoziationsrechtliche Privilegierung entsteht aber nicht, wenn der türkische Staatsangehörige bei der Aufnahme einer Arbeit dazu nicht berechtigt war und/oder kein Aufenthaltsrecht besaß. Nadir kann also nach den allgemeinen Regeln des AufenthG ausgewiesen werden.

10 Sozialleistungen

Nach Assoziationsrecht Privilegierte sind gemäß Art. 3 ARB 3/80 mit Blick auf die Anwendung der Systeme der sozialen Sicherheit den eigenen Staatsangehörigen der jeweiligen EU-Mitgliedsstaaten gleichgestellt. ARB 3/80 umfasst Leistungen bei Krankheit, Mutterschaft oder Invalidität, Familienleistungen, Leistungen im Alter, für Hinterbliebene, bei Arbeitsunfällen und Berufskrankheiten, Sterbegeld und Leistungen bei Arbeitslosigkeit. Das gilt für die allgemeinen und für die auf Beiträgen beruhenden Systeme der sozialen Sicherheit (Art. 4 ARB 3/80).

Das bedeutet, dass dieser Personenkreis bei fast allen sozialen Leistungen deutschen Staatsangehörigen gleichgestellt ist. Das gilt insbesondere für Familienleistungen, auch als Leistungen der Länder,[1] und Leistungen zum Lebensunterhalt.

Da gemäß Art. 9 ARB 1/80 Kinder von türkischen Arbeitnehmern Anspruch auf alle Maßnahmen der Bildungs- und Ausbildungsförderung haben, sind sie auch anspruchsberechtigt nach §§ 59 ff. SGB III und BAföG.

Türkische Staatsangehörige, die nicht assoziationsrechtlich privilegiert sind, haben Ansprüche je nach Aufenthaltserlaubnis. Neben den allgemeinen Re-

---

[1] Nach der Entscheidung des EuGH vom 5.5.1999 – C-262/96 »Sürül« haben türkische Staatsangehörige, die im Gebiet eines Mitgliedsstaates wohnen und für die der ARB gilt, aufgrund von Art. 3 Abs. 1 ARB 3/80 im Wohnsitzstaat Anspruch auf Leistungen der sozialen Sicherheit nach den Rechtsvorschriften dieses Staates unter den gleichen Voraussetzungen wie dessen eigene Staatsangehörige. Zwar betraf dieses Urteil ein Verfahren über die Gewährung von bundesdeutschem Kindergeld, es gilt jedoch nach seinem Ausspruch für alle Leistungen der sozialen Sicherheit, auf die sich der ARB bezieht.

geln muss geprüft werden, ob auf Grundlage von zwischenstaatlichen Abkommen, wie beispielsweise dem EFA, Ansprüche bestehen.

> **Beispiel**
>
> Mehmet und Naime, beide türkische Staatsangehörige, leben seit ihrer Geburt in Deutschland. Mehmet ist als Schweißer in München beschäftigt, Naime arbeitet als Kindergärtnerin. 2012 erwarten sie ihr erstes Kind. Sie erkundigen sich bei einer Beratungsstelle, welche Unterstützung vom Staat sie bekommen können. Sie erfahren, dass sie als assoziationsrechtlich Privilegierte Anspruch auf alle Familienleistungen haben wie deutsche Paare auch, sofern die sonstigen Voraussetzungen vorliegen.

Prüfungsschemata

A Anwendbarkeit des Assoziationsrechts auf türkische Arbeitnehmer

■ **Voraussetzungen**

1. Türkische Staatsangehörigkeit
2. Legale Einreise und Aufenthalt
3. Arbeitnehmer
   – Nicht völlig untergeordnete Beschäftigung
   – Regulärer Arbeitsmarkt
   – Ordnungsgemäße Beschäftigung
     (gesicherte, nicht nur vorläufige Position)
4. Weniger als ein Jahr beim gleichen Arbeitgeber: AufenthG
5. Ein Jahr beim gleichen Arbeitgeber: Art. 6 ARB 1/80
   – Wenn Weiterbeschäftigung beim gleichen Arbeitgeber:
     Anspruch auf Verlängerung der Arbeits- und der Aufenthaltserlaubnis
   – Assoziationsrechtliches Aufenthaltsrecht: § 4 Abs. 5 AufenthG
6. Drei Jahre beim gleichen Arbeitgeber: Art. 6 ARB 1/80
   – Anspruch auf Verlängerung der Arbeits- und der Aufenthaltserlaubnis
   – Gleicher Beruf: Arbeitgeberwechsel erlaubt
   – Assoziationsrechtliches Aufenthaltsrecht: § 4 Abs. 5 AufenthG
7. Vier Jahre im gleichen Beruf: Art. 6 ARB 1/80
   – Freier Zugang zum Arbeitsmarkt
   – Assoziationsrechtliches Aufenthaltsrecht: § 4 Abs. 5 AufenthG

■ **Rechtsfolgen**

Voraussetzung 4
Arbeitsmarktzugang und ein Aufenthaltsrecht besteht in der Regel nur nach AufenthG

Voraussetzungen 5 bis 7
Es besteht assoziationsrechtlich ein Arbeitsmarktzugang und ein Aufenthaltsrecht

B Anwendbarkeit des Assoziationsrechts auf Familienangehörige

■ **Voraussetzungen**

1. Familienangehöriger eines türkischen Staatsangehörigen
2. Legale Einreise und Aufenthalt
3. Arbeitnehmereigenschaft des Zusammenführenden im Zeitpunkt des Zuzugs
4. Zugang zum Arbeitsmarkt und Aufenthaltsrecht
   a) Kind eines türkischen Arbeitnehmers
      Wenn:
      – Berufsausbildung in Deutschland abgeschlossen
      – ein Elternteil mindestens ordnungsgemäß beschäftigt war
   b) Ehepartner eines türkischen Arbeitnehmers
      Erlaubnis zur Aufnahme einer Beschäftigung nach § 27 Abs. 5 AufenthG, wenn Aufnahme einer Tätigkeit: assoziationsrechtliches Aufenthaltsrecht: § 4 Abs. 5 AufenthG

   Wenn 4a) und 4b) verneint:
   c) Bis zu drei Jahre Aufenthalt und familiäres Zusammenleben: AufenthG
   d) Drei bis vier Jahre Aufenthalt und familiäres Zusammenleben: Art. 7 ARB 1/80
      – Beschränkter Arbeitsmarktzugang
      – Assoziationsrechtliches Aufenthaltsrecht: § 4 Abs. 5 AufenthG
   e) Mindestens vier Jahre Aufenthalt und familiäres Zusammenleben: Art. 7 ARB 1/80
      – Unbeschränkter Arbeitsmarktzugang
      – Assoziationsrechtliches Aufenthaltsrecht: § 4 Abs. 5 AufenthG

■ **Rechtsfolgen**

Voraussetzungen 4a), b) und e)
Es besteht assoziationsrechtlich ein unbeschränkter Zugang zum Arbeitsmarkt und ein Aufenthaltsrecht

Voraussetzung 4c)
Arbeitsmarktzugang und ein Aufenthaltsrecht besteht in der Regel nur nach AufenthG

Voraussetzung 4d)
Es besteht assoziationsrechtlich ein beschränkter Zugang zum Arbeitsmarkt und ein Aufenthaltsrecht.

C Ausweisung (Art. 14 ARB 1/80)

■ Voraussetzungen

1. Assoziationsrechtliches Aufenthaltsrecht
2. Tatsächliche, hinreichend schwere, gegenwärtige Gefahr (insbesondere Wiederholungsgefahr) für öffentlichen Ordnung, Sicherheit oder Gesundheit im Zeitpunkt der Entscheidung
3. Abwägung der Ermessengründe, insbesondere:
   - Dauer des Aufenthalts
   - Alter
   - Gesundheitszustand
   - familiäre Lage
   - wirtschaftliche Lage
   - soziale und kulturelle Integration
   - Ausmaß der Bindung an Herkunftsstaat

■ Rechtsfolgen

Voraussetzung

Wenn nein: Eine Ausweisung erfolgt nach den Regeln des AufenthG (→ S. 262)

Wenn ja:
- Eine Ausweisung kann nur nach Einzelfallentscheidung aufgrund der entsprechenden europarechtlichen Vorgaben erfolgen
- Eine Ausweisung nach den Regeln des AufenthG wäre rechtswidrig

Ab 1.1.2016: Voraussetzung

§ 53 Abs. 3 AufenthG

Kontrollfragen

1. Benötigt ein türkischer Staatsangehöriger zur Begründung des Aufenthaltsrechts in Deutschland eine Aufenthaltserlaubnis?
   a) wenn er zum Zweck der Arbeitsaufnahme eingereist ist?
   b) wenn er in Deutschland länger als ein Jahr beim gleichen Arbeitgeber gearbeitet hat?
   c) wenn er als Familienangehöriger eines türkischen Arbeitnehmers in Deutschland lebt?
   d) wenn er aus dem Arbeitsleben ausgeschieden ist?

2. Darf von einem drittstaatsangehörigen Familienangehörigen eines türkischen Staatsangehörigen für die Einreise nach Deutschland ein Visum verlangt werden?

3. Hat ein Familienangehöriger eines türkischen Arbeitnehmers freien Zugang zum Arbeitsmarkt,
   a) wenn der Arbeitnehmer freien Zugang zum Arbeitsmarkt hat?
   b) wenn der Familienangehörige in Deutschland eine Ausbildung gemacht hat?

4. Hat ein türkischer Absolvent einer Hochschule während einer an das Studium anschließenden Arbeitsuche Anspruch auf Hilfe zum Lebensunterhalt,
   a) wenn er zum Zweck des Studiums eingereist ist?
   b) wenn er sich als Familienangehöriger eines türkischen Arbeitnehmers in Deutschland aufhält?

5. Hat ein türkischer Student Anspruch auf BaföG, wenn er als Kind eines türkischen Arbeitnehmers in Deutschland lebt?

6. Kann ein türkischer Arbeitnehmer nach den Grundsätzen des AufenthG ausgewiesen werden?

7. Kann ein Kind eines türkischen Arbeitnehmers nach den Grundsätzen des AufenthG ausgewiesen werden?

VI Staatsangehörigkeit und Einbürgerung

1 Einführung 343
2 Erwerb der deutschen Staatsangehörigkeit durch Geburt 345
  2.1 Abstammung von Deutschen 345
  2.2 Abstammung von Ausländern (Optionsmodel) 346
3 Spätaussiedler 348
  3.1 Aufnahmeverfahren 349
  3.2 Einbeziehung der Angehörigen in den Aufnahmebescheid 350
  3.3 Voraussetzungen der Einbeziehung von Familienangehörigen 350
  3.4 Härtefälle 351
  3.5 Bescheinigung und Erwerb der deutschen Staatsangehörigkeit 352
4 Anspruchseinbürgerung 352
  4.1 Anspruchvoraussetzungen 352
  4.2 Sprachkenntnisse 353
  4.3 Aufgabe der bisherigen Staatsangehörigkeit 354
  4.4 Einbürgerungstest 355
5 Ermessenseinbürgerung 356
  5.1 Allgemein 356
  5.2 Ehegatten/Lebenspartner von Deutschen 357
6 Verlust der Staatsangehörigkeit 358
  6.1 Durch Erwerb einer anderen Staatsangehörigkeit (§ 25 StAG) 358
  6.2 Durch Rücknahme 359
  6.3 Bei Dritten mit abgeleitetem Recht 360
  6.4 Aufenthaltstitel für ehemalige Deutsche 361
Prüfungsschemata 362

1 Einführung

Viele Rechte stehen in Deutschland nur deutschen Staatsangehörigen zu (→ S. 14). Ein exklusives Recht der deutschen Staatsangehörigen ist das Freizügigkeitsrecht (Art. 11 GG). Zwar verfügen auch Unionsbürger über ein solches. Dieses gibt ihnen aber kein unbeschränktes Recht, sich in Deutschland aufzuhalten (→ S. 302 und → S. 306 f.). Anders bei Deutschen: Als Konsequenz aus der deutschen Geschichte darf nicht nur die deutsche Staatsangehörigkeit nicht entzogen werden (Art. 16 GG). Das grundgesetzlich geschützte Freizügigkeitsrecht enthält auch das Recht, sich in Deutschland aufzuhalten. Zwar darf unter sehr eng bestimmten Voraussetzungen die Bewegungsfreiheit und die Selbstbestimmung über den Aufenthaltsort beschränkt werden. Eine Ausweisung ist aber, anders als bei Ausländern, nicht möglich.

Art. 20 GG bestimmt, dass nur Deutsche das Staatsvolk bilden und folglich nur sie Träger der Staatsgewalt sind. Die Zugehörigkeit zum Staatsvolk wird grundsätzlich durch die Staatsangehörigkeit vermittelt (Art. 116 GG).[1] Auch die staatsbürgerlichen Rechte wie das Wahlrecht sind deshalb im Grundsatz Deutschen vorbehalten. Eine Ausnahme von diesem Grundsatz sind das kommunale Wahlrecht für EU-Bürgerinnen[2] und deren Recht, sich an Wahlen zum Europäischen Parlament zu beteiligen (Art. 28 Abs. 1 Satz 3 GG, Art. 19 EG-Vertrag). Um ein allzu weites Auseinanderfallen von Wohnbevölkerung und Staatsvolk zu vermeiden, wäre es also im Interesse der deutschen Gesellschaft, dass Ausländerinnen und ihre Nachkommen nicht dauerhaft als solche in Deutschland leben, sondern die deutsche Staatsangehörigkeit erwerben.

Das aktuelle Staatsangehörigkeitsgesetz (StAG) geht im Grundsatz noch auf das Reichs- und Staatsangehörigkeitsgesetz (RuStAG) von 1913 zurück. Deutscher wurde man damals durch Abstammung, Legitimation, Verheiratung oder Aufnahme. Verloren ging die Staatsangehörigkeit u. a. durch Entlassung auf Antrag oder durch Erwerb einer fremden Staatsangehörigkeit auf Antrag. In der Folgezeit kam es mehrfach zu Änderungen – auch um die Folgen der Jahre 1933 bis 1945 aufzuarbeiten. Unverändert blieb, dass das deutsche Staatsangehörigkeitsrecht vom Abstammungsprinzip (ius sanguinis) geprägt ist.

Ein weiteres bestimmendes Element des deutschen wie auch des Staatsangehörigkeitsrechts vieler Staaten war die Vermeidung von Mehrstaatigkeit. Deutschland hat wie die meisten europäischen Staaten den Vertrag zur Ver-

---

[1] BVerfG vom 31.10.1990 – 2 BvF 6/89 und – 2 BvF 3/89.
[2] Für die Einführung des kommunalen Wahlrechts für andere Ausländer wäre eine Verfassungsänderung notwendig.

meidung von Mehrstaatigkeit allerdings gekündigt und 2005 das Europäische Übereinkommen über die Staatsangehörigkeit[1] ratifiziert. Mehrstaatigkeit ist danach nicht mehr grundsätzlich zu vermeiden.

Die geschichtlichen Bezüge des Staatsangehörigkeitsrechts werden auch erkennbar in der bis heute gültigen Definition des Begriffs »Deutscher«:

> »Deutscher im Sinne des Grundgesetzes ist vorbehaltlich anderweitiger gesetzlicher Regelungen, wer die deutsche Staatsangehörigkeit besitzt oder als Flüchtling oder Vertriebener deutscher Volkszugehörigkeit oder als dessen Ehegatte oder Abkömmling in dem Gebiete des Deutschen Reiches nach dem Stande vom 31. Dezember 1937 Aufnahme gefunden hat« (Art. 116 Abs. 1 GG).

Die hier genannten Flüchtlinge oder Vertriebenen haben demnach zwar nicht die deutsche Staatsangehörigkeit, sind aber dennoch Deutsche: so genannte deutsche Volkszugehörige oder Statusdeutsche. Die Zugehörigkeit zu dieser Gruppe ist im Bundesvertriebenen- und Flüchtlingsgesetz (BVFG) vom 19.5.1953 geregelt. In seiner aktuellen Fassung regelt es die Zuwanderung und Rechtsstellung von Spätaussiedlern und ihren Familienangehörigen (→ S. 348).

Wer nicht Deutscher ist, ist aus deutscher Sicht Ausländer (§ 2 Abs. 1 AufenthG). Dieser Personenkreis kann allerdings durch Einbürgerung die deutsche Staatsangehörigkeit erwerben. Anders als vor 100 Jahren reicht dafür die Heirat mit einem deutschen Mann (§ 6 RuStAG in der Fassung von 1913) oder das Ableisten von Wehrdienst für Deutschland (§ 12 RuStAG) nicht mehr aus. Die Gründe für eine Einbürgerung liegen aber immer noch in einer Verwurzelung in Deutschland, entweder durch die Dauer des Aufenthalts oder durch das Knüpfen familiärer Bande.

Mit der Neuregelung des Ausländerrechts von 1990[2] wurden Regelansprüche auf erleichterte Einbürgerung für lange in Deutschland lebende Ausländer und für junge Ausländer geschaffen.

Mit der Reform des Staatsangehörigkeitsrechts von 1999 wurde das RuStAG in Staatsangehörigkeitsgesetz (StAG) umbenannt und als wichtigste Neuerung Elemente des ius soli (Geburtsortsprinzip) in das deutsche Recht eingeführt (→ S. 346).

---

[1] BGBl. 2004 II 578.
[2] Gesetz zur Neuregelung des Ausländerrechts vom 9.7.1990, BGBl. I 1990, S. 1354 ff.

Mit dem Zuwanderungsgesetz von 2004[1] wurden dann die Einbürgerungsnormen des Ausländergesetzes von 1990 in das StAG eingegliedert, sodass ein Kernstück des Einbürgerungsrechts nicht länger systemwidrig außerhalb des StAG normiert war.

Das Umsetzungsgesetz von 2007[2] brachte erneut Änderungen der Einbürgerungsregelungen, insbesondere wurden durch einen Test nachzuweisende Kenntnisse der Rechts- und Gesellschaftsordnung zur Voraussetzung der Einbürgerung gemacht.

In der Beratungsarbeit zu Fragen der Staatsangehörigkeit und Einbürgerung muss unterschieden werden zwischen dem Erwerb der Staatsangehörigkeit kraft Geburt oder durch Einwanderung als Statusdeutscher sowie der Einbürgerung von Ausländern (vgl. § 3 StAG).

2 Erwerb der deutschen Staatsangehörigkeit durch Geburt

2.1 Abstammung von Deutschen

Ein Kind erwirbt gemäß § 4 StAG die deutsche Staatsangehörigkeit durch Geburt, wenn wenigstens ein Elternteil Deutscher ist. Ist nur der Vater Deutscher, muss dessen Vaterschaft festgestellt werden. Handelt es sich um ein eheliches Kind, gilt der Ehemann als Vater (§ 1592 Nr. 1 BGB). Im Übrigen muss das Kind durch den Vater anerkannt werden (§ 1592 Nr. 2, § 1594 BGB) oder die Vaterschaft gerichtlich festgestellt werden (§ 1592 Nr. 3 BGB). Die Verfahren zur Anerkennung muss vor dem 23. Geburtstag des Kindes eingeleitet sein (§ 4 Abs. 1 Satz 2 StAG).

Die Anerkennung durch den Vater kann in bestimmten Fällen durch den Vater, die Mutter oder das Kind angefochten werden. Die Regelung, wonach Behörden anfechten können, wenn es Hinweise darauf gibt, dass der Vater die Vaterschaft nur zum Schein anerkennt, um sich oder der Mutter einen ausländerrechtlichen Vorteil zu verschaffen und den Status zu sichern, wurde vom BVerfG für nichtig erklärt.[3]

---

[1] Siehe → S. 18 Fußnote 1.
[2] Siehe → S. 18 Fußnote 2.
[3] BVerfG vom 17.12.2013 – 1 BvL 6/10.

2.2 Abstammung von Ausländern (Optionsmodell)

Gemäß § 4 Abs. 3 StAG erwerben in Deutschland geborene Kinder von Ausländerinnen neben der elterlichen auch die deutsche Staatsangehörigkeit, wenn ein Elternteil seit acht Jahren ununterbrochen rechtmäßig in Deutschland lebt und ein unbefristetes Aufenthaltsrecht hat. Ein unbefristetes Aufenthaltsrecht haben:

- Ausländer(innen) mit einer Niederlassungserlaubnis,
- Ausländer(innen) mit einer Erlaubnis zum Daueraufenthalt-EU,
- Freizügigkeitsberechtigte EU-Bürger und ihre Familienangehörigen,
- Freizügigkeitsberechtigte Staatsangehörige der EWR-Staaten (Island, Norwegen, Liechtenstein) und ihre Familienangehörigen,
- Freizügigkeitsberechtigte Staatsangehörige der Schweiz und ihre Familienangehörigen,
- Staatenlose, die unter § 1 des Gesetzes über die Rechtsstellung heimatloser Ausländer fallen,
- Türkische Staatsangehörige, die unter Art. 6 und 7 Assoziationsratsbeschluss (ARB) 1/80 fallen.

Für Kinder, die sich bei der Einführung dieser Regelung am 1.1.2000 rechtmäßig in Deutschland aufhielten und noch keine zehn Jahre alt waren, gab es eine Übergangsregelung. Bis zum 31.12.2000 konnten sie die deutsche Staatsangehörigkeit beantragen, wenn ein Elternteil seit acht Jahren ununterbrochen rechtmäßig in Deutschland gelebt und eine Aufenthaltsberechtigung oder mindestens seit drei Jahren eine unbefristete Aufenthaltserlaubnis (Aufenthaltstitel nach dem damaligen Ausländergesetz) hatte (§ 40 b StAG).[1]

Bis Dezember 2014 galt für Personen, die nach § 4 Abs. 3 StAG oder § 40b StAG die deutsche Staatsangehörigkeit erworben haben oder noch erwerben, dass sie mit 18 Jahren eine Entscheidung treffen mussten zwischen der deutschen Staatsangehörigkeit oder der ebenfalls kraft Abstammung erworbenen Staatsangehörigkeit des elterlichen Herkunftsstaates (§ 29 StAG). Die ältesten dieser Kinder waren, als die Optionsregel eingeführt wurde, zehn Jahre alt, damit wurde sie ab 2008 praktisch relevant. Zu der Optionsregel gab es eine Vielzahl an Ausnahmen.

---

[1] Insgesamt sind knapp 50.000 Personen aufgrund von § 40b StAG eingebürgert worden.

2 Erwerb der deutschen Staatsangehörigkeit durch Geburt

Seit 20.12.2014 sind Ausländer(innen), die die deutsche Staatsangehörigkeit nach § 4 Abs. 3 oder nach § 40b StAG erworben haben, nur noch dann optionspflichtig, wenn die folgenden Voraussetzungen erfüllt sind:

- sie haben als ausländische Staatsangehörigkeit keine Staatsangehörigkeit eines anderen EU-Staates oder der Schweiz und

- sie sind nicht in Deutschland aufgewachsen.

Das Kriterium »in Deutschland aufgewachsen« gilt als erfüllt, wenn sich der Betroffene bis zum 21. Geburtstag

- acht Jahre lang in Deutschland aufgehalten hat oder

- sechs Jahre in Deutschland zur Schule gegangen ist oder

- über einen in Deutschland erworbenen Schul- oder Ausbildungsabschluss verfügt oder

- über eine diesen drei Kriterien vergleichbare enge Bindung zu Deutschland hat und es eine besondere Härte wäre, optieren zu müssen (§ 29 Abs. 1a StAG).

Die Optionspflicht wurde damit nicht grundsätzlich abgeschafft, trifft aber nur noch eine verhältnismäßig kleine Gruppe von Personen. Diejenigen, die weiter optionspflichtig sind, müssen einen amtlichen, schriftlichen Hinweis auf ihre Erklärungspflicht erhalten. Dieser Hinweis auf die Optionspflicht muss nach dem 21. Geburtstag spätestens innerhalb eines Jahres erfolgen. Bei Personen, die unbekannt verzogen sind, kann eine öffentliche Zustellung erfolgen, da das Verwaltungszustellungsgesetz gilt (§ 10 VwVG i.V.m. § 29 Abs. 5 Satz 7 StAG).

Nachdem der Hinweis auf die Erklärungspflicht eingegangen ist, müssen Optionspflichtige sich entscheiden. Entscheiden sie sich für die ausländische Staatsangehörigkeit, verlieren sie die deutsche (§ 29 Abs. 2 StAG). Wer sich für die deutsche Staatsangehörigkeit entscheidet, muss die ausländische abgeben und dies auch nachweisen. Dies muss bis zum Ablauf einer Frist von zwei Jahren ab Zustellung des Hinweises auf die Erklärungspflicht erfolgen.

Optionspflichtige Ausländer können auf Antrag Doppelstaatlerinnen bleiben, wenn es unmöglich oder unzumutbar ist, die andere Staatsangehörigkeit aufzugeben (§ 29 Abs. 3 und Abs. 4 StAG).

Der Fortbestand oder der Verlust der deutschen Staatsangehörigkeit wird nach dem 21. Geburtstag von Amts wegen festgestellt (§ 29 Abs. 6 StAG). Wer unsicher ist, ob er/sie optionspflichtig ist, und nicht bis zum 21. Geburtstag warten will, kann bei der zuständigen Behörde die Feststellung über den Bestand der deutschen Staatsangehörigkeit (und damit über das Nichtbestehen der Optionspflicht) beantragen (§ 29 Abs. 5 StAG).

Es gibt keine Regelung für Personen, die eine ihrer Staatsangehörigkeiten bis zum 19.12.2014 auf Grund der bis dahin geltenden Rechtslage verloren haben, aber nach neuem Recht Doppelstaatler hätten bleiben können. Diese Personen können nur nach den allgemeinen Regeln die (Wieder)Einbürgerung unter Hinnahme der Mehrfachstaatsangehörigkeit betreiben.

3 Spätaussiedler

Spätaussiedler sind deutsche Volkszugehörige im Sinne von Art. 116 Abs. 1 GG, die nach dem 31.12.1992 einen der Nachfolgestaaten der ehemaligen Sowjetunion oder einen anderen mittel- oder osteuropäischen Staat im Wege des Aufnahmeverfahren verlassen haben (vgl. §§ 4, 6 BVFG).

Zwischen 1950 und dem In-Kraft-Treten des Zuwanderungsgesetzes, das die Einreisebedingungen verschärfte, wanderten ca. 4,5 Millionen Aussiedler bzw. Spätaussiedlerinnen nach Deutschland ein. Seither gingen die Zahlen deutlich zurück. Zuletzt kamen nur noch wenige Tausend pro Jahr.

Wesentlicher Grund für die Aufnahme von Aussiedlerinnen vor 1992 war deren Kriegsfolgenschicksal. Das gilt weiter für Spätaussiedler. Allerdings wird nur noch bei Personen aus den Nachfolgestaaten der ehemaligen Sowjetunion, die nicht zur EU gehören,[1] ohne Glaubhaftmachung von einer persönlichen Benachteiligung ausgegangen. Alle anderen Antragsteller müssen erlittene Benachteiligungen im Einzelfall nachweisen (§ 4 Abs. 2 BVFG).

Bei der Anerkennung der Volkszugehörigkeit wird zwischen Personen, die vor 1923 geboren sind – der so genannten Erlebnisgeneration – und den danach Geborenen unterschieden: Bei Ersteren genügt es, dass sie sich zum deutschen Volkstum bekannt haben, sofern dies durch bestimmte Merkmale wie Sprache, Erziehung oder Kultur bestätigt wird (§ 6 Abs. 1 BVFG).

---

[1] Ausgenommen also: Estland, Lettland, Litauen.

Die heute weit überwiegende Gruppe machen die nach 1923 Geborenen aus. Diese müssen die Abstammung von einem deutschen Volkzugehörigen nachweisen. Weiter muss ein ausschließliches Bekenntnis zum deutschen Volkstum in Form einer Nationalitätenerklärung oder der Zuordnung zur deutschen Nationalität im Herkunftsstaat oder in vergleichbarer Weise nachgewiesen werden. Das Bekenntnis zum deutschen Volkstum muss durch familiär vermittelte deutsche Sprachkenntnisse bestätigt werden. Das Erfordernis des Spracherwerbs in der Familie entfällt, wenn dies nicht möglich oder unzumutbar war. Ebenso entfällt das Bekenntnis zum deutschen Volkstum, wenn es mit Gefahr für Leib und Leben oder erheblichen beruflichen oder wirtschaftlichen Nachteilen verbunden wäre (§ 6 Abs. 2 BVFG). Für die Übersiedlung sind aber grundsätzlich Kenntnisse der deutschen Sprache erforderlich.

Die Sprachkenntnisse müssen ausreichen, um sich über einfache Lebenssachverhalte aus dem familiären Bereich (z. B. Kindheit, Schule, Sitten und Gebräuche) oder über alltägliche Situationen und Bedürfnisse (Wohnverhältnisse, Einkauf, Freizeit, Reisen, Wetter usw.) äußern zu können. Es muss ein Gespräch möglich sein, wobei ein Suchen nach Worten, gelegentlich stockendes Sprechen, grammatikalische Fehler oder Fehler in Satzbau, Wortwahl und Aussprache nicht schaden, solange eine Verständigung nicht verhindert wird. Nicht ausreichend ist das Aneinanderreihen einzelner Worte ohne Satzstruktur. Die Sprachfähigkeit ist nicht deshalb zu verneinen, weil einzelne Fragen erst nach deren Wiederholung oder Umformulierung verstanden werden.[1]

3.1 Aufnahmeverfahren

Seit 1990 müssen Aussiedler vor ihrer Ausreise nach Deutschland ein förmliches Aufnahmeverfahren durchführen. Das Aufnahmeverfahren ist im Bundesvertriebenengesetz (BVFG) geregelt. Das BVFG von 5.6.1953 erfasst alle Personen, die wegen ihrer deutschen Volkszugehörigkeit nach dem Zweiten Weltkrieg von dessen Folgen und seinen Nachwirkungen betroffen waren, also Vertriebene, Heimatvertriebe und Aussiedler aus der damaligen Sowjetunion und den ehemaligen Ostblockstaaten.

Seit dem 1.1.2005 ist das Bundesverwaltungsamt gemäß § 28 Abs. 1 BVFG für das Aufnahmeverfahren und gemäß § 15 Abs. 1 Satz 1 BVFG für die Ausstellung der Spätaussiedlerbescheinigung zuständig. Im Aufnahmeverfahren prüft das Bundesverwaltungsamt, ob die gesetzlichen Voraussetzungen tat-

---

[1] BVerwG vom 4.9.2003 – 5 C 33.02 und – 5 C 11.03.

sächlich erfüllt sind und erteilt dann den Aufnahmebescheid. Erst dieser berechtigt zur Einreise nach Deutschland.

3.2 Einbeziehung der Angehörigen in den Aufnahmebescheid

Die nichtdeutschen Ehegatten und Abkömmlinge von Spätaussiedlern, die nicht selbst die Spätaussiedlereigenschaft besitzen, können in den Aufnahmebescheid einbezogen werden. Es können neben dem Ehepartner und den minderjährigen Kindern auch erwachsene Kinder, deren Ehepartner und Enkel einbezogen werden. Diese nichtdeutschen Angehörigen machen mittlerweile die weit größere Gruppe aus. Hatten zu Beginn der 1990er-Jahre noch 80 % der Einreisenden selbst die Spätaussiedlereigenschaft, waren es Anfang des Jahrtausends nur noch 20%.

> Nichtdeutsche Ehegatten oder Abkömmlinge von Spätaussiedlern, die in den Aufnahmebescheid einbezogen worden sind, erwerben die Rechtsstellung als Deutsche im Sinne des Art. 116 Abs. 1 GG mit ihrer Aufnahme im Geltungsbereich des Gesetzes, das heißt mit Zuzug ins Bundesgebiet (vgl. § 4 Abs. 3 Satz 2 BVFG).

3.3 Voraussetzungen der Einbeziehung von Familienangehörigen

Eine Einbeziehung erfolgt, wenn die Spätaussiedlerin (Bezugsperson) dies ausdrücklich beantragt (vgl. § 27 Abs. 2 Satz 2 BVFG). Das Bundesverwaltungsamt darf Anträge nicht von Amts wegen – wie früher teilweise in der Verwaltungspraxis geschehen – umdeuten. In Fällen, in denen Abkömmlinge einen eigenen Aufnahmebescheid beantragen, sollten die Bezugspersonen deshalb bedingte (Hilfs-)Anträge auf Einbeziehung stellen.

Die Ehe mit einem nichtdeutschen Ehegatten muss seit mindestens drei Jahren bestehen (vgl. § 27 Abs. 2 BVFG).

Die einzubeziehenden Ehegatten und Abkömmlinge müssen über »Grundkenntnisse der deutschen Sprache« verfügen (vgl. § 27 Abs. 2 BVFG). Ohne diese Grundkenntnisse ist eine gemeinsame Aussiedlung nur nach Maßgabe des Aufenthaltsgesetzes möglich, das heißt als Familiennachzug zu Deutschen. Dabei müssen Ehegatten aber seit August 2007 das gleiche Sprachniveau nachweisen (→ S. 107), an dem sie im Einbeziehungsverfahren gescheitert sind. Allerdings gibt es hier seit Sommer 2015 eine Härteklausel (§ 30 Abs. 2 AufenthG).

Nachgewiesen werden muss das Sprachniveau A1 des Europäischen Referenzrahmens.[1] Die Prüfungen müssen im Herkunftsland abgelegt werden, entweder bei den deutschen Botschaften oder bei den Goethe-Instituten.

Die Einbeziehung von minderjährigen Abkömmlingen in den Aufnahmebescheid ist nur gemeinsam mit den Eltern oder dem sorgeberechtigten Elternteil zulässig (vgl. § 27 Abs. 1 Satz 4 BVFG). Nicht vorhandene oder zu geringe Kenntnisse der deutschen Sprache seitens der Eltern sind somit ein Hinderungsgrund für die Einbeziehung von Enkeln, die z. B. von der Großelterngeneration erzogen wurden. Darüber hinaus wird ausgeschlossen, dass über die Einbeziehung von Abkömmlingen der Enkelgeneration mittelbar ein Aufenthaltsrecht für deren Eltern geschaffen wird, wenn diese selbst etwa wegen fehlender Deutschkenntnisse nicht einbezogen werden können und auch sonst kein Familiennachzug nach dem Aufenthaltsgesetz möglich wäre. Beim Familiennachzug der Eltern zu einem deutschen Kind müssten nämlich keine Deutschkenntnisse nachgewiesen werden.

§ 27 Abs. 1 Satz 6 BVFG weist ausdrücklich darauf hin, dass die Einbeziehung akzessorisch, also untrennbar mit dem Stammberechtigten verbunden ist. Dies wird anhand von zwei exemplarischen Fallgestaltungen verdeutlicht. Demnach wird die Einbeziehung in den Aufnahmebescheid insbesondere dann unwirksam, wenn die Ehe aufgelöst wird, bevor beide Ehegatten die Aussiedlungsgebiete verlassen haben oder die Bezugsperson verstirbt, bevor die einbezogenen Personen Aufnahme im Sinne des § 4 Abs. 3 Satz 2 BVFG gefunden haben.

3.4 Härtefälle

Am 9. Dezember 2011 ist eine Härtefallregelung in Kraft getreten, die es ermöglichen sollte, zunächst im Herkunftsland verbliebene Familienangehörige von bereits hier lebenden Spätaussiedlerinnen nachzuholen.[2] Seit 2013[3] ist es möglich, Angehörige generell nachträglich einzubeziehen, auch wenn kein Härtefall vorliegt.

---

[1] Siehe Glossar → S. 386.
[2] Neuntes Gesetz zur Änderung des BVFG vom 4.12.2011, BGBl. I 2011, S. 2426.
[3] 10. Änderungsgesetz zum BVFG vom 14.9.2013, BGBl. I 2013, S. 3554.

3.5 Bescheinigung und Erwerb der deutschen Staatsangehörigkeit

Gemäß § 15 Abs. 1 BVFG stellt das Bundesverwaltungsamt Spätaussiedlern nach der Einreise die endgültige Bescheinigung über die Spätaussiedlereigenschaft aus. Die Angehörigen erhalten ebenfalls eine Bescheinigung zum Nachweis ihres Status nach Art. 116 Abs. 1 GG (§ 15 Abs. 2 BVFG).

Die Bescheinigung dient gegenüber allen Behörden als Nachweis darüber, dass die eingetragene Person als Spätaussiedler oder als Ehegatte oder Abkömmling eines Spätaussiedlers anerkannt ist.

Mit der Ausstellung der Bescheinigung nach § 15 BVFG erwerben die dort eingetragenen Personen die deutsche Staatsangehörigkeit (§ 7 StAG).

4 Anspruchseinbürgerung

4.1 Anspruchvoraussetzungen

Sind bestimmte Voraussetzungen gegeben, besteht ein Anspruch auf Einbürgerung. Die Einbürgerung ist ausgeschlossen bei Einbürgerungswilligen, die ein Sicherheitsrisiko darstellen (§ 11 StAG). Gemäß § 10 StAG ist auf Antrag einzubürgern, wenn folgende Voraussetzungen gegeben sind:

- Handlungsfähigkeit (§ 10 Abs. 1 Satz 1 StAG);

- rechtmäßiger Aufenthalt in Deutschland seit acht Jahren (§ 10 Abs. 1 Satz 1 StAG);

- Bekenntnis zur freiheitlichen demokratischen Grundordnung (§ 10 Abs. 1 Satz 1 Nr. 1 StAG);[1]

- ein unbefristetes Aufenthaltsrecht, die Blaue Karte EU (→ S. 71) oder eine Aufenthaltserlaubnis zu einem anderen Zweck als der
  – Ausbildung (§§ 16, 17 AufenthG),
  – Forschung (§ 20 AufenthG) oder
  – einem der humanitären Gründe nach §§ 22, 23 Abs. 1, 23a, 24, 25 Abs. 3 bis 5 des AufenthG (§ 10 Abs. 1 Satz 1 Nr. 2 StAG);

- Lebensunterhaltssicherung ohne Inanspruchnahme von Leistungen nach SGB II oder XII. Ist die Inanspruchnahme dieser Leistungen nicht selbst ver-

---

[1] Wortlaut der Loyalitätserklärung: Anwendungshinweise StAG, Rn. 10.1.1.1.

schuldet, schaden sie dem Anspruch auf Einbürgerung nicht (§ 10 Abs. 1 Satz 1 Nr. 3 StAG);

- Aufgabe der bisherigen Staatsangehörigkeit (§ 10 Abs. 1 Satz 1 Nr. 4 StAG, → unten 4.3);

- keine Vorstrafen (§ 10 Abs. 1 Satz 1 Nr. 5 StAG). Bagatelldelikte bleiben außer Betracht (§ 12a StAG);

- ausreichende mündliche und schriftliche Kenntnisse der deutschen Sprache (§ 10 Abs. 1 Satz 1 Nr. 6, § 10 Abs. 4 StAG, → unten 4.2) und

- Kenntnisse der Rechts- und Gesellschaftsordnung Deutschlands (§ 10 Abs. 1 Satz 1 Nr. 7 StAG, → unten 4.4).

4.2 Sprachkenntnisse

Die erforderlichen Sprachkenntnisse sind in der Regel nachgewiesen,

- wenn eine Bescheinigung des Bundesamtes für Migration und Flüchtlinge (vor dem 28.8.2007 eines Integrationskursträgers) über die erfolgreiche Teilnahme an einem Sprachkurs im Rahmen eines Integrationskurses (§ 43 Abs. 4 AufenthG) vorliegt;

- wenn das Zertifikat Deutsch (B1 GER) oder ein gleichwertiges oder höherwertiges Sprachdiplom vorliegt;

- nach vierjährigem, erfolgreichen Besuch einer deutschsprachigen Schule (Versetzung in die nächsthöhere Klasse);

- wenn ein Hauptschulabschluss oder ein wenigstens gleichwertiger deutscher Schulabschluss vorliegt;

- bei Versetzung in die zehnte Klasse einer weiterführenden deutschsprachigen Schule (Realschule, Gymnasium oder Gesamtschule) oder

- bei erfolgreichem Abschluss eines Studiums an einer deutschsprachigen Hochschule oder Fachhochschule oder einer deutschen Berufsausbildung.

Erfüllt der Einbürgerungsbewerber keines dieser Kriterien, muss ihm die zuständige Behörde die Teilnahme an einem Sprachtest empfehlen, es sei denn, die Behörde kommt in einem persönlichen Gespräch zur Überzeugung, dass er offensichtlich über die geforderten Sprachkenntnisse verfügt. Dann kann auf einen Sprachtest verzichtet werden.

Auf die erforderlichen Sprachkenntnisse wird verzichtet, wenn der Einbürgerungsbewerber diese Voraussetzung wegen Krankheit oder Behinderung nicht erfüllen kann (§ 10 Abs. 6 StAG). Waren Betroffene zuvor in der Lage, haben aber die Gelegenheit versäumt Deutsch zu lernen, darf ihnen dies nicht vorgehalten werden. Es kommt allein auf die Verhältnisse im Zeitpunkt der Entscheidung über den Einbürgerungsantrag an.[1] Analphabetismus ist weder Krankheit noch Behinderung. Wer aus diesem Grund nicht über die erfordrlichen Kenntnis in Wort und Schrift verfügt, hat keinen Anspruch auf Einbürgerung.[2]

Bei erfolgreicher, nachgewiesener Teilnahme an einem Integrationskurs wird die Frist auf sieben Jahre gekürzt.

Liegen die Sprachkenntnisse über dem geforderten Niveau, kann die Einbürgerungsfrist auf sechs Jahre verkürzt werden (§ 10 Abs. 3 Satz 2 StAG).

4.3 Aufgabe der bisherigen Staatsangehörigkeit

Zur Vermeidung von Mehrstaatigkeit muss die bisherige Staatsangehörigkeit in der Regel aufgegeben werden. Davon wird aber abgesehen, wenn die Aufgabe der bisherigen Staatsangehörigkeit nicht oder nur unter unzumutbaren Bedingungen möglich ist (vgl. § 12 Abs. 1 StAG). Das ist insbesondere der Fall, wenn im Herkunftsstaat eine Entlassung aus der Staatsangehörigkeit gar nicht vorgesehen ist, regelmäßig verweigert oder von unzumutbaren Bedingungen anhängig gemacht wird. Es muss jeweils das Staatsangehörigkeitsrecht und die Praxis in den Herkunftsstaaten betrachtet werden. Die Bewertung kann je nach Bundesland variieren.[3] Die Staaten, die regelmäßig keine Entlassung vornehmen, sind Afghanistan, Algerien, Angola, Eritrea, Iran, Kuba, Libanon, Malediven, Marokko, Nigeria, Syrien, Thailand und Tunesien.[4] Gar nicht vorgesehen ist eine Entlassung aus der Staatsangehörigkeit derzeit in fast allen süd- und mittelamerikanischen Staaten.[5] Sehr schwierig ist die Situation regelmäßig, wenn Staaten zerfallen. Problematisch ist beispielsweise die Entlassung von Kosovaren aus der serbischen Staatsangehörigkeit, die sie durch die Unabhängigkeitserklärung des Kosovo nicht verloren haben.

---

[1] BVerwG vom 5.6.2014 – 10 C 2.14.
[2] BVerwG vom 27.5.2010 – 5 C 8.09.
[3] Zum Beispiel: Ministerium für Integration erleichtert Einbürgerungen, Pressemeldung des Ministerium für Integration Baden-Württemberg vom 7.2.2012, http://www.integrationsministerium-bw.de
[4] Anwendungshinweise StAG, Rn. 12.1.2.2.
[5] Anwendungshinweis StAG, Rn. 12.1.2.1.

Ein Fall der unzumutbaren Bedingungen liegt vor, wenn die bei der Entlassung zu entrichtenden Gebühren (einschließlich Nebenkosten wie zum Beispiel Beglaubigungskosten) ein durchschnittliches Bruttomonatseinkommen des Einbürgerungsbewerbers übersteigen.[1] Auch die Ableistung des Wehrdienstes kann eine unzumutbare Bedingung sein.[2]

Auch wenn dem Einbürgerungsbewerber erhebliche wirtschaftliche oder vermögensrechtliche Nachteile entstehen, ist von der Aufgabe der bisherigen Staatsangehörigkeit abzusehen. Das wäre etwa bei Erbrechtsbeschränkungen oder bei Vermögenseinzug durch den Herkunftsstaat der Fall.[3] Erheblich sind derartige Nachteile nur, wenn sie über das normale Maß hinausreichen. Sie sind in der Regel erheblich, wenn sie ein durchschnittliches Bruttojahreseinkommen des Einbürgerungsbewerbers übersteigen. Liegen sie unter 10.225,84 €, sind sie stets unerheblich.[4]

Strittig ist die Frage, ob es Minderjährigen zumutbar ist, die Volljährigkeit abzuwarten, wenn das Herkunftsland die Volljährigkeit zur Voraussetzung der Entlassung aus der Staatsangehörigkeit macht.[5] Eine höchstrichterliche Klärung steht noch aus.

Bei Unionsbürgern[6] und Staatsangehörigen der Schweiz wird generell von der Aufgabe der bisherigen Staatsangehörigkeit abgesehen. Ihre Einbürgerung ist immer unter Hinnahme von Mehrstaatigkeit möglich (§ 12 Abs. 2 StAG).

4.4 Einbürgerungstest

Ab dem 1. September 2008 wird von jedem, der eingebürgert werden will, ein Nachweis über »Kenntnisse der Rechts- und Gesellschaftsordnung und der Lebensverhältnisse in Deutschland« verlangt. Davon befreit sind alle, die noch keine 16 Jahre alt oder aufgrund Krankheit, Behinderung oder altersbedingt beeinträchtigt sind. Ein deutscher Schulabschluss (Haupt-

---

[1] Anwendungshinweise StAG, Rn. 12.1.2.3.2.1.
[2] Anwendungshinweise StAG, Rn. 12.1.2.3.2.2.
[3] Anwendungshinweise StAG, Rn. 12.1.2.5.1.
[4] Anwendungshinweise StAG, Rn. 12.1.2.5.2.
[5] Pro: VG Stuttgart vom 21.9.2009 – 11 K 3612/09. Contra: OVG Lüneburg vom 8.2.2012 – 13 LC 240/10.
[6] Eine Gleichstellung von Staatsangehörigen der EWR-Staaten mit EU-Bürgern erfolgt hier – anders als beim Aufenthaltsrecht – nicht.

schule oder höher) genügt als Nachweis;[1] ansonsten muss ein Einbürgerungstest bestanden werden (§ 10 Abs. 5 AufenthG).

Der Test wird mittels eines Fragebogens durchgeführt. Aus einem festgelegten, der Öffentlichkeit bekannten Fragenkatalog[2] werden 100 Fragebögen mit je 33 Fragen erstellt. Die Fragebögen werden nicht veröffentlicht. Der Text ist bestanden, wenn mindestens 17 der 33 Fragen richtig beantwortet sind.

Für die Durchführung der Tests sind die Länder, die diese Aufgabe durch Verwaltungsvereinbarung an das BAMF delegieren können, zuständig. Sie können jeweils drei eigene, auf das Bundesland bezogene Fragen in den Fragebogen aufnehmen.

Der Nachweis von Kenntnissen der Rechts- und Gesellschaftsordnung ist nicht zu fordern, wenn die Einbürgerungsbewerberin nicht handlungsfähig nach Maßgabe von § 80 Abs. 1 AufenthG ist (§ 10 Abs. 1 Satz 2 StAG). Das betrifft Minderjährige unter 16 Jahren und unter Betreuung stehende Personen. Weiter wird darauf verzichtet, wenn der Einbürgerungsbewerber diese Voraussetzung wegen Krankheit oder Behinderung nicht erfüllen kann (§ 10 Abs. 6 StAG).

5   Ermessenseinbürgerung

5.1   Allgemein

Ausländer mit rechtmäßigem, gewöhnlichen Aufenthalt in Deutschland können nach Ermessen eingebürgert werden, wenn sie handlungsfähig und nicht vorbestraft[3] sind, eine eigene Wohnung und ausreichende Existenzmittel haben (§ 8 Abs. 1 StAG).

Bei der Lebensunterhaltssicherung kommt es nicht darauf an, ob ein Leistungsbezug ohne eigenes Verschulden nötig ist. Weiter wird nicht nur der eigene Bedarf, sondern auch der potentielle Bedarf nachziehender, unterhaltsberechtigter Familienangehöriger berücksichtigt. Insoweit stellt die Ermes-

---

[1] Anwendungshinweise StAG, Rn. 12.1.1.7.
[2] Fragenkatalog für den Bund und die Länder: http://www.bmi.bund.de → Migration und Integration → Einbürgerung.
[3] Außer Betracht bleibende Straftaten: § 12a StAG.

seneinbürgerung deutlich höhere Anforderungen an die Lebensunterhaltssicherung als die Anspruchseinbürgerung.[1]

Von der Lebensunterhaltssicherung und der Vorstrafenfreiheit kann zur Vermeidung einer besonderen Härte oder aus Gründen des öffentlichen Interesses abgesehen werden.

Die Einbürgerung ist ausgeschlossen, wenn der Ausländer ein Sicherheitsrisiko darstellt (§ 11 StAG).

Bei der Ermessensausübung ist insbesondere zu berücksichtigen, dass sich der Einbürgerungsbewerber in die deutschen Lebensverhältnisse eingeordnet hat und über ausreichende Kenntnisse der deutschen Sprache (Sprachniveau B1 des Europäischen Referenzrahmens) verfügt.[2] Hier wie bei den weiteren Voraussetzungen orientiert sich die Ermessenseinbürgerung an den Voraussetzungen der Anspruchseinbürgerung. Von diesen Voraussetzungen wird lediglich bei besonderen Gruppen abgewichen.[3] Dazu gehören z. B. staatenlose Flüchtlinge, ehemalige Deutsche, deutschsprachige Einbürgerungsbewerber, Fälle mit staatsangehörigkeitsrechtlichem Wiedergutmachungsgehalt oder von besonderem öffentlichen Interesse wie bei Spitzensportlern.

Die Einbürgerung erfolgt nur auf Antrag. Der Antrag soll schriftlich gestellt werden. Zur Erleichterung der Antragstellung soll ein Vordruck verwendet werden. Sind alle Voraussetzungen des § 8 Abs. 1 StAG und die allgemeinen Einbürgerungsvoraussetzungen erfüllt, ist das Ermessen auf Null reduziert. Ohne sachlichen Grund darf eine Einbürgerung dann nicht verweigert werden.[4]

5.2 Ehegatten/Lebenspartner von Deutschen

Ehegatten von Deutschen werden privilegiert eingebürgert. Die Einbürgerung nach § 9 StAG darf bei Erfüllung der gesetzlichen Voraussetzungen nur dann versagt werden, wenn der Regelungszweck des § 9 (Herstellung einer einheitlichen deutschen Staatsangehörigkeit in der Ehe oder Lebenspartnerschaft) verfehlt würde. Minderjährige Kinder von ausländischen Ehe-

---

[1] BVerwG vom 28.5.2015 – 1 C 23.14.
[2] Anwendungshinweise StAG, Rn. 8.1.2.1.
[3] Anwendungshinweise StAG, Rn. 8.1.3.
[4] Hofmann/Hoffmann, 2008, § 8 StAG, Rn. 66 ff.

gatten oder Lebenspartnern können nach Maßgabe des § 8 StAG mit eingebürgert werden.

Die Einbürgerung nach § 9 StAG verweist auf § 8 StAG. Der Einbürgerungsbewerber muss also handlungsfähig und nicht vorbestraft[1] sein, eine eigene Wohnung und ausreichende Existenzmittel haben. Weiter muss er in der Regel seine bisherige Staatsangehörigkeit aufgeben, die Integration in die deutschen Lebensverhältnisse muss gewährleistet sein und er muss über ausreichende Kenntnisse der deutschen Sprache verfügen (§ 9 Abs. 1 StAG).

Erforderlich ist in der Regel ein Aufenthalt im Inland von drei Jahren.[2] Weiter werden staatsbürgerliche Kenntnisse, Bekenntnis zur freiheitlichen demokratischen Grundordnung und eine Loyalitätserklärung verlangt.[3] Das Bestehen des Einbürgerungstests ist regelmäßig nicht Voraussetzung.

Die Einbürgerung ist ausgeschlossen bei Einbürgerungswilligen, die ein Sicherheitsrisiko darstellen (§ 11 StAG).

Liegen alle Voraussetzungen vor, besteht ein Regelanspruch auf Einbürgerung. Das heißt, die Behörde kann nur bei atypischen Sachverhalten die Einbürgerung ablehnen.[4]

6 Verlust der Staatsangehörigkeit

6.1 Durch Erwerb einer anderen Staatsangehörigkeit (§ 25 StAG)

Die Staatsangehörigkeit erlischt kraft Gesetzes mit Erwerb einer anderen Staatsangehörigkeit, wenn dieser Erwerb auf eigenen Antrag oder auf Antrag des gesetzlichen Vertreters erfolgt (§ 25 Abs. 1 Satz 1 StAG). Das heißt, ab dem Zeitpunkt der Einbürgerung durch einen anderen Staat geht die deutsche Staatsangehörigkeit automatisch verloren, ohne dass eine Behörde tätig werden muss. Dies stellt keine verbotene Entziehung der Staatsangehörigkeit dar.[5]

---

[1] Außer Betracht bleibende Straftaten: § 12a StAG.
[2] Anwendungshinweise StAG, Rn. 9.1.2.1.
[3] Anwendungshinweise StAG, Rn. 9.1.2.1.
[4] Hofmann/Hoffmann, 2008, § 9 StAG, Rn. 20.
[5] BVerfG vom 8.12.2006 – 2 BvR 1339/06.

Mit dieser Regelung soll insbesondere unterbunden werden, dass sich Ausländerinnen nach der Einbürgerung die alte Staatsangehörigkeit durch Wiedereinbürgerung »zurückholen«. Bei Spätaussiedlern ist zu beachten, dass viele die alte Staatsangehörigkeit eines der Nachfolgestaaten der ehemaligen Sowjetunion mit der Einreise nach Deutschland und dem Erwerb der deutschen Staatsangehörigkeit nicht verloren haben. »Erinnern« sie sich später an die ausländische Staatsangehörigkeit, ist das von der Regelung nicht erfasst.

Eine Ausnahme von dieser Regelung gilt für deutsche Staatsangehörige, die auf Antrag die Staatsangehörigkeit eines Mitgliedsstaates der EU oder der Schweiz erwerben (§ 25 Abs. 1 Satz 2 StAG). Sie verlieren die deutsche Staatsangehörigkeit nicht. Diese Regelung korrespondiert mit der Einbürgerung dieser Staatsangehörigen unter Hinnahme der Mehrstaatigkeit (→ S. 354).

6.2 Durch Rücknahme

Eine Einbürgerung kann laut Entscheidung des Bundesverfassungsgerichts durch Rücknahme erlöschen, wenn sie durch falsche Angaben erschlichen wurde.

Die Rücknahme wird nicht durch das Verbot der Entziehung der Staatsangehörigkeit in Art. 16 Abs. 1 Satz 1 GG gehindert, da es sich bei der Rücknahme einer erschlichenen Einbürgerung nicht um eine Entziehung handelt. Auch der in Art. 16 Abs. 1 Satz 2 GG verankerte Schutz vor Staatenlosigkeit schließt in solchen Fällen die Rücknahme der Einbürgerung nicht aus.[1]

Hat der Eingebürgerte die Einbürgerungsbehörde wissentlich durch Vorlage falscher, entscheidungserheblicher Unterlagen getäuscht, kann er sich nicht auf ein schutzwürdiges Vertrauen auf den Bestand der Einbürgerung berufen. Die Einbürgerung ist rechtswidrig und kann wie andere rechtswidrige Verwaltungsakte auch zurückgenommen werden.[2] Eine zeitnahe Rücknahme kann dann auf Grundlage von § 48 Verwaltungsverfahrensgesetz erfolgen.[3] Als zeitnah gilt die Rücknahme nur innerhalb einer Frist von fünf Jahren nach Aushändigung der Einbürgerungsurkunde.[4]

---

[1] BVerfG vom 24.5.2006 – 2 BvR 669/04.
[2] BVerfG vom 24.5.2006 – 2 BvR 669/04.
[3] BVerfG vom 24.5.2006 – 2 BvR 669/04.
[4] BVerwG vom 30.6.2008 – 5 C 32. 07.

Der Gesetzgeber hat die Rücknahme einer Einbürgerung 2009 auf eine gesetzliche Grundlage gestellt.[1] Sie ist demnach möglich, wenn die Einbürgerung erschlichen oder durch Drohung oder Bestechung erlangt wurde (§ 35 Abs. 1 StAG). Die Rücknahme ist nur innerhalb von 5 Jahren nach Bekanntgabe der Einbürgerung zulässig (§ 35 Abs. 3 StAG und erfolgt mit Wirkung für die Vergangenheit (§ 35 Abs. 4 StAG).

Da die deutsche Staatsangehörigkeit auch die Unionsbürgerschaft mit den ihr eigenen Rechten (→ S. 294 f.) vermittelt, muss nach einer Entscheidung des EuGH von 2010 bei der Rücknahme einer Einbürgerung auch beachtet werden, dass der Verlust der Staatsangehörigkeit auch zum Verlust der Unionsbürgerrechte führt. Das ist zwar nicht generell ausgeschlossen, es muss aber der Grundsatz der Verhältnismäßigkeit gewahrt werden. Der »Entzug einer durch betrügerische Handlungen erworbenen Staatsangehörigkeit« ist demnach gerechtfertigt.[2]

6.3 Bei Dritten mit abgeleitetem Recht

Die Rücknahme einer Einbürgerung, die Rücknahme einer erschlichenen Niederlassungserlaubnis sowie die erfolgreiche Anfechtung der Vaterschaft haben Auswirkungen auf unbeteiligte Dritte, insbesondere Kinder, die ihre deutsche Staatsangehörigkeit letztlich ebenfalls einer Täuschungshandlung verdanken. Allerdings haben sie nicht selbst getäuscht und sind deshalb in ihrem Vertrauen auf das Bestehen der Staatsangehörigkeit schützenswert.

Zumindest bei einer Vaterschaftsanfechtung stehen dem Verlust der abgeleiteten Staatsangehörigkeit keine grundsätzlichen verfassungsrechtlichen Bedenken entgegen.[3] In den übrigen Fällen, in denen die Rücknahme des ursprünglichen, begünstigenden Verwaltungsaktes im Ermessen der Behörden steht, bedarf es nach der Rechtsprechung des Bundesverfassungsgerichts »einer hinreichend bestimmten Entscheidung des Gesetzgebers«[4] über den Verlust der abgeleiteten Staatsangehörigkeit. Möglich sei es, dem Schutzbedürfnis der Betroffenen durch Fristen oder Altersgrenzen Rechung zu tragen.

---

[1] Gesetz zur Änderung des Staatsangehörigkeitsgesetzes (StAGÄndG) vom 5.2.2009, BGBl. I 2009, S. 158
[2] EuGH vom 2.3.2010 – C-135/08 »Rottmann«, Rn. 33.
[3] BVerfG vom 24.10.2006 – 2 BvR 696/04.
[4] BVerfG vom 24.5.2006 – 2 BvR 669/04.

Seit 2009 gilt, dass die Rücknahme einer Einbürgerung nach § 35 StAG keine Auswirkungen auf Dritte hat, sofern diese die deutsche Staatsangehörigkeit kraft Gesetz erworben haben und mindestens fünf Jahre alt sind (§ 17 Abs. 2 StAG). In den übrigen Fällen muss über den Verlust der Staatsangehörigkeit im Wege des Ermessens entschieden werden. Zu beachten ist dabei das Kindeswohl, aber auch, inwieweit der Betroffene selbst an einer der rechtswidrigen Handlungen beim Erwerb der Einbürgerung beteiligt war (§ 35 Abs. 5 StAG).

6.4 Aufenthaltstitel für ehemalige Deutsche

Wer die deutsche Staatsangehörigkeit verloren hat, kann einen Aufenthaltstitel für ehemalige Deutsche nach § 38 AufenthG beantragen (→ S. 148).

Prüfungsschemata

A Abstammung von wenigstens einem deutschen Elternteil (§ 4 StAG)

■ **1. Voraussetzung**

Beide Eltern Deutsche

■ **Rechtsfolge**

Nur deutsche Staatsangehörigkeit durch Geburt

■ **2. Voraussetzung**

Ein deutscher Elternteil, ein Elternteil Ausländer

■ **Rechtsfolge**

Doppelte Staatsangehörigkeit durch Geburt

B Abstammung von zwei Ausländern (§ 4 Abs. 3 StAG)

■ **Voraussetzungen**

1. Ein Elternteil mit unbefristetem Aufenthaltsrecht
   - mit einer Niederlassungserlaubnis
   - mit einer Erlaubnis zum Daueraufenthalt-EU
   - Freizügigkeitsberechtigung als EU-Bürger
   - Freizügigkeitsberechtigung als Staatsangehörige der EWR-Staaten (Island, Norwegen, Liechtenstein)
   - Freizügigkeitsberechtigung als Staatsangehörige der Schweiz
   - Staatenlose, die unter § 1 des Gesetzes über die Rechtstellung heimatloser Ausländer fallen
   - Türkische Staatsangehörige, die unter Art. 6 und 7 Assoziationsratsbeschluss (ARB) 1/80 fallen

2. ununterbrochener, rechtmäßiger Aufenthalt in Deutschland seit acht Jahren

■ **Rechtsfolgen**

1. Erwerb der deutschen Staatsangehörigkeit durch Geburt neben der ausländischen Staatsangehörigkeit der Eltern (aber Entscheidung mit 21 Jahren für eine der Staatsangehörigkeiten, sofern es sich nicht um Staatsangehörige eines EU-Staates oder der Schweiz handelt oder Personen, die in Deutschland aufgewachsen sind)
2. Sind die Voraussetzungen nicht erfüllt:
Nur ausländische Staatsangehörigkeit

C **Anspruchseinbürgerung (§ 10 StAG)**

■ **Voraussetzungen**

1. Antrag
2. Handlungsfähigkeit
3. Rechtmäßiger Aufenthalt in Deutschland seit acht Jahren
4. Bekenntnis zur freiheitlichen demokratischen Grundordnung
5. Unbefristetes Aufenthaltsrecht
(wie bei Abstammung von Ausländern → B)
6. oder eine Blaue Karte EU oder eine Aufenthaltserlaubnis außer
   – Zweck der Ausbildung (§§ 16, 17 AufenthG) oder
   – Forschung (§ 20 AufenthG) oder
   – aus humanitären Gründen nach §§ 22, 23 Abs. 1,
   §§ 23a, 24, 25 Abs. 3 bis 5 des AufenthG
7. Lebensunterhaltssicherung oder mangelnde Lebensunterhaltssicherung nicht vertreten müssen
8. Aufgabe der bisherigen Staatsangehörigkeit, wenn möglich und zumutbar (§ 12 StAG)
9. Keine Vorstrafen (außer wegen Bagatelldelikten: § 12a StAG)
10. Ausreichende mündliche und schriftliche Kenntnisse der deutschen Sprache oder wegen Krankheit oder Behinderung befreit
11. Kenntnisse der Rechts- und Gesellschaftsordnung Deutschlands oder wegen Krankheit oder Behinderung befreit
12. Kein Sicherheitsrisiko (§ 11 StAG).

■ **Rechtsfolge**

Anspruch auf Einbürgerung

D Ermessenseinbürgerung (§ 8 Abs. 1 StAG)

▪ Voraussetzungen

1. Bindende Voraussetzungen
- Antrag
- Rechtmäßiger, gewöhnlicher Aufenthalt
- Handlungsfähigkeit
- Keine Vorstrafen (außer wegen Bagatelldelikten: § 12a StAG)
- Eigene Wohnung
- Ausreichende Existenzmittel
- Kein Sicherheitsrisiko (§ 11 StAG).

2. Ermessenskriterien
- Dauer des Aufenthalts
- Bekenntnis zur freiheitlichen demokratischen Grundordnung
- Aufgabe der bisherigen Staatsangehörigkeit
- Ausreichende mündliche und schriftliche Kenntnisse der deutschen Sprache
- Kenntnisse der Rechts- und Gesellschaftsordnung Deutschlands

▪ Rechtsfolgen

1. Liegen alle Voraussetzungen vor, ist das Ermessen auf Null reduziert; ohne sachlichen Grund darf eine Einbürgerung dann nicht verweigert werden

2. Liegen nicht alle Voraussetzungen vor, kann davon abgesehen werden bei
- Vorstrafen und ausreichenden Existenzmitteln
  - zur Vermeidung einer besonderen Härte oder
  - aus Gründen des öffentlichen Interesses
- privilegierten Gruppen:
  - Staatenlose Flüchtlinge
  - ehemalige Deutsche
  - deutschsprachige Einbürgerungsbewerber
  - Spitzensportler u.ä.

E Deutsche Volkszugehörigkeit (§ 6 BFVG)

■ Voraussetzungen

1. Antrag

2. Bekenntnis zum deutschen Volkstum:
   - Nationalitätenerklärung oder
     Zuordnung zur deutschen Nationalität im Herkunftsstaat
     oder auf vergleichbare Weise
   - Familiär vermittelte deutsche Sprachkenntnisse

■ Rechtsfolge

Mit Einreise: Erwerb der deutschen Staatsangehörigkeit (§ 7 StAG)

F Einbeziehung der Angehörigen in den Aufnahmebescheid (§ 27 BVFG)

■ Voraussetzungen

1. Antrag auf Einbeziehung

2. Grundkenntnisse der deutschen Sprache

3. Bei minderjährigen Abkömmlingen zusätzlich zu eigenen Sprachkenntnissen: Grundkenntnisse der deutschen Sprache bei den Eltern

■ Rechtsfolgen

1. Die Einbeziehung ist akzessorisch

2. Mit Einreise erfolgt der Erwerb der deutschen Staatsangehörigkeit (§ 7 StAG)

Glossar

1 Richtlinien des Rats der
  Europäischen Gemeinschaft 366
2 Verordnungen des Rats der
  Europäischen Gemeinschaft 373
3 Europäische und internationale Abkommen 375
4 Aufenthaltsdokumente 380
5 Sonstige ausländerrechtliche Begriffe 382

1 Richtlinien des Rats der Europäischen Gemeinschaft

Die Richtlinien enthalten verbindliche Vorgaben für die Mitgliedsstaaten. Jede Richtlinie legt eine Umsetzungsfrist fest, bis zu ihrem Ablauf müssen die Vorgaben der Richtlinie in nationale Gesetze umgesetzt werden.

■ **Antidiskriminierungsrichtlinien**

Art. 13 EGV ermächtigt die EG, »geeignete Vorkehrungen zu treffen, um Diskriminierungen aus Gründen des Geschlechts, der Rasse, der ethnischen Herkunft, der Religion oder der Weltanschauung, einer Behinderung, des Alters oder der sexuellen Ausrichtung zu bekämpfen«.
Art. 141 Abs. 3 EGV enthält eine weitere Ermächtigungsgrundlage für Regelungen im Bereich der Gleichstellung von Frauen und Männern.
Auf der Grundlage dieser Kompetenznormen wurden insgesamt sechs Antidiskriminierungsrichtlinien erlassen:

– **Antirassismusrichtlinie**

Die Richtlinie **2000/43/EG** zur Anwendung des Gleichbehandlungsgrundsatzes ohne Unterschied **der Rasse oder der ethnischen Herkunft** vom 29. Juni 2000 verbietet die Diskriminierung durch öffentliche oder private Stellen in den Bereichen Beschäftigung und Beruf, berufliche Bildung und Beratung; soziale Sicherheit, soziale Vergünstigungen, Bildung und bei der Versorgung mit Waren und Dienstleistungen, soweit sie der Öffentlichkeit zur Verfügung stehen.
Die Umsetzungsfrist ist am 6.7.2003 abgelaufen.

– **Rahmenrichtlinie Beschäftigung und Beruf**

Die Richtlinie **2000/78/EG** zur Festlegung eines allgemeinen Rahmens für die Verwirklichung der Gleichbehandlung in Beschäftigung und Beruf vom 27. November 2000 verbietet die Diskriminierung im Bereich von Beschäftigung und Beruf und erfasst hierbei die Diskriminierungsgründe **Religion, Weltanschauung, Behinderung, Alter und sexuelle Identität.** Die Umsetzungsfrist ist am 2.12.2003 abgelaufen.

– Genderrichtlinien

Die **erste und die zweite Genderrichtlinie** aus den Jahren 1976 (76/207/ EWG) und 2002 (2002/73/EG) beziehen sich auf die Gleichbehandlung von Frauen und Männern in den Bereichen **Beschäftigung und Beruf, berufliche Bildung und soziale Sicherheit.**

Die **vierte Genderrichtlinie** von 2006 (2006/54/EG) fasst diese bisherigen Richtlinien neu und passt sie an die Begriffe der Antirassismusrichtlinie und der Rahmenrichtlinie Beschäftigung und Beruf an.

Die **dritte Genderrichtlinie** von 2004 (2004/113/EG) bezieht sich auf die Geschlechtergleichbehandlung auf dem Gebiet des Waren- und Dienstleistungsverkehrs, soweit sie der Öffentlichkeit zur Verfügung stehen. Die Umsetzungsfrist ist am 21.12.2007 abgelaufen.

■ **Aufnahmebedingungen**

Die Aufnahmerichtlinie wurde durch die Richtlinie 2013/33/EU des Europäischen Parlaments und des Rates zur Festlegung von Normen für die Aufnahme von Personen, die internationalen Schutz beantragen, vom 26. Juni 2013 neu gefasst.

Die Umsetzungsfrist ist am 20.7.2015 abgelaufen.

Derzeit existiert lediglich ein Referentenentwurf aus dem BMI vom 1.10.2015; wann eine Umsetzung in deutsches Recht stattfinden wird, ist unklar. Die Regelungen sind jedoch unmittelbar anzuwenden, soweit sie die Rechte der Flüchtlinge konkret bestimmen.

Wie schon in der Vorgängerrichtlinie 2003/9/EG werden die Mitgliedstaaten verpflichtet, für alle Asylbewerberinnen einen menschenwürdigen Lebensstandard sicherzustellen einschließlich der Mindestanforderungen an die Haftbedingungen bei Abschiebe- oder Rückschiebehaft. Die Richtlinie erfasst insbesondere die Bereiche Information, Beratung, Freizügigkeit, Gesundheitsversorgung, Unterkünfte, Schulbesuch und Berufsausbildung sowie Zugang zum Arbeitsmarkt.

Konkreter als zuvor wird eine kostenlose Beratung durch das BAMF, eine geschlechts- und altersgerechte Gestaltung der Unterbringung, Schutz vor Gewalt und sexuellen Übergriffen in den Einrichtungen, kind- und familiengerechte Ausstattung vorgeschrieben.

Besonderer Wert wird auf die Bedürfnisse von Personen gelegt, die besonders schutzbedürftig sind. Dazu gehören Minderjährige, Alleinerziehende, ältere Menschen, Menschen mit Behinderung oder psychischen bzw. körperlichen Krankheiten. Sie erhalten einen Zugang zu allen notwendigen medizinischen Leistungen und ihre Bedürfnisse sind bei der Unterbringung speziell zu berücksichtigen.

Viele dieser Verpflichtungen werden derzeit nicht eingelöst. Es lohnt sich, auch diese Bedingungen gerichtlich einzufordern. Schon aus Zeitgründen wird das nicht in jedem Fall möglich sein, aber einige Verfahren können schon dazu führen, dass sich die Praxis der Sozialämter und der zuständigen Behörden für die Aufnahmeeinrichtungen verändert.

■ Daueraufenthaltsrichtlinie

Richtlinie **2003/109/EG** des Rates vom 25. November 2003 betreffend die Rechtsstellung der langfristig aufenthaltsberechtigten Drittstaatsangehörigen.

Die Umsetzungsfrist ist am 23.1.2006 abgelaufen.

Die Richtlinie basiert auf der Entscheidung des Europäischen Rats in Tampere (15./16. Oktober 1999), nach der die Rechtsstellung von Drittstaatsangehörigen der Rechtsstellung von Unionsbürgern angeglichen werden soll. Drittstaatsangehörige, die sich rechtmäßig und dauerhaft in einem Mitgliedsstaat aufhalten, sollten vergleichbare Rechte genießen können wie Angehörige der EU. Damit soll auch die Anwendung von Art. 63 Abs. 4 EGV gewährleistet werden, nach dem festzulegen ist, unter welchen Bedingungen Drittstaatsangehörige, die im Sinne der Richtlinie in einem Mitgliedsstaat langfristig aufenthaltsberechtigt sind, sich in anderen Mitgliedsstaaten aufhalten können. Neben einem fünfjährigen Aufenthalt sind umfangreiche weitere Voraussetzungen zu erfüllen, die eine weit gehende wirtschaftliche und soziale Integration sicherstellen. Das Daueraufenthaltsrecht kann nicht von Personen mit humanitärem Aufenthaltsstatus, mit Aufenthaltstiteln zum Zweck des Studiums oder zum Zweck der vorübergehenden Erwerbstätigkeit erworben werden, ebenso nicht von Diplomaten oder Angehörigen internationaler Organisationen, die sich erlaubnisfrei im Land aufhalten.

■ Familiennachzugsrichtlinie

Richtlinie **2003/86/EG** des Rates vom 22. September 2003 betreffend das Recht auf Familienzusammenführung.

Die Umsetzungsfrist ist am 3.10.2005 abgelaufen.

Die Richtlinie regelt die Voraussetzungen für die Erteilung, Versagung oder Entziehung der Aufenthaltstitel zum Zweck der Familienzusammenführung zu Drittstaatsangehörigen, die sich rechtmäßig im Hoheitsgebiet der Mitgliedsstaaten aufhalten. Sie beinhaltet das Nachzugsrecht für Ehegatten, eingetragene Lebenspartner, minderjährige Kinder und Stiefkinder. Sie enthält Regelungen für weitere Familienangehörige und unverheiratete Partner.

Die Richtlinie enthält die Option für die Mitgliedsstaaten, durch Festlegung eines Mindestalters beim Ehegattennachzug junge Ausländer vor Zwangsehen zu schützen.

Beim Nachzug zu Flüchtlingen gemäß der Genfer Flüchtlingskonvention ist unter bestimmten Voraussetzungen auf die Sicherung des Lebensunterhalts durch die Flüchtlinge zwingend zu verzichten.

■ Forscherrichtlinie

Richtlinie **2005/71/EG** des Rates vom 12. Oktober 2005 über ein besonderes Zulassungsverfahren für Drittstaatsangehörige zum Zwecke der wissenschaftlichen Forschung.

Die Umsetzungsfrist ist am 12.10.2007 abgelaufen.

Die Richtlinie soll durch die Förderung der Zulassung und der Mobilität von Drittstaatsangehörigen zu Forschungszwecken dazu beitragen, Europa zum wettbewerbsfähigsten und dynamischsten Wirtschaftsraum der Welt werden zu lassen. Die Richtlinie regelt die Zulassung von Drittstaats-Forschern in der EU nach einem besonderen dreistufigen Verfahren und gewährt den zugelassenen Forschern bestimmte Rechte, z.B. hinsichtlich des Aufenthalts, der Abhaltung von Unterricht an Hochschulen, der Gleichbehandlung bei der Diplomanerkennung, den Arbeitsbedingungen, der sozialen Sicherheit, der Besteuerung. Auch ist ihnen das Recht auf Mobilität innerhalb der EU für dasselbe oder andere Vorhaben einzuräumen.

■ Hochqualifiziertenrichtlinie

Die Richtlinie **2009/50/EG** über die Bedingungen für die Einreise und den Aufenthalt von Drittstaatsangehörigen zur Ausübung einer hochqualifizierten Beschäftigung, regelt die Einreise und den Aufenthalt zum Zweck der Erwerbstätigkeit von Drittstaatsangehörigen mit akademischer Ausbildung. Sie erhalten für Tätigkeiten, die ihrer Qualifikation entsprechen, die »Blue Card EU«. Erforderlich ist auch, dass ein bestimmtes Mindesteinkommen erzielt wird, welches die Mitgliedsstaaten festlegen können, wobei das Eineinhalbfache des Durchschnittseinkommens in einem Staat nicht unterschritten werden darf. Sozialrechtlich werden die Inhaber der Blue Card Unionsbürgerinnen gleichgestellt.

Die Umsetzungsfrist ist am 19.6.2011 abgelaufen.

- **Opferschutzrichtlinie**

Richtlinie **2004/81/EG** des Rates vom 29. April 2004 über die Erteilung von Aufenthaltstiteln für Drittstaatsangehörige, die Opfer des Menschenhandels sind oder von denen Beihilfe zur illegalen Einwanderung geleistet wurde und die mit den zuständigen Behörden kooperieren.

Die Umsetzungsfrist ist am 6.8.2006 abgelaufen.

Die Richtlinie dient der Bekämpfung der illegalen Einwanderung in Form der organisierten Kriminalität und der Verfolgung von entsprechenden Straftaten. Zu diesem Zweck wird Personen, die bereit sind, mit den Strafverfolgungsbehörden und Strafgerichten zusammenzuarbeiten und sich als Zeugen zur Aufklärung und Verfolgung entsprechender Straftaten zur Verfügung zu stellen, ein Aufenthaltstitel erteilt.

- **Qualifikationsrichtlinie**

Die Qualifikationsrichtlinie wurde durch die Richtlinie **2011/95/EU** vom 13.12.2011 neu gefasst. Die Umsetzungsfrist ist am 21.12.2013 abgelaufen.

Der Richtlinie kommt ein zentraler Stellenwert in der ersten Phase des Gemeinsamen Europäischen Asylsystems zu. Innerhalb der EU sollen dieselben Kriterien für die Anerkennung von Personen, die internationalen Schutz benötigen, angewandt werden; diese Personen sollen in allen Mitgliedsstaaten ein Mindestmaß an Rechten und Vergünstigungen erhalten. Die Richtlinie sieht auch ein einheitliches System für den Schutz der Personen vor, die nicht in den Geltungsbereich der Flüchtlingskonvention fallen, aber dennoch internationalen Schutz benötigen. Der Begriff des Verfolgers erfasst auch nichtstaatliche Kräfte; geschlechterspezifische Aspekte werden besonders berücksichtigt. Die Richtlinie nennt auch die Rechte und Vergünstigungen, die Personen zustehen, denen die Flüchtlingseigenschaft oder der subsidiäre Schutzstatus zuerkannt wurde, wie das Recht auf einen Aufenthaltstitel, Zugang zu Bildung und Beschäftigung, medizinische Versorgung und Sozialhilfe, Familiennachzug und Integration. Anderseits sollen strenge Klauseln über den Ausschluss vom Flüchtlingsstatus oder vom subsidiären Schutzstatus verhindern, dass das Asylsystem von Terroristen oder Gewaltverbrechern missbraucht wird.

Die Richtlinie wurde durch Gesetz vom 28.8.2013 (BGBl. I, S. 3474) umgesetzt.

■ Rückführungsrichtlinie

Die Richtlinie **2008/115/EG** des Europäischen Parlaments und des Rates vom 16. Dezember 2008 über gemeinsame Normen und Verfahren in den Mitgliedsstaaten zur Rückführung illegal aufhältiger Drittstaatsangehöriger regelt die Abschiebung und die Abschiebungshaft von Personen, die sich unerlaubt auf dem Gebiet der Mitgliedsstaaten aufhalten. Die Staaten werden verpflichtet, diese Personen zurückzuführen; es werden aber auch bestimmte Mindestgarantien zum Schutz der Grundrechte der Betroffenen geregelt, so wird eine Obergrenze von 18 Monaten für die Abschiebungshaft festgelegt, Minderjährige in besonderer Weise geschützt und die Möglichkeit zur freiwilligen Ausreise eingeräumt.

Die Umsetzungsfrist ist am 24.12.2010 abgelaufen.

■ Sanktionsrichtlinie

Die Richtlinie **2009/52/EG** vom 18. Juni 2009 über Mindeststandards für Sanktionen und Maßnahmen gegen Arbeitgeber, die Drittstaatsangehörige ohne rechtmäßigen Aufenthalt beschäftigen, verpflichtet die Mitgliedsstaaten auf Maßnahmen zur Bekämpfung von Schwarzarbeit unter Ausnutzung des unerlaubten Aufenthalts von Drittstaatsangehörigen. Verbunden damit sind auch bestimmte Schutzmaßnahmen für Personen, die durch Arbeitsausbeutung geschädigt wurden. Ihnen ist ein Verfahren anzubieten, mit dem sie ihre Ansprüche gegenüber den Arbeitgebern gelten machen können.

Die Umsetzungsfrist ist am 20.7.2011 abgelaufen.

■ Studentenrichtlinie

Richtlinie **2004/114/EG** des Rates vom 13. Dezember 2004 über die Bedingungen für die Zulassung von Drittstaatsangehörigen zur Absolvierung eines Studiums oder zur Teilnahme an einem Schüleraustausch, einer unbezahlten Ausbildungsmaßnahme oder einem Freiwilligendienst.

Die Umsetzungsfrist ist am 12.1.2007 abgelaufen.

Die Richtlinie soll die bildungspolitischen Ziele der EU, die darauf gerichtet sind, die Bereitschaft von Drittstaatsangehörigen zu fördern, sich zu Studienzwecken in die Gemeinschaft zu begeben, umsetzen. Die Richtlinie regelt das Verfahren für die Zulassung von Drittstaatsangehörigen im Hoheitsgebiet der Mitgliedsstaaten zu Studienzwecken oder zur Teilnahme an einem Schüleraustausch, einer unbezahlten Ausbildungsmaßnahme oder einem Freiwilligendienst. Ein unmittelbarer Anspruch auf Aufnahme entsteht durch die Verfahrensregelungen nicht.

Unionsbürgerrichtlinie

Richtlinie 2004/38/EG des Europäischen Parlaments und des Rates vom 29. April 2004 über das Recht der Unionsbürger und ihrer Familienangehörigen, sich im Hoheitsgebiet der Mitgliedsstaaten frei zu bewegen und aufzuhalten, zur Änderung der Verordnung (EWG) Nr. 1612/68 und zur Aufhebung der Richtlinien 64/221/EWG, 68/360/EWG, 72/194/EWG, 73/148/EWG, 75/34/EWG, 75/35/EWG, 90/364/EWG, 90/365/EWG und 93/96/EWG. Die Richtlinie wird auch Freizügigkeitsrichtlinie genannt.

Die Umsetzungsfrist ist am 30.4.2006 abgelaufen.

Die Richtlinie regelt das Recht der Unionsbürger, sich im Hoheitsgebiet der Mitgliedsstaaten frei zu bewegen und aufzuhalten. In die Richtlinie sind sämtliche Rechtsvorschriften eingegangen, die zur Regelung dieses Bereichs bisher erlassen wurden.

Ziel der Richtlinie ist es, die Ausübung des Aufenthaltsrechts für Unionsbürger und ihre Familienangehörigen so weit wie möglich von Formalitäten zu befreien.

Die Richtlinie umfasst folgende Regelungsbereiche:
- Die Bedingungen, unter denen Unionsbürger und ihre Familienangehörigen ihr Recht auf Aufenthalt und Freizügigkeit ausüben können;
- das Recht auf Daueraufenthalt;
- die Beschränkungen dieser Rechte aus Gründen der öffentlichen Ordnung, Sicherheit und Gesundheit.

Die Richtlinie findet auf die Angehörigen der EWR-Staaten (Norwegen, Island, Liechtenstein) und ihre Familienangehörigen in gleicher Weise Anwendung.
Bis auf gewisse Einschränkungen hinsichtlich der Einreise und der Dokumentation des Aufenthaltsrechts gelten die Grundsätze der Richtlinie auch für Schweizer Staatsangehörige.

Verfahrensrichtlinie

Die Richtlinie 2013/32/EU des Europäischen Parlaments und des Rates zu gemeinsamen Verfahren für die Zuerkennung und Aberkennung des internationalen Schutzes vom 26. Juni 2013 ersetzt die Vorgängerrichtlinie 2005/85/EG.

Die Umsetzungsfrist ist am 20.7.2015 abgelaufen.

In einem »Leitfaden zur unmittelbaren innerstaatlichen Anwendung der Richtlinie 2013/32/EU« des BAMF vom 21.7.2015 (410-7406-30/15) wird die Anwendung bei der Durchführung der Asylverfahren angekündigt.

Entscheidende Veränderungen gegenüber dem bisherigen Verfahrensablauf ergeben sich vor allem aus dem Anspruch auf unentgeltliche rechtliche Beratung und unter bestimmten Umständen auch die rechtliche Vertretung im gerichtlichen Verfahren, den Verfahrensgarantien für besonders schutzbedürftige Personen und die erweiterten Verfahrensgarantien für unbegleitete minderjährige Flüchtlinge.

Die Umsetzung in deutsches Recht ist bislang nicht absehbar. Die Europäische Kommission hat ein Vertragsverletzungsverfahren gegen die Bundesrepublik eingeleitet.

2 Verordnungen des Rats der Europäischen Gemeinschaft

Verordnungen sind Rechtssetzungen des Rats der Europäischen Gemeinschaft, die in den Mitgliedsstaaten unmittelbar gelten und keiner Umsetzung in nationales Recht bedürfen.

Für die Sozialleistungsansprüche sind insbesondere folgende Verordnungen bedeutsam:

- **VO (EU) über die Freizügigkeit der Arbeitnehmer innerhalb der Union**

Die Verordnung Nr. 492/2011 vom 5. April 2011 regelt für den Kreis der Arbeitnehmerinnen die Aufenthalts- und Sozialrechte, soweit diese von der Unionsbürgerrichtlinie 2004/38/EG und der VO (EG) Nr. 883/2004 nicht erfasst werden, also insbesondere die Ansprüche auf Sozialhilfe, Wohngeld etc. Die Neufassung ersetzt die bisherige VO (EWG) Nr. 1612/68.

- **VO (EG) des europäischen Parlaments und des Rates zur Koordinierung der Systeme der Sozialen Sicherheit**

Die Verordnung Nr. 883/2004 vom 29.4.2004 fasst die bisherigen Verordnungen auf dem Gebiet der sozialen Sicherheit zusammen und verbessert die bestehenden Regelungen zur Förderung der Mobilität in Europa.

Die Verordnung soll ermöglichen, dass innerhalb der EU zum Zweck der Erwerbstätigkeit wandernde Unionsbürger und ihre Familienangehörigen wie Inländer Anwartschaften und Sozialleistungsansprüche erwerben. Um dies zu erreichen, koordiniert die VO (EG) Nr. 883/2004 die nationalen Systeme der sozialen Sicherheit, sie regelt, ob für eine Leistung der Ort des Wohnsitzes oder der Ort der Erwerbstätigkeit maßgeblich ist und welche Leistungen in andere Mitgliedsstaaten exportiert werden können. Die VO (EG) Nr.

883/2004 erfasst alle Sozialversicherungsleistungen, sonstige Leistungen im Zusammenhang mit den versicherten Risiken und die Familienleistungen.

Die Verordnung trat im Mai 2010 in Kraft, nachdem die Durchführungsverordnung Nr. 987/2009 erlassen wurde.

Zwischenzeitlich ist sie durch VO (EU) Nr. 1231/2010 auch auf Drittstaatsangehörige anwendbar, die innerhalb der EU wandern oder ihren Wohnsitz oder den ihrer Familie in einem anderen Mitgliedsstaat haben als dem Staat, in dem sie ihrer Erwerbstätigkeit nachgehen.

Durch Beschluss des EWR-Ausschusses Nr. 76/2011 vom 1.7.2011 ist die Verordnung seit Juni 2012 auch auf EWR-Bürger (Norwegen, Island und Liechtenstein) anzuwenden.

Auch die Schweiz ist seit April 2012 einbezogen, wendet die VO aber nicht auf Drittstaatsangehörige an.

- **VO (EG) des Rates zur Aufstellung der Liste der Drittländer, deren Staatsangehörige beim Überschreiten der Außengrenzen im Besitz eines Visums sein müssen, sowie der Liste der Drittländer, deren Staatsangehörige von dieser Visumpflicht befreit sind (Visumverordnung)**

Die Verordnung Nr. 539/2001 vom 15. März 2001 regelt für die Einreise in das Gebiet der Europäischen Union, die Staatsangehörigen welcher Staaten ein Visum benötigen und welche nicht. Erfasst werden dabei nur Einreisen zum Zwecke Besuchs- oder touristischer oder anderer kurzfristiger Aufenthalte, die eine Dauer von drei Monaten pro Halbjahr nicht überschreiten.

Die Verordnung findet keine Anwendung für das Vereinigte Königreich und Irland. Die Verordnung findet auch für die EWR-Staaten Norwegen und Island Anwendung, ebenso für die Schweiz. Für Liechtenstein ist die Anwendung derzeit noch ausgesetzt.

- **Dublin III-Verordnung**

Die Verordnung (EU) Nr. 604/2013 des Europäischen Parlaments und des Rates zur Festlegung der Kriterien und Verfahren zur Bestimmung des Mitgliedstaats, der für die Prüfung eines von einem Drittstaatsangehörigen oder Staatenlosen in einem Mitgliedstaat gestellten Antrags auf internationalen Schutz zuständig ist (Neufassung), vom 26. Juni 2013 regelt innerhalb des Gemeinsamen Europäischen Asylsystems (GEAS) die Bestimmung des für die Prüfung des Schutzanspruchs zuständigen Mitgliedstaates und das Verfahren zur Überstellung der Betroffenen zwischen den Mitgliedstaaten. An dem gemeinsamen System beteiligen sich die 28 Mitgliedstaaten der EU sowie Norwegen, Island, Liechtenstein und die Schweiz. Die Zuständigkeit wird vor allem nach dem Prinzip bestimmt, in welchem EU-Staat das Territorium der EU erstmals betreten wurde. Vorrangig sind allerdings Familienbindungen, der Schutz unbegleiteter Minderjähriger und die Ausstellung eines Visums durch einen Dublin-Staat zu berücksichtigen. Unter bestimmten Umständen können oder müssen die Staaten auch von ihrem Selbsteintrittsrecht Gebrauch machen. Die Zuständigkeit wird vor allem durch die EURODAC-Datei geprüft, in der alle Personenregistrierungen in den Dublin-Staaten gespeichert werden. Gegen die Überstellungsverfügung in einen Dublin-Staat kann das Verwaltungsgericht angerufen werden. Eingewendet werden kann nur, dass das Asylverfahren in dem anderen Mitgliedstaat systemische Mängel aufweist oder dass die Überstellung für die Betroffenen eine konkrete Gefahr für Leib und Leben bedeutet.

Das Dublin-System funktioniert nicht mehr, weil nicht alle Staaten bereit sind, Flüchtlinge aufzunehmen, keine ordnungsgemäßen Verfahren oder Aufnahmebedingungen anbieten, als Ankunftsstaaten völlig überlastet sind und sich das gesamte Verteilungsverfahren als willkürlich erwiesen hat.

3 Europäische und internationale Abkommen

▪ Assoziationsabkommen zwischen der EG und der Türkei

Zur Vorbereitung der Aufnahme der Türkei in die (damals noch) EWG wurde am 12.9.1963 ein Assoziierungsabkommen zwischen der EWG und der Türkei geschlossen. 1970 wurde in einem Zusatzprotokoll die schrittweise Herstellung der Freizügigkeit bis 1986 vereinbart, die jedoch aus wirtschaftlichen und sozialen Gründen nicht verwirklicht wurde. Zwischen 1976 und 1980 legte der Assoziationsrat EWG/Türkei Regeln für die Beschäftigung und die Freizügigkeit sowie die soziale Sicherung der Arbeitnehmer fest.

Auf Grundlage des Assoziierungsabkommen Türkei/EWG vom 12.9.1963 und der darauf beruhenden Assoziationsratsbeschlüsse ARB 1/80 und ARB 3/80 hat der Europäische Gerichtshof durch seine reichhaltige Judikatur die Rechte von Arbeitnehmerinnen mit türkischer Staatsangehörigkeit und ihren Familienangehörigen seit Mitte der 1980er-Jahre immer weiter gestärkt. Zusammenfassend wird dieses Recht als Assoziierungsrecht oder Assoziationsrecht bezeichnet.

Mittelmeerabkommen mit der EG

Bei den so genannten Mittelmeerabkommen handelt es sich um Abkommen zwischen der EG und ihren Mitgliedsstaaten einerseits und den Staaten
- Algerien von 2002 (BGBl. II, S. 1138),
- Ägypten von 2001 (BGBl. II, S. 2546),
- Israel von 1995 (BGBl. II 1997, S. 1168),
- Jordanien seit 2002 (BGBl. II, S. 1403),
- Libanon von 2002 (BGBl. II, S. 970),
- Marokko von 1996 (BGBl. II, S. 1810) und
- Tunesien von 1995 (BGBl. II 1997, S. 342)

anderseits über Zollfreiheit, Niederlassungsrechte und Dienstleistungsfreiheit. In einigen Abkommen sind auch Diskriminierungsverbote für Wanderarbeitnehmer enthalten.

Europäische Menschenrechtskonvention (EMRK)

Die Konvention zum Schutze der Menschenrechte und Grundfreiheiten wurde im Rahmen des Europarats ausgearbeitet, am 4. November 1950 in Rom unterzeichnet und trat am 3. September 1953 allgemein in Kraft. Alle Mitgliedsstaaten des Europarats haben die Konvention unterzeichnet und auch in innerstaatliches Recht transformiert.

Alle Mitgliedsstaaten der EU sind zugleich Mitglied im Europarat. Mitglieder sind auch die EWR-Staaten, die Türkei, die Nachfolgestaaten Jugoslawiens sowie Russland und weitere GUS-Staaten. In Deutschland gilt die EMRK derzeit in der Fassung der Bekanntmachung vom 17. Mai 2002 (BGBl. II, S. 1054).
Die EMRK enthält in den Art. 2–14 einen Katalog der wichtigsten Freiheitsrechte:
- Recht auf Leben;
- Verbot der Folter;
- Recht auf Freiheit und Sicherheit;
- Recht auf ein faires Verfahren;
- keine Strafe ohne Gesetz;
- Recht auf Achtung des Privat- und Familienlebens;
- Gedanken-, Gewissens- und Religionsfreiheit;
- Meinungsäußerungsfreiheit;
- Versammlungs- und Vereinigungsfreiheit;
- Recht auf Eheschließung;
- Recht auf eine wirksame Beschwerde;
- Diskriminierungsverbot

und verpflichtet die Vertragsstaaten, diese Rechte allen ihrer Hoheitsgewalt unterstehenden Personen zu garantieren.

Ergänzt wird die EMRK von vierzehn Zusatzprotokollen, die teils materiellrechtliche Bestimmungen, teils verfahrensrechtliche Regelungen enthalten.

Die Einhaltung der EMRK wird im Rahmen eines Individual- bzw. Staatenbeschwerdeverfahrens durch den Europäischen Gerichtshof für Menschenrechte (EGMR) kontrolliert. Weltweit erstmalig wurde damit die Möglichkeit geschaffen, dass Personen, die sich durch eine Behörde in ihren Menschenrechten verletzt fühlen, bei einem internationalen Gericht Beschwerde erheben können und die Entscheidungen für die betreffenden Staaten bindend sind. Neben Individualbeschwerden besteht auch die Möglichkeit von Staatenbeschwerden, die allerdings bislang selten geblieben sind.

Auch sind alle nationalen Gerichte, im Ausländerrecht also die Verwaltungsgerichte, verpflichtet, alle Regelungen des deutschen Rechts so auszulegen, dass die in der EMRK verbürgten Grundrechte gewahrt bleiben.

- **Europäisches Fürsorgeabkommen (EFA)**

Das Europäische Fürsorgeabkommen wurde am 11. Dezember 1953 vom Europarat verabschiedet und trat für die Bundesrepublik am 1. September 1956 in Kraft (BGBl. II 1956, S. 564 ff.).

Die Mitgliedsstaaten verpflichten sich in diesem Abkommen, den Bürgern der anderen Vertragsstaaten, die sich rechtmäßig auf ihrem Gebiet aufhalten, Fürsorgeleistungen in gleicher Weise und in gleichem Umfang zu gewähren wie eigenen Bürgern.

Die Bundesrepublik Deutschland erklärte mit Wirkung zum 19. Dezember 2011 folgenden Vorbehalt zum EFA:

»Die Regierung der Bundesrepublik Deutschland übernimmt keine Verpflichtung, die im Zweiten Buch Sozialgesetzbuch – Grundsicherung für Arbeitsuchende – in der jeweils geltenden Fassung vorgesehenen Leistungen an Staatsangehörige der übrigen Vertragsstaaten in gleicher Weise und unter den gleichen Bedingungen wie den eigenen Staatsangehörigen zuzuwenden.«

Das BSG bewertet den Vorbehalt der BRD als wirksam (Beschluss vom 12.12.2013 – B 4 AS 9/13 R).

- **Europäisches Niederlassungsabkommen (ENA)**

Das Europäische Niederlassungsabkommen wurde am 11. Dezember 1953 vom Europarat verabschiedet und trat 1965 in Deutschland in Kraft (BGBl. II 1965, 1099).

Das Abkommen soll durch die Aufstellung gemeinsamer Regeln für die Behandlung der Staatsangehörigen eines Mitgliedsstaates im Gebiet der anderen Mitgliedsstaaten die Verbundenheit der Staaten des Europarats fördern.

Das Abkommen ist in Deutschland unmittelbar anwendbar. Es enthält aber im Wesentlichen Absichtserklärungen zur Erleichterung der Einreise und des Aufenthalts sowie zur Gewährleistung der Menschenrechte.

Individualansprüche lassen sich lediglich aus Art. 3 Abs. 3 ableiten, welcher nach zehn Jahren Aufenthalt in einem anderen Mitgliedsstaat einen weit gehenden Schutz vor Ausweisung einräumt.

Dem Abkommen sind bislang nur ein Teil der Staaten der Europäischen Union beigetreten sowie Norwegen, Island und die Türkei.

■ Europol

Europol ist eine europäische Polizeibehörde, die die Arbeit der nationalen Polizeibehörden Europas im Bereich der grenzüberschreitenden organisierten Kriminalität, des Terrorismus, des illegalen Waffenhandels, des Drogenhandels, der Kinderpornografie und der Geldwäsche koordinieren soll. Europol darf sämtliche Informationen zu diesem Bereich erhalten, wenn zwei oder mehr EU-Mitgliedsstaaten in einer Weise betroffen sind, die aufgrund des Umfangs, der Bedeutung und der Folgen der Straftaten ein gemeinsames Vorgehen erfordert. Seit 1. Januar 2010 ist Europol eine Agentur der Europäischen Union. Die Anbindung an die nationalen Strafverfolgungsbehörden erfolgt durch Verbindungsbeamte, durch die auch die Aufsicht durch die jeweiligen Justiz- und Innenminister der Mitgliedsstaaten ausgeübt wird.

■ Kinderrechtskonvention

Das Übereinkommen über die Rechte des Kindes (Convention on the Rights of the Child, CRC) wurde am 20. November 1989 von der UN-Generalversammlung angenommen und trat am 20. September 1990 in Kraft. Die Kinderrechtskonvention wurde von 193 Staaten ratifiziert und hat damit die weltweit höchste Anerkennung aller UN-Konventionen erlangt.

Die Bundesrepublik Deutschland unterzeichnete das Abkommen am 17. Februar 1992, am 5. April 1992 trat es in Kraft (Bekanntmachung vom 10. Juli 1992 – BGBl. II, S. 990).

Die Bundesrepublik hatte die Konvention mit einem Vorbehalt versehen, der sicherstellen sollte, dass Flüchtlingskinder keine Rechtspositionen aus ihr ableiten konnten.

Dieser Vorbehalt wurde durch Erklärung der Bundesregierung vom Mai 2010 aufgehoben, sodass die Konvention nunmehr in Deutschland uneingeschränkt anzuwenden ist.

In der Konvention werden im Wesentlichen alle Menschenrechte einschließlich der sozialen Grundstandards auch Minderjährigen zuerkannt, das Kindeswohl wird als oberster Maßstab für alle behördlichen Maßnahmen festgelegt, der Anspruch auf das Zusammenleben mit Eltern und Familie wird besonders betont und Kinder, die von ihren Familien getrennt sind, dem besonderen Schutz des Staates unterstellt.

Für die Überwachung der Anwendung der Konvention wurde der UN-Ausschuss für die Rechte des Kindes eingerichtet, der die Staatenberichte anfordert und auswertet.

- **Genfer Flüchtlingskonvention (GFK)**

Das »Abkommen über die Rechtsstellung der Flüchtlinge« der Vereinten Nationen wurde am 28. Juli 1951 auf einer UN-Konferenz verabschiedet. Damit fand das jahrzehntelange Bemühen des Völkerbundes (Vorgängerorganisation der UN) um einen wirksamen Flüchtlingsschutz einen vorläufigen Höhepunkt. In Deutschland ist die GFK als Bundesgesetz unmittelbar anwendbar (verkündet mit Gesetz vom 1.9.1953, BGB. II S. 559, in Kraft getreten am 22.4.1954 gemäß Bekanntmachung des Bundesministers des Auswärtigen vom 25.4.1954, BGBl. II S. 619).

Die Konvention legt fest, wer ein Flüchtling ist und welchen rechtlichen Schutz, welche Hilfe und welche sozialen Rechte er von den Unterzeichnerstaaten erhalten sollte. Aber es schließt auch bestimmte Gruppen, z. B. Kriegsverbrecher, vom Flüchtlingsstatus aus. Einen Individualanspruch auf Aufnahme als Flüchtling enthält die GFK allerdings nicht; wohl aber einen Schutz vor Abschiebung bei Verfolgung im Herkunftsland (Art. 33)

Die GFK war zunächst auf den Schutz europäischer Flüchtlinge direkt nach dem Zweiten Weltkrieg ausgerichtet. Als die Flüchtlingsbewegungen globale Ausmaße erreichten, wurde die regionale Beschränkung der Konvention mit dem Protokoll von 1967 aufgehoben. Bis heute sind 146 Staaten Mitglieder des Abkommens und/oder des Zusatzprotokolls geworden.
Der Hohe Flüchtlingskommissar der Vereinten Nationen (United Nations High Commissioner for Refugees – UNHCR) wurde 1951 von der UN-Generalversammlung eingeführt, um Millionen von europäischen Flüchtlingen in der Folge des Zweiten Weltkrieges zu helfen.

UNHCR übt eine Kontrollfunktion aus und greift notfalls ein, um sicherzustellen, dass Flüchtlinge Asyl erhalten und nicht zur Rückkehr in Länder gezwungen werden, in denen ihr Leben in Gefahr sein könnte. In einigen Staaten wird UNHCR an der Durchführung des Asylverfahrens beteiligt oder übernimmt es im staatlichen Auftrag. In Deutschland unterhält UNHCR in Berlin eine Regionalvertretung für Deutschland, Österreich und die Tschechische Republik. In Nürnberg gibt es eine UNHCR-Außenstelle beim Bundesamt für Migration und Flüchtlinge (siehe dort). Am Asylverfahren wird UNHCR nicht beteiligt, aber auf Bitten sowohl des BAMF und der Gerichte als auch der Asylantragsteller beratend tätig.

- **Übereinkommen über die Verringerung der Mehrstaatigkeit und über die Wehrpflicht von Mehrstaatern**

    Das Abkommen vom 6.5.1963 wurde in Deutschland durch Gesetz vom 29.9.2006 ratifiziert (BGBl. II 1969, S. 1954 ff.). Das Abkommen sah vor, dass bei einer Antragseinbürgerung die Beibehaltung der »alten« Staatsangehörigkeit durch den Heimatstaat nicht erlaubt werden soll. Deutschland hat wie die meisten europäischen Staaten den Vertrag mittlerweile gekündigt.

4   Aufenthaltsdokumente

- **Bescheinigung über das Daueraufenthaltsrecht EU**

    Halten sich EU-Bürgerinnen fünf Jahre rechtmäßig in Deutschland auf, erwerben sie das Daueraufenthaltsrecht EU. Darüber wird ihnen auf Antrag eine Bescheinigung ausgestellt.
    Die Freizügigkeitsbescheinigung EU wird Staatsangehörigen der EU-Staaten und der EWR-Staaten zur Dokumentation ihres Rechts auf Freizügigkeit ausgestellt.

- **Aufenthaltskarte (EU)**

    Die Aufenthaltskarte EG wird Staatsangehörigen der Schweiz und den Familienangehörigen (Drittstaatsangehörigen) von Staatsangehörigen der EU-Staaten zur Dokumentation ihres Rechts auf Freizügigkeit ausgestellt.

- **Aufenthaltserlaubnis**

    Die Aufenthaltserlaubnis gewährt ein befristetes und an einen Zweck gebundenes Recht zum Aufenthalt (rechtmäßiger Aufenthalt).

Blaue Karte EU

Die Blaue Karte EU wird Personen mit einem Aufenthalt nach § 19a AufenthG zum Zwecke der Erwerbstätigkeit als Akademikerin mit einem bestimmten Gehalt befristet ausgestellt und erlaubt die Weiterwanderung innerhalb der EU unter bestimmten Voraussetzungen.

Niederlassungserlaubnis

Die Niederlassungserlaubnis gewährt ein unbefristetes und zweckunabhängiges Recht zum Aufenthalt (rechtmäßiger Aufenthalt).

Erlaubnis zum Daueraufenthalt EU

Dieser Aufenthaltstitel gewährt ein unbefristetes Aufenthaltsrecht, welches die Rechte der Niederlassungserlaubnis umfasst und zusätzlich ein Recht auf Weiterwanderung innerhalb der EU gewährt.

Fiktionsbescheinigung

Mit der Fiktionsbescheinigung wird dokumentiert, dass ein Antrag auf Erteilung oder auf Verlängerung eines Aufenthaltstitels (Aufenthaltserlaubnis, Niederlassungserlaubnis) gestellt wurde und dass der Aufenthalt bis zur Entscheidung über den Antrag als erlaubt gilt (rechtmäßiger Aufenthalt). Bei einem Antrag auf Verlängerung gilt der bisherige Aufenthaltstitel als fortbestehend (§ 81 AufenthG).

Schengenvisum

Ein Visum zum Zweck der Einreise und des Aufenthalts für einen Zeitraum bis zu drei Monaten wird immer als Schengenvisum ausgestellt, wenn kein längerfristiger Aufenthalt beabsichtigt ist. Das Visum berechtigt zum vorübergehenden Aufenthalt in allen EU-Staaten, ausgenommen Vereinigtes Königreich und Irland. Die Einzelheiten regelt das Schengener Durchführungsübereinkommen und die EU-Visumverordnung (VO (EG) Nr. 539/2001).

Nationales Visum

Ein Visum zum Zwecke der Einreise und eines Aufenthalts von mehr als drei Monaten muss immer als nationales Visum ausgestellt werden. Es berechtigt nur zum Aufenthalt in dem ausstellenden Staat. In der Regel wird die zuständige Ausländerbehörde vor Erteilung des Visums um ihre Zustimmung ersucht.

Duldung

Mit der Duldung wird die Aussetzung der Abschiebung bescheinigt (kein rechtmäßiger Aufenthalt). Die Ausreisepflicht bleibt bestehen. Sie berechtigt nach einem Verlassen des Bundesgebiets nicht zur Wiedereinreise.

Aufenthaltsgestattung

Die Aufenthaltsgestattung dokumentiert den erlaubten Aufenthalt zur Durchführung eines Asylverfahrens oder eines Verfahrens zur Anerkennung der Flüchtlingseigenschaft nach der Genfer Flüchtlingskonvention. Sie erlischt ohne einen Rücknahme- oder Widerrufsbescheid, sobald das Asylverfahren bestandskräftig beendet ist.

5 Sonstige ausländerrechtliche Begriffe

Abschiebehindernis

– zielstaatsbezogen

Zielstaatsbezogene Abschiebehindernisse liegen vor, wenn durch die Rückkehr in den Herkunftsstaat eine Menschenrechtsposition nach der Europäischen Menschenrechtskonvention oder das Grundrecht auf Menschenwürde (Art. 1 Abs. 1 GG) oder das Recht auf Leben (Art. 2 Abs. 2 GG) verletzt würde. In Betracht kommt die Gefahr von Folter, Todesstrafe, grausame oder unmenschliche Behandlung, auch durch fehlende Möglichkeiten der medizinischen Versorgungen, Bedrohungen für Leib und Leben durch kriegerische Auseinandersetzungen oder durch öffentliche Stellen oder Privatpersonen.

– inlandsbezogen

Inlandsbezogene Abschiebehindernisse sind tatsächliche oder rechtliche Gründe, die einer Abschiebung entgegenstehen und sich aus Umständen in Deutschland ergeben.
Tatsächliche Gründe sind insbesondere fehlende Reisedokumente, Verweigerung der Einreise durch den Staat, in den abgeschoben werden soll, oder Transportunfähigkeit durch Krankheit oder Behinderung.
Rechtliche Abschiebehindernisse können sich durch bestehende Bindungen in Deutschland ergeben, insbesondere aus dem Recht auf Schutz von Ehe und Familie (Art. 6 GG, Art. 8 EMRK), aus dem Schutz des Kindeswohls (Art. 6 GG, UN-Kinderkonvention, Haager Minderjährigen Schutzabkommen) oder aus dem Recht auf Privatleben (Art. 8 EMRK).

5 Sonstige ausländerrechtliche Begriffe 383

- **Ausländerzentralregister**

Es handelt sich um eine Datensammlung, in der die Daten aller Ausländer und Ausländerinnen erfasst werden, die sich länger als drei Monate in Deutschland aufhalten. Die gesondert geführte Visadatei enthält die Daten der ausländischen Personen, die ein Visum bei einer deutschen Auslandsvertretung beantragt haben. Mit etwa 23,7 Millionen personenbezogenen Datensätzen ist es eines der großen automatisierten Register der öffentlichen Verwaltung in Deutschland.

Das Ausländerzentralregister ist Informationsquelle für ca. 6.000 Verwaltungsbehörden, unter anderem für die Ausländerbehörden, die Polizei und Zollverwaltung. Es unterstützt die Erfüllung ordnungsrechtlicher Aufgaben im ausländer- und asylrechtlichen Bereich, dient als Instrument der inneren Sicherheit und wird für ausländerpolitische Planungen verwendet. Seit dem 1.1.2005 ist das Bundesamt für Migration und Flüchtlinge (BAMF) Registerführer für das Ausländerzentralregister. Das Bundesverwaltungsamt verarbeitet und nutzt die Daten im Auftrag und nach Weisung des BAMF (§ 1 Abs. 1 Bundeszentralregistergesetz).

Auf schriftlichen Antrag können Betroffene nach § 34 AZRG unentgeltlich Auskunft über die zu ihrer Person gespeicherten Daten erhalten. Zum Nachweis der Identität muss die Unterschrift auf dem Antrag beglaubigt werden. Im Ausland kann dies durch die Auslandsvertretung, einen Notar oder eine Behörde des Herkunftsstaates geschehen. Eine Passkopie ist beizufügen.

- **Bundesamt für Migration und Flüchtlinge (BAMF)**

Dem Bundesamt sind verschiedenartige Aufgaben aus dem Migrationsbereich zugewiesen:

1. Die Anerkennung von Ausländerinnen als Asylberechtigte, Flüchtlinge nach der GFK oder Personen mit zielstaatsbezogenen Abschiebehindernissen gehört zu den traditionell wichtigsten Aufgaben des Bundesamtes. Über Asylanträge wird nach einer persönlichen Anhörung der Antragsteller durch Mitarbeiter des Bundesamts entschieden. Früher wurden sie Einzelentscheider genannt, wodurch zum Ausdruck gebracht wurde, dass sie unabhängig und weisungsfrei über die Anträge zu entscheiden hatten. Seit 2005 unterliegen diese Mitarbeiter bei ihren Entscheidungen den Weisungen ihrer Dienstvorgesetzten. Derzeit soll der Personalbestand um 2000 Mitarbeiterinnen aufgestockt werden. Es besteht die Gefahr, dass es zu erheblichen Qualitätsverlusten bei den Entscheidungen kommt.

2. Seit 2007 hat das Bundesamt die Aufgabe der zentralen Steuerung der Einreise und Verteilung jüdischer Zuwanderer aus den Gebieten der ehemaligen Sowjetunion übernommen.

3. Das BAMF hat Aufgaben der Rückkehrberatung für Personen, die freiwillig in ihre Herkunftsländer zurückreisen wollen, übernommen.

4. Die Entwicklung, Durchführung und Kontrolle der Integrationskurse liegt in der Hand des BAMF. Es erteilt die Zulassungen an die freigemeinnützigen und gewerblichen Träger, von denen die Kurse durchgeführt werden, legt die Standards fest und bestimmt wesentliche Teile des Lehrplans. Die Anträge von Einzelpersonen auf Zulassung zu einem Integrationskurs und auf Fahrkostenzuschüsse werden beim BAMF gestellt (die freien Träger leiten sie weiter). Das BAMF entwickelt ein bundesweites Integrationsprogramm und arbeitet der Bundesregierung auf dem Gebiet der Integrationsförderung fachlich zu. Durch die Regionalstellen des BAMF wird die Entwicklung kommunaler Integrationsstrategien gefördert und Projekte zur Integration von dauerhaft bleibeberechtigten Ausländern und von Spätaussiedlern gefördert. Das BAMF steuert und koordiniert auch die Tätigkeit der Migrationsberatung für Erwachsene (MBE), die vom Bund finanziert wird.

5. Das BAMF übernimmt den Austausch und die Kooperation mit der EU und ihren Mitgliedsstaaten im Bereich von Asyl und Migration. Es dient als Kontaktstelle für zeitlich begrenzten Schutz bei einem Massenzustrom von Vertriebenen.

6. Das BAMF führt das Ausländerzentralregister (siehe → S. 383).

7. Das BAMF betreibt wissenschaftliche Forschung zu Migrationsfragen, um analytische Aussagen zur Steuerung der Zuwanderung zu gewinnen. Seine Aufgabe ist es auch, Informationsmaterialien für die Öffentlichkeit und die beteiligten Fachstellen zu erstellen und Beratung anzubieten.

Zurzeit gliedert sich das Bundesamt in eine Zentrale mit Sitz in Nürnberg und 22 Außenstellen. Vier Fachreferate sind zusätzlich nach Köln, Würzburg, Dortmund und Berlin ausgelagert.

■ Deutsche Volkszugehörige

§ 6 BVFG enthält folgende Definition der deutschen Volkszugehörigkeit:

(1) Deutscher Volkszugehöriger im Sinne dieses Gesetzes ist, wer sich in seiner Heimat zum deutschen Volkstum bekannt hat, sofern dieses Bekenntnis durch bestimmte Merkmale wie Abstammung, Sprache, Erziehung, Kultur bestätigt wird.

(2) Wer nach dem 31. Dezember 1923 geboren worden ist, ist deutscher Volkszugehöriger, wenn er von einem deutschen Staatsangehörigen oder deutschen Volkszugehörigen abstammt und sich bis zum Verlassen der Aussiedlungsgebiete durch eine entsprechende Nationalitätenerklärung oder auf vergleichbare Weise nur zum deutschen Volkstum bekannt oder nach dem Recht des Herkunftsstaates zur deutschen Nationalität gehört hat. Das Bekenntnis zum deutschen Volkstum oder die rechtliche Zuordnung zur deutschen Nationalität muss bestätigt werden durch die familiäre Vermittlung der deutschen Sprache. Diese ist nur festgestellt, wenn jemand im Zeitpunkt der verwaltungsbehördlichen Entscheidung über den Aufnahmeantrag, in Fällen des § 27 Abs. 2 BVFG im Zeitpunkt der Begründung des ständigen Aufenthalts im Geltungsbereich dieses Gesetzes, aufgrund dieser Vermittlung zumindest ein einfaches Gespräch auf Deutsch führen kann, es sei denn, er kann die familiäre Vermittlung aufgrund einer später eingetretenen Behinderung im Sinne des § 2 Abs. 1 Satz 1 des Neunten Buches Sozialgesetzbuch nicht mehr auf diese Weise nachweisen. Ihre Feststellung entfällt, wenn die familiäre Vermittlung wegen der Verhältnisse in dem jeweiligen Aussiedlungsgebiet nicht möglich oder nicht zumutbar war oder wenn dem Aufnahmebewerber die deutsche Sprache wegen einer in seiner Person vorliegenden Behinderung im Sinne des § 2 Abs. 1 Satz 1 des Neunten Buches Sozialgesetzbuch nicht vermittelt werden konnte. Ein Bekenntnis zum deutschen Volkstum wird unterstellt, wenn es unterblieben ist, weil es mit Gefahr für Leib und Leben oder schwerwiegenden beruflichen oder wirtschaftlichen Nachteilen verbunden war, jedoch aufgrund der Gesamtumstände der Wille unzweifelhaft ist, der deutschen Volksgruppe und keiner anderen anzugehören.

- Drittstaatsangehörige

Als Drittstaatsangehörige werden alle Personen bezeichnet, die weder über eine deutsche noch eine Staatsangehörigkeit eines EU-Staats verfügen. Teilweise werden auch Bürger der EWR-Staaten oder der Schweiz nicht unter die Drittstaatsangehörigen gerechnet.

- Erstaufnahmeeinrichtung

Ausländer, die einen Asylantrag bei einer Außenstelle des Bundesamtes für Migration und Flüchtlinge oder bei einer Grenzbehörde gestellt haben, müssen sich in die nächstgelegene Erstaufnahmeeinrichtung begeben. Mithilfe des bundesweiten Verteilungssystems EASY (Erstverteilung von Asylbewerbern) wird dort die für sie zuständige Erstaufnahmeeinrichtung ermittelt. Auch unerlaubt eingereiste Ausländer können verpflichtet werden, sich in eine Erstaufnahmeeinrichtung zu begeben.

Die Aufnahmequoten der einzelnen Bundesländer bestimmen sich nach dem so genannten Königsteiner Schlüssel, der für jedes Jahr entsprechend der Steuereinnahmen und Bevölkerungszahl der Länder errechnet wird. Die Zeit in der Erstaufnahmeeinrichtung ist auf maximal drei Monate beschränkt. In dieser Zeit wird die Aufenthaltsgestattung auf den Bezirk der Ausländerbehörde, in dem die Aufnahmeeinrichtung liegt, beschränkt. Anschließend erfolgt eine Verteilung in die Kommunen.

- **Europäischer Referenzrahmen für Sprachen**

Der Gemeinsame Europäische Referenzrahmen für Sprachen des Europarats stellt eine gemeinsame Basis dar für die Entwicklung von Lehrplänen, curricularen Richtlinien, Prüfungen, Lehrwerken usw. in ganz Europa. Er schafft eine gemeinsame Grundlage für die Beschreibung von Zielen, Inhalten und Methoden und schreibt einheitliche Bewertungskriterien für ein erreichtes Sprachniveau vor. So wird die gegenseitige Anerkennung von Qualifikationsnachweisen erleichtert, die in unterschiedlichen Kontexten erworben wurden.

– »**Niveau A1 (Breakthrough)** wird als die niedrigste Ebene einer generativen Sprachverwendung angesehen – der Punkt, an dem Lernende sich auf ganz einfache Weise verständigen können. Sie können einfache Fragen zur Person stellen – z. B. zum Wohnort, zu Bekannten, zu Dingen, die man besitzt usw. – und können auf entsprechende Fragen antworten. Sie können einfache Feststellungen treffen oder auf solche reagieren, sofern es sich um unmittelbare Bedürfnisse oder um sehr vertraute Themen handelt, wobei sie sich nicht nur auf ein begrenztes, eingeübtes und lexikalisch organisiertes Repertoire situationsspezifischer Wendungen verlassen müssen.

– **Niveau A2** spiegelt das Niveau der Lernzielbestimmungen in **Waystage** wider. Auf dieser Stufe findet man die Mehrzahl der Deskriptoren zur Beschreibung sozialer Funktionen wie z. B.:
  – Kann einfache, alltägliche Höflichkeitsformeln verwenden, um jemanden zu grüßen oder anzusprechen;
  – kann jemanden grüßen, nach dem Befinden fragen und auf Neuigkeiten reagieren;
  – kann sehr kurze soziale Kontaktgespräche führen;
  – kann fragen, was jemand bei der Arbeit und in der Freizeit macht und kann entsprechende Fragen anderer beantworten;
  – kann jemanden einladen und auf Einladungen reagieren;
  – kann mit anderen besprechen, was man tun/wohin man gehen will, kann Verabredungen treffen;
  – kann etwas anbieten und Angebote annehmen.

Hier findet man auch Deskriptoren für sprachliche Interaktion auf Reisen und im Ausland, das heißt eine vereinfachte und reduzierte Version der vollständigen Kataloge im Threshold Level (s. unten) für im Ausland lebende Erwachsene, wie z. B.:
- Kann in Geschäften, Postämtern und Banken nach etwas fragen und einfache Erledigungen machen;
- kann sich einfache Reiseinformationen beschaffen, öffentliche Verkehrsmittel wie Bus, Zug oder Taxi benutzen;
- kann nach dem Weg fragen und den Weg erklären sowie Fahrkarten kaufen;
- kann um alltägliche Waren und Dienstleistungen bitten und solche anbieten.

- Die nächste Stufe umfasst eine **starke Variante** der Performanz auf der Ebene von **Waystage** (A2+). Bemerkenswert ist eine aktivere Teilnahme an Unterhaltungen, wobei einige Einschränkungen bestehen und oft Unterstützung nötig wird, z. B.:
- Kann im direkten Kontakt ein einfaches, begrenztes Gespräch beginnen, in Gang halten und beenden;
- versteht genug, um ohne übermäßige Mühe in einfachen Routinegesprächen zurechtzukommen;
- kann sich in vorhersehbaren Alltagssituationen über vertraute Themen verständigen und Gedanken und Informationen austauschen, sofern die Gesprächspartner, falls nötig, helfen;
- kann sich erfolgreich über Alltagsthemen verständigen, sofern er/sie für das, was er/sie sagen möchte, um Hilfe bitten kann;
- kann Alltagssituationen mit voraussagbaren Inhalten bewältigen, muss allerdings in der Regel Kompromisse in Bezug auf die Realisierung der Sprechabsicht machen und nach Worten suchen;
- kann sich relativ leicht in strukturierten Situationen verständigen, sofern die Gesprächspartner, falls nötig, helfen
- die Beteiligung an offenen Diskussionen ist aber nur begrenzt möglich.

Dazu kommt, dass die Fähigkeit zum zusammenhängenden monologischen Sprechen besser ausgeprägt ist, z. B.:
- Kann in einfachen Worten sagen, wie es ihm/ihr geht;
- kann ausführlich über alltägliche Aspekte des eigenen Lebensbereichs berichten, z. B. über Leute, Orte, Erfahrungen in Beruf oder Ausbildung;
- kann Pläne und Vereinbarungen, Gewohnheiten und Alltagsbeschäftigungen beschreiben sowie über vergangene Aktivitäten und persönliche Erfahrungen berichten;
- kann erklären, was er/sie an etwas mag oder nicht mag;
- kann kurz und einfach über ein Ereignis oder eine Tätigkeit berichten;

- kann Tiere oder Dinge, die ihm/ihr gehören, beschreiben;
- kann mit einfachen Mitteln Gegenstände sowie Dinge, die ihm/ihr gehören, kurz beschreiben und vergleichen.

- **Niveau B1** entspricht der Lernzielbestimmung des **Threshold Level** für Reisende in ein anderes Land. Sie zeichnet sich besonders durch zwei Merkmale aus:

Erstens die Fähigkeit, Interaktion aufrecht zu erhalten und in einem Spektrum von Situationen auszudrücken, was man sagen möchte, z. B.:
- Kann im Allgemeinen den Hauptpunkten von längeren Gesprächen folgen, die in seiner/ihrer Gegenwart geführt werden, sofern deutlich artikuliert und in der Standardsprache gesprochen wird;
- kann in einer Diskussion mit Freunden persönliche Standpunkte und Meinungen äußern und erfragen;
- kann das Wesentliche von dem, was er/sie sagen möchte, verständlich ausdrücken;
- kann ein breites Spektrum einfacher sprachlicher Mittel flexibel einsetzen, um viel von dem auszudrücken, was er/sie sagen möchte;
- kann ein Gespräch oder eine Diskussion in Gang halten, ist aber möglicherweise manchmal schwer zu verstehen, wenn er/sie versucht, genau auszudrücken, was er/sie sagen möchte;
- kann sich ohne viel Stocken verständlich ausdrücken, obwohl er/sie deutliche Pausen macht, um die Äußerungen grammatisch oder in der Wortwahl zu planen oder zu korrigieren, vor allem, wenn er/sie länger frei spricht.

Das zweite Merkmal ist die Fähigkeit, sprachliche Probleme des Alltagslebens flexibel zu bewältigen, z. B.:
- Kann auch mit weniger routinemäßigen Situationen in öffentlichen Verkehrsmitteln umgehen;
- kann die meisten Situationen bewältigen, die gewöhnlich beim Buchen einer Reise durch ein Reisebüro oder auf der Reise selbst auftreten;
- kann ohne Vorbereitung in ein Gespräch über vertraute Themen eintreten;
- kann sich beschweren;
- kann in einem Interview- oder Konsultationsgespräch eine gewisse Initiative ergreifen (z. B. ein neues Thema einführen), ist aber bei der Gesprächsführung sehr stark vom Interviewer abhängig;
- kann andere bitten zu erklären oder genauer zu erläutern, was sie gerade gesagt haben.

- Das folgende Niveau könnte eine **starke Variante** des **Threshold Level** sein (B1+). Dabei sind die beiden oben erwähnten Merkmale weiter vor-

handen, wobei aber eine Reihe von Deskriptoren hinzukommen, die sich auf den Umfang der Information beziehen, die bewältigt wird, z. B.:
- Kann eine Nachricht notieren, wenn jemand nach Informationen fragt oder ein Problem erläutert;
- kann in einem Interview oder Konsultationsgespräch konkrete Auskünfte geben (z. B. beim Arzt Symptome beschreiben), tut das aber mit begrenzter Genauigkeit;
- kann erklären, warum etwas ein Problem ist;
- kann eine kurze Geschichte, einen Artikel, einen Vortrag, ein Interview oder eine Dokumentarsendung zusammenfassen, dazu Stellung nehmen und Informationsfragen dazu beantworten;
- kann ein vorbereitetes Interview durchführen, Informationen kontrollieren und bestätigen, muss aber möglicherweise gelegentlich um Wiederholung bitten, wenn der Gesprächspartner zu schnell oder zu ausführlich antwortet;
- kann beschreiben, wie man etwas macht, und kann genaue Anweisungen geben;
- kann im eigenen Sachgebiet mit einer gewissen Sicherheit größere Mengen von Sachinformationen über vertraute Routineangelegenheiten und über weniger routinemäßige Dinge austauschen.

- **Niveau B2** liegt so weit oberhalb von B1 (**Threshold**) wie A2 (**Waystage**) darunter liegt. Es soll die Lernziele des Vantage Level widerspiegeln. Die Metapher vantage (= günstiger Ausgangspunkt) bedeutet, dass ein Lernender, der langsam, aber sicher das mittlere Lernplateau durchschritten hat, merkt, dass er jetzt an einem Punkt angekommen ist, von dem aus die Dinge in einem anderen Licht erscheinen und sich neue Perspektiven eröffnen. Dieses Konzept wird in hohem Maße durch die Deskriptoren unterstützt, die für dieses Niveau kalibriert wurden. Sie weichen nämlich ganz erheblich von den bisherigen Inhalten ab. Am unteren Ende dieses Niveaus liegt der Schwerpunkt z. B. auf erfolgreichem Argumentieren:
- Kann in Diskussionen die eigenen Ansichten durch relevante Erklärungen, Argumente und Kommentare begründen und verteidigen;
- kann den eigenen Standpunkt zu einem Problem erklären und die Vor- und Nachteile verschiedener Alternativen angeben;
- kann seine/ihre Argumentation logisch aufbauen und verbinden;
- kann etwas erörtern und dabei Gründe für oder gegen einen bestimmten Standpunkt angeben;
- kann ein Problem erläutern, das aufgetreten ist, und klar machen, dass der betreffende Anbieter der Dienstleistung oder der Kunde Zugeständnisse machen müssen;
- kann Vermutungen anstellen über Ursachen und Folgen und kann über hypothetische Situationen sprechen;

- kann sich in vertrauten Situationen aktiv an informellen Diskussionen beteiligen, indem er/sie Stellung nimmt, einen Standpunkt klar darlegt, verschiedene Vorschläge beurteilt, Hypothesen aufstellt oder auf Hypothesen reagiert.

Weiterhin gibt es auf dem gesamten Niveau zwei weitere neue Schwerpunkte. Der erste davon ist, dass man im Diskurs mehr kann als sich selbst behaupten, z. B.:
- Kann sich auf natürliche, fließende und effektive Weise an Gesprächen beteiligen;
- kann im Detail verstehen, was zu ihm/ihr in der Standardsprache gesagt wird, auch wenn es in der Umgebung störende Geräusche gibt;
- kann ein Gespräch beginnen, die Sprecherrolle übernehmen, wenn es angemessen ist, und das Gespräch, wenn er/sie möchte, beenden, auch wenn das möglicherweise nicht immer elegant gelingt;
- kann Versatzstücke wie »Das ist eine schwierige Frage« verwenden, um Zeit zum Formulieren zu gewinnen und das Rederecht zu behalten;
- kann sich so spontan und fließend verständigen, dass ein normales Gespräch mit einem Muttersprachler ohne Belastung für eine der beiden Seiten möglich ist;
- kann sich den in der Konversation üblichen Wechseln der Gesprächsrichtung, des Stils oder des Tons anpassen;
- kann Beziehungen zu Muttersprachlern aufrecht erhalten, ohne sie unfreiwillig zu belustigen oder zu irritieren oder sie zu veranlassen, sich anders zu verhalten als bei Muttersprachlern;
- kann Fehler korrigieren, wenn sie zu Missverständnissen geführt haben;
- kann sich seine Hauptfehler merken und sich beim Sprechen bewusst in Bezug auf diese Fehler kontrollieren;
- kann Versprecher oder Fehler normalerweise selbst korrigieren, wenn sie ihm/ihr bewusst werden;
- kann planen, was und wie er/sie etwas sagen will und dabei die Wirkung auf die Zuhörer berücksichtigen.

Insgesamt scheint dies eine neue Schwelle zu sein, die Sprachenlernende überschreiten müssen.

- Auf der nächsten Stufe – einer »**starken Variante**« von **Vantage** (B2+) – liegt das Gewicht weiterhin auf der Fähigkeit zum Argumentieren, zu effektivem sozialem Diskurs und auf einer stärkeren Sprachbewusstheit. Die Fokussierung auf Argumentieren und sozialen Diskurs kann jedoch auch als ein neuer Schwerpunkt bei den Diskursfertigkeiten interpretiert werden. Dieser höhere Grad an Diskurskompetenz zeigt sich im »Diskursmanagement« (Kooperationsstrategien):

- Kann sich auf Aussagen und Folgerungen anderer Sprecher beziehen, daran anknüpfen und so zur Entwicklung des Gesprächs beitragen;
- kann eigene Beiträge geschickt mit denen anderer Gesprächspartner verbinden.

Sie zeigt sich auch in Bezug auf Kohärenz und Kohäsion:
- Kann eine begrenzte Zahl von Verknüpfungsmitteln verwenden, um seine/ihre Äußerungen zu einem klaren, zusammenhängenden Text zu verbinden;
- kann verschiedene Verknüpfungswörter sinnvoll verwenden, um inhaltliche Beziehungen deutlich zu machen;
- kann etwas systematisch erörtern und dabei entscheidende Punkte in angemessener Weise hervorheben und stützende Einzelheiten anführen.

Schließlich konzentrieren sich auf dieser Stufe auch Sprachmittel zum Verhandeln:
- Kann einen Schadensersatzfall darlegen, jemanden überzeugen, eine Wiedergutmachung zu leisten und dabei klar die Grenzen für Zugeständnisse abstecken, die er/sie zu machen bereit ist.

- **Niveau C1** wurde **Effective Operational Proficiency** genannt (Kompetente Sprachverwendung). Es ist kennzeichnend für dieses Niveau, dass hier ein breites Spektrum sprachlicher Mittel zur Verfügung steht, das flüssige, spontane Kommunikation ermöglicht, wie die folgenden Beispiele zeigen:
- Kann sich beinahe mühelos spontan und fließend ausdrücken;
- beherrscht einen großen Wortschatz und kann bei Wortschatzlücken problemlos Umschreibungen gebrauchen;
- offensichtliches Suchen nach Worten oder der Rückgriff auf Vermeidungsstrategien sind selten, nur begrifflich schwierige Themen können den natürlichen Sprachfluss beeinträchtigen.

Die Diskursfertigkeiten, die für das vorhergehende Niveau charakteristisch waren, sind auch hier evident, wobei das Gewicht jetzt auf dem Aspekt größerer Flüssigkeit liegt, z. B.:
- Kann aus einem geläufigen Repertoire von Diskursmitteln eine geeignete Wendung auswählen und der eigenen Äußerung voranstellen, um das Wort zu ergreifen oder um Zeit zu gewinnen und das Wort zu behalten, während er/sie überlegt;
- kann klar, sehr fließend und gut strukturiert sprechen und zeigt, dass er/sie die Mittel der Gliederung sowie der inhaltlichen und sprachlichen Verknüpfung beherrscht.

- **Niveau C2** wird zwar als kompetente Sprachverwendung (**Mastery**) bezeichnet, dies bedeutet aber nicht, dass eine muttersprachliche oder fast muttersprachliche Kompetenz erreicht ist. Beabsichtigt ist nur, die Präzision, Angemessenheit und Leichtigkeit zu charakterisieren, welche die Sprache dieser sehr erfolgreichen Lernenden auszeichnen. Zu den Deskriptoren, die für dieses Niveau kalibriert wurden, gehören:
  - Kann ein großes Repertoire an Graduierungs- und Abtönungsmitteln weit gehend korrekt verwenden und damit feinere Bedeutungsnuancen deutlich machen;
  - beherrscht idiomatische und umgangssprachliche Wendungen gut und ist sich der jeweiligen Konnotationen bewusst;
  - kann bei Ausdrucksschwierigkeiten so reibungslos neu ansetzen und umformulieren, dass die Gesprächspartner kaum etwas davon bemerken.«

(Goethe-Institut, http://www.goethe.de/Z/50/commeuro)

■ Sichere Herkunftsstaaten

Durch gesetzliche Bestimmung in der Anlage II zum AsylG werden »sichere Herkunftsstaaten« bestimmt, in denen von vereinzelten Ausnahmen abgesehen keine Verfolgungen und schweren Menschenrechtsverletzungen zu befürchten sind. Es muss sich um Staaten mit einem funktionierenden demokratischen System und einem entwickelten Rechtsstaat handeln. Insbesondere legt die Verfahrensrichtlinie im Anhang als Kriterien für die Bestimmung »sicherer Herkunftsstaaten« fest:

Bestimmung sicherer Herkunftsstaaten im Sinne des Artikels 37 Absatz 1
Ein Staat gilt als sicherer Herkunftsstaat, wenn sich anhand der dortigen Rechtslage, der Anwendung der Rechtsvorschriften in einem demokratischen System und der allgemeinen politischen Lage nachweisen lässt, dass dort generell und durchgängig weder eine Verfolgung im Sinne des Artikels 9 der Richtlinie 2011/95/EU noch Folter oder unmenschliche oder erniedrigende Behandlung oder Strafe noch Bedrohung infolge willkürlicher Gewalt im Rahmen eines internationalen oder innerstaatlichen bewaffneten Konflikts zu befürchten sind.
Bei der entsprechenden Beurteilung wird unter anderem berücksichtigt, inwieweit Schutz vor Verfolgung und Misshandlung geboten wird durch
a) die einschlägigen Rechts- und Verwaltungsvorschriften des Staates und die Art und Weise ihrer Anwendung;
b) die Wahrung der Rechte und Freiheiten nach der Europäischen Konvention zum Schutz der Menschenrechte und Grundfreiheiten und/oder dem Internationalen Pakt über bürgerliche und politische Rechte und/oder dem Übereinkommen der Vereinten Nationen gegen Folter, insbesondere der Rechte, von denen

gemäß Artikel 15 Absatz 2 der Europäischen Konvention keine Abweichung zulässig ist;
c) die Einhaltung des Grundsatzes der Nicht-Zurückweisung nach der Genfer Flüchtlingskonvention;
d) das Bestehen einer Regelung, die einen wirksamen Rechtsbehelf bei Verletzung dieser Rechte und Freiheiten gewährleistet.

Mit Gesetz vom 20.10.2015 werden nun folgende Staaten als »sichere Herkunftsstaaten« bestimmt:
Albanien, Bosnien und Herzegowina, Ghana, Kosovo, Mazedonien, Montenegro, Senegal und Serbien.
Ob alle diese Staaten die oben genannten Garantien gegenüber allen ihren Staatsangehörigen einhalten, ist ausgesprochen zweifelhaft.

- **Stammberechtigte**

Als Stammberechtigte werden Ausländer bezeichnet, die über ein Aufenthaltsrecht in Deutschland verfügen, wenn sich Familienangehörige hierauf berufen, um ein Recht auf Familiennachzug von diesem Stammrecht abzuleiten.

- **Zentrale Auslands- und Fachvermittlung der Bundesagentur für Arbeit (ZAV)**

Die ZAV bietet Informations-, Beratungs- und Vermittlungsdienstleistungen für Arbeitnehmer und Arbeitgeber, die entweder Beschäftigungen im Ausland betreffen oder Beschäftigungen in Deutschland für Ausländer mit Wohnsitz im Ausland. Die jeweils zuständige Regionaldirektion, weitere Informationen und Antragsformulare finden sich unter: www.arbeitsagentur.de → Über uns → weitere Dienststellen → Zentrale Auslands- und Fachvermittlung.

Literatur

Ali, Showhat/Gites, Culling u. a. (2007): Elite Scientists and the Global Brain Drain, Warwick Economics Research Paper Series, Nr. 825.
http://www2.warwick.ac.uk/fac/soc/economics/research/papers/twerp_825.pdf

Auer, Peter von (2008): Voraussetzungen einer Aufenthaltsrechts aus Art. 6 ARB 1/80 für türkische Studierende mit Nebenbeschäftigung im Rahmen des § 16 Abs. 3 AufenthG, ZAR, S. 223 ff.

Auriol, Laudeline (2007): Labour market characteristics and international mobility of doctorate holders – results for seven countries, Paris, STI Working Paper Nr. 2007/02.

Bast, Jürgen (2011): Aufenthaltsrecht und Migrationssteuerung, Tübingen.

Beichel-Benedetti, Stephan (2015): Die Neuregelung der Abschiebungshaft im Gesetz zur Neubestimmung des Bleiberechts und der Aufenthaltsbeendigung, NJW, S. 2541 ff.

Benassi, Günter (2006): Die Bedeutung der humanitären Aufenthaltsrechte des § 25 AufenthG, InfAuslR, S. 397 ff.

Berlit, Uwe (2015): Änderung des Optionsrechts, ZAR, S. 90 ff.

Breitkreutz, Katharina/Franßen-de la Cerda, Boris/Hübner, Christoph (2007): Das Richtlinienumsetzungsgesetz und die Fortentwicklung des deutschen Aufenthaltsrechts, ZAR, S. 381 ff.

Bundesagentur für Arbeit – BA (Hrsg.) (2014): Durchführungsanweisungen zum Aufenthaltsgesetz, Stand: 4/2014.

Bundesagentur für Arbeit – BA (Hrsg.) (2014): Fachliche Hinweise zu § 8 SGB II, Stand: 20.1.2014.

Bundesministerium des Innern – BMI (Hrsg.) (2013): Allgemeine Anwendungshinweise zum Beschluss Nr. 1/80 (AAH-ARB 1/80), Stand: 26.11.2013.

Bundesministerium des Innern – BMI (Hrsg.) (2015): Vorläufige Anwendungshinweise zum Staatsangehörigkeitsgesetz, Stand: 1.6.2015.

Classen, Georg (2008): Sozialleistungen für MigrantInnen und Flüchtlinge, Karlsruhe.

Cremer, Hendrik (2008): »... und welcher Rasse gehören Sie an?«, Deutsches Institut für Menschenrechte (Hrsg.), Berlin 2008.

Davy, Ulrike (2003): Terrorismusbekämpfung und staatliche Schutzgewährung, ZAR, S. 43 ff. Duchrow, Julia/Spieß, Katharina (2006): Flüchtlings- und Asylrecht, München.

Deibel, Klaus (2011): Die neue Aufenthaltserlaubnis für Jugendliche und Heranwachsende in § 25a AufenthG, ZAR, S. 241 ff.

Deutsches Institut für Menschenrechte (2012): Handreichung für Beratungsstellen »Arbeitsausbeutung und Menschenhandel – Arbeitnehmerinnen und Arbeitnehmern zu ihren Rechten verhelfen«, 2. Aufl., Berlin.

Frings, Dorothee (2008): Sozialrecht für Zuwanderer, Baden-Baden.

Frings, Dorothee (2009): Der Anspruch nach dem Asylbewerberleistungsgesetz auf eine medizinische Grundversorgung für Menschen ohne Papiere, in: Falge, Christiane/Fischer-Lescano, Andreas/Sieveking, Klaus (Hrsg.): Gesundheit in der Illegalität, Baden-Baden, S. 143 ff.

Frings, Dorothee (2012): Migrantinnen und Migranten, in: Fasselt, Ursula/Schellhorn, Helmut: Handbuch Sozialrechtsberatung, 4. Aufl., Baden-Baden.

Fritzsch, Falk (2010): Die Grenzen des völkerrechtlichen Schutzes sozialer Bindungen von Ausländern nach Art. 8 EMRK, ZAR, S. 14 ff.

Gierlach, Hans Wolfgang (2008): Neue Erkenntnisse zur psychiatrischen Versorgung im Kosovo, ZAR, S. 185 ff.

Gierlichs, Hans-Wolfgang (2006): Zur psychiatrischen Versorgung im Kosovo, ZAR, S. 277 ff.

Global Union Research Network: Topic Migration.
http://www.gurn.info/topic/migrant/index.html

Göbel-Zimmermann, Ralph (2008): Härtefallkommission als letzter Ausweg aus einem prekären Aufenthalt, ZAR, S. 47 ff.

Gruner-Domic, Sandra (1996): Zur Geschichte der Arbeitskräftemigration in die DDR. Die bilateralen Verträge zur Beschäftigung ausländischer Arbeiter (196 – 1989), IWK, 32 (1996) 2, S. 204 ff.

Gutmann, Rolf (2009): Rechte für Ausländer, Frankfurt am Main.

Hailbronner, Kay (2004): Langfristig aufenthaltsberechtigte Drittstaatsangehörige, ZAR, 163 ff.

Hailbronner, Kay (2008): Die Neuregelung des Ehegattennachzugs im Kreuzfeuer des Verfassungs- und Europarechts, FamRZ, S. 1583 ff.

Hailbronner, Kay (2014): Asyl- und Ausländerrecht, Stuttgart.

Hailbronner, Kay/Renner, Günter (2010): Staatsangehörigkeitsrecht, 5. A., München.

Heinhold, Hubert (2008): Aufenthaltsverfestigung von Ausländern mit humanitärem Aufenthalt – § 26 IV i. V. m. § 35 AufenthG, ZAR, S. 161 ff.

Hörich, Carsten: Die Rückführungsrichtlinie: Enstehungsgeschichte, Regelungsgehalt und Hauptprobleme, ZAR 2011, S. 281 ff.

Hofmann, Rainer/Hoffmann, Holger (2008): Ausländerrecht, Handkommentar, Baden-Baden.

Hoppe, Michael (2008): Neuere Tendenzen in der Rechtsprechung zur Aufenthaltsbeendigung – Gibt es eine gemeinsame Linie in den Entscheidungen von EMRK, EuGH und BVerfG?, ZAR, S. 241 ff.

Huber, Bertold (Hrsg.) (2010): Aufenthaltsgesetz, München.

Huber, Bertold (2015): Das Gesetz zur Neubestimmung des Bleiberechts und der Aufenthaltsbeendigung, NVwZ, S. 1178 ff.

Karger, Astrid (2008): Ausweisungsschutz nach dem Beschluss Nr. 1/80 des Assoziationsrats EWG/Türkei, ZAR, S. 228 ff.

Kluth, Winfried/Hund, Michael/Maaßen, Hans-Georg (2008): Zuwanderungsrecht, Baden-Baden.

Kluth, Winfried (2015): Aktuelle Fragen der Durchführung der Abschiebungshaft, ZAR, S. 285 ff.

Kolb, Holger/Fellmer, Simon (2015): Vom ‚Bremser' zum ‚Heizer'? Deutschlands europäische Arbeitsmigrationspolitik, ZAR, S. 105 ff.

Kunkel, Peter-Christian (2006): Jugendhilfe für Ausländer, ZAR, S. 92 ff.

Kunkel, Peter-Christian/Frey, Michael (2008): Können Unionsbürger von Leistungen nach dem SGB II und XII ausgeschlossen werden? ZFSH/SGB, S. 387 ff.

Lüdke, Hendrik (2007): Der besondere Ausweisungsschutz nach der Daueraufenthaltsrichtlinie-EU, InfAuslR, S. 177 ff.

Marx, Reinhard (2004): Terrorismusvorbehalte des Zuwanderungsgesetzes, ZAR, S. 275 ff.

Marx, Reinhard (2005): Rechtsschutz gegen die aufenthaltsrechtliche Versagung der Erlaubnis zur Erwerbstätigkeit, ZAR, S. 48 ff.

Marx, Reinhard (2011): Mitwirkungspflicht und Ermittlungstiefe: Was können die Tatsachengerichte dem Flüchtling abverlangen, was verlangt das Bundesverwaltungsgericht den Tatsachengerichten ab?, ZAR, S. 15 ff.

Marx, Reinhard (2015): Aufenthalts-, Asyl- und Flüchtlingsrecht, Handbuch, 5. Aufl., Baden-Baden.

Marx, Reinhard (2015): Zur Reform des Ausweisungsrechts, ZAR, S. 245 ff.

Mehrländer, Ursula (1978): Bundesrepublik Deutschland, in: Ernst Gehmacher/Daniel Kubat/Ursula Mehrländer: Ausländerpolitik im Konflikt. Arbeitskräfte oder Einwanderer? Konzepte der Aufnahme- und Entsendeländer, Bonn, S. 115 ff.

Mielitz, Cornelia (2009): Die aufenthaltsrechtlichen Rechtsfolgen der Ausweisung, ZAR, S. 264.

Nienhaus, Walter Siegfried/Depel, Michael/Raif, Alexander/Renke, Ilona (2006): Praxishandbuch Zuwanderung und Arbeitsmarkt, München.

Pfaff, Victor (2003): Zur Rückführung afghanischer Staatsangehöriger, ZAR, S. 225 ff.

Pfersich, Andreas (2008): Anmerkungen zu OVG Münster vom 19.2.2008, ZAR, S. 276 f.

Renner, Günter/Bergmann, Jan/Dienelt, Klaus (2013): Ausländerrecht, Kommentar, 10. Aufl., München.

Salomons, Machiel/Hruschka, Constantin (2004): Zu Auslegung und Inhalt des Art. 1 C (5) 1 der Genfer Flüchtlingskonvention, ZAR, S. 386 ff.

Schmitt Glaeser, Alexander (2003): Individualgerechtigkeit im Ausländerrecht, ZAR, S. 176 ff.

Schröder, Birgit (2011): Anwendungsbereiche und Auswirkungen der Stillhalteklausel im Assoziationsrecht der EU mit der Türkei, Gutachten des Wissenschaftlichen Dienstes des Deutschen Bundestages, WD 3 – 3000 – 188/11

Schröder, Tim (2006): Die Fördermöglichkeiten bei der Rückkehr von Ausländern mit Finanzinstrumenten der EU, ZAR, S. 8 ff.

Tießler-Marenda, Elke (2002): Einwanderung und Asyl bei Hugo Grotius, Berlin.

Tometten, Christoph (2015): Resettlement-Flüchtlinge: Die teilweise Gleichstellung nach der Reform des Aufenthaltsgesetzes und ihre Konformität mit dem internationalen Flüchtlingsrecht, ZAR, S. 299 ff.

United Nations High Commissioner for Refugees – UNHCR (2004): Ausschluss der Flüchtlingseigenschaft, ZAR, S. 207 ff.

Weh, Stephanie (2008): Ausnahmen von der Anforderung einfacher Deutschkenntnisse beim Ehegattennachzug – Zum Anwendungsbereich von § 30 Abs. 1 Satz 3 Nr. 4 AufenthG, InfAuslR 10/2008, S. 381 ff.

Welte, Hans-Peter (2007): Die Daueraufenthaltsrichtlinie-EU, InfAuslR, S. 45 ff.

Welte, Hans-Peter (2011): Anmerkungen zu BVerwG vom 22.6.2011 – 1 C 5.10, ZAR, S. 406 ff.

Westphal, Volker (2009): Visumbefreiung für türkische Staatsangehörige nach der Rechtslage am 1.1.1973, InfAuslR, S. 133 ff.

Westphal, Volker/Stoppa, Edgar (2007): Ausländerrecht für die Polizei, 3. Aufl., Lübeck.

Will, Annegret (2007): Ausländer ohne Aufenthaltsrecht, Baden-Baden.

Zentrum für Politik, Kultur und Forschung Berlin e. V. (2007): Expertise zur Umsetzung des IMK-Bleiberechtsbeschluss vom 17. November 2006, Berlin.
http://www.berlin.de/lb/intmig/themen/fluechtlinge/index.html

Zühlcke, Jochen (2005): Die Zulassung von geduldeten Ausländern zur Ausübung einer Beschäftigung nach dem neuen Zuwanderungsrecht, ZAR, S. 317 ff.

Zahlen/Hintergrundinformationen

Beauftragte der Bundesregierung für Migration, Flüchtlinge und Integration: 10. Bericht der über die Lage der Ausländer/innen in Deutschland, Berlin 2014.

Bund der Vertriebenen (BdV): http://www.bund-der-vertriebenen.de: Info-Pool

Bundesagentur für Arbeit (BA): http://www.arbeitsagentur.de

Bundesamt für Migration und Flüchtlinge (BAMF): Asyl in Zahlen 2015.
http://www.bamf.de

Bundesamt für Migration und Flüchtlinge (BAMF): Das Bundesamt in Zahlen 2015.
http://www.bamf.de

Bundesministerium des Innern – BMI: Migration und Integration.
http://www.bmi.bund.de/DE/Themen/Migration-Integration/

Bundesregierung (Hrsg.): Lebenslagen in Deutschland – Der 3. Armuts- und Reichtumsbericht der Bundesregierung, Berlin 2013.

Kultusministerkonferenz, Zentralstelle für ausländisches Bildungswesen:
http://www.kmk.org/zab/

Organisation für wirtschaftliche Zusammenarbeit und Entwicklung (Hrsg.):
International Migration Outlook 2007.

Statistisches Bundesamt: http://www.destatis.de

Gesetze/Verordnungen/Urteile

- http://www.migrationsrecht.net
- http://lexetius.com (verlinkte Rechtsprechung EUGH u. a.)
- http://curia.europa.eu/de/content/juris/index.htm (Rechtsprechung EuGH)
- http://www.thueringen.de → Beauftragte → Beauftragte für Integration, Migration und Flüchtlinge → Gesetze und Verordnungen
- http://www.gesetze-im-internet.de
- http://bundesrecht.juris.de/index.html
- http://www.fluechtlingsrat-berlin.de/gesetzgebung.php#Dur
- http://www.harald-thome.de/sgb-ii—hinweise.html (Verwaltungshinweise der BA zum SGB II)

Informationen zum Migrationsrecht im Internet

Weitere Informationen, auch über Beratungseinrichtungen, sind im Internet zu finden:

http://www.ggua.de
Gemeinnützige Gesellschaft zur Unterstützung Asylsuchender e.v., bietet hervorragende Informationen, Arbeitshilfen, Stellungnahmen – auch im Bereich des Ausländer- und EU-Rechts.

http://www.fluechtlingsrat-berlin.de
Umfangreiche Sammlung von Rechtsinformationen für Migranten und Flüchtlinge, stets hoch aktuell, betreut von Georg Classen.

http://www.arbeitsagentur.de
Weisungen zu SGB II und anderen Gesetzen, Statistik und Formulare.

http://www.bamf.de
Standorte der Migrationserstberatung und der Jugendmigrationsdienste, Integrationsprojekte, Regionalstellen des BAMF als Ansprechpartner für lokale Integrationsprojekte, Informationen für Träger der Integrationskurse, Außenstellen des BAMF als Anlaufstellen für Asylsuchende, Länderinformationen.

http://www.proasyl.de
Umfangreiche Informationen, Liste der Beratungsstellen.

http://www.asyl.net
Links und Adressen, auch für die Rückkehr- und Weiterwanderungsberatung, Integrationsbeauftragte des Bundes und der Länder, Psychosoziale Zentren, Rechtsberater für nichtdeutsche Flüchtlinge.

http://www.unhcr.de
Flüchtlingskommissar der Vereinten Nationen, Informationen zum internationalen Flüchtlingsrecht und zur Flüchtlingshilfe weltweit.

http://www.verband-binationaler.de
Insbesondere Beratung zum Familienrecht, Familienzusammenführung und Aufenthaltsrecht.

http://www.migrationsrecht.net
Informationen insbesondere für Rechtsanwälte, aber auch Hinweise auf spezialisierte Anwaltskanzleien.

Landesinnenministerien
Informationen zu den Zuständigkeiten für die Anerkennung ausländischer Berufsabschlüsse.

http://www.bundesregierung.de → Integrationsbeauftragte
Informationen zum nationalen Integrationsplan, 10. Bericht über die Lage der Ausländerinnen und Ausländer in Deutschland, aktuelle Informationen.

http://www.tacheles-sozialhilfe.de
Umfangreiche, aktuelle Informationen zum SGB II.

Autorinnen

Prof. Dr. jur. Dorothee Frings
Verfassungs-, Verwaltungs- und Sozialrecht für die Soziale Arbeit
Hochschule Niederrhein
University of Applied Sciences

Dr. Elke Tießler-Marenda
Deutscher Caritasverband
Referat Migration und Integration

Lösungen der Kontrollfragen

Kapitel II
Einreise und Aufenthalt von Drittstaatsangehörigen
Aufgaben → S. 246

1. ja	38. ja		
2. nein	39. nein		
3. ja	40. nein		
4. ja	41. ja		
5. nein	42. ja		
6. nein	43. nein		
7. ja	44. ja		
8. ja	45. nein		
9. ja	46. nein		
10. ja	47. ja		
11. nein	48. nein		
12. ja	49. nein		
13. nein	50. nein		
14. nein	51. ja		
15. ja	52. ja		
16. nein	53. ja		
17. nein	54. nein		
18. ja	55. nein		
19. nein	56. ja		
20. nein	57. ja		
21. nein	58. nein		
22. ja	59. ja		
23. ja	60. ja		
24. nein	61. nein		
25. ja	62. ja		
26. nein	63. ja		
27. nein	64. nein		
28. nein	65. nein		
29. ja	66. ja		
30. nein	67. ja		
31. ja	68. nein		
32. nein	69. nein		
33. nein	70. ja		
34. ja	71. ja		
35. ja			
36. nein			
37. ja			

Kapitel III
Aufenthaltsbeendigung
Aufgaben → S. 285

1. ja	15. nein
2. ja	16. ja
3. ja	17. ja
4. nein	18. nein
5. nein	19. ja
6. ja	20. ja
7. ja	21. nein
8. nein	22. ja
9. ja	23. ja
10. ja	24. nein
11. nein	25. ja
12. ja	26. ja
13. nein	27. ja
14. nein	28. ja

Kapitel IV
Unionsbürger
Aufgaben → S. 319

1. nein	8. nein
2. nein	9a. nein
3. nein	9b. ja
4. ja	9c. ja
5. nein	10. nein
6. nein	11. nein
7. nein	12. nein

Kapitel V
Türkische Staatsangehörige
Aufgaben → S. 341

1a. ja	4a. nein
1b. nein	4b. ja
1c. nein	5. ja
1d. ja	6. nein
2. ja	7. nein
3a. ja	6.+7. ab 1.1.2016
3b. ja	ja

Stichwortverzeichnis

A

Abkommenskindergeld 62, 63
Abschiebehindernisse 176, 196
– Arbeit 180, 203
– Ausreisehindernis 196, 200
– ausreisepflichtig 196
– Ermessen 201
– Erwerbseinkommen 202
– Familienleistungen 203
– Familiennachzug 179, 202
– Niederlassungserlaubnis 179
– Passbeschaffung 200
– Passlosigkeit 199
– rechtliche 197
– Regelanspruch 201
– Reiseunfähigkeit 199
– Schutz des Privatlebens 198
– Schutz von Ehe und Familie 197
– Soziales 180, 203
– Strafverfahren 197
– Suizidgefahr 199
– tatsächliche 199
– unverschuldete 200
– Verlängerung 178, 202
– Verschulden 200
– Verweigerung der Rücknahme 199
– Widerruf 178
– Wohnsitzauflage 178
– Zeugenschutzprogramm 197
– zielstaatsbezogene 164
Abschiebung 236, 270
– Androhung 270
– Eltern 272
– Erkrankung 273
– Geburt 272
– Heirat 271
– Kosten 96
– Nationalpass 272
– Rechtsschutz 283
– Reisedokumente 272
– Schwangerschaft 271
– spezielle Abschiebeverbote 271
– Transportfähigkeit 273
– Vollstreckungshindernisse 270
– zielstaatsbezogene Abschiebehindernisse 270
Abschiebung, ärztlich begleitete 199
Abschiebungsandrohung 254
Abschiebungsanordnung 257
Abschiebungshaft 276
– Abschiebungsanordnung 278
– Aufenthaltswechsel 278
– Dauer 279
– Haftanordnung 283
– Hafteinrichtungen 280
– Minderjährige 281
– Nichterscheinen 278
– richterliche Anordnung 277
– Rückführungsrichtlinie 276
– Sicherungshaft 277
– unerlaubte Einreise 278
– Verhältnismäßigkeit 280
– Vorbereitungshaft 277
Adoption im Ausland 123
Akademiker 72
Altersanforderungen 109
Anhörung 254
Anpassungsmaßnahme 67, 79
Anwerbestopp 16, 18, 69, 80
Apostille 89
Arbeitnehmerbegriff-EU
(= Arbeitnehmereigenschaft) 290, 322
Arbeitsausbeutung 208
– Arbeit 210
– Aussage im Verfahren 209
– Familiennachzug 210
– illegaler Aufenthalt 209
– Lohnzahlungen 210
– Soziales 210
– Strafverfahren 209
– Verlängerung 210
– zivilrechtliche Ansprüche 209
Arbeitsmarktprüfung
– Bedingungen 50

– Einzelfallprüfung 49
– Leiharbeitsverhältnis 50
Arbeitsmigration 15, 69, 320
Arbeitsverbot 19, 166, 167, 238
Arbeitsverhältnis 46, 47, 72, 290
Assoziationsrecht (= Assoziierungsrecht) 21, 321
– Assoziationsrat EWG/Türkei 321
– Assoziationsratsbeschluss ARB 1/80 21, 321, 324, 326
– Assoziationsratsbeschluss ARB 3/80 21, 321, 336
– Assoziierungsabkommen 321
– Stand-Still-Klauseln 329
Asyl 16, 22, 37
Asylanerkennung 159
Asylberechtigte 169
– Arbeit 175
– Familienasyl 174
– Familiennachzug 174
– Niederlassungserlaubnis 171
– Soziales 176
– Verlängerung 170
– volljähriges Kind 175
– Widerrufsverfahren 172
– Wohnsitzauflage 170
Asylbewerberleistungsgesetz 16
Asylverfahren 155, 164
– Asylbewerberleistungsgesetz 167
– Aufenthaltsgestattung 165
– Erstaufnahmeeinrichtung 165
– Verlassen des Bezirks 166
– Zuweisung 165
Aufenthaltsbeendigung 252, 253
– Abschiebungsandrohung 254
– Anhörung 254
Aufenthaltserlaubnis 38
– für eine selbständige Tätigkeit 66
– nach einem Studienabschluss 64
– Zweckbestimmung 38
aufenthaltsrechtliche Illegalität 243
– Arbeitsausbeutung 243
– Erkrankungen 243
– häusliche Gewalt 244
– Jugendhilfe 244
– medizinische Behandlung 243

– strafbare Unterstützung 244
– unbegleitete Minderjährige 244
– Unfallversicherung 243
Aufenthaltstitel 38, 256
– elektronischer 39
– Erteilungsvoraussetzungen 40
– Rücknahme 257
– rückwirkende Erteilung 52
– Verlängerungsantrag 51
– Widerruf 257
Aufenthaltsverlängerung 51
Aufenthaltsverlängerung, humanitäre 214
– Arbeit 217
– außergewöhnliche Härte 214
– Behinderung 215
– Familiennachzug 216
– Härte 214
– Minderjährige 215
– Pflege 215
– Privatleben 215
– Soziales 217
– Trennung 214
– Verlängerung 216
– Volljährigkeit 215
Aufenthaltszweck 38
– Aufenthalt aus familiären Gründen 38
– Ausbildung 38
– besondere Aufenthaltszwecke 38
– Erwerbstätigkeit 38
– völkerrechtliche, humanitäre oder politische Gründe 38
Aufnahme aus dem Ausland 195
Aufnahmeverfahren des BAMF 181
– irakische Flüchtlinge 182
– Niederlassungserlaubnis 182
– Personen jüdischer Abstammung 181
Ausbildung 53
Ausländerbegriff 14
Auslandsadoption 123
Auslandsschulen 67, 77, 78
Auslandsvertretung 29
Ausnahmefall 42
Ausreise, freiwillige 274

Ausreisefrist 255
- Arbeitsausbeutung 255
- Grenzübertrittsbescheinigung 255
- Menschenhandel 255
Ausreisepflicht 252, 256
- Ablauf eines Aufenthaltstitels 257
- auflösende Bedingung 258
- Erlöschen durch Ausreise 260
- nachträgliche Befristung 258
- Rücknahme 259
- unerlaubte Einreise 257
Auswärtiges Amt 174
Ausweisung 262
- Fiktionsbescheinigung 263
- Rechtsschutz 263
- Wirkung 262
Ausweisungsinteresse 40, 56, 94, 100, 143, 146, 229, 265
Ausweisungsschutz
- EU-Bürger 306
- türkische Staatsangehörige 334
Aylbewerberleistungsgesetz 167

B

Behinderung 37
Beistandsgemeinschaft 88
Berufsanerkennungsgesetze 67
Berufsausbildung 79, 167
Beschäftigung 71, 75
- Absolventen deutscher Auslandsschulen 77, 78
- Akademiker 79
- Au-pair 82, 323
- Darbietungen 81
- entsandte Arbeitskräfte 81, 292
- Fachkräfte 78, 79
- Familienleistungen 85
- Familiennachzug 85
- Ferienbeschäftigungen 81
- Freiwilligendienste 80
- Führungskräfte 77
- Grenzgänger 83
- Haushaltshilfen 82, 84
- Journalisten 81
- karitative und religiöse Beschäftigungen 80
- kaufmännische Tätigkeiten 81
- Kultur und Unterhaltung 82
- längerfristig entsandte Beschäftigte 83
- Luftverkehr 81
- mit Arbeitsmarktprüfung 79
- Mitarbeiter von EU-Unternehmen 81
- ohne Arbeitsmarktprüfung 78
- ohne Zustimmung 77
- qualifizierte Tätigkeiten 77
- Saisonbeschäftigte 84
- Schaustellergehilfen 84
- Schifffahrt 81
- Sozialleistungen 85
- Spezialisten 79
- Spezialitätenköche 80
- Straßen- und Schienenverkehr 81
- Veranstaltungen 81
- Verlängerung 84
- Wissenschaftler 77
Beschäftigungserlaubnis 46
- Einzelfallprüfung 49
- für einen bestimmten Arbeitsplatz 46
- Leiharbeit 50
- zu ungünstigeren Bedingungen 50
betriebliche Ausbildung 67
betriebliche Berufsausbildung 79, 167
»Blaue Karte EU« 38, 65, 73
- Einkommen 73
- Familienangehörige 73
- Hochschulabschluss 73
- Niederlassungserlaubnis 73
Bleibeinteresse 267
Bleiberechtsregelungen 183
- Arbeit 185
- Familiennachzug 185
- Soziales 185
- stichtagsunabhängige 192
- Verlängerung 185
Botschaft 29
Bundesamt für Migration und Flüchtlinge 154, 156
Bundesfreiwilligendienst 45, 48, 80

D

Dauervisum 32
deutsche Staatsangehörige 14, 342
– durch Einbürgerung s. Einbürgerung
– durch Geburt 345
– Familienzusammenführung/
  -nachzug 97
– Optionsmodell 346
– Spätaussiedler s. Spätaussiedler
– Verlust der Staatsangehörigkeit 358
deutsche Volkszugehörige
  s. Spätaussiedler
Diplomatisches Personal 37
Duldung 18, 71, 234
– Abschiebehindernis 235
– Ausbildung 235
– Ausbildungsbeihilfe 242
– Aussetzung der Abschiebung 235
– Erlöschen 236
– Ermessen 235
– Familienleistungen 241
– Geltungsdauer 236
– Heilbehandlung 235
– Jugendhilfe 242
– Kindergeld 241
– Leistungen nach dem AsylbLG 241
– Mutterschutzfrist 235
– Residenzpflicht 236
– Rückkehrförderung 242
– Strafverfahren 235
– unbegleitete Minderjährige 242
– Vaterschaftsfeststellungsverfahren
  235
– Wechsel des Wohnorts 237
– Widerruf 236

E

EG-Recht
  s. Europarecht
Ehe 89
eheähnliche Lebensgemeinschaft 92
Ehegattennachzug 107
– Arbeiten 115

– Lebensunterhalt 110, 111
– Sprachkenntnisse 109
– Verlängerung 115
– Wohnraum 111
– zu Ausländern mit humanitärer
  Aufenthaltserlaubnis 113
– zu EU-Bürgern 297
ehemalige Deutsche 148, 361
– Aufenthaltserlaubnis 150
– Niederlassungserlaubnis 150
– Rücknahme 150
– Verlust 149
Eheschließung 36, 92
eigenständiges Aufenthaltsrecht 135
– Arbeiten 141
– Ausbildungsbeihilfe 141
– besondere Härte 136
– Beweismittel 138
– Drei-Jahres-Frist 136
– eheliche Lebensgemeinschaft 135
– Erwerbserlaubnis 141
– Familienleistungen 141
– Familiennachzug 141
– Gefahr im Herkunftsstaat 137
– Hilfebedürftigkeit 139
– Kinder 141
– Kindeswohl 137
– Lebensunterhalt 139
– Niederlassungserlaubnis 139
– schutzwürdige Belange 137
– Sozialleistungen 141
– Stammberechtigte verstorben 136
– Verlängerung 138
– Zwangsehe 137
Einbürgerung 16, 342, 344
– Anspruchseinbürgerung 352
– Ehegatten von Deutschen 357
– Einbürgerungstest 355
– Ermessenseinbürgerung 356
– Rücknahme 359
– Sprachkenntnisse 353, 357
– Vermeidung von Mehrstaatigkeit
  343, 354
Einladungsschreiben 31
Einreise 27
– genehmigungsfreie 37

Einreise- und Aufenthaltssperre 95, 194, 201, 309
Einstiegsqualifizierung 167
Elterngeld 43, 180
ERASMUS 60
Erlaubnis zum Daueraufenthalt-EU 38, 223, 234
– Erwerbserlaubnis 234
– EU-Freizügigkeit 234
– Gleichbehandlung 234
Erlaubnis zur selbstständigen Tätigkeit 50
Erteilungsvoraussetzungen 40
Erwerbserlaubnis 46
Erwerbstätigkeit 46, 71
– Beschäftigung 71
– EU-Bürger s. Unionsbürger
– Forscher 74
– Hochqualifizierte 73
– selbstständige Tätigkeit 74
Erwerbszwecke 69
Erziehungsverantwortung 89
EU-Bürger
s. Unionsbürger
EU-Recht
s. Europarecht
Europäische Menschenrechtskonvention 21, 124, 146, 197, 202, 253
Europarecht 16, 19, 154
– Anwendungsvorrang 20, 288, 322
– Freizügigkeit für Angehörige der EWR-Staaten 289
– Freizügigkeit für Schweizer 289
– Freizügigkeit für Unionsbürger
s. Unionsbürger
– Grundfreiheiten 288, 295
EUVisaVO 29

F

familiäre Lebensgemeinschaft 87
Familienangehörige, sonstige 131
– anerkannte Flüchtlinge 131
– Arbeit 135
– Eltern 133, 298

– Härtefall 133
– Kinder 133, 298, 326
– Soziales 135
– Verlängerung 134
Familienasyl 174
Familiennachzug 87, 107
– Arbeit 104, 115
– Ausbildungsbeihilfe 116
– Ausschluss des Nachzugs 114
– Ausweisungsinteresse 94
– deutsche Sprachkenntnisse 97
– deutsches Kind 100
– Eheschließung 89
– Erteilungsverbote 95, 97
– Erwerbstätigkeit 104
– familiäre Lebensgemeinschaft 87
– Familiengemeinschaft 103
– Familienleistungen 116
– humanitäre Aufenthaltserlaubnis 113
– Kosten einer Abschiebung 96
– Lebensunterhalt 94, 99
– Mindestalter 97
– Personensorgerechtsentscheidungen 102
– Sicherung des Lebensunterhalts 110, 111
– Sorgeerklärung 102
– Sorgerecht 100
– Soziales 104
– Sozialleistungen 104, 116
– Sperrfrist 95
– Staatsangehörigkeit durch Geburt 101
– Stammberechtigter 107
– Vaterschaftsanerkennung 100
– Vaterschaftsfeststellungsverfahren 101
– Verlängerung 103, 115
– Visum 107
– Wohnraum 110
– zu Ausländern 107, 326
– zu Deutschen 97
– zu EU-Bürgern 297
Feststellungsprüfung 54
Fiktionsbescheinigung 51

Flüchtling nach der GFK 169
– s. auch Konventionsflüchtlinge
Flüchtlinge 21, 69, 344
Flüchtlingsaufnahme 154
– Asylanerkennung 158
– Asylberechtigung 154
– Asylverfahren 155
– Konventionsflüchtling 154, 158
– zielstaatsbezogene Abschiebehindernisse 154
Folter 163
Forscher 74
Freiberufler 74
Freiwilligendienste 45, 67, 167
Freiwilliges Ökologisches Jahr 80
Freiwilliges Soziales Jahr 80
Freizügigkeit 14, 97, 101, 253, 343
– s. auch Erlaubnis zum Daueraufenthalt-EU
– s. auch Europarecht

G

Geburt eines Kindes 36
Geduldete 48, 234
Gemeinsames Europäisches Asylsystem 155
Genfer Flüchtlingskonvention 21, 119, 154, 158, 160, 169, 253, 270
Gleichwertigkeitsfeststellung 67, 79

H

Haager Adoptionsübereinkommen 123
Haager Minderjährigenschutzabkommen 102, 122
Haftungsbegrenzung 96
Härtefälle 49, 134, 351
Härtefallkommission 218
– Arbeit 219
– Aufenthaltserlaubnis 218
– Familiennachzug 219
– Ländererlasse 218
– Soziales 219

– Verlängerung 218
Hausbesuch 90
Heirat 36
Hochqualifizierte 73
Hochschulabschluss 73, 167
humanitäre Gründe 153, 195

I

Identität 40, 54, 74, 186, 200, 238, 240, 279
illegaler Aufenthalt 17, 299
Industrienationen 37
integrierte junge Menschen 186
– Arbeit 189
– Ausbildung 187
– Eltern 188
– Erteilungssperre 187
– Familiennachzug 189
– Schule 186
– Soziales 189
– Täuschung 186
– Verlängerung 189
ius sanguinis 343
ius soli 344

J

Jobcenter 293
jüdische Zuwanderer 181
– Aufnahmeverfahren 181
– Aufnahmevoraussetzungen 181

K

Kinder
– in Deutschland geborene 130, 346
– Niederlassungserlaubnis 141
– Volljährigkeit 142
Kindergeld 43, 180
Kindernachzug 119
– Arbeit 126
– Asylberechtigte 119

– besondere Härte 125
– bis zum 18. Geburtstag 120
– »Blaue Karte EU« 119
– deutsche Sprachkenntnisse 124
– Integrationsprognose 124
– Konventionsflüchtlinge 119
– Niederlassungserlaubnis 119
– Sicherung des Lebensunterhalts 124
– Sozialleistungen 126
– UN-Kinderkonvention 123
– zu Ausländern mit einer humanitären Aufenthaltserlaubnis 123
Kinderzuschlag 43
Konsulat 29
Konventionsflüchtlinge 160
– Arbeit 175
– Familienasyl 174
– Familiennachzug 174
– Niederlassungserlaubnis 171
– Soziales 176
– Verlängerung 170
– volljähriges Kind 175
– Widerrufsverfahren 172
– Wohnsitzauflage 170
Krankheit 37
Kriegs- oder Bürgerkriegssituation 163

L

Lebenspartnerschaft 92
Lebensunterhalt 40, 43
Leiharbeit 50, 239

M

Mangelberufe 65, 73, 78, 167
Menschen mit Migrationshintergrund 23
Menschenhandel 114
– Arbeitsausbeutung 205
– Familiennachzug 207
– Förderung des Menschenhandels 205
– sexuelle Ausbeutung 205

Menschenhandel, Zeugen 204
– Ermittlungen 206
– Kooperation 206
– Opferschutzrichtlinie 204
– Verlängerung 207
Menschenrechte 14, 22, 42, 253
MINT-Berufe 65, 73, 78, 167

N

Nachzug sonstiger Familienangehöriger 131
– Eltern 131
– Härtefall 134
– weitere Familienangehörige 133
Negativstaater 29
Niederlassungserlaubnis 38, 141, 223
– Ausbildung 228
– Auslandsaufenthalte 225
– berufliche Ausfallzeiten 227
– deutsche Sprachkenntnisse 228
– Ehegatten 228
– Erwerbserlaubnis 234
– Familienangehörige von Deutschen 227
– Grundkenntnisse der Rechts- und Gesellschaftsordnung 228
– Krankheit oder Behinderung 227, 228
– Lebensunterhalt 225
– Regelanfrage 229
– Rentenversicherung 227
– Sonderregelungen 224
– Straftaten 229
– Übergangsregelung 227
– Voraufenthaltszeiten 225
– Wohngeld 226
– Wohnraum 229
Niederlassungserlaubnis für Hochqualifizierte 65

O

Opfer des Menschenhandels 204
Optionsmodell 346

P

Pass 28, 41, 297
Passbeschaffung 188, 200, 238
positive Integrationsprognose 120, 124
Positivstaater 29
Praktika 80, 167
Praktikum für Studierende 60
Promotionsstudium 59

R

Reiseausweis 41
– für Flüchtlinge 169
Remonstration 34
Resettlement-Flüchtlinge 47, 110, 119, 121, 182, 268
Residenzpflicht 166, 236
Rücknahme 171

S

Sanktionsrichtlinie 208, 255
Scheinehe 90, 104
Scheinvaterschaften 91, 345
Schengener Informationssystem 28
Schengener Übereinkommen 27
Schengener Verträge 27
Schengenvisum 29, 32
Schulausbildung 66
Schwangere 63, 212, 239, 241, 271, 272
selbstständige Tätigkeit 50, 74
sicherer Herkunftsstaat 18, 72, 236
Sicherheitsbedenken 35, 53
Sicherung des Lebensunterhalts 42, 110, 192
– Arbeitslosengeld 43
– BAföG 43
– Berufsausbildung 43
– Elterngeld 43
– Kindergeld 43
– Kinderzuschlag 43
– Rente 43
– Unterhaltsleistungen 43
– Wohngeld 44

Sorgeerklärung 102
Sorgerecht 122
Spätaussiedler 14, 348
– Akzessorietät 351
– Aufnahmebescheid 350
– Aufnahmeverfahren 349
– Einbeziehung in den Aufnahmebescheid 350
– Erwerb der deutschen Staatsangehörigkeit 352
– Familienangehörige 15, 350
– Spätaussiedlerbescheinigung 349, 352
– Sprachkenntnisse 349, 350
Sprachanforderungen 65, 109
Sprachkenntnisse 93, 109, 140, 228, 353
Sprachkurs 66, 353
Staatsangehörigkeit 13
– Erwerb durch Einbürgerung
  s. Einbürgerung
– Vermeidung von Mehrstaatigkeit 343, 354
Stammberechtigte 107, 298, 327
Statusdeutsche 14
– s. auch Spätaussiedler
Stillhalteklausel 93, 331
studentische Hilfskraft 61
Studium 53
– Antrag 56
– Arbeiten 61
– Aufenthaltserlaubnis 53
– Ausweisungsinteresse 56
– Dauer 58
– Familienleistungen 62
– Feststellungsprüfung 54
– Hochschulzugangsberechtigung 53
– Honorartätigkeiten 61
– Lebensunterhalt 55
– Sozialleistungen 62
– studentische Hilfskraft 61
– Studienabschluss 64
– Studienbewerbung 54
– Studienkolleg 54
– Verlängerung 58
– Verpflichtungserklärung 55

– Visumverfahren 56
– Zulassung 53
subsidiär Schutzberechtigte 47, 110, 119, 121, 158, 173, 176, 268
subsidiärer Schutzstatus 162

T

türkische Staatsangehörige 15, 21, 320
– Anspruch auf soziale Leistungen 336
– Arbeitnehmer 21, 322, 323
– Arbeitsmarktzugang 322, 327
– assoziationsrechtliches Aufenthaltsrecht 323, 324, 334
– Ausweisung 334
– deklaratorische Aufenthaltserlaubnis 325, 328
– Einreise 322
– Familienangehörige 326, 327
– Recht auf Familienzusammenführung 326
– Verlust der Rechtsstellung 332

U

Uni-Assist 53
Unionsbürger 288
– Anspruch auf soziale Leistungen 310
– Arbeitnehmereigenschaft 304
– Arbeitnehmerfreizügigkeit 20, 290
– Arbeitslosigkeit 293
– Arbeitsmarktzugang 290, 300
– Aufenthaltskarte 300, 302
– Ausreisepflicht 309
– Ausweispflicht 296
– Ausweisung 306
– Daueraufenthaltsrecht 304
– Dienstleistungsfreiheit 20, 291
– eigenständiges Aufenthaltsrecht von drittstaatsangehörigen Familienangehörigen 302

– Familienzusammenführung 297
– Freizügigkeitsrechte 15, 20, 288, 293, 298
– Gleichstellung 288, 290, 293, 310, 312
– Meistbegünstigungsgebot 289, 302
– Meldepflicht 296
– Niederlassungsfreiheit 20, 293
– Schüler 295
– selbstständige Erwerbstätigkeit 291, 293
– Studenten 295, 298
– Verbleibeberechtigte 293, 304, 313
– Verlust des Aufenthaltsrechts 302, 305
– Verlust des Daueraufenthaltsrechts 305
– Visum 299
UN-Kinderkonvention 123, 125
unmenschliche oder erniedrigende Behandlung 163

V

Vaterschaftsanerkennung 91
Vaterschaftsanfechtung 360
Vaterschaftsfeststellungsverfahren 101
Verlöbnis 92
Verpflichtungserklärung 31, 55
Vertrag von Amsterdam 21
Vertrag von Lissabon 21
Vertrag von Maastricht 19, 20
Vertriebene 69, 344
Visa-Informationssystem 31
Visakodex 27
Visum 30, 34
– Antragsverfahren 35
– Beteiligungsverfahren 35
– Einladung 31
– Erwerbstätigkeit 33
– nationales 34
– Remonstration 34
– Schengen 29
– Verlängerung 32
– Zustimmung 35

Völkerrecht 16
Vorrangprüfung 49
vorübergehender Aufenthalt 211
– Arbeit 213
– Aufenthaltserlaubnis 211
– Behandlung 212
– Betreuung 212
– deutsches Kind 211
– Eheschließung 211
– Familien- oder Nachlassangelegenheiten 212
– Familiennachzug 213
– Schul- oder Berufsausbildung 212
– Schwangerschaft 212
– Soziales 213
– Verlängerung 213

W

Wahlrecht 21, 343
Widerruf 171
Wiederkehr 143
– Alter 145
– Aufenthaltserlaubnis 144

– Ausbildungsbeihilfen 147
– Auslandsaufenthalt 145
– Ausweisungsinteresse 146
– besondere Härte 145
– Erwerbserlaubnis 147
– Familienleistungen 147
– Lebensunterhalt 144, 148
– persönliche Betreuung 147
– Rentner 147
– Schulabschluss 145
– Schule 144
– Verlängerung 147
– Voraufenthalt 146, 148
– Zwangsverheiratung 144, 146
Wohngeld 193, 226
Wohnraum 110, 111
Wohnsitzauflage 173, 178, 237
Wohnung 168

Z

Zuwanderungsgesetz 18, 70, 345
Zwangsverheiratung 91, 92, 146, 320